燕园荔园　学脉相连

郁龙余执教50周年纪念文集

——文集编委会◎编

人民东方出版传媒
People's Oriental Publishing & Media
東方出版社
The Oriental Press

郁龙余先生近照

序

王京生 *

经过近一年的筹措、增补、修改，由孟昭毅、吴俊忠教授主编的《燕园荔园　学脉相连——郁龙余执教 50 周年纪念文集》即将付梓。2020 年 11 月 24 日，在深圳第十二届学术年会上，龙余先生嘱我写序。我高兴地答应了。

原因之一，我们在深圳共同生活了几十年，从事的都是文化教育工作，可谓心气相通的同道中人。原因之二，龙余先生不但是印度文化的研究专家，也是“深圳学派”建设的积极响应者、参与者。2019 年，他的《“一带一路”开创人类文明新纪元——兼论中国、印度的历史担当》被纳入“深圳学派建设丛书”出版后，受到学界和社会的高度评价。原因之三，龙余先生不但为深圳文化教育做出了很大贡献，而且他全家都为深圳的发展做出了独特贡献。1996 年，《花季・雨季》出版后深受好评，入选改革开放“30 年最具影响力的 300 本书”和“深圳 40 年 40 本书”书目。这些荣誉的获得，当然是作者郁秀努力的结果，但也是在龙余先生书香家庭熏陶的结果。缘于此，2001 年郁龙余、郑亦麟家庭入选“深圳市双十佳廉洁文明家庭”，2002 年入选“首届深圳市优秀书香家庭”。

* 国务院参事。联合国教科文组织“孔子奖章”获得者。

在纪念文集成书过程中，龙余先生多次征询我的意见，我也有感而发，将自己的想法告诉了他。虽然我和龙余先生是心气相通的同道中人，但是读罢全书，还是有许多意想不到之处。

没想到他是一个大跨度改行的学者，而且改得如此成功。在中文系主任、文学院院长任上干得风生水起时，创办深圳大学印度研究中心，完成了从外国文学教师到文化学者的转型。他牢记老一辈学者汤一介、乐黛云教授的嘱咐，不忘本行，将深圳大学印度研究中心办得中国一流、世界知名，该中心先后被评为“深圳市人文社会科学重点研究基地”“国家民委‘一带一路’国别和区域研究中心”“教育部中外语言交流合作中心”。他本人荣获印度总统颁授的“杰出印度学家”奖。他的学术著作《季羡林评传》已出版英文版、印地文版、泰米尔文版，德文版、日文版亦在翻译之中。《中外文学交流史 · 中国—印度卷》出版了英文版和印地文版。《梵典与华章：印度作家与中国文化》《印度文化论》的英译本也在抓紧进行。硕果累累，这在当代学者中并不多见。

我知道龙余先生自律、廉洁。他出任中文系主任、文学院院长，都是老师们举荐，经校党委考察之后任命的。他从来没有请人抽过一支烟，喝过一口酒，有的就是把工作做好，不辜负领导和老师们的期望。但是，我还是没有想到，2007 年他退休之后，为了将印度研究中心的工作搞上去，他又当了 8 年“全职义工”，每周 5 天乘校车上下班，直到 2015 年妻子生病住院。

文集的每位作者，无论是知名教授还是年轻学者，都是有感而发，讲的都是实话、真话、心里话，感人肺腑。有的文章刚写成，就被知名杂志拿去发表了，如田克萍老师的《记郁老师二三事》。印度当代著名中国学家狄伯杰（B.R.Deepak）教授在《郁龙余教授——充实着光彩故事的学术生涯》一文中说：“《中外文学交流史 · 中国—印度卷》是篇幅达到 800 页的鸿篇巨制，也是学养上的一部优秀著作。翻译这部著作是我绝对引以为豪的。这部著作极大地增加了我与印中文明的对话，特别是加深了我对文学对话的认知和理解。”这是一位著名翻译家发自内心的心得体会。

40 多年来，深圳经济建设取得辉煌成就，令世界震惊。同时，深圳在教育文化建设上也取得令人瞩目的成绩。作为建设“深圳学派”的倡导者，读了纪念文集，我倍感亲切、欣慰和鼓舞。我曾经说：“学术文化是文化的核心，决定着文化的质量、厚度和发言权。”所以，我完全同意胡经之、魏达志教授在《究东西文明，行学术大道——郁龙余教授对中印文化研究的突出贡献》一文中所说的：“郁龙余教授代表的，是中国改革开放时代出现的深圳乃至国家的一个学者现象，是深圳乃至国家的一股学术清流，是深圳乃至国家的一个文化传奇，是深圳乃至国家的一页文明篇章。”习近平总书记在深圳经济特区建立 40 周年庆祝大会上的讲话中，勉励我们努力续写更多“春天的故事”，努力创造让世界刮目相看的新的更大奇迹！我认为“春天的故事”和“让世界刮目相看的新的更大奇迹”，既包括创造物质财富即经济建设的成就，也包括创造精神财富即文化学术建设的成就。读了这本纪念文集，我更坚定了这个想法。

是为序。

2020 年 11 月 30 日

前言

灿烂的“无花果”

吴俊忠 *

20 世纪 80 年代初期，我在北京大学进修时，曾向北京大学一名教授请教治学之道，他形象地说：学者有两种类型，一种是“开花结果型”，一种是“无花果型”。民国时期的一些学术大师，都受到过很好的国学基础教育，而且大多数有国外留学的经历。就像植物一样，他们的“花期”很长，花开盛艳，所以果实也很丰硕，成为学术大家。这些人是典型的“开花结果型”学者。20 世纪 40 年代中后期和 50 年代出生的一批学者，都经历过“文化大革命”，该读书时未能好好读书，花期未能开花，但在教学科研岗位上又必须“结果”，这就成为典型的“无花果型”学者。“无花果型”学者虽然也能成为学术大家，但付出的努力要更多，过程更艰辛。这段宏论当时对我触动很大，后来也成为我评判自己和他人的一个参照。

* 著名文化学者，深圳大学教授，曾任深圳大学文学院党委书记。

1946年，郁龙余出生于上海浦东。浦东是钟灵毓秀之地，多出才子。郁龙余年少时亦有才子之灵气。1965年从三林中学毕业后，他考上我国一流高等学府北京大学，专攻东方语言文学方向。然而，1966年，“文化大革命”爆发，他刚读了一年大学，就被卷入“文化大革命”的洪流，无法继续学习。就像一棵正值花期的植物，忽遇一场暴雨，很难开出花来。然而，让我们感到惊羡的是，郁龙余通过不懈的努力，把自己塑造成“无花果型”学者中一个灿烂的存在，成为我国学界的一名佼佼者，否定了“无花果型”学者难以成为学术大家的预判。

常言道：事在人为。郁龙余于1970年从北大毕业留校，虽然还不能正常开展教学和科研工作，但他利用北大丰富的学术资源，亲近季羡林等学术大家，发奋读书，刻苦钻研，以勤补缺。这为他后来进行系统的学术研究打下了扎实的基础。

1984年，郁老师南下深圳，入职深圳大学中文系。深圳大学的改革创新氛围，激励他逐步创办深圳大学印度研究中心，完成了从外国文学教师到文化学者的转型和提升。他在从事东方文学教学的同时，主编《中西文化异同论》，开始中印诗学和中印文化的比较研究，取得显著成果。专著《梵典与华章：印度作家与中国文化》受到国家领导人的赞赏和推荐。

2005年，郁老师创办深圳大学印度研究中心，构建中国南方唯一的一个印度研究基地。此后，郁老师的印度学研究上升到一个全新的高度。他先后出版具有国际影响的《季羡林评传》《中外文学交流史·中国—印度卷》《中国外国文学研究的学术历程·印度文学研究的学术历程》《“一带一路”开创人类文明新纪元——兼论中国、印度的历史担当》等著作，主办印度学国际学术会议，获得印度总统颁发的“杰出印度学家”奖，成为我国中印关系研究的重要学者之一。至此，郁龙余这棵“无花果”已经果实丰硕，芳香四溢，得到学界的公认和推崇。

这本纪念文集的作者，都是感受过郁龙余这棵“无花果”的芳香的同事、朋友和学生。他们出于对郁老师的尊敬、认同或感恩，以发自内心的真情实感，书写了这些情真意切、感人至深的文章。这些文章没有虚情假意，更没有刻意奉迎，每一个故事，每一段描述，都源自他们与郁老师共事或共学的现实生活，都是他们对郁老师治学和做人的真实感受。这些文章入卷留存，无论是对于郁龙余个人，还是对于深圳大学的学科建设，都弥足珍贵。

我受郁龙余老师所托，主编这本纪念文集，受益匪浅。由于主编责任所在，我按例写下了以上这些评述。至于这些评述是否妥当，相信读者自有公论。

2020 年 7 月 19 日

目录

究东西文明，行学术大道

——郁龙余教授对中印文化研究的突出贡献

胡经之　魏达志

胡经之，中国著名美学家，文艺美学学科奠基人，深圳大学中文学科重要开创者。

魏达志，广东省人民政府参事，特区著名经济学家，深圳大学经济学院教授。

“报国无穷期，乐在其中矣。”这是70多岁的郁龙余教授留给人们特别深刻的一句话。1984年，郁龙余离开学习工作19年的北京大学，来到深圳，留给了人们五个最深刻的印象。

一是当年他告别燕园，来深圳大学参与创建中文系，行李就是26箱图书，这成为当年深圳媒体反复报道的新鲜事，这些典籍如同甘泉一般滋润着特区求知若渴的莘莘学子。

二是他在北大跟随季羡林先生学习印度语言文化，到深圳却挑战自我，适应需求、适应时代，开始了研究中印文学与中印文化及其交流的艰苦历程与华丽变身。

三是他的女儿郁秀16岁就创作了小说《花季·雨季》，至1996年正式出版已经名满天下，人们不禁会问：是什么样的家庭教育、家庭环境成就了这样年轻的优秀作家?

四是郁龙余教授在退休之后，拿着退休工资，却像在职教授一样天天上班。他不仅天天上班，还组织了令人瞩目的全国性会议和国际会议，甚至邀请了印度国立音乐、舞蹈和戏剧协会21位艺术家来深圳，在深圳大学举办了七种古典舞集萃《七舞会萃》的精彩演出。

五是郁龙余教授对中国和印度文学、文化的研究经历了从艰苦卓绝到融会贯通的过程，2016年12月1日，他获得印度文化关系委员会设立并由总统颁发的“杰出印度学家”奖。他是中国第一位、世界第二位获此殊荣的学者，这是人们仰望的学术殿堂，也是人类悠久文明的当代奇峰。

郁龙余教授代表的，是中国改革开放时代出现的深圳乃至国家的一个学者现象，是深圳乃至国家的一股学术清流，是深圳乃至国家的一个文化传奇，是深圳乃至国家的一页文明篇章。

一、学术方向的重大抉择

1. 跨越学科的时代挑战

郁龙余教授到了深大，如何适应特区大学发展的需求是他面临的一个重要问题。如何从一个小语种（印地语）教师，提升成为一位学贯中西的印度学杰出专家、学术大家，对郁龙余而言无疑是一个巨大考验。不甘平庸的郁龙余，勤勉有加，边学边教，边教边学，教学相长，终于体验到孟子所说“得天下英才而教育之”的快乐。他在深大不仅潜心学术，钻研学问，而且热心公益，助人为乐。因此，他不但在学科上转型成功，而且被推举、任命为深圳大学国际文化系副主任、中国文化与传播系主任、文学院院长及院学术委员会主任、留学生教学部主任。郁龙余的东方文学、中西文化比较研究、中西文化交流史、中印诗学比较、中印文学比较等课程广受欢迎。

与此同时，郁龙余教授亦开始了他庞大学术体系的建构和探索历程。他的主要研究方向包括印度文学、中印文学比较、中印文化关系、中国印度学、印度汉学（中国学）等，既包括对中印两国文学与文化的独立研究，也包括对中印两国文学与文化的互参研究和比较研究，还包括对中印两国即两个大国之间的相互关注与战略研究，并上升到人类社会文明递进发展由现象到规律的研究。通过对两大文明古国发展的深刻揭示和系列研究，来探索人类社会文明的建构规律与思想高度。

2. 学贯中印的杰出成就

2007 年，郁龙余教授退休之后依然老骥伏枥、马不停蹄，迎来了一个真正的学术春天。我们从其作品中可见一斑。

2007—2008 年，外语教学与研究出版社出版郁龙余主编的《泰戈尔诗歌精选》（六种）；2009 年上海辞书出版社出版郁龙余、杨晓霞主编的《外国戏剧鉴赏辞典》（古代卷）；2010 年 7 月 15 日，为祝贺由郁龙余担任主编的《泰戈尔作品鉴赏词典》和担任顾问的《泰戈尔作品全集》即将问世，印度总统普拉蒂巴·德维辛格·帕蒂尔发来祝词；2010 年 8 月，新加坡杂志《新世纪文艺》（2010 年第 5 期）发表电影文学剧本《谭云山》；2011 年，上海辞书出版社出版郁龙余、董友忱主编的《泰戈尔作品鉴赏辞典》；2012 年，中央编译出版社出版谭中、郁龙余主编的《谭云山》；2012 年，北京大学出版社出版郁龙余、孟昭毅主编的《东方文学史》（新版）；2013 年，北京大学出版社出版孟昭毅、郁龙余、朱璇著的《天竺纪行：郁龙余、孟昭毅学术之旅》；2015 年，山东教育出版社出版郁龙余、刘朝华著的《中外文学交流史·中国—印度卷》；2015 年，和研究中心全体老师一起录制 MOOC（慕课）课程“印度文化概要”；2016 年，北京大学出版社出版郁龙余等著的《印度文化论》；2016 年，山东教育出版社出版郁龙余、朱璇著的《季羡林评传》；2016 年，重庆出版社出版郁龙余、黄蓉等著的《中国外国文学研究的学术历程·印度文学研究的学术历程》；2018 年，印度五星出版社（Pentagon Press）出版《季羡林评传》英文版；2019 年，印度普拉卡山（Prakashan Sansthan）出版社出版《季羡林评传》印地文版；2019 年，中国社会科学出版社出版郁龙余等著的《“一带一路”开创人类文明新纪元——兼论中国、印度的历史担当》。

郁龙余教授是深圳学者中刻苦奋斗的典范，也是学术大奖的获奖大户。郁龙余等著的《梵典与华章：印度作家与中国文化》，2005 年获北方十五省市自治区第二十届哲学社会科学优秀图书奖，2006 年获第四届中国高校人文社会科学研究优秀成果二等奖；郁龙余等著的《中国印度诗学比较》2009 年获广东省哲学社会科学优秀成果二等奖；《印度文化论》2016 年由北京大学出版社与印度普拉卡山出版社签订了英文版、印地文版出版协议；《中外文学交流史·中国—印度卷》于 2015 年获中国出版协会第六届中华优秀出版奖图书奖及第四届中国出版政府奖图书奖正式奖，2019 年获教育部第八届高等学校科学研究优秀成果奖三等奖，并与印度普拉卡山出版社签订了英文版、印地文版、孟加拉文版的出版协议，其英文版、印地文版入选2016年国家丝路书香工程重点翻译资助项目；《季羡林评传》与印度普拉卡山出版社和阿奇出版社（Aazhi Publishers）分别签订了印地文版和泰米尔文版出版协议，其中，印地文版入选2016年国家丝路书香工程重点翻译资助项目，并于2018年8月在北京世界图书博览会首日举行英文版和印地文版首发式；《中国外国文学研究的学术历程·印度文学研究的学术历程》系2016年国家社科基金重大项目“新中国外国文学研究60年”的子课题，该系列丛书2018年获上海市哲学社会科学优秀成果奖著作类一等奖，2019年获教育部第八届高等学校科学研究优秀成果奖一等奖。

郁龙余教授的研究动机，源于他对中印文化内涵的深刻认识。他喜欢印度及其文化有两大原因：第一，印度是一个伟大的文明古国和文化大国，“印度是3000年中外文化交流史上中国受益最多的一位良师益友”；第二，印度是一个新兴的世界经济大国，有学者认为“中国和印度的结合将是不可战胜的”。有如此高屋建瓴的战略把握和科学认知，才有如此厚积薄发的知识积累及杰出的学术造诣、琳琅满目的学术成果，真可谓喷薄而出、令人赞叹、让人敬仰。

3. 师承名师的大家之路

“尊师和爱生，怎么强调都不为过。”这是郁龙余教授经常重复的一句话。人类从愚昧走向文明，其间重要的途径就是依靠各种师承关系和师承方式，其中也包括家学、家教、家训与家风的传承。

自古至今，人的成长都离不开老师的培养、关心和指导。郁龙余教授经常念叨，如果没有季羡林、金克木、汤一介、乐黛云、刘安武、胡经之等老一辈著名学者的引路与呵护，特别是导师们希望他坚持印度学及中国与印度比较研究的嘱咐，他是不可能取得当前这些成果的。

在这些名师中，季羡林先生的扶持是最直接的。1987年，郁龙余教授出版其主编的《中印文学关系源流》，季先生为此书作序：“纵观这本书的全部内容，我认为，它的指导思想，或者它的做法是同我的想法一致的。选入的文章几乎都是有关直接影响的东西。也或许是，正是为了给本书辩护，我才写出了自己的观点。总之，本书的编选态度是严肃的，我提出的想法也是严肃的。是非曲直，读者自能判断。我现在再向深圳大学，向乐黛云同志，向郁龙余同志表示谢意，感谢他们给中国比较文学研究做出了这样一个可喜的贡献。”

而郁龙余教授回报导师的，却是厚重的获奖著作《季羡林评传》。对于学术界而言，这是一部集大成的学术成果，也是对导师最大的回报和感恩；对于国家和民族而言，这既是古老中国文化学术的传承，也是国家民族的文化自觉与文化复兴。

名师传承的精髓，学人自己的感悟，让郁龙余教授的学术思想、学术境界得到了巨大的升华。2016 年 12 月 1 日郁龙余教授在印度总统府接受“杰出印度学家”颁奖，他在获奖感言中说：“中国古代圣人孟子有一段名言：‘民为贵，社稷次之，君为轻’。我将它改造成了自己的座右铭：‘成事为重，名次之，利益为轻’。我用半个世纪的时间，将印度语言文化研究，从专业变成了职业，又从职业变成了终生的事业。事实证明，这个座右铭对我是行之有效的。”

原来，郁龙余教授揭示的成才奥秘，师承名师的大家之路，绝对不是眼前那些通过权力与关系可以获得的名利，绝对不是那些很容易被历史淘汰的过眼云烟，而是脚踏实地创造的能够体现生命与社会需求的价值追求。这些掷地有声的声音，这样风清气正的品格，体现的正是大道之行的学者内涵和学术风范，特别值得人们崇敬，值得年青一代学习传承。

二、学术研究自成特色

1. 独特的学术路径与价值突破

郁龙余教授曾经清晰地论述：“文学是文化中的精华。无论在物质贫乏时代，还是在物质极度丰富时代，人类都对文学情有独钟。文学的灵魂是美。文学之美超越时代、地域和种族，以及由这三者造成的一切差异。文学之美是百艺的精、气、神，所以文学交流在文化交流中占有特别重要的地位。”“文学交流的先导性、关联性与渗透性，造成了它在文化交流中的至尊地位。治文化交流史，必先治文学交流史。文学交流是灵魂，各类文化交流是体魄。”正是这些科学认知，促使郁龙余教授选择了一条科学和独特的学术路径。

郁龙余教授还认为：“人类文化发展的历史告诉我们：任何一个民族文化的发展，一靠自身的创生更新能力，靠自己由少到多、由浅入深、由低级到高级的不断积累与进步；二靠外来文化的不断补充、丰富、启发、刺激，在与外来文化的摩擦、搏击、竞争、交流、融合中发展壮大自己。这二者有着内在的有机联系，相辅相成，缺一不可。”

郁龙余教授拥有的这些科学性认知和前沿性体察，非常有利于他构建自己独特的学术体系。他视学术为生命，不仅形成了独树一帜的学术路径，而且其博览全局的宏观视野、细致入微的文明辨析、触类旁通的学术举证、逻辑严谨的立论方法，创造了国际大国间文化研究、比较和交流的新路径，受到学术界普遍而广泛的关注。

特别是郁龙余教授跨域研究的价值突破，既强调了时代需求的学术导向，又揭示了文化交流的内在规律；既创新了发展需求的学术成果，又形成了追求真理的思想结晶。这是他特别值得人们称颂的学术成就和贡献。

2. 中印文学的独立与互参研究

我们很难就郁龙余教授有关中国与印度文学的独立研究、中国与印度文化互参研究进行分门别类的分析，但是郁龙余教授揭示的中印价值观的五大思想基础却让我们耳目一新，这五大思想是：“天人合一”与“梵我一如”，“仁爱和合”与“慈爱不害”，“民为邦本”与“长老会制”，“恕道思想”与“容忍观念”，“中庸之道”与“中观思想”。他还认为：“在世界上再也找不出两个语言、文字、历史不同的民族，在思想上竟然存在这么多的相同相似之处。我们应该珍视这份祖先留下的独一无二的无价之宝。”

因此，我们有机会通过一些重要的学术线索，去探索郁龙余教授作为深圳印度学研究开创者构建的学术大厦，及其让我们目不暇接、感慨万千的系列作品。

在中国文学与国学研究方面，通过郁龙余教授的学术成果，我们可以看到他的学术底蕴和全球视野。比如：《国学十问十答》《为什么要学国学》《〈道德经〉印译的意义》《中国文化和人类前途——关于世界发展大趋势的思考》《中国与世界：在精神层面上加深互相了解——以中国文化经典在印度的传播为中心》《中国古代经典在现代印度》《中国诗歌将迎来一个印译的春天》《敦煌学研究的新里程碑：简论〈敦煌佛教绘画〉》《从史诗资源大国到研究强国——中国史诗研究的发展之路》《长城与中国和平思想》《中国当代文艺批评研讨会综述》《中西印审美主体构成》《“通感”，还是“心感”？——兼谈传统学术遗产保护》《楚辞与文化交流》《旧红新裁熠熠生辉——简评〈东方文论选〉》《禅诗与苏非文学》《中国文学千年谈》《现代城建中西合璧 花园园林含义不同》《谈“花园”和“园林”》《黄帝与梵天》《中国文化中的海洋意识——兼评〈东方蓝色文化〉》《拥抱二十一世纪》《妈祖崇拜与中外文化交流》《东西文化交流与二十一世纪》《论东方文化研究——从世界七千年大事总览说起》《佛教与中国少数民族文学》《中国文化开放进取的性格》，等等。

而在印度文学与文化研究方面，以及中印文化交流方面，郁龙余教授同样学富五车、硕果累累。比如：《华夏天竺 兼爱尚同——关于中印文化的交流》《中印学者畅谈中印合作与发展前景》《用自己的语言研究中印关系》《1924 年泰戈尔访华引发争议的根本原因——答国际知名学者阿莫尔多·沈之问》《季羡林的治学之道》《徐梵澄的印度文学哲学经典汉译》《印度文学在中国的流传与影响》《印度古代文学的世界影响》《中国翻译史上的破天荒之作——读季羡林〈吐火罗文弥勒会见记〉译释》《泰戈尔的自然观与自然诗》《印度诗学阐释方法》《比较诗学的名与实》《中国对印度古代文学的再接受——兼论比较文学的中国印度起源》《谭云山：殖民时期中印关系的伟大智者》《〈摩诃婆罗多〉全本汉译的意义》《泰戈尔与中国现代新文学》《〈文心雕龙〉与中印文化交流》《中国翻译学的四大特色》《从印度佛教到中国佛教——兼谈佛教的世界性与国学身份》《中印神话 何以纠缠——读章必功〈天问讲稿〉》《大国与大国学术》《华夏天竺兼爱尚同：关于印度作家与中国文化关系的对话》《上海的遗产型文化及其产业前景》《中印味论诗学比较》《史地环境与中印文学》《中国学在印度》《中印味论诗学源流》《女神文学与女胜文学》《中印文学中的大团圆》《士人文学与仙人文学》《中国的开放与发展——从中西文化关系说起》《中西文化在道德观上的差异》《Aesthetic 与中国美学的差异》《中西文化异同论》《佛教文学对中国文学的影响》《佛典汉译与中国翻译学》《中印栽培植物交流略谈》《从〈梦溪笔谈〉看中印古代文化交流》。

这些成果，是郁龙余教授整体学术构建的冰山一角，却足以让我们通过想象力与判断力，去想象在一座充满诱惑的现代大都市，一位学者通过含辛茹苦、食不甘味、夜不安寝、孜孜不倦、持之以恒的学术追求和学术创作，所流下的辛勤汗水和其中的酸甜苦辣。

3. 印度学是中印国际交流的桥梁

郁龙余教授曾经论述："中国的印度学发展前程似锦。"他认为："各种各样的涉外学问，印度学在中国来讲是最古老、最有基础的。从法显开始，他之前就有很多学者开始研究了，到玄奘、义净，一直到现在。有很多人在研究印度。古代称为佛学，后来称为梵学，现在引进的名词叫印度学。这个概念在不断延伸和扩展。中国的印度学研究这么深厚的积淀，应该有一个机会展示一下。"

与此同时，郁龙余教授还就印度对中国的研究与关注，进行了系统的梳理和研究。这个角度的学术研究，同样可以开启我们的思想空间，并为中国作为发展中国家的持续发展与加速崛起，提供来自文明世界的参照系统和国家智慧。

作为深圳印度学研究的开创者，30 多年来郁龙余教授为中印文学和文化的研究和交流，废寝忘食，孜孜不倦。他先后编著出版了近 30 部作品，在国内外期刊、媒体，特别是《外国文学研究》《北京大学学报》《复旦大学学报》《文史哲》《中国比较文学》

等重要期刊、核心期刊以及《新华文摘》《人民日报》上，发表了100多篇文章，他还出版了印地语译著35余万字。对有关泰戈尔的研究与推广，他也做了许多有价值的工作。

三、世人称颂的学术贡献

1. 组建可持续发展的学科平台

2005年，深圳大学印度研究中心成立。如何组建一个有利于持续发展的学术平台，不仅是特区大学完备学科布局的需要，更是丰富国家智慧宝库的需要，当然亦是自己学术构建和研究组合的需要。

在郁龙余教授领衔之下，深圳大学印度研究中心自成立以来，就如火如荼地开展了多样化的学术与交流活动，做大文章，成大事业，以最为艰苦的学术实践，去成就生命价值渴望中最为宏大的理想。这就是郁龙余教授和研究中心群体自始至终的目标和追求。

2008年，建成了世界上第一个谭云山中印友谊馆。2008年之后，郁龙余教授接待了印度一系列的驻华使节、访问学者、代表团体，双方签署了《深圳大学与印度ICCR有关访问学者的协议》（ICCR，Indian Council for Cultural Relations，印度文化关系委员会）。2009年，他接待了印度著名的邦格拉舞蹈团来校演出。2011年，他应邀访问印度尼赫鲁大学、德里大学、孟买大学、加尔各答大学等九所学术机构并做演讲。2012年，和中国人民对外友好协会联合举办第四届中国—南亚国际文化论坛。他接待了印度著名政治家、观察家基金会（孟买）主席库尔卡尼。2013年，他访问杭州佛学院，并与院长光泉大和尚签订合作协议。他参加北京大学印度语言文学专业博士论文答辩会，担任答辩委员会主席。他出席在新德里举行的泰戈尔获得诺贝尔文学奖100周年学术研讨会。他访问尼赫鲁大学，做题为《中国印度文学交流史》讲座。2014年，李清泉校长会签《深圳大学和尼赫鲁大学合作备忘录》。2015年，深圳大学和印度文化部、印度驻广州总领馆联合举办“印度旅游年”中国印度节活动。

2015 年，由印度文化关系委员会赠送的泰戈尔铜像在深大校园落成。

2016 年 11 月成功召开由中国人民对外友好协会、印度文化关系委员会、中国印度友好协会、印度驻华大使馆、深圳大学联合主办的第二届世界印度学家大会。

2016 年 12 月，郁龙余教授赴印度接受慕克吉总统在总统府颁授的“杰出印度学家”奖。

2019 年 6 月 23 日，郁龙余教授在山东青岛大学召开的印度文学与佛教文学高端论坛暨中国印度文学研究理事（扩大）会上，全票当选为中国外国文学学会印度文学研究分会会长。同年研究中心成功申报“深圳市人文社会科学重点研究基地”（2020—2022 年），晋升为深圳市重点研究基地。这表明，无论是郁龙余教授个人的社会声誉还是学术研究平台，都已经登上了一个新的台阶，实现了一个新的突破。印度学不仅成为填补特区研究空白的新兴学科，而且以此为中心，形成了与北京大学南北呼应的学术高地。

当前的深圳大学印度研究中心，已是国家最重要的印度研究机构之一，蜚声中外、名扬遐迩，特别在印度政界、学界享有盛誉。和北京大学、中国人民对外友好协会、印度文化关系委员会、尼赫鲁大学等相关机构保持长期的学术交流与合作关系。目前中心成员的研究方向，主要包括中国印度学研究、中国印度关系研究、中国印度发展比较研究等，承担国家、省部级社科基金研究项目达 7 项之多。

特别是郁龙余教授亲自主持了国家社科重点课题“中国印度学研究”，其中包括“中国印度学学术史总述”“中国印度学家述评”“中国印度学大事年表”三个子项目。课题分别论述印度的文学、梵学、宗教、因明、艺术、诗学在中国的研究，内容丰富多彩，目前进展顺利，引起人们的充分关切和期待。

当代杰出学者乐黛云教授，早在 2006 年出版的《中国印度诗学比较》的序中就盛赞郁龙余和这些学生：“他们都是深圳大学的骄傲，也是龙余在‘十年积累，十年思考’的长期过程中逐渐培育出来的新生代。从他们可以看到一支研究中印文化的年轻学术队伍正在茁壮成长。”

在郁龙余教授的带领下，深圳大学印度研究中心正在呈现一种古老而新兴学科的勃勃生机。MOOC 教学方式的产生更加为古老的学科增添了时代的风采。在我们庆祝深圳经济特区创建 40 周年的时候，这座年轻的城市，却显现出深厚的文化底蕴，更加具有空前的文化高度、文化自觉、文化理性和文化自信。

2. 直接服务国家发展的重大战略

无论是对中印文学、文化的独立研究和对比研究，还是对世界文学交流、文化交流的认识与实践，初心都是能否直接服务于国家发展的重大战略和重大外交。

郁龙余教授认为：“文学交流是文化交流的重要组成部分和高级形态。这种交流超越时空、肤色，超越宗教、信仰、政治，是古已有之、于今为烈的文化现象。人类发展史上的许多重大问题，如文化生命周期、大国崛起规律等，都可以在文化交流中找到正确答案。所以，研究包括文学交流在内的文化交流，对于我们认识人类、人类文化及其发展，具有极为重要的意义。”

郁龙余教授正是以这样的科学态度与学术理性，科学论证当前国家的“一带一路”倡议和构建人类命运共同体，是习近平在 21 世纪对中国古代“天下大同”思想的全新理解和表述，真正具有空前的国际意义。近年来，郁龙余教授除了为一些重要国际会议提供《“一带一路”开创人类文明新纪元——兼论中国、印度的历史担当》《深圳与“一带一路”建设》《“一带一路”建设的内涵、目标、方法与作风》《“一带一路”与中印合作新契机》等近十篇论文，还应国家、省市和有关部门要求，撰写了一系列的咨政报告，直接服务于国家战略和国家外交。

2005 年，温家宝总理出访印度前，特意调阅了郁龙余教授等著的《梵典与华章：印度作家与中国文化》。总理注意到了开卷中季羡林先生的题词：“文化交流是推动人类社会前进的重要动力之一。如果没有文化交流，我们简直无法想象人类今天的社会会是一个什么样子。”在相关中外记者招待会上，总理两度引用“梵典与华章”来概括中印文化关系，并将《梵典与华章：印度作家与中国文化》赠送给印度相关领导人。

2015 年 5 月 14 日，国家主席习近平在西安将印地文版《大唐西域记》（外文出版社 2015 年版）作为国礼赠送给来访的印度总理莫迪。此书就是在郁龙余教授的组织、联络下出版的。

我想，这不仅仅是郁龙余教授的个人荣誉，也是深圳大学包括印度研究中心的荣誉，更是特区这座创新型城市的荣誉。

郁龙余教授的研究视野、研究路径、研究方法，向来都不做简单结论，而是聚焦于包括中西印在内的人类文化与文明之中。他认为在诸多文明中，东西方文明一直是世界主流文明，它们交替着以世界主流文明的身份领导着人类文明前进。上古和中世纪，领导世界文明前进的是东方文明；近代以来领导世界文明前进的是西方文明；当下东方文明接替西方文明成为领导世界文明前进的主流文明的轮替日期日益迫近，并明确论证了当前世界主流文明的轮替和变化。

与此同时，郁龙余教授特别强调中国文化的精髓——中华民族的核心价值观具有顽强的生命力，使中国文化 5000 年长生不灭，即使在遭受外来摧残之后也能够浴火重生，再创辉煌。

郁龙余教授的系列研究，有效支持了国家重要外事活动和发展，成为学术界能够支持国家战略、支持国家外交的学术成果和理论智慧。

难怪印度总统普拉纳布·慕克吉说：“我非常高兴能将 2016 年‘杰出印度学家’奖授予中华人民共和国尊贵的郁龙余教授。作为研究员、教师和学者，他因对印度研究的重大贡献而被博学的评审专家团评为获奖者。他是印度宗教史领域研究前沿的标志性学者。其作品增添了印度学的研究内容，将会沿此方向长期启发后学。我赞赏专家团的评选，同时祝贺郁龙余教授。毫无疑问，郁教授在印度学研究方面的著作和贡献将会对其祖国和他国学者有深远之启迪。”

3. 支撑人类文明认识的新高度

在 2019 年 11 月纪念孔子诞辰 2570 周年国际学术研讨会上，郁龙余教授在论述中华民族当代的伟大复兴中，特别强调了中国人民及中华文化最善于融合吸收世界文化中的精华，比如人类社会对前途和命运的关切等。几乎与此同时，世界各民族出现了各种对理想社会的描述，最具代表性的是中国的“天下大同”、印度的“世界一家”、西方的“理想国”“伊甸园”等，表达的都是人类对美好生活的向往。

究东西文明，行学术大道。郁龙余教授整个的研究体系和思维逻辑，都在凝聚这样的思想高度：如何围绕中印千年的文化发展与文化传承，如何探寻两国古老文明的会通与含摄，通过微观上体察中印文化博大的内涵及其文化融通中的典型人物和文化事迹，从而在宏观上把握两国文明当中体现的人类思想与时代智慧、文明进程与发展高度，不仅实现对中印文化、中印关系的学术支撑，更加重要的是实现对人类文明发展研究的新的理论概括与新的思想高度。

印度文化关系委员会主席、印度国际文化研究院院长洛克希·金德尔（Lokesh Chandra）这样论述中国的文化文明并高度评价郁龙余教授：“中国是对自己的遗产、语言、传统儒家理想以及更为深邃的佛教世界的韵律怀着挚爱的唯一国度。郁龙余教授象征着照拂我们的文化亮光，使我们人工圈的空白之处熠熠生辉。我们欢聚于此，向一位中国学者致敬。他寻求以微妙而质朴的语言创造美丽、团结、和谐，以令中印两大文化和文明臻于和谐。”

这里，笔者想引用 2016 年祝贺郁龙余教授荣获“杰出印度学家”奖时的若干感想及当前的一些体验作为本文的结束语：

当我们处于市场经济的初级阶段，人们正以浮躁的心态去疯狂地猎取财富时，我们的城市却有人甘坐板凳十年冷去创造知识；

当我们似是而非地认为深圳还缺乏国内外有影响力的名家大家时，我们的城市却有人潜心创造了人们难以攀登的世界性学术高峰；

当深圳成为最佳的创新型城市并冲刺全球创新中心，大家陶醉科技创新优势时，我们的城市却有人以人文社科创造了巨大成就；

当我们纪念深圳创建 40 周年之际，还在发掘发现城市的文化创造和学术成就时，大国印度却先于我们去褒奖我们的杰出人才。

这就是深圳大学郁龙余教授，他的杰出创造与贡献就在于：

第一，他是中国第一位获得印度政府“杰出印度学家”奖的学者，是世界上第二位获此殊荣的人。

第二，他在深圳大学创建了影响国内外的印度学研究高地，成为与北京大学南北呼应的一面学术大旗。

第三，他在深圳创建了一个世界文学比较研究的新学科，使得这个学科后继有人，传承不息，硕果累累。

第四，他长期研究的印度学，有利于丰富国家的战略视野，增加国家在战略运筹上的理论与知识储备。

第五，他的潜心研究，不但为印度这个文明古国提供了来自中国的启迪与视角，而且在文化比较中探索了中国崛起的新思维、新视野！

正是因为在北大受过严谨的学术训练，功底深厚，郁龙余教授到了深圳才能与时俱进，把北大的严谨执着精神和深圳的开拓创新精神结合起来，从而在印度学领域做出了如此突出的贡献。当我们迎来特区成立 40 周年的时刻，正在以更高的标准迈向粤港澳大湾区的建设和建设中国特色社会主义先行示范区的时候，就更需要将这种精神发扬光大，促进人文精神和科学精神的高度融合。这正是郁龙余教授所作所为给予我们的最好启示。

2020 年春节

龙余：

达志此稿，下了功夫，对您的学术贡献做了全面的评价。我未做大的改动，只加了一些概括的话，以突出一些贡献方面的“杰出”“大家”等，以及对今日深圳的意义。文中举了很多您的著作，不少我未看过，是否妥帖，您最清楚，您可以直接改动。

我同意把我列为第二作者，魏达志还是第一作者，要放在前面，这，您一定要坚持。不然，我心中会不安。

题目，尊重达志的，但副标题我稍作改动，目的是要让“突出贡献”四字更鲜明，罗列太多反而不好。您也可以想想，是否有更好的标题。

非常时期，您和小郑都要格外小心。

祝好！

经之

2020 年 3 月 4 日

携手学问半生缘

——庆贺郁龙余教授从教 50 周年

何道宽

何道宽，著名翻译家，深圳大学教授，曾任深圳大学文学院副院长。2023 年 4 月荣获中国翻译协会颁发的“翻译文化终身成就奖”。

一、踌躇满志，惊喜结缘

1993 年 9 月，我在母校四川外国语学院从教 30 年后，加盟深圳大学，热望一间宽敞的书房，企盼后半生专注学术。来深大报到后，我陆续结识了一批学养深厚的文科教授，郁龙余即为其中之一。为庆祝建校十周年，深圳大学在《光明日报》上打广告在全国招聘教授，我成为当年应聘的十位教授之一，深以为幸。

报到不久，校庆期间，在办公楼门厅的书展上，我发现中文系主编的“旅游文化丛书”，从中购得章必功撰写的《中国旅游史》，张践编著的《导游艺术》，陈传康、郁龙余主编的《深圳旅游发展规划》，大喜过望，因为我正准备撰写英文版的《创意导游》。

对深圳大学中文系，我感觉天然地亲近。早在 20 世纪 80 年代，我就直接或间接受惠于中文系的汤一介、乐黛云、景海峰等先生。我在三联书店购得的《中国文化与中国哲学》（三册），就是由汤一介主编、景海峰编辑的。1985 年和 1986 年，在母校的支持下，我赴京参加中国文化书院举办的“中外比较文化研究班”和“文化与未来研究班”，聆听汤一介夫妇讲演；乐黛云教授又鼓励我翻译麦克卢汉的《理解媒介：论人的延伸》。在 1986 年 10 月的“文化与未来研究班”上，我毛遂自荐担任英汉口译工作，深受欢迎，名扬北大讲演厅。因此，书院领导破例邀请我出席书院导师的同人聚会。

购得“旅游文化丛书”十余种后，我自然要拜访丛书主编之一的郁龙余教授和时任中文系主任的章必功。章必功矜持、爽快、风趣，独处一室的环境有助于他产出厚重的《中国旅游史》。我发现，郁龙余的办公室像一个大巴扎，他却能闹中取静，手书文稿。

我撰写《创意导游》一书的构想，得到中文系郁龙余教授和吴俊忠教授的支持。

我的论文《论美国文化的显著特征》在1994年第二期的《深圳大学学报》刊出后，旋即由《新华文摘》和《人大复印报刊资料》全文刊出（并获得1996年深圳市第二届社科奖一等奖，这是后话），得到经济学教授苏东斌和文艺学教授胡经之的褒扬。跨学科的知音令人欣喜。

英文版的《创意导游》（重庆出版社1995年版）顺利出版，一路畅销，反响出奇地好。同时，我准备全身心埋首书斋，撰写中英文对照的“中国文化一百题”，却难以如愿。原党委书记兼校长蔡德麟教授告诉我“共产党员挑重担”，一定要我接任外语系系主任。

郁龙余教授三头六臂、一心多用，能在熙熙攘攘的办公室里静心写作，令我艳羡、汗颜。

1994年4月接任外语系系主任后，我不能一心二用，“中国文化一百题”的写作计划一搁就是三年，直到1997年下半年重新拾起。彼时，学校组建文学院（含中文系、外语系、广告系）。我坚持由郁龙余教授出任院长，景海峰教授任副院长，分管科研。我心甘情愿辅佐龙余兄，分管教学，因为“大树底下好乘凉”。

二、经世致用，四面出击

龙余兄三头六臂、一心多用。他视野开阔，路子多、门道多，且几乎路路通。我透过一些文化项目与活动，管窥他的社会关怀和学术追求。

跨越21世纪80年代和90年代的“旅游文化丛书”由他和胡经之教授主编，近20种，没有深厚的学养和统御的能力，这样的浩大工程是难以想象的。

1994年年底，中文系主办旅游文化研讨会，规模宏大，龙余教授唱主角，邀请我与会。我提交的论文《深圳旅游业发展战略探讨》得到他的青睐，经深圳市旅游协会包凤珍女士推荐，于《深圳商报》1995年4月4日刊出，引起时任副校长、经济学教授郑天伦的注意。这篇建议压轴的一句话是："深圳是中外文化交汇的前沿、两个市场联结的桥梁，如何利用其丰富的多元文化，乃是一篇尚待破题的大作。"

1995年，龙余兄和我策划主编英汉对照的"英华文库"丛书，我们两位系主任向蔡德麟校长汇报，获得支持。但由于校内外的条件不太成熟，我们只好放弃，诚为憾事。

1996年，旅居香港的深大校友创办《今日东方》，创刊号由郁龙余主编，我辅助。我的一篇旧稿《水向高处流》在这个创刊号刊出，那是1995年8月在新疆社科院主办的文化交流研讨会上的发言稿。

1996年4月，龙余教授主持的第十三届《罗摩衍那》国际讨论会在深圳大学举行，三大洲学者与会。他邀请我这个门外汉出席讨论会，并担任中英文口译。我依仗中国文化书院赠送的《印度文化概论》，热炒热卖，勉为其难，获得好评。自此，我和龙余兄的印度研究结下不解之缘。

三、大而化之，管理有方

1997年文学院组建后，学院领导班子很快成为深圳大学引以为傲的"好班子"。文学院时任党委书记吴俊忠率先垂范，时任院长郁龙余实干兴院，海峰教授编辑"学术通信"，且大作迭出。我深入课堂，学习各同事所长，牵头拿下外国语言学及应用语言学硕士点，同时又转向传播学，尽力加速这门新学科在深大的建设。龙余兄为深圳大学文学院的快速发展立下了头功。

俊忠书记和龙余院长善于调动教师积极性，让他们各自为战、各尽其才，文学院欣欣向荣。

甫一建院，他们就大力支持我续梦，使我得以完成汉英双语版"中国文化一百题"的写作计划。学院召开论证会，研究设想、书名、篇章，协助我在科研处成功立项。

俊忠兄和龙余兄就章节内容提出具体建议，关怀备至。他们挑起学院管理重担，使我有时间很快完成“中国文化一百题”的前四章（总计划16章，100余节）。这四章以《中国文化》之名由教务处印行（1999年），在校内使用。2004年，这本书在外语教学与研究出版社出版，更名为《中华文明撷要》。我这个书的两个版本陆续在外语系三年级、留学生高级班和文艺学研究生中使用。

文学院组建后的首届国际会议得到时任校长谢维信和文学院领导的大力支持。1999年11月，我主持中国跨文化交际研究会第三届双年会暨国际讨论会，谢校长致开幕词，文学院总动员。会议规模宏大，来自外语界、新闻出版界和中国语言文学界及海外学界的200余位学者出席。郁龙余教授和吴俊忠教授事必躬亲，各界朋友和学者大力捧场，是次会议圆满成功。我在闭幕会上宣讲的论文《和而不同息纷争：全球化进程中的文化调适》于2000年第2期《深圳大学学报》刊出，引起国内学者的呼应。

四、筚路蓝缕，创建“中心”

牌匾的寓意。2002年1月，文学院班子换届，我退休，龙余兄转任留学生教学部主任。时任校长谢维信来文学院宣布新班子，同时参加我的退休致庆会。谢校长和龙余兄手抬木制贺匾，与我合影，上刻四个大字——“山高水长”。在致庆词中，郁龙余教授联系我的祖籍四川和范仲淹的诗文解释牌匾寓意：老骥伏枥、继续奋斗。

文学院班子新老交替后，我在教学和行政两方面双退休，终于能全身心从事学术研究。我倾力从事学术翻译和新闻传播学研究；龙余兄苦心经营文艺学硕士点，同时把重点转向印度学研究。

“三有”中心，不负众望。多年来，为节省并用好资源，深圳大学对文科研究所的政策多半是：鼓励但不投入。我们戏称之为“三无”：有名号而已，无编制、无拨款、无场所。2005年7月，时任校长章必功打破惯例，大力支持郁龙余教授创建印度研究中心，给予特殊政策，使之成为有编制（虽然不多）、有拨款（虽然不足）、有场所的

“三有”研究所。2011 年 5 月，由于成就卓著，该中心升格为“深圳大学人文社会科学重点研究基地”，2019 年，它又晋升为“深圳市人文社会科学重点研究基地”。

立竿见影，成果丰硕。重点转向后，龙余教授在文艺学硕士中培养了一批有志于印度研究的弟子。他开拓创新，大作迭出。2005 年 4 月温家宝总理访问印度时，将龙余教授等著的《梵典与华章：印度作家与中国文化》当礼物送给印度朋友，足以证明：这本书就是印度研究的出彩华章。

分享心得，尽力支持。2005 年，深大印度研究中心成立后，我竭尽所能，随叫随到，有求必应。我十余年来的几十种学术译作，悉数赠送给龙余兄的中心，丰富了其藏书；我和该所的小将们结下深厚的友谊。我还参与接待和会见了许多来访和任教的印度客人，结识了一些著名的学者。

破例贺信，惊喜预示。2016 年 11 月，第二届世界印度学家大会在深圳大学隆重召开并取得圆满成功。郁龙余教授唱主角，我协助筹备。会前，他提议我以个人的名义向大会组委会致信祝贺，我遵命照办。今撷取其中两段，借以重温我们惺惺相惜、互相扶持的学术历程。

数十年来，郁龙余教授继承其师尊季羡林教授的学问，为中国的印度研究竭尽全力。多年来，他为中印两国的学术交流积极奔走，潜心治学。在他的领导下，深圳大学的印度研究中心风生水起，有声有色，成为中印学术交流重镇。在他的感召下，我乐意为该中心做了一些力所能及的工作。

这次大会，不仅是中印两国学者思想碰撞的盛会，而且是多国学者互相切磋和交流的盛典。我深信，它将有力地推进中国和世界的印度学研究，促进各国印度学家的学术交流和各国人民的相互理解和友谊。

旋即在同年 12 月 1 日，郁龙余教授荣获在印度总统府颁授的“杰出印度学家”奖。从此，他跻身世界级著名印度学家行列。有趣的是，他的获奖日期距我上述贺信发出的日期（2016 年 11 月 1 日）刚好一个月，我在贺信里对他的推崇似乎成为他获奖的一个小小的预示吧。

五、两个巅峰，华彩人生

2016 年 12 月 1 日，印度总统慕克吉在总统府为郁龙余教授颁授“杰出印度学家”奖。“杰出印度学家”奖由 ICCR 设立，授予在研究、教授印度哲学、思想、历史、艺术、文化、语言、文学等方面取得卓越贡献的印度之外的著名印度学家。这是中国学者首次获得此项殊荣。

2019 年 6 月，郁龙余教授全票当选中国印度文学研究会会长，这一殊荣实为罕见。一般地说，一个不成文的规定是：退休多年的教授不适合担任学会要职。龙余教授的当选，充分说明他贡献超卓，这既是众望所归的标志，又是他学术生命的又一个巅峰。

补充一个故事，作为他华彩人生的注脚。

2019 年 9 月 8 日，为节省资源、提高效率，深圳大学传播学院将两个会合二为一，一天完成。这个会题名为“媒介环境学前沿思想论坛暨媒介环境学译丛第一辑图书发布会”。国内外三十余位学者济济一堂，深圳市三位著名文化人——印度学家郁龙余、翻译家诗人刘英凯、报人藏书家胡洪侠在开幕式上发表热情洋溢的讲演。郁龙余教授的讲题是“三好学者何道宽”，其中的三个小标题分别是“他不但外语好，而且中文功底好”“他人品好，所以文品自然就好”“他耐性好，甘坐板凳十年冷”。坦率地说，这些话用在我身上使我惶恐不安，反过来用在他身上倒是恰如其分，“三好学者”不就是龙余教授精彩人生的生动写照吗？

我和郁龙余教授相知将近 30 年，携手走过了半个学术人生。我深知他的博大精深，立志学习他焚膏继晷、精进不息的精神。谨以此文的片段记述庆贺他从教 50 年的卓越贡献。

我心目中的郁龙余教授

刘英凯

刘英凯，著名翻译家，深圳大学外国语学院教授。

我想用个人的一小段经历谈谈对中国印度文学、中印文化关系研究专家郁龙余教授的几点感触。

我评上正教授的时间较晚，是1999年。此前，由于极为特殊的因素，我在外语系以及刚成立的文学院总共两届没能在学校通过申报正教授的审批。进入文学院的前后，我跟担任院长职务的郁龙余教授没有半点亲近关系。可是1999年，进入文学院的第二年，郁老师可能先行审阅了我的科研成果，决定帮助我。在我没有跟他有过交谈的情况下，他主动向我提出，让我认真写一篇论文，他好帮我发到《北京大学学报》。我照办了。1999年拙文《中西作品中比喻差异及其社会文化成因》在《北京大学学报》刊出，这成为我后来多次入选论文集的、有较大影响的论文之一。当年作为学校大评委之一的郁老师又卓有成效地为我做了揄扬、说项和解释等多方面的工作。我在学校以高票获得通过。我的申报材料随后又在省里通过了专业委员会和大评委的审批，于是当年我获得了英语正教授的职称。

2001年，我因为感慨于文学院优越的学术气氛以及和睦的政治氛围，写作并发表了一组七律《文学院学人素描十五幅》，不提名字地总共写了14名教授，每人一首，但是我写郁龙余老师的却有两首。

其一

国庠曾赖久陶镕[1]，

持院[2]持家声望隆。

弄瓦胜璋[3]花雨季，

浇花莳草桂兰丛。

因宽气度鸿猷[4]出[5]，

为佈仁心瑞气浓。

擘划经营襟抱展，

胸无滞物自圆融。

注释：

①郁老师毕业于北京大学东方语言文学系，是季羡林先生的高足。郁老师后来写了《季羡林评传》展现了他们之间深厚的师生情谊。

②持院：郁老师当时是文学院院长。

③弄瓦胜璋：生女儿胜过生儿子之意。郁老师的女儿郁秀所著长篇小说《花季·雨季》被拍成电视剧和电影，获得“五个一工程”奖等多个奖项，并且入选“深圳40年40本书”和“30年最具影响力的300本书”书目，闻名深圳市以及全中国。郁秀的长篇小说除《花季·雨季》外，还有《太阳鸟》《美国旅店》《不会游泳的鱼》《少女玫瑰》等。除了上述五本小说，她还有一本浙江少年儿童出版社出版的游记《我在仲夏清晨踏上征途》，手上还有两本书稿《重新思考自闭症》、《故事在印度》（中英文）正准备出版。

④鸿猷：深远的谋划。明张居正《答楚抚院王见峰书》：“顷者，陵工告竣，仰仗鸿猷，费省工坚，功高赏薄，尚当有待也。”

⑤出：入声字。

其二

洵哉允矣[1]自从容，

铎[2]振虞庠[3]百路通。

行政善开长策道，

著文尤是大家风。

宽仁溶在热诚里，

大事决于冷静中。

展布风光行处好，

芳菲学苑望中秾。

注释：

①洵哉：确实啊。允矣：公允。《诗经·小雅·车攻》云："允矣君子，展矣大成。"

②铎：有舌的大铃。古代宣布政教法令时，振铎以警众。本义为摇铃，后指警示、号令之义。《论语》云："天将以夫子为木铎。"孔安国注云："言天将命孔子制作法度，以号令于天下。"

③虞庠：大学。《文王世子》云："'书在上庠。'此大学之虞庠也。"

如果以上两首诗写在郁老师帮我之前，那就是精神贿赂，非吾辈之所当为也。但是我是在评上正高职称差不多一年之后才写的，是真情实感，没有半点"抬轿子，吹喇叭"的卑微庸俗心理。这是我对郁老师在行政上"宽气度""布仁心""善开长策道"，"圆融"地造就文学院瑞气浓浓的祥和气氛的钦敬。我上面的诗行里也因此氤氲着、自然流露着对他提携后进的宽仁热诚的由衷感佩之情！郁老师的宽展局度和圆融的施政胸怀使我感慨万端！

我还要对郁老师的"著文尤是大家风"发几句感慨。有学者说：一个人的母语水平是他外语水平的上限。对母语没有深湛的掌握，其思维就没有广度和深度，研究能力的高度都会深受负面影响。所以一些教师在国外深造了多年甚至十几年，但由于母语水平不高，他们回到大学却一篇研究文章都无法写成，以致由于没有研究成果，连副教授都评不上，甚至主观上放弃评审。郁老师母语根底极其深厚，为我所钦佩。他行文一直都以大家风范为特点，他写文章信手拈来，著述丰赡，巨著频出，是我尊崇他的更重要方面。

后来我又在2013年11月1日那天写了两首诗赞扬郁老师作为“中印友谊民间使者”的杰出角色。三年后的2016年12月，印度总统慕克吉向郁龙余教授颁授“杰出印度学家”奖。郁老师使者和学者的双重地位得到了国际的高度认可！

两首诗是这样写的：

中印友谊民间使者郁龙余教授赞诗二首

其一

神州天竺①古相依，

“中印大同”②龙象禧③。

奔走民间怀使命，

先生何吝做筌蹄④？

注释：

①天竺是中国古代对印度的称谓之一。在中国历史上，对印度的最早记载在《史记·大宛传》，当时称为身毒。《后汉书·西域传》记载：“天竺国一名身毒。”唐初统称为天竺。“竺”为入声字。

②“中印大同”是国际著名学者谭中先生汉译于印度友人、商务部长兰密施创造的英文词Chindia。

③龙象禧即龙与象之福。《说文》：“禧，礼吉也。”《尔雅》：“禧，福也。”近世人们分别以龙、象喻指中国和印度。

④筌蹄：获取鱼和兔的工具。《庄子·外物》：“筌者所以在鱼，得鱼而忘筌；蹄者所以在兔，得兔而忘蹄。”孔颖达《书序》：“故《易》曰：书不尽言，言不尽意。是言者意之筌蹄，书言相生者也。”

其二

郁郁文哉[①]笔一支，

龙勺[②]挹酒庆殊姿。

余锋挥洒使星[③]墨，

中印交流赋续诗！

注释：

①郁郁文哉：《论语·八佾》："郁郁乎文哉，吾从周。"

②龙勺：古礼器。用以舀酒浆，柄刻龙形，故称。《礼记·明堂位》："其勺，夏后氏以龙勺，殷以疏勺，周以蒲勺。"郑玄注："龙，龙头也。"孔颖达疏："勺为龙头。"《新唐书·牛僧孺传》："僧孺入朝……为山南东道节度使。赐彝樽、龙勺。诏曰：'精金古器以比况君子，卿宜少留。'"

③使星：使者。《后汉书·李合传》："和帝即位，分遣使者，皆微服单行，各至州县观采风谣。使者二人当到益部，投合候舍。时夏夕露坐……合指星示云：'有二使星向益州分野'。"后称使者为"使星"。唐杜甫《秦州杂诗》之九："稠叠多幽事，喧呼阅使星。"

一周前，我又写了一首《有感于〈中外文学交流史·中国—印度卷〉》。

巨著煌煌展异姿，

华章梵典汇真知！

鸿儒耆宿书中跃，

凤翥鸾翔绘史诗！

希望看到郁老师更多的著述闪耀在当今和后世！

2019年11月23日

50

评传作者郁龙余

梁志刚

梁志刚，季羡林学生，曾任国家档案局行政财务司长 13 年。

郁龙余 1946 年生，上海人。中国印度文学、中印文化关系研究专家。1965 年入北京大学东方语言文学系印地语专业，师从季羡林、金克木、刘安武诸师，学习印度语言文学。1970 年毕业留校任教，1983 年任讲师。1984 年调入深圳大学中文系，1991 年升副教授，1996 年升教授。历任中文系副主任、主任，文学院院长暨院学术委员会主任和留学生教学部主任，留学生教学部和师范学院顾问。2005 年至今，任深圳大学印度研究中心主任。

1992 年获深圳大学教学优秀成果一等奖，1999 年获广东省“南粤教书育人优秀教师”奖。

郁龙余主要从事印度文学和文化、中印文学、中印诗学比较研究。主要社会兼职有：中国中外关系史学会副会长，中国印度文学研究会副会长，中国南亚学会常务理事，中国比较文学学会常务理事，北京大学东方文学研究中心研究员、学术委员。发表《中国印度诗学比较》等论文 70 多篇，译著 35 余万字，主编《东方文学史》，编著《中印文学关系源流》《中西文化异同论》《中国印度文学比较论文选》，专著《中国印度文学比较》《梵典与华章：印度作家与中国文化》《中国印度诗学比较》。曾完成国家社科基金“九五”规划重点项目“中外文学发展比较史”、国家教委人文社科“九五”规划重点项目“泰戈尔及其作品研究”和教育部人文社科“十五”规划项目“中国印度诗学比较”。2016 年 7 月，山东教育出版社出版了郁龙余和朱璇合著的《季羡林评传》。

此时季羡林的传记坊间已有数种，郁龙余带着他的研究生撰写评传，勇气实为可嘉。因为季羡林是位百科全书式的大学者，他的一些冷僻学问，别说是大多数普通读者看不懂，就连一些学问大家，也未必能整明白。看都看不懂，评何来哉？且看郁龙余如何评价季羡林的一生。

在该书“绪论”里，他定下的基调是“从大学问家到大思想家”，他用了两组关键词“博大精深的大学问家”和“引领潮流的大思想家”。然后分十章加以论证，概括为“九家一世界”，“九家”即当代中国的首席印度学家、彻悟真谛的佛学家、开宗立派的东方学家、不可或缺的翻译家、名副其实的比较文学大家、独树一帜的散文家、文化交流的伟大重镇、胸怀世界的敦煌吐鲁番学家、笃信马克思主义的大学问家。而“一世界”说的是传主的情感世界，分为“季羡林的爱情全景图”和“‘和谐人瑞’的情感进程”两节。据郁龙余自己说，这最后一章他写起来最为得心应手。这样的叙述和评价准确与否、正确与否，此处不做评论。笔者只想说，郁龙余小心地避开了季羡林生前坚辞的三顶桂冠：国学大师、学术（界）泰斗和国宝。可是，他又给季羡林加了一顶更大更华丽的桂冠——圣人。他在《季羡林评传》中写道：

人类有两个世界，一是物质世界，一是精神世界。物质世界最辽阔的是海洋、天空和宇宙；精神世界比海洋、天空、宇宙更宽广、深邃。了解、把握物质世界是难的，了解把握精神世界更难。一个学者能熔铸古今，汇通东西，是说他对物质世界和世俗社会有足够和深刻的认识与把握，是世俗世界中的智者。如果能经过证悟，对精神世界的真谛了然于心，能预流并揭示人类的发展大势，就从世俗社会的智者升华成为圣人。季羡林经过一辈子的努力，在晚年证悟到了精神世界的真谛，从大学问家发展到了大思想家，成了“人中麟凤”。

中国春秋时代，出了一位圣人孔子，他的学说影响了中国几千年。这种影响今天依然存在，而且正在不断扩大到全世界。在当今的地球村时代，中国又出了一位季羡林，他是孔子的老乡，更是孔子事业的继承者和发扬光大者。

或许，季羡林生前已经料到，会有人给他戴这顶帽子。他曾说：“我七十岁前不是圣人，今天不是圣人，将来也不会成为圣人。我不想到孔庙里去陪着吃冷猪肉。我把自己活脱脱地暴露于光天化日之下。”

至于是不是圣人，季羡林自己说了不算，某一位或某几位评论家说了也不算，唯有历史和它的创造者人民，说了才算数。在此无须多费口舌，还是说说郁龙余与季羡林的师生缘吧。

郁龙余大学毕业之前，专业课学习时间不长，与季羡林直接接触有限。1970 年毕业留校以后，他们的接触逐渐增多。在“文化大革命”后期，季羡林从外文楼回到了自己的办公室。这时办公室空空荡荡，只有一桌、一椅、一书架而已，而且落满了灰尘郁龙余来帮助他打扫，清理掉抽屉里的鼻涕纸，擦洗了办公桌和椅子上的浮土，又去擦拭靠东墙的书架，整理书架上仅有的十几册图书。

此时，季羡林发话了：“这些书都给你，拿走吧。这是过去文字改革出版社送的。你不必管那些汉字注音，看看内容就好。”原来这是一些文学作品，汉字上加注了拼音，其中有《红楼梦》中的《尤三姐》、《儒林外史》中的《范进中举》《五河县》、鲁迅的《门外杂谈》、罗家伦的《真挚的爱情》等。郁龙余发现，其中还有一本谭云山的《观光祖国诗及其他》，是印度中印学会 1959 年出版的，扉页上还有作者的题词，是赠给季先生的。他好奇地问：“谭云山是什么人？”季先生说：“这个人很了不起，是泰戈尔的朋友和学生。这本书，你可以好好读一读。”季先生的这些赠书，对后来郁龙余去深圳大学中文系任教无疑有很大帮助。特别是读了谭云山的书，对这位从事中印文化交流的老一辈学者有了初步认识，这为后来他接受谭云山之子谭中教授捐赠的《谭云山文献》，建立深大谭云山中印友谊馆，乃至建立印度研究中心打下了基础。

1984 年，为了解决夫妻两地分居问题，郁龙余从北京大学调到深圳大学。临行前，郁龙余去季先生家辞行。郁龙余请季先生写封推荐信，鉴于复杂情况，季羡林先前几次推荐的人未被任用，季羡林没有答应郁龙余的请求。不过，此后师生联系并未中断。郁龙余在深圳筹备中国比较文学学会，季羡林给予大力支持，在写作、办刊和科研方面季先生也提供了许多具体帮助。当然，季羡林撰写《糖史》时，需要用电脑检索《全唐诗》，郁龙余也提供了力所能及的帮助。对此事，季羡林在书中写道：

唐代诗文渺如烟海，我不可能从头到尾认真翻检。听说深圳大学将《全唐诗》输入电子计算机，我于是写信给郁龙余教授，请他协助。蒙他不弃，转请有关同志，将有关“蔗糖”的条目利用电脑检出。①

1997年，郁龙余被任命为深圳大学文学院院长，郁龙余请季羡林担任顾问，季羡林欣然应允。2005年7月，深圳大学成立印度研究中心，郁龙余任主任，他仍然聘请季羡林担任顾问。郁龙余“上马”不是季先生“扶”上去的，可是季先生送了一程又一程。2003年深大老校长蔡德麟先生到301医院看望季羡林，季老对他说：“蔡校长，你深大我的弟子很多，但是真正跟我学的就是郁龙余。”郁龙余认为，这话是对自己的极大勉励。

（本文摘自梁志刚著作《季羡林的朋友圈》）

① 《季羡林全集》第18卷，外语教学与研究出版社2010年版，第100页。

“小叩辄发大鸣”

——祝贺郁龙余先生执教 50 周年

孟昭毅

孟昭毅，著名学者，国务院津贴专家，天津师范大学文学院教授。

郁龙余先生自 20 世纪 60 年代进入北京大学东方语言文学系印地语专业学习、工作以来，已经度过了半个多世纪的光阴。从教 50 年来，他读书学而不厌，教学诲人不倦，搞科研焚膏继晷，令吾辈激赏有加；他做人朴实无华，做事不事声张，做学问不遗余力，使后学感佩不已。诸多学界同人几乎都见证了他的奋斗过程，即从一名普通的高校教师成长为一位著名印度学学者，从中印“民间大使”跻身官方智囊人物。近年来，他不负众望，担任中国印度学会会长一职，为中国印度学的发展再立新功。诚如周振甫先生评述钱钟书的《管锥编》：“小叩辄发大鸣”。借用此语评价郁龙余先生，我觉得也不为过誉。

我和郁龙余先生结识已经有 36 年了，因此也有了称兄道弟的资本。1984 年春，我作为天津师范大学的年轻教师参加北京大学东方语言文学系主办的“全国高等学校东方文学进修班”的进修学习，认识了时任东语系印地语教研室教师的年长我数月的郁龙余。他那时经常和我们一起听文学课，上课来，下课走，沉默寡言，稳重大方。因为我们住校，他不住校内，接触不是很多，只是相识而已。但是他对东方文学的学习与研究的热情很高，又很谦虚、谨慎，令进修班的同学们刮目相看，心想人家毕竟是北大的教师啊！其实，现在看来当时他可能已经萌生了从教授印度语言文化转变为研究印度文学的念头。

后来听说他为了解决婚后两地分居问题，来到初创时期的深圳大学，和共同从北京大学来深圳大学工作的乐黛云、汤一介、章必功、胡经之等一起成为深圳大学的几大台柱子，为深圳大学的创立和发展做出了很大的贡献。1985 年夏天，深圳大学首次举办了“全国比较文学讲习班”，并在此基础上成立了中国比较文学学会，召开了首届中国比较文学学会暨国际研讨会。郁龙余先生无疑成为重要的组织者，于是我们又在深圳这个当时改革开放的前沿相聚了。因为当时参加会议的国际和海内外的学者、朋友太多，我们也未多叙谈，但志同道合的追求已成为我们今后作为挚友共同进行学术研究并合作的基础。

以后虽然我们天各一方，但是在北京大学召开的诸多会议上，我们还经常见面，相互了解也越来越深。20 世纪 90 年代初，他邀请我作为合作伙伴共同主编《东方文学史》。我们几乎集中了当时国内高校所有优秀的东方文学教学与研究的中青年骨干教师，认真编写了这部教材，并于 1994 年由陕西人民出版社出版。这部教材由于其学术性和权威性而得到广大读者的认可。经过数年的使用，我们在此书的基础上有针对性地进行了适当的修改和补充。经郁龙余先生的努力，该书新版又得以于 2001 年在北京大学出版社出版，并获得广大读者的好评，成为许多高校东方文学课程的教材和参考书。2013 年，我们又在北京大学出版社联名出版了《天竺纪行：郁龙余、孟昭毅学术之旅》一书，成为我们赴印度的纪念文集。这也为我个人相继在北京大学出版社出版多部专著提供了契机。

到了深圳大学之后，在不可能再讲授印地语的情况下，郁龙余先生开始转为从事印度文学的翻译与研究工作。他先后翻译了 30 余万字的印度小说、戏剧、民间文学等作品。在当时比较文学如火如荼的大发展初期，他担任深圳大学比较文学研究所所长著名学者乐黛云教授的助理，开始从比较文学研究的角度关注中印文学关系的梳理，不仅写了《印度文学在中国的传播与影响》等文章，而且还于 1987 年经由湖南文艺出版社出版了《中印文学关系源流》一书。此书为中国比较文学影响研究的健康发展提供了可以参考与学习的范例与榜样，对早期比较文学界的中印文学关系研究影响很大。作者在“编后记”中断言：“中印之间的文化交流源远流长，两国之间的文学交流可以追溯到远古的年代。”历史告诉我们：“我国的比较文学在滥觞期曾得益于中印两国文学的比较研究。”基于这种深刻的认识，他对印度文学和中印文学关系的研究日甚一日。终于，2015 年他出版了鸿篇巨制《中外文学交流史·中国—印度卷》，并获得各种好评与奖励。

郁龙余先生是一个沉得下心来做大事的人，为人处世缜密、性情执着，言必信，行必果。一旦他认准的事就会克服一切困难，竭尽全力地去做，并争取做到最好。因此，日后围绕印度文学文化和中印文化文学关系的研究，他做起来一发不可收，硕果累累。他先后出版了《印度文化论》《中国印度文学比较》《梵典与华章：印度作家与中国文化》《中国印度诗学比较》《季羡林评传》《中国外国文学研究的学术历程：印度文学研究的学术历程》等学术专著，并发表了百余篇学术论文。

难能可贵的是，他在百忙之中，从印度文化专业考虑，还在中印文化文学的交流方面做了大量具体的相关工作。他先后成立了深圳大学印度研究中心、谭云山纪念馆，促成了诸多印度政府要员到深圳大学访问，极大提升了深圳大学的国际影响力。这些要员有：印度著名经济学家、尼赫鲁大学前校长、印度总理经济顾问契特（G.K.Chadha）教授，著名美籍华人印度学家谭中教授，印度共和国政府规划委员会副主席顾问加金德拉·霍尔第博士，印度驻中国广州领事馆总领事班浩然先生，印度驻华大使拉奥琦女士（Ms. Nirupama Rao），印度喀拉拉邦教育与文化部长贝比先生，印度驻华大使苏杰生（Dr. S. Jaishankar），印度国大党资深领导人、印中议员论坛主席拉奥·因德吉特·辛格先生，印度驻广州领事馆新任总领事 I. M. 潘迪先生，印度共和国对外文化关系委员会主席凯伦·辛格（Karan Singh）博士，印度梵学泰斗夏斯特利（Satya Vrat Shastri）先生等。

他还聘请了不少印度著名汉学家到深圳大学做兼职教授，例如契特教授、邵葆丽教授、墨普德教授、狄伯杰教授、舒明经教授、朱新天教授等，他们的加盟将深圳大学的印度文化研究提升到国内的先进水平。他还举办了各种各样的国内国际学术会议，发扬印度文学文化的优良传统，促进中印两国的文化文学交流和中印两国人民的相互了解。正如深圳报纸上的报道称，郁龙余先生成为名副其实的中印“民间大使”。

尤为值得一提的是，2011 年初春，他应印度 ICCR 的官方邀请到印度访问，先后在尼赫鲁大学、德里大学、孟买大学、加尔各答大学、泰戈尔印度大学和桑蒂尼克坦国际大学等进行讲学。每次他都不辞辛苦，用印地语作学术报告，与各高校的广大师生和领导进行对话，所到之处受到热烈的欢迎。在访印期间，他还受到中国驻印度大使张青的接见并共进午餐，受到孟买总领事牛清报的接待，受到印度东亚司司长和 ICCR 副主席的接见，极大地增强了两国人民之间的文化交流和民间往来。此外，他还深入印度人民中和各类学生、各族市民、各阶层人士、华裔学者和侨胞进行广泛的交流，表现出中印“民间大使”的良好形象，为增进中印两国人民的深度了解做出了非凡的努力。

近年来，随着中印两国关系的不断发展，郁龙余先生也得以进一步发挥自己的优势。他以深圳大学印度研究中心为依托，多次举办有关印度学和中印文化交流的国际会议，在印度产生了广泛的影响。他还积极参与为国家相关部门提供有关印度的多方面的咨政和咨询服务，及时与 ICCR 保持密切的联系，适时参与中印高级别人才交流机制“配套活动”的中印语言与文化研讨会议。他完成的《“一带一路”开创人类文明新纪元——兼论中国、印度的历史担当》一书，将中印两国的关系与责任提升到新的历史高度。2016 年，他荣获印度总统慕克吉亲自颁授的“杰出印度学家”奖，完成了他从“民间大使”到政府间信使的移位。郁龙余先生现正忙于“中国印度学数据库”建设和“中华经典印译出版”项目的工作，准备为中印文化交流做出新的贡献。

郁龙余先生从事高等教育工作半个世纪以来，始终在不断践行着自己人生的“五个一”工程，即“一书生、一辈子、一件事、一直做、一定成”。这种坚守和精神为我们树立了榜样。我们愿和郁龙余先生一起以“何忧晚岁，笑看流年”的心态，为共同的学术事业，再续华章。

2020 年春

案上心中皆有书

——我心目中的郁龙余教授

吴俊忠

我与郁龙余老师在深圳大学共事30多年，既一起教书育人，又共同管理学院党政事务，可谓“老搭档”。我称他“老郁”，他叫我“俊忠”，平时相处，亲切随和，议事论学，亦有默契。在我心目中，老郁是一个生动的个体。对于他，我有许多话可说。可是真要提笔写他，却又不知从何写起为好。近日偶读古人小品，忽得灵感，对老郁仿佛也加深了认识。

古人云，做人治学，须有德、识、才、学，然德识才学兼具一身者，世罕见之。学者治学，不仅要案上有书，更要心中有书。只有心中有书，方能做到德行端正、识见高远、才能卓越、学问精深。对照古人的这些观点，我感觉，老郁就是一个“案上心中皆有书”的学者。他治学有“识”，管理有“才”，专攻有“学”，做人有“德”，令人敬佩，激人仿效。

治学有“识”

古往今来，凡成大学问者，绝不是死读书、做死学问的“寻章摘句老雕虫”，而是识见高远、视野开阔，对世界、社会、人生有独到见解的思想家，对世人有思想引领、精神提升之功用。老郁的学术生涯和人生经历，生动地例证了这一点。

1987年，我从北京师范大学研究生毕业后到深圳大学中文系任教。我起初没有见到郁龙余老师（据说他因身体有恙正在休养），却看到了他编写的《中印文学关系源流》，细读之后，感觉郁老师不是一个传统意义上的外国文学教师，而是把文学研究与文化研究融为一体的文化学者。

20世纪80年代中后期，深圳大学的大专教育如火如荼，目的是给创建不久的深圳特区培养急需的应用型人才。当时，老郁提出创办旅游文化班，让我们这些人眼睛一亮，深感这是一个好创意。因为那个年代，我国的旅游业刚刚兴起，无论是旅游从业人员还是游客，都对旅游的文化内涵知之甚少。管理者缺乏应有的文化意识，游客也缺乏旅游活动的文化素养。因此，创办旅游文化班，培养旅游从业人员，可谓是急社会所急，谋社会所需，适逢其时，恰到好处。时任中文系主任的胡经之教授立即表示支持。时任中文系副主任同时也是旅游文化专业的策动者章必功，亲自撰写《中国旅游史》，作为旅游文化班的专用教材。旅游文化班开班之后，广受欢迎，报名就读的人越来越多，产生了广泛的社会影响。1988年，中文系扩建为国际文化系，旅游文化就发展为一个专业，成为深圳大学的一个品牌，老郁功不可没。这件事让我意识到，老郁是一个具有使命担当的好学者。他心里想的不仅是东方文学那“一亩三分地”，而是像德国学者费希特在《论学者的使命》中所指出的那样，把“为社会服务”看作自己的使命，努力“把自己的目光转到自己周围的事情上”“把自己为社会而获得的知识，真正用于造福社会”。可以想象，一个缺乏远见卓识、做死学问的“腐儒”，绝无可能产生创办旅游文化班这样的好创意。说来也巧，旅游文化班后来还成就了一段爱情佳话。越南自卫反击战中的战斗英雄史光柱被接收到深大中文系深造后，旅游文化班的北京姑娘张晓君被史光柱的英雄精神所感动，主动向史光柱表达爱意，表示愿意照顾史光柱的日常生活（史光柱在战争中受伤，双目失明）。后来，他们俩结成伉俪，生活得很幸福。如今他们的儿子都已经大学毕业参加工作了。从某种意义上说，是旅游文化班成就了这份美好姻缘，这自然也有老郁的一份功劳。

2013年9月和10月，国家主席习近平在出访中亚和东南亚期间，先后提出共建“丝绸之路经济带”和“21世纪海上丝绸之路”（简称“一带一路”）的重大倡议。老郁作为一个印度研究专家，敏锐地意识到他在推进“一带一路”建设方面应该发挥的作用，不失时机地为促进中印文化交流做出贡献。2017年中印边境发生摩擦时，他应约给中央有关部门呈交书面建议，提出化解中印边界冲突的学者见解。他还以嘉宾身份在深圳电视台《决策制高点》栏目阐述自己的看法，起到了很好的文化引领作用。当印度对“一带一路”倡议采取“左右摇摆”“实应口不应”的暧昧态度时，他及时写出了《“龙象共和”是历史的神圣召唤》《中印同心，为重建世界新秩序而努力》等文章，文章被译成英文在印度发表后，在印度社会尤其是印度学界产生了很好的文化影响，在一定程度上起到了化解隔阂和误解的作用。后来，他把论述“一带一路”的相关文章结集为《“一带一路”开创人类文明新纪元——兼论中国、印度的历史担当》出版，被纳入“深圳学派建设丛书”，在国内也产生了较大反响。这时我们看到的郁龙余教授，绝不是一个书斋学者，而是一个眼观世界风云、胸有国际大局的思想家。正是这种高远的思想见识使他的学术研究超越学科和专业，达到了经世致用的境界。

管理有“才”

1997年，深圳大学实行学院制，文学院是首批成立的学院之一，郁龙余担任院长，我任党委书记，开始了我们俩的“搭档”过程。由于工作关系，我对老郁有了更多的近距离观察，深感他担任院长的这几年，充分显示了他的管理才能，并把管理才能演变成知人善任、厚待下属的管理艺术，展现出他的人生亮色的另一面。

学院管理，核心是人的管理。院长不仅要有较高的学术威望，更要有亲和力和凝聚力，让教师们发自内心地认同。当时初办的文学院教师由原来的中文系、外语系和大众传播系三个系的教师组成。因为院长、书记两个正职都是中文系的，所以老郁特别注意公平公正、一视同仁地对待三个系的老师，有时甚至有意特别关照一下外语、大众传播这两个系的老师。如安排教师办公用房时，外语、大众传播这两个系的教师大部分都被安排在朝南向阳的房间，而院领导和中文系的老师则大部分都被安排在朝北背阳的这一面。这个细节，让老师们心悦诚服。

此外，老郁真诚地关心教师们的工作和生活，也赢得了老师们的尊重。中文系的薛忆沩老师是一名颇有影响的作家，同时也是带着一个儿子生活的单身爸爸，他时常要参加作协的一些会议和社会文化活动，还要花时间照顾儿子。老郁除了让薛老师妥善安排，还尽量给他提供一些方便，使他能够做到工作生活两不误。

还有一件事令我十分感动，那就是帮助身为画家和书法家的老教授苏东天出版画册。苏教授师承著名画家潘天寿，绘画和书法的造诣都很深。他一直有出版一本画册的心愿，但由于种种条件限制，迟迟未能如愿。老郁了解情况后，动用自己的人脉关系，借助深圳大学文学院的单位优势，帮助苏老师顺利出版画册，并给画册写了序文二（序文一由池田大作撰写），实现了老教授多年的心愿。我注意到，苏老师在画册出版后神采奕奕，每天上班都是穿西装打领带，教学科研也取得了显著成果。

老郁在热情关心教师们的工作和生活的同时，也能够宽容待人，虚心接受各种批评，甚至面对一些有意无意的冒犯时，也能一笑了之，不存芥蒂。记得有一天，我和老郁正在他的办公室商谈工作，忽然响起了猛烈的敲门声，未等我们回应，门就被推开了。一位老师气呼呼地走进来，把手里的书往老郁的办公桌上使劲一摔，就骂骂咧咧地说开了，一副兴师问罪的样子。我见老郁非常冷静地坐在那里，既不发怒，也不反驳。等到那位老师气出完了，他才非常平静地说："现在你听我讲，究竟是怎么回事……"最后，那位老师带着歉意离开。我在旁边观察，非常佩服老郁的涵养。如果换作是我，肯定不能容忍如此粗暴的举动，说不定当时就会吵起来。而且，我注意到，事后老郁仍然一如既往地对待那位老师，没有任何芥蒂。正因为作为一院之长的老郁对老师们心存关爱和宽容，文学院形成了令其他单位羡慕的团结和谐氛围。领导班子团结协作，老师们和睦相处，大家心情愉快，工作有干劲。直至现在，许多人还在怀念文学院早期的那一段美好时光。

专攻有"学"

老郁是北京大学东语系印地语专业毕业，印度文学与印度文化研究是他的老本行。

数十年的学术生涯，使他在印度学研究领域专攻有“学”，成果卓著，形成了四个突出亮点：一是出版专著《梵典与华章：印度作家与中国文化》，享誉中印学界；二是出版《季羡林评传》，该书被译成多种外文，受到中外学界高度评价；三是创办深圳大学印度研究中心，该中心成为我国南方唯一的印度研究基地；四是获得印度总统颁发的“杰出印度学家”奖。这四个亮点，显示出他的学术高度和思想境界。

《梵典与华章：印度作家与中国文化》仅看书名就饱含诗意，富有象征意义。梵典乃印度之典籍，梵语是媒介，文化是根本；华章是中国之国粹，博大精深，源远流长。梵典与华章的交流融合，成为东方文化的突出亮点。我当时一看到书名和设计典雅的书封，就被深深地吸引了，十分佩服老郁表达学术思想的精准和雅致。此书后来被温家宝总理作为礼物送给印度政界学界高层朋友，以表达中印文化交流历史悠久、生生不息之意。学术著作能产生如此文化传播效果，在我国学界并不多见。

《季羡林评传》开创性地以评传的形式，对学术大家季羡林先生的学术成就和精神遗产进行了系统评述，在很大程度上填补了我国季羡林研究的空白。该书甫一问世，就广受好评。老郁作为我国学界少数几位有机会近距离接触季老并时常聆听季老教诲的学者，充分利用各种有利条件，准确而又详尽地评述了季羡林的传奇人生和学术贡献，使评传成为中印学界倍加赞赏的学术经典。此书后来被译成英文、印地文、泰米尔文三种外文出版，足见其学术水准和国际影响力。

深圳大学印度研究中心是老郁退休前不久才创建的，目的是利用他自己多年积累的研究优势，以及集聚的一批有志于印度研究的博士和硕士的人才优势，在我国改革开放的前沿深圳创建一个中印文化交流基地，为深圳建设国际化城市，推进中印文化交流和文明互鉴，发挥一些学术推动作用。印度研究中心建立之后，老郁全身心地投入中心的基础建设和学术活动，退而不休，不要报酬，甘当无私奉献的“学术义工”。短短数年间，印度研究中心举办国际学术会议，承担研究课题，出版学术集刊，组织中印学者文化交流活动，迎请泰戈尔铜像矗立深大校园……可谓风生水起，影响广泛，成为“深圳市人文社会科学重点研究基地”和“国家民委‘一带一路’国别和区域研究中心”。研究中心不仅国内学界人所皆知，而且在国际学界也有较大的知名度。

老郁是我国第一个获得印度总统颁发“杰出印度学家”奖的专家学者。这表明，他的印度学研究代表了我国的前沿水平，受到了印度官方和学界的普遍认同。同时也说明，继季羡林之后，我国又有了可以和印度学者平等对话的学者。这不仅是郁龙余的个人荣誉，更是中印两国之间文化交流生生不息、持续不断的象征。老郁作为一个学者，能承载如此重要的文化内涵，实属不易。

做人有“德”

古人云：“以虚养心，以德养身。”为人在世，德是根本。德识才学，德为首位。人若无德，彰名必遭毁，显学难服人。我与老郁共事 30 多年，细观其待人处世之言行，深感其已把做人有德体现在生活的方方面面，发乎自然，让人敬佩。有两件事令我印象深刻。

第一件事是他对夫人郑老师始终如一的关爱。2017 年，在职研究生班的同学为我举办了一个从教 40 周年座谈会，老郁作为同事，也来捧场。他发言时，讲了几句场面上的客气话后，话锋一转，就开始夸起老婆来。他说，郑老师当年是校花，与他结婚后非常贤惠，但没有享到多少福，生双胞胎女儿时，因两地分居，他未能守在妻子身边，直到女儿已经会在床上爬了，他才赶回家，至今仍感到愧对夫人。研究生们听完老郁的这番话后，直呼“郁老师真可爱”。后来我才知道，老郁的这番话是有感而发。我的从教 40 周年座谈会，使他感受到岁月流逝不可阻挡，人生的遗憾难以弥补。当年他愧对夫人郑老师，如今郑老师因病需要他照顾，他一定要尽心尽力地照顾好。他对研究生们讲的那些夸老婆的话，实质是他内心世界的一种自白，也是他做人有“德”的自然显现。我们都知道，老郁平常一心做学问，很不擅长做家务。但是，郑老师生病后，两个女儿都在国外，请保姆又不放心，他这个“老书生”硬是把照顾病人和料理家务都承担起来，其中的艰辛可以想象。尤其令人感动的是，老郁年过七旬仍不显老，头发一染，还像一个英俊的老小伙儿，女性的回头率不低。但是，自从夫人郑老师生病后，他就不再染发，满头银发顿显苍老。我问他为什么不染发了，他说，如果他把自己打扮得太年轻，就会与郑老师的形象形成落差，影响郑老师的心情，不利于养病。我听后心中为之一动，这样的好男人实在太难得了，不仅从无绯闻，还要处处考虑对方的心情，避免伤害对方。据说，在这次新冠肺炎疫情防控期间，老两口儿还浪漫了一次。由于夫妻二人宅家数月，老郁成了一位美髯公。为了送老伴去医院看眼睛，他让老伴拍照留影后，就将剪下的胡须、头发和前几天给老伴剪的头发一起放在一个快递纸盒中，并对老伴说："这样你中有我，我中有你，再也无法分开了。"做人做到这个份儿上，德行修养，可见一斑。

第二件事是他真诚地关心和支持我的学术发展。有不少学院的书记院长关系搞不好，彼此处于无声的较劲和竞争中，但老郁对我不仅毫无设防阻遏之心，而且真诚地关心和支持我。我和他搭档的那几年，正是我准备申报教授职称的关键时期。老郁主动地委派学院学术造诣较深的教授帮我修改学术论文，以便能够顺利发表；他主编的"文艺学系列丛书"，把我的《文学鉴赏论》作为第一本收入其中；为了让我能够集中精力搞研究、出成果，他同意我周五不来校坐班，这样我就可以把周五和双休日这三天连贯起来使用，效率就高很多；在我颈椎病发作住院时，他把院里的党务行政工作一起抓，让我能够安心治病养病。这些情景，或许老郁自己已经忘了，但我永远铭刻在心，这也是我始终尊重他、敬佩他的重要原因。

常言道：金无足赤，人无完人。老郁也不可能十全十美。但他作为一个学者，能够做到使命担当积极主动，治学做人学识并重、德才兼备，已是十分难能可贵。在我心目中，他永远是我敬重的老大哥和好榜样。

我所认识的郁龙余

——读《季羡林评传》有感

刘　群

刘群，深圳大学经济学院教授。

打开经典，就可以发现自己渺小，我喜欢发现自己渺小的感觉。

当我第一次翻开《季羡林评传》，首先跃入眼帘的是那气势磅礴的目录篇章：从大学问家到大思想家、当代中国的首席印度学家、彻悟真谛的佛学家、开宗立派的东方学家、不可或缺的翻译家、名副其实的比较文学大家、独树一帜的学者散文家、文化交流的伟大重镇、胸怀世界的敦煌吐鲁番学家、笃信马克思主义的大学问家……瞬间，我被目录的气场所吸引，更被目录诱发的阅读欲望所冲击。我明白，接下来的阅读，必是享受一场思想盛宴，一场由作者馈赠的精神大餐。

一

从学识的深度和广度上说，用如此宏大的目录篇章书写季老，是有相当难度的。它需要有与之相应的知识厚度和宽度，需要有印度学、佛学、比较文学、东方学、翻译学、敦煌吐鲁番学等方面的专业修养。季老的某些学问，懂得的人少之又少，可以说季老是个孤独的学者。而要从如此广泛的领域评价季老，可以说，这样的人也是少之又少，也是个孤独的学者，而郁龙余老师就是这样的人。

常言道，名师出高徒。郁老师之所以能有如此“气壮山河”的气概，评述季老如此复杂而又跌宕起伏的人生，这和季老对郁老师的栽培以及郁老师对季老的追随、景仰是分不开的。

郁老师 1965 年考入北京大学东方语言文学系印地语专业，师从季老，毕业后留校任教，1984 年因解决夫妻分居问题调入深圳大学。来深圳大学后，郁老师仍然没有放弃对印度学的研究，而且因多年受季老的熏陶与影响，其对学术的追求达到了“朝闻道，夕死可矣”的人生自觉，一生勤于学问，焚膏继晷，硕果累累。

2005 年 3 月，时任国务院总理温家宝出访印度之前，专门调阅郁老师的学术著作《梵典与华章：印度作家与中国文化》，并把它作为出访礼物赠送给了印度的朋友。

2015 年 5 月 14 日，国家主席习近平在西安大慈恩寺将新版的《大唐西域记》（印地文版）作为中印友好交流年的国礼赠送给到访的印度总理莫迪。

《大唐西域记》（校注）和《大唐西域记》（今译），是季老早年主持完成的一项青史留名的文化工程。根据这一研究成果，外文出版社于 1991 年组织中外专家翻译出版了《大唐西域记》（印地文版）。由于该版本将玄奘原著中用汉语音译的大量人名、神名、地名、术语等还原成了梵语原文，因此深受印度人民的喜爱。该书不仅是中印两国文化交流的结果，还具有作为两国友谊“文化使者”身份的象征意义。然而，该书在民间已难觅踪迹。此时，郁老师独具慧眼，从中印两国文化交流的大局出发，在外文出版社原版已损坏、重印几乎不太可能的情况下，组织人力物力财力，克服重重困难，重新制版，并对原版本的正文、版式进行修饰订正，前后花费了近 2 年的时间，终于使该书于 2015 年得以再版。恰好此时，印度总理莫迪访华，而刚刚出版的此书则作为“文化使者”，被赠送给了印度客人。

2016 年 12 月 1 日，印度总统慕克吉在总统府为郁老师颁授“杰出印度学家”奖。“杰出印度学家”奖由 ICCR 设立，授予在研究、教授印度哲学、思想、历史、艺术、文化、语言、文学等方面取得卓越贡献的海外著名印度学家。这是中国学者首次获得此项殊荣。

郁老师的另外两部史学性质的学术著作《中国印度文学交流史》和《中国外国文学研究的学术历程·印度文学研究的学术历程》，是中印文化史领域的扛鼎之作，也是我国中印文学史领域与中国的印度文学研究史领域的开山之作。它们和《季羡林评传》一样，郁老师都倾注了十余载的时光。

74 万余言的《中国印度文学交流史》，研究了佛教文学自唐代以来对中国文学的影响，以及佛典汉译对中国翻译学的影响等，从中可以看出中印两个文明古国文化交流源远流长。

35 万余言的《中国外国文学研究的学术历程·印度文学研究的学术历程》，对中国的印度文学研究脉络进行了梳理，分析了中国的印度文学研究特点，总结了中国的印度文学研究成就与不足。

在中印文学史和中国的印度文学研究史的工作中，郁老师的创始之功，是可以彪炳史册的。

二

郁老师在《季羡林评传》中说道："我知道，评传难写，像季先生这样的旷世大学者的评传尤其难写。"

首先，从"传"方面说，郁老师在《季羡林评传》中说道："我在撰写《季羡林评传》的过程中，阅读了凡能找到的几乎的全部材料。"

季老一生著述 2000 多万字，已经出版的《季羡林全集》就有 30 卷，还有尚未结集的新著以及日记、通信、演讲、英文论著、散文、谈话等，而这些，只是为"传"提供了必须阅读的基本材料；加之众多读者写的大量关于季老的散文以及研究季老人生和学术的著作，这些文字是"传"需要阅读或需要有选择地阅读的。上述两者的文字加起来，少说也得以亿计。而要撰写一本全面、深入、系统评价季老人生和学术思想的著作，阅读、研究这些浩瀚的文字，只是撰写的前提和必要的准备。

其次，从"评"方面说，如果说，"传"多少有资料可循，那么，"评"则是一个和传主亲密接触、走进传主内心世界的过程。

郁老师在《季羡林评传》中说道："我是以学生的身份来撰写这本《季羡林评传》的。学生给老师写评传，有利有弊。简而言之，情况熟悉，信息丰富，且多第一手资料，这是优势，即有利条件。不利条件即弊端也同时存在，因为对传主熟悉，可能陷入具体资料和私人情感之中，不易客观冷静地分析问题，而且可能缺乏应有的高度和深度。”

“评”的过程，作者必须保持一份清醒，如果陷于私人情感而失去自我，则会出现“陷溺”——陷入迷惑泥淖无法自拔，或者出现“悬空”——与传主过于远隔漫述一己之见，使“评”欠客观、欠真实、欠实事求是，出现与季老的人生和学术思想的“精、气、神”形似而神不似的状况。

最后，从专业角度说，郁老师在《季羡林评传》中说道：“我在以往的季羡林研究中，已有如下成果……（笔者注：郁老师列举了自己许多研究季老的专著和学术文章，此处略。）以上是我对季羡林研究的已有成果。无论如何，它们是我撰写《季羡林评传》的起跑线。”

季老是郁老师的传主，更是郁老师的业师，以业师为镜，止于至善，是郁老师一生的追求。为使季老的学术思想薪火相传，郁老师除吐火罗文等极其冷僻的专业不得其门而入外，凡是业师研究的领域，郁老师都有很高的造诣。这些，从郁老师获得2016年度“杰出印度学家”奖这一殊荣，就可见一斑。

郁老师在《季羡林评传》中说道：“总之，这是一部严肃的书。如何才能写好一部严肃的评传呢？这是需要我认真思考的。”是啊，从另一个角度说，评传又是通过评述传主来写自己，写自己的见解，写自己的所得与所感。在评述传主的同时，也将自己的内心世界传递给了读者。因为，在评述的过程中，作者的学识、眼光、心胸、情怀都会表露无遗。这些，只要翻开58万言的《季羡林评传》，那殚精竭虑、咳唾成珠的文字，让我闭目思来，心中感佩。

三

中国和印度是两个文明古国，两国文化交流有着悠久的历史，两国民间流传着许多脍炙人口、耳熟能详的故事。

例如，月亮里面有只兔子、黔之驴（黔驴技穷）、狐假虎威、阴司地狱与因果报应、阎王爷、鸡生蛋、蛋孵鸡等，这些故事主要来自古印度的《五卷书》。

再如，曹冲称象的故事则是源自印度《杂宝藏经》（卷一）中《老国缘弃》里面一个称象的故事，在后汉时期经民间口头传入中国。这个故事从印度出发，几乎走遍世界，到了中国，它变成我国民间传说的一部分。它的原文是："天神又复问言：此大白象，有几斤两？群臣共议，无能知者。亦募国内，复不能知。大臣问父，父言：'置象船上，著大池中，画水齐船，深浅几许，即以此船，量石著中，水没齐画，则知斤两。'"虽然这个故事已经写入了我国的正史，而且同一个具体的人物联系了起来，但它仍然不是国货，它的老家在印度。

在读季老作品前，我对中国这些脍炙人口、耳熟能详的故事源于印度竟然全然不知。季老的作品犹如一盏探幽灯，使我对印度人民的思想感情有了更多的了解，与古老的印度文明有了更多的心灵沟通。

郁老师在《季羡林评传》中说道："作为文学翻译家，季译'二剧一诗一故事'（笔者注：二剧即《沙恭达罗》和《优哩婆湿》，一诗即《罗摩衍那》，一故事即《五卷书》），足以显现他译作的数量之巨和品相之美。作为学者翻译家，他翻译的全部作品，其范围之广泛，学识之渊博，令人叹为观止。"郁老师称季老为"中国当代最具影响力的翻译家之一""不可或缺的翻译家""中国现代成果最博大精深、影响最广阔深远的佛学家""中国学术史上的千古绝唱""他开创了中国印度文学研究的新时代""他研究的广度和深度，超过了他中国和德国的师辈""他不仅在广度和力度上远远超越了前人，超越了本学科一切中外权威，而且还创立了新说""洪纤并重，超迈前人的学术格局""他从中国的首席印度学家、东方学奠基人，变成了当代中国乃至世界学术文化思想界的坐标人物"，等等。

可以说，郁老师的这些评价，是季老一幅幅不懈努力与人生追求的闪光画卷，它客观地反映了季老在中国和世界学术史上的学术地位与引领潮流的学术风范。对晚辈后学来说，这些画卷可以帮助我们了解季老、学习季老，并从中获得学术追求方面更多的激情与愉悦。

四

郁老师在《季羡林评传》中说道："不论是丛林香火还是佛学研究，季羡林都是重要推动者，有的是直接的，有的是间接的。""佛教语言研究是季羡林的看家本领，他的其他佛学成就都建立在佛教语言研究这一基础之上。"

1974年冬，回鹘文《弥勒会见记》的母本——吐火罗文写本在新疆吐鲁番地区被发现。20世纪80年代初，这部残本现存残页44叶（88面）的吐火罗文古文字写本照片被新疆博物馆原副馆长李遇春送交到了国内唯一掌握绝学的季老手中，季老经过"艰难困苦地向前爬行"，终于辨认出这是用吐火罗文写的《弥勒会见记》剧本，并开始了对这部"天书"的解读。

于是，郁老师在他的学术著作《梵典与华章：印度作家与中国文化》中说道："当代中国翻译史上，乃至世界翻译史上，最精彩的一幕开始了。……《弥勒会见记》中英文译释，是一个破天荒的奇迹，在佛教研究史上意义重大。中外学人再研究弥勒，应从研究季羡林的《吐火罗文〈弥勒会见记〉译释》开始。"

20世纪60年代，季老写了《原始佛教的历史起源问题》一文，并对佛教的产生、发展和内衰外盛情况进行了总结。季老指出："佛教扎根在被压迫的原始居民中间，提出了一切皆苦的学说，符合了一部分人的想法。它相信轮回业报，从而反对种族制度……投合了农民的愿望。佛教徒虽然不从事体力劳动，靠布施为生，但是他们不许占有任何财物……因此同人民的矛盾不大……由于这些原因，它在印度由小而大，终于成了大王朝的国教。输出印度以后，由于它无区别地对待一切民族，因而在一些亚洲国家流行起来，一直流行到今天。"

郁老师在《季羡林评传》中说道："季羡林以上对佛教的经典论断，半个世纪以来一直为广大佛教研究者所信服。只要佛教不灭，季羡林的这些经典论断就有生命力。”郁老师认为季老的这篇文章是“真正的搔着痒处”。

1991 年，季老写了长文《佛教的倒流》，指出“倒流”在印度佛教史上，在中印文化交流史上，甚至是世界宗教史上，是一个值得深思的问题，并证得佛教从中国倒流回印度的事实。

郁老师在《季羡林评传》中对这篇文章的评价是：“就我的浏览所及，还没有哪一部佛教史或有关的书籍，认真地谈到过这个问题”“读了季羡林气势磅礴而又酣畅淋漓的自问自答，令人有醍醐灌顶之感”“季羡林是现代佛教事业的重要推动者”。

由此可以看出，郁老师只有阅读了汗牛充栋的佛教典籍，具有丰富的佛教学养，才能够对季老的佛学学识做出如此深刻有见地的评价，才能深悟季老的佛学世界之堂奥。

五

郁老师在《季羡林评传》中说道：“季羡林散文应在 500 万字左右。这个数字，超过了中国所有的散文大家，也超过了世界上包括泰戈尔在内的所有散文大家。”

季老不仅散文写得多，而且销量好。季老的散文，扎根在普通百姓生活中，它似一块磁铁，具有把普通百姓吸引到学术大师周围的魅力。因而，季老的散文，是许许多多书店书架上一道亮丽的风景线。

深圳书城中心城于 2006 年 11 月 7 日开业，据说是当今世界单店经营面积最大的书店。因我家住在书城附近，所以，在闲暇时间里，我常常逛书城。然而，在开业至今的 10 多年里，我发现季老的散文作品在文学类书架上几乎是摆放最多的，仅书名就有几十种，可谓是热销不止。

我是季老的粉丝。我主要是通过阅读季老的散文作品而喜欢上他的。季老的散文是我不可或缺的一种精神食粮。

《深大通讯》2014年第2期发表了我的一篇近7000字的散文，题目叫《我所认识的季羡林》。然而，写文章的想法，却是由郁老师引发的。

我和郁老师同住一个小区，我们常常一起乘校车去学校，也常常一起乘校车从学校回家，因此我也常常近距离汲取着这位博学者的思想营养。2010年2月的某一天，郁老师对我说，季老去世已有半年余，有一家出版社打算在季老去世一周年前夕出本纪念文集，问我能否写篇关于季老的文章。

我喜欢季老的散文，但并不等于我敢动笔书写季老，原因有三：一是季老的散文，内容博大精深，而我学识瘠薄，实不足以窥季老之堂奥；二是我从事的是金融学教学，文学写作并不是我的强项，不写可以使自己在写作方面的浅薄藏而不露；三是郁老师是我国文化战线的社会名流，出版社告知郁老师，自然也会告知其他的社会名流，而季老去世后的第一部纪念文集，汇集的自然是社会名流的作品，我作为一个写作生手，跟这些社会名流一起结集出书，内心“惶恐”，实不敢当。

然而，面对郁老师的这一提问，我不敢作答，也深感惭愧。再加之我得益季老作品营养的恩泽，不动笔写一点什么，实不足以了感恩心愿。由此，心中便萌生了一种一定要书写季老的念头。

从哪个角度入手书写季老，才能书写出自己文章的特色来呢?

我思考了许久，认为还是从季老的“副业”入手。

于是，我写道：“在我的印象中，大众了解学术泰斗，都是从他主攻的专业角度开始……但是……大众通过大师的非专业领域——季老称自己的散文是‘副业’——了解大师，并通过大师的非专业领域喜欢上了大师，这样的大师并不多见。而季老就是这样一位大师……”

正如郁老师在《季羡林评传》中说的一样：“喜欢季羡林的读者，大都是从他的散文等作品来认识了解季羡林的。一个一辈子只研究梵文、巴利文、吐火罗文而不写散文的季羡林，必然是另一个为普通读者所陌生的季羡林。季羡林正是通过其散文作品被广大读者所熟知、所喜爱的，中国当代散文也不能没有季羡林。当我们评价学者季羡林时，一定不能忘记他的散文家身份。”

文章写好以后，我把文章送给郁老师看，我看到郁老师脸上露出一丝淡淡微笑，我知道，我的“作业”已经得到了郁老师一个比较高的打分。

六

郁老师在《季羡林评传》中说道：“季羡林的学术高峰出现在他 70 岁以后，尤其是 80 岁之后……倘若没有 70 岁以后的成果，季羡林就是一位一般的大学者。”“从 1929 年到 2009 年，季老不知疲倦地坚持写作 80 年，这在中国乃至全世界，都是罕见的。”这就是季老——老骥伏枥，志在千里。烈士暮年，壮心不已。这就是“人中麟凤”——仰之弥高，钻之弥坚。而气势磅礴的目录篇章，正是郁老师对季老最准确、最恰当、最有说服力的评价。

季老走了，将学问看成生命的大师走了。今天的晚辈后学，是否还能把季老那种做学问做到“止于至善”的精神传承下去？

习近平主席 2016 年 5 月 17 日在哲学社会科学工作座谈会上的讲话中说道：“总的看，我国哲学社会科学还处于有数量缺质量、有专家缺大师的状况。”我觉得，像郁老师这样能够继承前贤、严谨治学、崇尚学问人生的人，今天在我们国家已经是凤毛麟角、少之又少了。今天的社会，有谁还能够像郁老师那样，舍得用宝贵的生命去“享受”学问人生？舍得“十年磨一剑”去著述一部经典？

但愿我的感慨都是多余的，但愿我国的哲学社会科学发展如习近平主席在哲学社会科学工作座谈会上的讲话中所说：“我们不仅要让世界知道‘舌尖上的中国’，还要让世界知道‘学术中的中国’、‘理论中的中国’、‘哲学社会科学中的中国’，让世界知道‘发展中的中国’、‘开放中的中国’、‘为人类文明作贡献的中国’。”

阅毕《季羡林评传》，我深深感觉到，仅凭我的学识，即使我付出百倍的努力，也写不出一个博学、治学严谨、惜时如金的郁老师；我明白，我作为一个外行，对于郁老师的专业修养与学术造诣无置喙的余地。我“炫玉自售”只是为了告诉大家，深圳大学人文社会科学有郁老师，这是深大的荣幸，也是深大的骄傲。大师就在我们身边，学习大师，不仅要善于接近大师，更要善于接近大师的思想。

评传是具有史学意义的学术著作。《季羡林评传》除了使我对季老的人生和学术思想有更多的了解，还让我沐浴到季老思想的智慧和光辉。从受益的角度说，这是一本励志的书，一本可以深化人对生命意义认识、给人以美的鉴赏力的书，一本能够拓宽人的知识深度和广度的书。因此，我更愿意认为它是一本既受业内人士青睐，更受普通读者喜爱的书。

19 世纪英国诗人王尔德说道：“我们都生活在阴沟里，但仍有人仰望星空。”可以想象，如今有些人的社会价值观混浊迷茫，他们热衷于计较阴沟里的蝇头小利而不依不饶，而仰望星空的人是不会参与其中的，因为他们有更加广阔的胸怀。季老，就是教我们仰望星空的人；而郁老师的《季羡林评传》，则是助力我们仰望星空的高级营养补品。

文章写好以后，得知出版《季羡林评传》的山东教育出版社已就该书与国外出版商签署了英文、德文、印地文、孟加拉文、泰米尔文五个语种的版权输出合同；日文、俄文的翻译正在进行中，出版商一旦确定，就可以签署版权输出合同。这些，也从另一个层面说明了郁老师的学术功力。文化乃人类之共享，就这一点来说，季老是中国的，季学是世界的；同理，《季羡林评传》作为季学的一个组成部分，既是中国的也是世界的。

（本文原载《大鹏文学》2017 年第 2 期）

50

“一带一路”开创人类文明新纪元

牛喜平

牛喜平，著名学者，国际儒学联合会副会长。

细读国际著名印度学家郁龙余先生的著作《“一带一路”开创人类文明新纪元——兼论中国、印度的历史担当》，两条明显的脉络最先展现在面前：一是他在整个人类文明转型的大视野下对“一带一路”倡议的历史定位、未来展望从思想文化的角度进行了学术解读、构建，得出了“一带一路”开创人类文明新纪元的结论；二是在“构建人类命运共同体”的观照下对“中印大同”“Chindia”的宏伟蓝图进行了构建，提出了中国、印度两个大国历史担当的卓见。我想这大概也是作者在这本专著中所要表达的主旨。作者对“人类命运共同体”理论和“一带一路”倡议所做的阐释，不是口号式的，不是想当然的，而是运用广博的历史文化知识和深厚的学术功力，将它们深深地构筑在人类思想文化基础之上，这正是这本学术专著的大用之处。

作者认为“一带一路”倡议是对古代数千年丝路和海丝路的传承发展。古丝路和海丝路曾经是东西文化交流的主渠道，给人类文明发展带来巨大的动力。受中华文明、印度文明和阿拉伯文明影响的欧洲文艺复兴和欧洲启蒙运动，虽然促进了科学技术和工业革命的发展，加速了东西文化的交流，缔造了一个前所未有的时代，但资本主义经过 500 年的发展，已经显出疲态和沉沦之势，发动侵略战争、海外殖民，输出资本和文化，追求暴力和暴利的“双暴”发展方式，已经难以为继，越来越不得人心。资本主义内部动荡不已，目前世界的动荡与美国这个超级大国的衰落有关。人类如何克服在可持续发展过程中遇到的挑战和危机，是各国政治家和社会精英面临的重大现实问题。“一带一路”的建设正是人类在文明发展过程中遇到困难后主动调整，重新确定方向而进行的复杂的系统工程，其中包括必不可少的文化理论建设。

站在文明发展转型的大视野之下，作者从思想、文化的角度对“一带一路”倡议的指导理念、追求的终极目标、建设的方法及与中国文化的关系进行了解读和理论建构。他认为“一带一路”倡议至少有五大理念可与全世界人民共享，即“民为邦本”的民主观、“中庸之道”的方法论、“和而不同”的关系总则、“己所不欲，勿施于人”的处世原则、“天下大同”的社会观，这五大理念是人类古老的智慧，这在东西方有着广泛的认同。他认为“一带一路”倡议的最终目标就是引导人类进入全新的大同之境，摆脱战争，共享繁荣和发展，就是东西方人民梦寐以求的“天下大同”，就是印度的“世界一家”，就是古希腊柏拉图的理想国和希伯来文明中的“伊甸园”的伟大理想。为了实现这个宏伟的目标，必须采用科学、高尚的方法，这就是“一带一路”倡议提出的“政策沟通、设施联通、贸易畅通、资金融通、民心相通”的“五通”建设目标；实现这些建设目标必须坚持用“亲、诚、惠、容”的作风处理好各合作国之间的关系。

围绕中印关系及由此展开的阐述、记述、评论是该书最值得称道的地方。印度是中国唇齿相依的近邻，是一个出思想、出经典的国度。作者作为研究中印比较文学、中国印度学、印度汉学的著名学者，曾经被印度总统授予“杰出印度学家”奖。作者在该书中表达的思想观点无疑具有权威性，这也是这部学术专著的价值和“底气”所在。它打开了我们从精神层面认识印度的大门，告诉人们中印友谊是一个尚待开发的文化“富矿”，与中国文化一样，印度文化中蕴含着解决当前人类面临问题的宝藏。

作者在“构建人类命运共同体”的理论指导下，精心构建了“中印命运共同体”，亦称为“中印大同”“Chindia”“龙象共和”的整体框架，既具有理论性，又具有实际的可操作性，对未来中印关系的发展深具指导和借鉴意义，这也是探索学术与实际问题结合、与治国理政结合的最好的例证。

在这个整体的构建框架中，他分析了中印关系的现实困境，抓住了中国、印度缺乏政治互信、缺乏了解的主要矛盾，大胆地做出中印关系的基本面是健康的，这种健康的因素蕴藏在中印的文化之中的判断。他呼吁加强对印度的研究和了解，大幅度提升中印两国关系，积极倡导和践行“中印大同”思想，并上升到哲理层面论证其合理性。他认为“中印命运共同体”有五大思想基础，即“天人合一”与“梵我一如”的哲学基础、“仁爱和合”与“慈爱不害”的道德基础、“民为邦本”与“长老会制”的政治基础、“恕道思想”与“容忍观念”的社会基础、“中庸之道”与“中观思想”的方法论基础，认为这是两国人民的宝贵财富。

作者在书中列举了选择中印大同、中印共和的五大理由，提出了实现中印大同的四大建议：进行大规模、深层次的文化交流；大幅度扩大两国留学生规模；增大对中印学者的支持力度；利用国际合作机制发展中印关系。他认为未划定的边界问题，是中印关系的关键，积极创造条件适时解决好边界问题将会使中印关系达到一个新的高度。

在对“中印大同”的命运共同体进行构建的同时，作者对中国文化、印度文化的核心价值及其对世界的意义进行了系统梳理，提出了中国、印度历史担当这个重大的时代命题。他认为中印文化是世界和平思想的发源地，和中华民族一样，印度历史上没有侵略别国的行为，文化中没有侵略扩张的基因。中印文化交流堪称世界文化交流的楷模，为人类的生存发展，如何避免冲突、战争，走向和平，积累了经验。中印两国在历史上属于“四大文明古国”“中世纪三大文化中心”，是现在世界上人口最多的发展中国家，和平发展势不可当。以“中印大同”为基础的中印两国和平发展，不仅会给中印人民，而且会给世界人民带来福祉。中印两国有条件、有义务担当起引领世界走出困境的历史重任，在重建世界新秩序中发挥作用。

该书的结构分为上篇——“一带一路”与中国文化关系，下篇——中国与印度在精神层面的相互了解。上篇从学术文化和哲学思想的角度对“一带一路”建设和“中印大同”两大体系进行了学术建构。下篇则从历史回顾的角度记录了为中印文化交流做出重大贡献的人物、事件，并给出了作者自己的评价，构成了中印文化交流的真实的历史画卷，读来真实感人、催人奋进，进而效仿。作者对各位前辈大师的生平业绩、思想精髓的概括，对中印文化交流中重大事件的梳理评价，对中印重大的文化工程、译介工程、研究项目进行的解读，又进一步从思想层面夯实了上篇内容的宏论决断，为深入研究印度学、中印关系提供了不可多得的指引。

作者的文化交流观认为，文化交流是人类文明进步的动力。为此，他呼吁：第一，在“一带一路”的建设中处理中印关系时把文明交流互鉴作为重中之重；第二，提出了中国和世界要在精神层面加深了解，加强与各国学者、智囊、各个阶层人民的沟通，认为加深与世界各国人民精神层面的了解是中国和平崛起、民族复兴的先决条件、重要标志；第三，要建立分层次的文化传播理念，加强思想层面的交流，“一带一路”不仅是物质建设，更是精神建设；第四，面对全球化背景下文明交流互鉴加速的趋势，玄奘舍身求法的精神具有永恒的价值和普世的意义，要在文化交流中大力弘扬这种“取经精神”。

关于作者的学术思想观，我们至少可以概括为三点。一是认为国家的强盛必须有强盛的学术支撑。他引用了张之洞的劝学名言“时运之明晦，人才之盛衰，其表在政，其里在学”进行论证，并评述道：无论中、外，每一个强盛的时代都有强盛的学术支撑，如汉之经学，隋唐之佛学，宋之理学，欧洲的文艺复兴、启蒙运动。二是认为不同文明之间的会通、融合一定是发生在哲学思想层面。他援引徐梵澄“求世界之大同，必先有学术之会通；学术之会通，在于义理之互证。在义理上契合，在思想上乃可和谐”的名言进行论证。作者在进行“一带一路”和“中印大同”的学术阐释时，所做的就是大量的学术、义理会通、互证工作。三是作者呼吁学者要做有思想的知识分子，对国家发展大计、世界大势了然于胸，有自己独立的见解。要克服学术研究“短平快”的作风，从研究精神文化、哲学入手，研究透彻方有真知灼见。积极倡导学术研究工作要与实际工作相结合，让学术走出学术圈，用学术思想指导实际工作，为实际工作提供借鉴。我们可以深切地感觉到这虽然是一部学术著作，但又有许多方面超越学术，为处理当代错综复杂的国际关系提供了指导和借鉴。

50

同乡，同学，同志

——我心中的一根标杆

冯就宜

冯就宜，上海市老年作家，上海市浦东新区十九大宣讲员。

1965年8月29日22：30左右，天气有点闷热。

上海北站月台。

乘火车的人特别多，肩扛手提着最简单的行李，夹杂着送行的人来来往往，更显得月台狭窄，拥挤不堪。

我第一次亲眼看见火车，更是第一次乘火车，跟着父亲非常焦急地等候着火车到站。

火车站里广播着去北京的列车的简短信息："各位到北京上大学的新生们，列车就要进站了。这是由福州开往北京的大学生新生专列，沿途经福建、江西、浙江、上海、江苏、安徽、河北、天津，终点站是北京。从上海发车的时间是8月29日23：00整。"

列车进站了，新大学生们在家长的陪同下忙着寻找车厢号，找到车厢号后又忙着找座位号。我终于找到了我的座位，父亲将我的行李箱塞在座位底下，反复叮嘱说："要看牢自己的东西。"我第一次出远门，真是有点傻乎乎的，两只脚死死地把行李箱踩住，生怕给别人偷走似的。一切安顿好了，对儿子寄予希望的父亲只说了一句"好好读书"，转身就想走了。正在此时，一位比我父亲瘦弱的家长说了声"这里，这里"，随后我看见一位也很瘦弱、斯文的学生坐到我对面，打量一下，他身穿浦东乡下土布衫，脚下穿着一双略黄色的塑料凉鞋，听他与他父亲的对话，是浦东口音。我不知他是谁，更不知他被哪一所北京的大学录取。我与他都没有多说话，倒是我的父亲先开口问他的父亲："侬的小囡也到北京，也到北京大学读书吗？"他的父亲"嗯"了一声。两位父亲下车了，又站在车窗外，再叮嘱了两位年轻人。

长笛一声，火车慢慢地驶离了上海北站。

上海，再见！

这是一趟大学生专列，但又是一列慢车。它不仅每个小站要停，还要让车，所以列车慢悠悠地前行着。

我的双脚踩踏在行李箱上，很想跟素不相识的他聊上几句。他告诉我："我的姓名是郁龙余，郁郁葱葱的郁，龙飞凤舞的龙，多余的余。陈行人，三林中学毕业的。"我告诉他："我的姓名是冯就宜，马出角冯，成就的就，便宜的宜。周浦人，周浦中学毕业的。"乡音把我们拉近了。我们俩都是上海浦东人。列车过了苏州车站，我们的话开始多起来了。郁余龙告诉我："我录取北大东方语言文学系。"我告诉他："我也录取北大东方语言文学系。"我们俩是校友和系友。

列车到了镇江车站，我的脚有点肿了。郁龙余见状就起身帮我倒了一茶缸白开水，并安慰我，叫我站起来在车厢过道里走走。我觉得郁龙余的生活经验很丰富。

最难熬的时刻来了，我不知道也不懂得火车为什么在南京不开了。后来听说从南京到浦口要摆渡，一节车厢一节车厢先后上轮渡船，到了浦口再一节车厢一节车厢衔接上，时间花费了许多。我很饿，又很疲劳，脚还是肿着，又是郁龙余，在南京火车站站台上买了几个南京大肉包，给我吃了两个。我觉得这位同乡、校友、系友真好！

31 日下午 5：00 左右，列车到达北京火车站，整整 42 个小时，我们到了北京。

我和郁龙余一起来到北大新生接待站，我们上了北大的大巴士。司机师傅特地将大巴士开过天安门广场，让北大学子们看看雄伟的天安门城楼和宽阔的天安门广场。大家的情绪很激动，我和郁龙余坐在一起，我们俩都欣赏着美丽的北京。

记得那一顿晚饭是两块肉馅饼和稀饭，另加少许咸菜。由于我的脚很肿，行走不便，还是郁龙余端给我稀饭和肉馅饼。稀饭里没有一粒米，是玉米糊糊，我不习惯，哭了。郁龙余也不习惯，但他对我说，慢慢也就习惯了。

9 月 1 日起进行新生入学教育。在北大大饭厅，陆平校长给全体新生做报告。我记得最清楚的几句话是：“你们是全国最优秀的学生，是万里挑一的学生。但你们要牢记，是工人和农民养活了你们；北大有着光荣的革命传统，你们要高举五四火炬，做无产阶级革命事业的接班人……”

新生入学教育结束，我们东语系的全体新生齐聚在外文楼 103 大教室聆听书记贺剑城和系主任季羡林讲话。贺书记希望全体新生走又红又专道路，季老希望全体新生在专业上要有所造就。最后宣布专业安排。当听到印地语专业的学生名字中有郁龙余、冯就宜，我很高兴，我与一位一路上关心我的人分在同一专业，我们俩成了同班同学。

同乡和同学，我们俩就亲近起来了。

我们每天的学习生活蛮紧张的。吃好早饭后，要走很长的一段路，才能到外文楼后的平房教室，郁龙余和我基本上同路而行。由于当时的外语教学方法是听说领先，不提前发教材，我们还是感觉比较吃力的。郁龙余在上学的途中教我记忆的方法，我获益匪浅。50 多年过去，当时的情景还是历历在目啊！

一场风雨来了。

1966 年 5 月 25 日下午，我们要去阶梯教室上政治课。但在去教室的途中，我看见几个人正在大饭厅的东墙上贴大字报。我记得郁龙余从大道的南面走过来，我从大饭厅的小路走过去，途中我们见面了。来不及看大字报的具体内容，郁龙余扯着我的衣袖说：“快，上课要来不及了！”那天的傍晚，大饭厅的大道两旁集聚着许多人，大家议论纷纷。

“五二五”后的一个深夜，学生们都熟睡了。系团总支书记方薇老师突然来到我的宿舍 116 房间，找我谈话，叫我到外面去。那个年代，学生被老师尤其被领导谈话，心里总咯噔咯噔地不安。方薇老师告诉我：“你闯祸了，苏修电台广播了你的名字。”她问我：“你说了什么啦？”我不知所措，想了想一天的行程，与谁说话，说什么话。想来想去，我觉得很坦然。我对方老师说：“我真的什么也没有说。”第二天我向郁龙余汇报时，他给我朗诵了毛主席诗词中的两句："不管风吹浪打，胜似闲庭信步。"我从郁龙余身上学到了一种自信。

我在一些人的眼里，属于另类。风雨最狂的时候，在四十斋前的大字报栏里，贴了十四张大字报纸，控诉陆平修正主义教育路线是怎样腐蚀工农子弟的罪行。仔细一看说我背叛工人阶级本色、堕落为陆平修正主义苗子的一系列错误，一条条，一桩桩，一件件，触目惊心的罪状。我还是想到郁龙余，向他汇报我看到大字报后的想法。郁龙余一句话："让他们说去吧！"我从郁龙余的表情和语气里学到了一种坚强。

在以后的日子里，我"病"了，我回家"休养"了一段时间。在计划经济年代，没有粮票是无法生存的。北京市粮票不能在上海使用。又是郁龙余，他如期如数给我寄全国粮票。以后大家各自一方，我总是在电话里对他表示感谢，他总是淡淡一笑，说："应该的，应该的！"我从郁龙余关心同志这一点中学到了一种友善。

1970 年元旦后，我们从延庆新华营大队回到学校，面临着毕业分配问题。我的表态是："祖国的需要就是我的志愿。服从分配。"我的态度是很积极的，也许是一腔热血吧！郁龙余告诉我："你的身体不是最好的，是否可以提出分配到铁路交通比较方便的地方？"我根据郁龙余的意见将我的毕业分配要求向军宣队、工宣队作了补充汇报。毕业分配是一件大事，郁龙余从我的身体实际出发提醒我。我从郁龙余仔细考虑我的实际情况中学到了一种真诚。

分别那一天（1970 年 3 月）我们俩紧握的手谁也没有先放松，两行泪水流不尽，不言不语，一个深情的拥抱结束了我们 5 年左右的同窗生活！我从郁龙余热心地向我告别中学到了一种友谊。

1984 年夏天，郁龙余先生在燕园学习、工作 19 年之后，携带唯一的家产——26 纸箱图书来到改革开放最前沿的深圳，在搏击浪潮中展宏图、显身手，一个学习稀有语种的人，当上了深圳大学中文系系主任、文学院院长。

郁龙余先生在北大的学生年代，跟随季老先生苦学印地语，到了深大，为适应时代，填补中国文化与印度文化研究的空白，不断挑战自己，潜心研究印度学。2016年12月1日，郁龙余先生获得由印度总统颁发的“杰出印度学家”奖，他是中国第一位、世界第二位获此殊荣的学者。

郁龙余先生对中印文学、文化的独立研究和对比研究，以及对世界文学文化交流的认识与实践，直接服务国家发展的重大战略。

2005年，温家宝总理出访印度前，特意调阅了郁龙余先生撰写的《梵典与华章：印度作家与中国文化》，温家宝总理注意到了开卷季老的题词：“文化交流是推动人类社会前进的重要动力之一。如果没有文化交流我们简直无法想象人类今天的社会会是一个什么样子。”在中外记者招待会上温家宝总理两次引用“梵典与华章”来概括中印文化关系，并将《梵典与华章：印度作家与中国文化》赠送给印度相关领导人。

2015年5月14日，习近平主席将在郁龙余先生组织、联络下再版的印地文版《大唐西域记》作为国礼赠送给来华访问的印度总理莫迪。

郁龙余先生以严谨的科学态度和学术理性，写了《“一带一路”开创人类文明新纪元——兼论中国、印度的历史担当》《深圳与“一带一路”建设》《“一带一路”建设的内涵、目标、方法与作风》《“一带一路”与中印合作新契机》等，为一些重要国际会议提供了近10篇论文；同时还应国家、省市和有关部门要求，撰写了一系列的咨政报告，直接服务于国家战略和国家外交。郁龙余先生的系列研究，有效支持了国家相关外事活动和发展，充分显示了他杰出的学术研究在服务国家战略、支持国家外交方面的学术成果。印度总统普拉纳布·慕克吉赞誉郁龙余先生：“我非常高兴能将2016年‘杰出印度学家’奖授予中华人民共和国尊贵的郁龙余教授。作为研究员、教师和学者，他因对印度研究的重大贡献而被博学的评审专家团评为获奖者。他是印度宗教史领域研究前沿的标志性学者。其作品增添了印度学的研究内容，将会沿此方向长期启发后学。我赞赏专家团的评选，同时祝贺郁龙余教授。毫无疑问，郁教授在印度学研究方面的著作和贡献将会对其祖国和他国学者有深远之启迪。”

郁龙余先生不仅钻研学术，还精于育人。有位年轻人因为有偿转让香港通行证被判罪获刑两年，他在入狱前曾看过郁秀的《花季·雨季》。进了监狱后知道郁秀的父亲是深大的教授郁龙余先生，于是在服刑地粤北监狱里的他鼓起勇气写信给郁龙余先生，想求得他的帮助，想不到郁龙余先生认真地回信："我不知道你具体犯了什么错，但我愿意在你奔向光明的路上帮你做些什么。"这位青年将郁龙余先生的信当作宝贝一样，一直安放在贴近胸口的口袋里。这位青年出狱后，创办了中国第一个失足者帮教公益网站——"中华失足者热线"；接着又创办国内首个民间刑释解教人员帮教中心——深圳市阳光下之家文化发展中心，简称"阳光下之家"，专门为刑释解教人员提供心理辅导、法律咨询、职业指导、权益维护以及个人创业机会的帮助，得到国家政法、公安部门的肯定。这位青年在狱中写就长篇小说《阳光下》，之后又创作纪实小说《走出高墙》。广东省要评选"十大杰出父亲"，这位青年瞒着郁龙余先生替他报了名。主办方被青年与郁龙余先生的故事感动，郁龙余先生高票当选，他就成了"广东首父"。郁龙余先生帮助人是一贯的，我与郁龙余先生在北大相处 5 年左右，他一直帮助我。

郁龙余与他的夫人郑亦麟培育的女儿郁秀在高中时代就创作了小说《花季·雨季》。我们可以想象，家庭环境造就了郁秀，自我努力造就了郁秀。

我是一个普通的中学教师，郁龙余是深大资深教授，但我们有着共同的志向，我们集合在党旗下成为"同志"，一起宣誓过。

同乡，同学，同志，这就是我与郁龙余。

郁龙余先生执教 50 年，谨以此文表示对郁龙余先生的祝福！

2020 年 5 月 25 日

嗨！我与郁龙余教授的关系，那是缘分……

吴永年

吴永年，上海外国语大学印度研究中心首席顾问、教授。

每逢有人问起，我与郁龙余教授的关系为何如此亲密，我总是这么说：“嗨！我与郁龙余教授的关系，那是缘分……”

我与郁龙余教授之间有六同。一是真正的同乡，两家相距仅一两里地。二是就读同一个中学。三是同为北京大学校友。四是攻读同一个专业——印地语专业。五是同出一个师门，我们都师从季羡林先生，在季羡林先生的教诲与指导下，从事印度学和南亚东方文学的教学与研究工作。六是在我俩的学术生涯中，同深受季羡林先生的恩惠，有幸请到他老人家亲自为我俩的著作作序，使我们一次又一次感受到了师生之间的浓浓深情。

在郁龙余教授主编的《中印文学关系源流》一书中，季羡林先生作序写道：“向深圳大学，向乐黛云同志，向郁龙余同志表示谢意，感谢他们给中国比较文学研究做出了这样一个可喜的贡献”。

在我的《当代印度宗教研究》一书的序言中，季羡林先生写道：“吴永年教授是我的学生和朋友，我们相知有年，极多共同语言。我在他新书问世向他祝贺之余，乐于为此书写这样一篇短序。”

初进北京大学时，我就读北大历史系。历史系为了培养青年师资，也为了加强北大印度史的研究，把我从历史系调到东语系学习印地语。记得我刚到东语系报到的那天，就有老师对我说：“东语系印地语专业有你的一个同乡，他也是上海浦东人，他叫阿庆，大名郁龙余，不久，他也要来了……”当时我一阵惊喜，心里想，能在北大东语系印地语专业找到同乡人，那真是人生的一大幸事、喜事。

后来我才知道“阿庆”这个外号和样板戏《沙家浜》有关。阿庆是个没有出场的角色。阿庆嫂说他在上海跑单帮，胡传魁说他什么都好，就是脚有点野。郁龙余当时一个人在编写《毛著中的成语词典》，有些系里的集体活动就没参加。于是有同学笑称他在跑单帮，送给他一个“阿庆”的外号。那时的北大东语系，知道阿庆的人多，人们一般都叫他阿庆，不叫他郁龙余这个大名。

我第一次与他见面时，他相当热情，问这问那……他比我年长几岁，自然在学识上要比我高出许多。4 年的印地语学习期间，他当我们的助教，在学习和日常的生活中，我是受益匪浅的，他对我的指点帮助多得难以计数……就举一例，当我 4 年学成毕业，要回上海前夕，还在苦恼着没有一只结实的大木箱装书和衣物时，郁龙余知道后，毫不犹豫地将自己一只十分漂亮的油漆大木箱给了我，解了我的燃眉之急。

毕业后，我俩分隔两地，相距千里。他在北京大学继续任教和研究印度文化，后来他又调到深圳大学任文学院院长；我在上海外国语大学从事外国语言文学及印度学的教学和研究工作，后我又调到上海国际问题研究院专门从事印度和南亚、东南问题的研究。我们俩虽见面的时间少了，但我们彼此的交流从未阻断过，渠道也十分畅通。凡他主持的有关国内外研究印度学和南亚问题的活动和学术会议，他都邀请我参加。

我所知道的郁龙余教授最大的特点是，他有着常人不可比的非凡的意志力，这也是他人生最大的优点之一。从大学毕业至今，无论环境和条件如何变化，无论人在何处何地，他都会想方设法找时间和机会，用自己所学专心研究印度学和中印文化。他不为名不为利，扎扎实实，踏实苦干，取得了令世人瞩目的学术成就，也为中印友好与文化交流奉献了自己几乎所有的时间和精力。

因为他的学识功底深厚，真正达到了厚积薄发的地步，所以，他成果丰厚，卓有建树。尤其对中印文化的研究，其贡献令人振奋，有目共睹。正如有的评价所说，“如此厚积薄发的知识积累，杰出的学术造诣，琳琅满目的学术成果……喷薄而出，目不暇接，令人赞叹，让人敬仰”。这些赞美之词，没有半句虚言，用在郁龙余教授身上也恰如其分，是他实事求是的真实写照。

更为可贵的是，他为人谦逊，真正做到了“尊师爱生”。正如他自己常说的：“尊师爱生，怎么强调都不为过。”他与人交往，从不拿架子，凡是有求于他的，不论是中国人还是外国人，只要他能做到的，一定尽力而为，让你满意为止。我时常来往印度，在印度有很多的朋友，谈到郁龙余教授的学识和为人，他们没有一个不竖大拇指的，都是赞语有加。一个貌不惊人的普通的中国知识分子，能被外国人常常惦记，而且念念不忘，这是不多见的。

他用自己的学识、品行与丰硕的成果，摘得“杰出印度学家”奖，受之无愧。这是人们仰望的学术殿堂，人类文明的当代象征。他是中国第一位、世界第二位获得此殊荣的学者。正如北京大学何芳川副校长对我说过的一句话：“你为北大而骄傲，北大为你而骄傲。”

更为我们所记取和感动的是郁龙余教授于 2016 年 12 月 1 日在印度总统府的获奖感言，他说：“中国古代圣人孟子有一段名言：‘民为贵，社稷次之，君为轻。’我将它改成自己的座右铭：‘成事为重，名次之，利益为轻。’我用半个世纪的时间，将印度语言文化研究，从专业变成职业，又从职业变为终身事业。事实证明，这个座右铭对我是行之有效的。”

这就是我认识的郁龙余教授，一个在中印文化百花园里勤奋耕耘的学者，一个在为今天和明天中印两国繁荣昌盛、人民幸福和世代友好的奋斗者。

亦师亦友廿载情

陈继会

陈继会，深圳大学教授，深圳大学研究生部主任，曾任郑州大学文学院院长。

一

仔细想来，我与郁龙余先生认识、交往竟已20个年头。20年前正值盛年的我们，如今皆已然或正在迈入古稀之境。对于每一个体生命来说，廿载时光不是小数，但在我的感觉中却似一晃而过。此番情景，让人不能不陡生逝者如斯的感慨！

在我，以“先生”称谓郁老师的时候很少，仅限于在关于他的文章中；在最初的交往中，也曾以“院长”称之，那是因为初识和基于礼节；到了后来，渐渐熟了，我们便以“老师”互称。他长我几岁，有时对我则直呼其名。这样便好，更见亲切。

我与郁老师的交往始于1997年的暑假。那一年，由深圳大学文学院主办的全国中文系主任、院长会议在深圳大学召开。那时，他是深大文学院的院长，我在郑州大学文学院工作。会议的中心议题是中文学科的教学与研究。在我的印象中，会议好像也没有讨论出个子丑寅卯，倒是深圳大学和深圳大学文学院被大家更加熟知。圈内的人都知道，许多学术和专业会议，很多时候差不多是学术（专业）搭台，友情唱戏，结交朋友，扩大影响。

其实，此次会议之前，对深圳大学和深圳大学文学院大家都已有所了解。胡经之先生的文艺美学研究，以及中文学科的比较文学与世界文学研究，为大家所熟知。比较文学与世界文学的成立暨第一次学术研讨会就是在这里召开的。

也许是一种缘分，4年后，2001年的春天，我联系了郁老师，告诉他我想南迁深圳，变换一下工作、生活环境。郁老师当即表示欢迎，说文学院想加强学科建设，准备申报、争取多个学科的硕士与博士研究生的授予权，正在全国物色人选。

郁老师是一个热情、细心的人。在与他前前后后的沟通、联系中，他总是及时接听电话，有问必答，从未表现出被搅扰的不快。仅有一次，我清楚地记得，一天晚上，我在以为合适的时候拨通了他的电话。他接听了，但话筒传来的是他略显焦急、紧张的声音。他说："对不起，陈老师，我在收看一个电视新闻，随后我再打给你。"当时，我颇为后悔，心想自己是不是去电话的时间不太合适。随后，他如约给我回了电话，说他刚刚在收看美国 9·11 的新闻。事后我知道，他的小女儿郁秀正在美国读书，他的忧虑和担心可以想象。

我于 2001 年的岁尾调入深圳大学。在办公资源比较紧张的情况下，郁老师让我与胡经之先生在同一个房间。这个小小的安排却是大大方便了我。初来乍到，人地生疏，有了这个落脚的地方，自然是方便多了；同时，我也便同胡先生有了更直接、更方便的交流、学习机会。

2002 年暑假前，学校安排我到研究生部（后更名为研究生院）上班，郁老师则去筹备留学生部（后更名为国际交流学院），同是到一个新的单位，我们都很忙。平日见面的机会自然少了，但我们之间的联系却从未中断。

每每想到这些细节，我总感慨于郁老师的个人修为之好，待人不疾不徐，温文尔雅。我曾说过，行政工作是一件没有诗意、极易消磨人的锐气和激情的差事。在高校从事管理工作，如果你"贼心不死"，还想继续关注自己的学问，十有八九你会焦虑，弄不好你甚至会轻易地在某个场合表现出你的烦乱、着急以至失礼。我自己就有过这样的时候。如今，在深感愧疚的同时，分外念及郁老师的宽厚、祥和与通达。

二

我曾同一个朋友说过郁老师的生活方式。在物质层面，他是真的不怎么讲究，除了在必要的场合身着西服，他的衣服从颜色到款式永远都是中规中矩的衬衣和夹克。

他有一个习惯，至今我都不能确定好与不好：他从不做体检。我同他讨论过，他说：做什么体检，给自己添堵。意思是一旦身体检查出问题，让自己徒增烦恼。几十年来，他不做体检，身体也确实没有什么毛病。是因为没有体检使他身体健康呢，还是因为他身体本来就好？我肯定相信后者。虽然已经上了年纪，但他仍然是步履矫健。平时，他喜欢把饭菜打包拿回办公室，或由别人帮他带饭到办公室。许多时候，他吃的是放凉的盒饭。这在一般人至少在我绝对是不可想象的事。脾胃不好，不敢造次。

没有了行政事务羁锁的郁老师，似乎比以前更忙了。每次在办公楼或校园其他地方碰到，他总是行色匆匆。他在忙什么？忙他的学问，忙他的印度学研究。数年来，他气定神闲、专心致志地致力于印度学研究。在他和一批研究者的不懈努力下，深圳大学印度学研究中心卓然而立，取得一大批骄人的成果。

在我的理解中，郁龙余老师的学术研究可以用勤勉奋进、清醒笃定、虚怀若谷去描述。在治学上的勤奋和精进，郁老师的确超出了常人。他几乎没有多少其他的个人爱好，时间几乎全部用在做学问上。即使在退休之后，他也没有停滞自己的脚步。每天清晨，他同其他正常上班的老师一样，从居住的小区乘坐班车来到学校，坐满一天再乘坐班车回到家中。出发，返回；再出发，再返回。日复一日，周而复始。他是上足了发条的一架时钟，不会停摆。

较之其他领域的研究，印度学并不是一个热闹的学科，或者说其价值并未完全被人们认识。郁老师从他师从季羡林先生治学开始，就清清楚楚知道这一领域研究的价值与意义，所以一直清醒笃定，不离不弃，一路寻觅，披沙拣金。

印度学研究中的许多领域，一般学者较少涉猎，但这并不影响郁老师向别人“讨教”（交流、讨论）。我就遇到过，有一年申报国家社科规划基金项目，他带着论证材料到办公室征询我的意见。就课题的学术本身，我肯定无以置喙，只是从课题的架构以及申报的理路、视界（切入点）和研究方法等方面进行讨论。我建议他，课题设计从初稿的较多讨论文学问题，加强和拓展对文化批评的关注，以增强论题的丰富性和对当下社会关注的回应。那年的课题申报好像最后也获准立项。郁老师在治学上的虚怀若谷是值得后学好好学习的。

2016年，郁老师荣获第二届“杰出印度学家”奖，我曾以《耕耘者的幸福》为题，为纪念文集撰写短文，以表致贺。文章中谈到了郁老师的治学，转录于此，以作补充。

郁龙余先生获授由印度总统颁授“杰出印度学家”奖的消息，不胫而走，悦动友朋。听闻消息，欣喜之至。郁先生是我南迁深圳的“摆渡人”，亦师亦友，亲同兄长。我为能够同他分享耕耘者的幸福而快乐。

郁先生能够获此殊荣，实乃实至名归。数十年如一日，他伏案笔耕，著述丰厚；一朝受奖，金身正果。纵观郁先生数十年的学术里程，他启示我以及后学者的，是他的专注与执着。“专注”，是指他对于学术方向的清醒和坚定。当学界纷纷注目于西方，趋“新”若鹜时，他清醒地认定“印度学”这一虽嫌寂寞但却富于价值的领域。如同面对一位心仪的女子，一旦情定，携手永远。“执着”，是说他在开掘“印度学”这座“富矿”中，那种百折千回、一路前行、永不回头的治学精神。有此两把利器，何愁攻坚克难。

祝贺深圳大学印度学研究香火永继，祝福郁龙余先生人笔俱健！

三

当我在键盘上敲下这些文字时，整个中国正在遭遇一场巨大的疫情灾难，新冠病毒肆虐华夏大地乃至全球。庚子疫变惊天下，黑云压城黯中华。寒凝大地，四野俱寂。疫情改变了过去的时间节奏，一时间整个世界都似乎停滞下来。原本喜庆的春节成了悲情的时刻，人心被一种莫名的郁闷和惊惧笼罩。

感谢郁龙余先生从教50周年编委会的邀约，使我在这个特殊的时刻回忆与郁老师交往20年的点点滴滴，这些带着温情的文字驱散了疫情的凛冽，温暖着我的身心。

经此疫变，加之不断增高的年岁，我突然觉得自己变得特别脆弱、念旧和易于感伤。于是，我便更加珍视曾经的友谊。时光的雕刀虽然会无情地刻下我们逐渐老迈的年轮，但它同时也将镌刻下我们的共同友谊：同郁龙余先生以及我所有的朋友。祈福你们健康、平安!

2020年冬月，于深圳前海

50

我心目中的郁龙余老师

庄锡华

庄锡华，文艺理论研究专家，深圳大学文学院教授，曾任《深圳大学学报》常务副主编。

相识虽晚，相交匪浅，郁龙余老师的为人与学问都是我素所钦敬的。郁老师研究印度文化，学术专攻，我不好置喙；郁老师教书育人，带出了很多优秀的弟子，纪念集中也必有他们称谢的声音。回想起我与郁老师亦私亦公的交往，我感受最深的是他性格中特别柔软的一面。

工作狂是郁老师给人的最初印象。走进他的办公室，只见书籍、资料、文件堆得满满当当，他与人说话不尚客套、直来直去，虽也是轻声细语，虽也是和颜悦色，但也难得看到他有什么特别的表情，偶有笑容也不是很灿烂。在陌生人眼里，他的额头上像是贴了张“公事公办”的告示。这样的印象其实并不算错。高校任教不用坐班，但郁老师头脑里像是没有这一条，天天坐班车上班，坐班车下班，毫不厌倦。节假日的办公室里照样能看到他忙碌的身影。我敢断定他那么多丰厚、让人歆羡的个人著述，必是充分利用了别人看电视、消遣娱乐的时间。是否会因为缺少了娱乐而使他性格中缺了点活性，这是当事人冷暖自知的事，我不敢妄断。郁老师表情不丰富的面相，或许能让不甚熟稔的访客望而却步。郁老师对印度文化有精深研究，国内被总理提及、国外获总统颁奖，头上顶着巨大光环，但他脸上没有半点得意飞扬的神色。在校园里他只是一个身板挺直、细步快走的看上去极为普通的中年男子，“泯然众人”，谁能相信眼前行色匆匆的他居然是一位声名远播的学者。

说到公事公办，作为他曾经的下属，确有不少话说。我觉得在郁老师身上这公事公办尽可以作正面的理解。找他办事，如果所办之事合理合规，不用多说，更不需要特别的“表示”，肯定给你办了；如果办不成，好话说上一大堆，送贵重的礼物，一句话，不行就是不行。也正是在这公事公办的过程中，我体会到郁老师一颗成人之美的善心。2000 年年底，我受朋友鼓励，寻找南下谋职的机会，十分冒昧地给素不相识、正担任深圳大学文学院院长的郁老师寄了一份个人简历。我自忖身非良禽、欲攀高枝，谈何容易，心态因此放得很平，简历寄出后不见回复，这在意料之中，其实心里并不指望会有什么回复。过了些日子我应广东一些学校的要求南下面谈，想想既然到了广东，顺道去深圳看看也没啥损失，便与深大的友人相约后同到文学院的办公室拜访郁老师。郁老师让了座，从谈话中得知他还真看过了我的简历，之所以没给我回复，我推想他本来有些心动，但尚在犹豫。直到郁老师见到我，确认了简历中提供的那些信息，觉得我确实踏实可靠，才下了决心录用。我自认硬件没有优势，缺少骄人的相貌体魄，见了生人略显拘谨，说起话来低调内敛，大约也不容易招致对方狠心的排拒。至于学养素质，我也很有自知之明，除了成果、课题、奖项都还说得过去，学历、年龄都不甚理想，郁老师的犹豫亦在情理之中。在我们会面的这一刻，他大约对学校的进人规定又重新作了一番思量，认可了我，直截了当地跟我说：“庄老师，我们要你了。”起身告别时他又补了一句：“你不要再跟别的学校联系了。”我当时真有点不敢相信，难道中年求职真有那么容易？我后来的工作、生活居然就在这简短的会面中确定了下来。经过一些波折，第二年秋天我终于正式入职。这期间，为我的事郁老师想是费了不少心思与工夫。他还多次给我打电话，嘱咐我少安毋躁、耐心等待，告诉我学校实行新规，引进人才将给予经费资助，等待的煎熬会有别样的补偿。前文已经说明，在这之前，我与郁老师并不相识，他为我做的都应划归公事公办的范围，但重然诺、肯担责，不也是常为人称道的君子之行吗？抛别家乡和熟悉的工作，到一个全新的环境中重新就业，在我也是一个颇难做出的决定，因此我一直对郁老师的成全心怀感激。入校后我没有放松个人科研，获批国家课题、发表文章、出版专著，极想以此回报郁老师的知遇之恩。我的这些努力郁老师想必也都看到了，他应该会欣慰吧。

我来深大安顿下来已是11月了，已到期中，学校不会特地为我排课，本以为可以歇上一段时间，慢慢准备下学期的课程。可郁老师对我一秉其公事公办的原则，要我帮着整理学院老师的科研成果。制作、分发、回收各种表格，给重点老师打电话，工作量极大，又很烦琐。郁老师是天天上班的，我也要随叫随到。那时深圳的19路公交车车况不好，座椅还是别处少见的硬木板凳，车子绕来绕去、晃晃荡荡，颠簸四五十分钟才从住地西丽来到位于蛇口的学校。我在原单位不用坐班，散漫惯了，到了深大却天天早出晚归，郁老师这样“不通情理”的安排当时确实让我颇有怨气，而他在其中隐藏的苦心，我是两个月后才有所体悟的。那时郁老师因工作调动离开了文学院，而那两个月我在学院办公室里出出进进、忙忙碌碌的情形，老师们也都看在了眼里，在频繁的接触、交谈中也渐渐认识了我、接纳了我，新任的院长也没有把我当作前任院长安插的人，让我继续参与学院的学科建设。新学期开始后，我与学院的老师一样上课教学，工作、生活很快进入了常轨。爱人以德，郁老师的公事公办让我顺畅地融入了一个全新的集体，我真的非常感谢他。

2001年夏，郁老师和庄锡华合影于南京秦淮河

郁老师虽然离开了文学院，但他在文艺学学科中的地位无人可以替代。2003 年夏天，新院长要我跟随郁老师走访上海、江苏、浙江和福建几所高校的学者，听取他们对深大文艺学学科建设的意见与建议。郁老师是上海人，与江南一带的学人有良好的关系，与我们会面的学者都表达了对深圳大学的支持，彼此交流学科建设的经验，畅叙友情，气氛融洽。此次出行，还让我看到了郁老师处事周到、与人亲和的一面。孰料到了最后一站福州，我在宾馆外的小吃店吃早饭，不慎让小偷窃去了钱包，丢了几百元钱不算什么，没了身份证买不成机票才是大事。我出门少，不经事，脑子里一片空白。郁老师却十分平静，让我跟他回酒店，将房间的角角落落都搜寻了一遍——我印象很深，其间他没有说过一句埋怨的话。当时福建到广东的火车要绕道江西，而坐大巴到深圳最快也要九或十个小时。我们选择坐大巴回深圳，车子是晚上开，折腾一夜，凌晨才到深圳。最让我感动的是，郁老师本可以独自坐飞机回深圳，却不愿丢下我，执意要陪我坐大巴。车子里的人大多是出门找事做的打工者，让郁老师这样一位著名的学者在空气浑浊、十分逼仄的车厢里熬上一夜，现在想起来我仍会感到深深的自责。

说到歉意，我必定要提另一件与郁老师相关的事。我来深大后不久，学校文科学报的常务副主编出缺，郁老师和其他老师考虑我曾长期在学术刊物中任职，有较多的编辑经验，热情推荐了我。我头脑一时发热，没有金刚钻揽下了瓷器活儿。一上任，我个性耿直，可以独善而无力兼善，缺乏折冲调和经验的短板也暴露无遗。学术期刊间本就竞争激烈，考虑到内部关系难以理顺，刊物也必遭受更多的损失，我只好知难而退。自己丢了面子不算，又辜负了郁老师对我的信任和期望，为此事我一直心怀内疚。写这篇短文，也让我有机会说出一直想说而没有说出的话：“郁老师，对不起。”

郁龙余教授，中国印度学界的骄傲

毛世昌

毛世昌，印度尼赫鲁大学文学博士，教育部重点研究基地兰州大学印度研究中心主任。

2016年12月1日，郁龙余教授获印度总统慕克吉颁授的“杰出印度学家”奖，成为中国第一位、世界第二位获此殊荣的人。郁龙余教授获此殊荣，实至名归，当之无愧，这不仅是他个人的幸事，更是中国印度学学者的一件幸事；不仅是他个人的荣誉，更是中国印度学界的荣誉。我自己感到无地自容的是，作为他的后学和朋友，我当时正在国外工作，因信息闭塞，竟然不知道这个令人振奋的消息，没有能够及时表达对他的衷心祝贺和由衷敬意，感到有些遗憾和内疚。

2020年，是郁龙余教授执教50周年，孟昭毅教授、吴俊忠教授和郁龙余教授在深圳大学的同事和弟子为了纪念这件大事，成立了编辑委员会，以《燕园荔园　学脉相连》为书名，编辑一部郁龙余执教50周年文集。我从心底里拥护并积极响应，一定要借此机会，把我对郁龙余教授的敬仰与感激之情表达出来，同时略略弥补上面提及的遗憾和内疚。

在学者里，执教50周年的人并非凤毛麟角，但像郁龙余教授这样的学者却不多见，在印度学界里，就少之又少了。能够获得“杰出印度学家”奖同时又执教50周年的印度学家，在中国国内，目前只有郁龙余教授一个。而且，退休后，他还矫健地出现在深圳大学校园里，他身上体现着深圳大学的印度学研究的生气勃勃。也许我们还能等到“郁龙余教授执教60年甚至70年”的时刻！

可千万别认为这是巧合！这是一种现象，是郁龙余教授给中国印度学界呈现的一种现象，我们可以称它为“郁龙余现象”，是一种必然产物。郁龙余教授以他的拳拳爱国情怀，以他的学术战略家高瞻远瞩的眼光，以其放眼全球的视野，以勇攀学术高峰的气概，以他孜孜不倦的努力创造了“郁龙余现象”，他象征着照拂我国印度学的文化亮光，是印度学的一面旗帜。他代表着中国学术界的一股学术清流，是中国的一个文化传奇，“郁龙余现象”是我们印度学界的幸运，也可以说是中国知识界的幸运！

郁龙余教授高尚纯粹、风清气正的人格

“不少人说曾得到过我的帮助。其实，急人所难，是我从小养成的性格与习惯。我还在读小学的时候，就救过一男一女两个落水儿童。”

“不该得的利，坚决不要；不该得的名，坚决推让。”

“后来上了大学，工作了，见到需要帮助的人与事，我就尽力相助。这是一种本能反应，自然而然之事。”

“如果没有季羡林、金克木、汤一介、乐黛云、刘安武、胡经之等老一辈著名学者的引路与呵护，特别是导师们希望我坚持印度学和中国与印度比较研究的嘱咐，我是不可能取得当前这些成果的。在这些名师中，季羡林先生的扶持是最直接的。”

“回顾 50 年的教书生涯，我只是守住了做人的底线，尽到了作为一名教师的本分。”

“在教学、科研方面做了几件自己应该做的事情。”

以上是郁龙余教授自谦的表白，是他风清气正人格的自然流露。听起来很简单，但如果我们仔细回味、推敲，其中包含了许多令人感动敬佩的内容。

中国有句俗话叫“三岁看老”，一个人的品格在年幼时就可以体现出来，历史上孔融让梨的故事就能说明这一点。急人所难，就是他从小养成的品格。郁龙余教授读小学时就冒着生命危险，救过一男一女两个落水儿童，当时他年龄不到 10 岁，他是典型的赖宁、王涛式的少年英雄，只不过没有得到宣传而已。这种善良的品格伴随了郁先生大半辈子。

大学是夯实一个人的前途和命运的阶段，老师起着至关重要的作用。郁先生上的

是中国最有名的高等学府北京大学，教他的老师是全国有名的学术大家。正所谓“名师出高徒”“严师出高徒”，因为他的老师是名师也是严师，才培养出了郁龙余这样的优秀学生，使他成为以后中国印度学的著名学者。郁先生终生记着季羡林、金克木、汤一介、乐黛云、刘安武、胡经之等老一辈著名学者的教诲与呵护，这些老师是他成就大业的引路者。郁先生令世人瞩目的学术成就本身就是对老师的培育之恩的最好感谢；郁先生正在筹建的“季羡林研究馆”就是他对以季羡林为代表的老师的最大尊敬；他的厚重的获奖著作《季羡林评传》，就是对以季羡林为代表的导师的最好回报。

印度文化中有一些人，他们一心追求精神理想，异常淡泊名利。要达到这样的精神境界，一定要经过长期的心灵修炼，达到一定的“禅定力”，才能在名利的诱惑面前毫不动摇。郁龙余教授就是这样一位具有“禅定力”的大学者，他终生致力于印度学研究事业，“不该得的利，坚决不要；不该得的名，坚决推让”。我大学同学、著名主持人水均益的姐姐水宁宁在深圳大学时，作为郁龙余教授的下级与他一起共事过多年，一提起郁龙余教授，她都是发自内心地赞美，说他是一个“难得的好领导”。郁龙余教授在退休之后，仍像在职教授一样，天天上班。要知道，他还要照顾长期生病的老伴，如果没有高的思想境界，没有为了中国印度学事业的孜孜以求，如何能做到这一点?

一个有格局的印度学家

郁龙余教授是个有格局的印度学家，他做研究有盘算，或者说有格局，哪些要做，哪些不该做，哪些先做，哪些后做，都了然于心。而要做到这一点，是需要有战略眼光的。让我们用事实来说话。

我们都知道，北京大学是中国印度学的源头和毫无争议的龙头老大，季羡林、金克木等是中国印度学家景仰的印度学泰斗，郁龙余教授是他们的高足，他完全可以在他们的大旗下同样成就一番印度学研究的大事业。但他却挑战自我，顺应当时中国改革开放的大潮，带着 26 箱书籍来到改革开放先头阵地深圳，在深圳大学开辟一片新的学术土壤，开始研究中印文学与中印文化及其交流的艰苦历程与华丽变身。

郁龙余教授在学科上转型成功。他从一个小语种（印地语）教师，提升成为一位学贯中西的印度学杰出专家、学术大家。他在深圳大学建立了中国南方第一个印度研究中心，成为和北京大学南北呼应的一面学术大旗。深圳大学印度研究中心经过长期学术积累和持续发展已成为中国印度学研究的重要基地。

郁龙余教授开始了他庞大学术体系的建构和探索历程。他的主要研究方向包括印度文学、中印文学比较、中印文化关系、中国印度学、印度汉学（中国学）等，既包括对中印两国文学与文化的独立研究，也包括对中印两国文学与文化的互参研究和比较研究，还包括对中印两国之间的相互关注与战略研究，并上升到人类社会文明递进发展由现象到规律研究的思想高度，从而通过对两大文明古国发展的深刻揭示和系列研究，来探索人类社会文明的建构规律。

郁龙余教授高瞻远瞩地看印度，看中国和印度友好的重大意义。第一，印度是一个伟大的文明古国和文化大国，“印度是 3000 年中外文化交流史上中国受益最多的一位良师益友”。第二，印度是一个新兴的世界经济大国，他认为：“中国和印度的结合将是不可战胜的”。他的中印价值观的五大思想基础让印度学学者们耳目一新。五大思想是“天人合一”与“梵我一如”，“仁爱和合”与“慈爱不害”，“民为邦本”与“长老会制”，“恕道思想”与“容忍观念”，“中庸之道”与“中观思想”。他认为：“在世界上再也找不出两个语言、文字、历史不同的民族，在思想上竟然存在这么多的相同相似之处。我们应该珍视这份祖先留下的独一无二的无价之宝。”他的这些看法，不仅对中国人有很深刻的启迪，对印度人来说也同样是一种启迪。郁龙余教授还就印度对中国的研究与关注，进行了系统的梳理和研究。这个角度的学术研究，同样可以开启我们的思想空间，并为中国作为发展中国家的持续发展与有效崛起，提供来自文明世界的参照系统和国家智慧。

这些就是中印必须友好而且只能友好的最根本之处。中印文化交流和中印友好是大局，是历史的主流，暂时出现的冲突只是大潮流中的几朵小浪花。有了如此高屋建瓴的战略把握和科学认知，才有令人惊异的学术成果。

郁龙余教授无论是对中印文学、文化的独立研究和对比研究，还是对世界文学交流、文化交流的认识与实践，都直接服务于国家发展的重大战略和重大外交。

郁龙余教授博览全局的宏观视野、细致入微的文明辨析、触类旁通的学术举证、逻辑谨严的立论方法，特别是郁龙余教授跨域研究的价值突破，创造了国际间大国文化研究、比较和交流的新路径，受到学术界普遍而广泛的关注。

郁龙余教授主持建立世界上第一个谭云山中印友谊馆和积极筹办季羡林研究馆就是他具有战略眼光的最好说明。对于前者，郁龙余教授是谭云山的长子谭中先生的好朋友，谭中先生把谭云山先生的文化遗产毫无保留地贡献给谭云山中印友谊馆，使这位“当代玄奘”的文化遗产得到最好的保存，为中印友好发挥最大的作用，这种作用会世世代代发挥下去，其意义不可估量。该馆已经接待了不少的印度政治家、中印友好人士和国内外的印度学学者，初显其不可替代的作用。对于后者，郁龙余教授是季羡林先生的嫡传高足，又以累累学术成就成为季先生印度学研究的继承者，因此由郁龙余教授主持筹建“季羡林研究馆”最为合适。“季羡林研究馆”不仅是他给导师季羡林献上的一份厚礼，也是研究季羡林和中国印度学的一块阵地。这两个研究馆，无论是从现代角度还是从历史角度来说，都是郁龙余教授为印度学做的别人无可比拟的贡献。

郁龙余教授以他高瞻远瞩的眼光，培养了一支高水平的印度学研究队伍，这支队伍成为深圳大学印度研究中心的坚实的后继力量。这支队伍成员有杨晓霞、黄蓉、蔡枫、朱璇、吴蔚琳、蒋慧琳、刘朝华等，她们是典型的“郁门女将”，个个独当一面，各自占领一块有特色的研究阵地，她们的存在成为中国印度学研究的一道道亮丽的风景线。杨晓霞在中印文学比较研究上独树一帜；黄蓉主持教育部青年基金项目

"谭云山与中印文化交流"，并和郁教授合著《中国外国文学研究的学术历程·印度文学研究的学术历程》；蔡枫主持文化部项目"犍陀罗叙事性雕刻艺术研究"和"犍陀罗佛教故事雕刻研究"；朱璇主持国家社科基金青年项目"南亚苏非经典《神秘的启示》翻译与研究"，和郁龙余合著《季羡林评传》；吴蔚琳主持国家社科基金青年项目"汉译巴利语律藏注释书《善见律毗婆沙》整理与研究"；刘朝华协助郁龙余教授著《中外文学交流史·中国—印度卷》。她们现在是郁龙余教授麾下的生气勃勃的力量，将来是中国印度学的大家。这样一支活力四射、前途无量的女将队伍，只有郁龙余教授才能培养出来。

郁龙余教授紧跟国家战略，为世界命运共同体和"一带一路"的建设服务。他的研究，为"一带一路"建设增添精神文化内涵，促使"一带一路"建设朝着更人文、更久远的方向发展，为讲好世界文化交流的中国故事提供示范，为"一带一路"建设和构建人类命运共同体提供史实与理论的有效借鉴和支持。

硕果累累的中国印度学大家

郁龙余教授在几十年的印度学研究中，辛勤耕耘，收获了累累硕果，他的许多成果具有战略性、前瞻性和引领性，这些成果对中国印度学研究空间的提升产生巨大的促进作用，令国内外的中印学家刮目相看，为我们树立了一个光辉榜样，成为中国印度学研究的一面猎猎飘动的旗帜。

郁龙余教授从中国文学和国学研究，延伸到了印度学研究，这是他的独特之处。一个中国学者，首先必须有中国文学和国学的造诣，这样才能更好地研究国外文化，对两种文化的比较才可能清晰，才可能产生全球视野。可以说，郁龙余教授在中国文学和国学方面的深厚造诣，为他研究印度学奠定了极其坚实的基础。

先看他在这方面的成果：《国学十问十答》《为什么要学国学》《〈道德经〉印译的意义》《中国文化和人类前途——关于世界发展大趋势的思考》《中国与世界：在精神

层面上加深互相了解——以中国文化经典在印度的传播为中心》《中国古代经典在现代印度》《中国诗歌将迎来一个印译的春天》《敦煌学研究的新里程碑：简论〈敦煌佛教绘画〉》《从史诗资源大国到研究强国——中国史诗研究的发展之路》《长城与中国和平思想》《中国当代文艺批评研讨会综述》《中西印审美主体构成》《“通感”，还是“心感”？——兼谈传统学术遗产保护》《楚辞与文化交流》《旧红新裁熠熠生辉——简评〈东方文论选〉》《禅诗与苏非文学》《中国文学千年谈》《现代城建中西合璧 花园园林含义不同》《谈“花园”和“园林”》《黄帝与梵天》《中国文化中的海洋意识——兼评〈东方蓝色文化〉》《拥抱二十一世纪》《妈祖崇拜与中外文化交流》《东西文化交流与二十一世纪》《论东方文化研究——从世界七千年大事总览说起》《佛教与中国少数民族文学》《中国文化开放进取的性格》，等等。

再看郁龙余教授的印度学研究成果：30 多部学术专著，100 多篇学术论文。学术论文，仅列举一部分：《华夏天竺 兼爱尚同——关于中印文化的交流》《中印学者畅谈中印合作与发展前景》《用自己的语言研究中印关系》《1924 年泰戈尔访华引发争议的根本原因——答国际知名学者阿莫尔多·沈之问》《季羡林的治学之道》《徐梵澄的印度文学哲学经典汉译》《印度文学在中国的流传与影响》《印度古代文学的世界影响》《中国翻译史上的破天荒之作——读季羡林〈吐火罗文弥勒会见记〉译释》《泰戈尔的自然观与自然诗》《印度诗学阐释方法》《比较诗学的名与实》《中国对印度古代文学的再接受——兼论比较文学的中国印度起源》《谭云山：殖民时期中印关系的伟大智者》《〈摩诃婆罗多〉全本汉译的意义》《泰戈尔与中国现代新文学》《〈文心雕龙〉与中印文化交流》《中国翻译学的四大特色》《从印度佛教到中国佛教——兼谈佛教的世界性与国学身份》《中印神话何以纠缠——读章必功〈天问讲稿〉》《大国与大国学术》《华夏天竺兼爱尚同：关于印度作家与中国文化关系的对话》《上海的遗产型文化及其产业前景》《中印味论诗学比较》《史地环境与中印文学》《中国学在印度》《中印味论诗学源流》《女神文学与女胜文学》《中印文学中的大团圆》《士人文学与仙人文学》《中国的开放与发展——从中西文化关系说起》《中西文化在道德观上的差异》《Aesthetic 与中国美学的差异》《中西文化异同论前言》《佛教文学对中国文学的影响》《佛典汉译与中国翻译学》《中印栽培植物交流略谈》《从〈梦溪笔谈〉看中印古代文化交流》《"一带一路"开创人类文明新纪元——兼论中国、印度的历史担当》《深圳与"一带一路"建设》《"一带一路"建设的内涵、目标、方法与作风》《"一带一路"与中印合作新契机》《论世界主流文明轮替》《论"构建人类共同体"的文明史意义》《论"构建人类命运共同体"的时代意义》等。这些论文发表在《外国文学研究》《北京大学学报》《复旦大学学报》《文史哲》《深圳大学学报》《中国比较文学》等重要期刊、核心期刊以及《新华文摘》《人民日报》上。

再看郁龙余教授的学术成果：《梵典与华章：印度作家与中国文化》、《中国印度诗学比较》、《中外文学交流史・中国—印度卷》（郁龙余、刘朝华著）、《季羡林评传》（郁龙余、朱璇著）、《中国外国文学研究的学术历程・印度文学研究的学术历程》（郁龙余、黄蓉等著）、《中西文化异同论》（主编）、《中印文学关系源流》、《中国印度文学比较》、《东方文学史》（郁龙余、孟昭毅主编）、《印度文化论》、《外国戏剧鉴赏辞典》（古代卷）（郁龙余、杨晓霞主编）、《泰戈尔作品鉴赏辞典》（主编）、《泰戈尔落在中国的心》（郁龙余、魏丽明主编）、《泰戈尔诗歌精选》（六种）、《谭云山》（谭中、郁龙余主编）、《天竺纪行：郁龙余、孟昭毅学术之旅》（孟昭毅、郁龙余、朱璇著）、《"一带一路"开创人类文明新纪元——兼论中国、印度的历史担当》、《印度文化概要》（慕课，和黄蓉、蔡枫、朱璇合作）、《大唐西域记》（组织重印，印地文版）、《切磋集：深圳大学比较文学 20 年论文集》、《中西文化异同论》。

此外，他还出版了印地语译著 35 余万字。

以上列举的仅是能够搜集到的成果。郁龙余教授和他麾下的年轻学者们策划的大部头有分量的专著会接连问世。

郁龙余教授的学术成果，其中许多得了国家和地方的学术奖。我们相信，目前他是印度学界得奖最多的学者。

更加令人欣喜的是，国家领导人把郁龙余教授的著作作为礼品赠送给印度领导人。2005年，温家宝总理出访印度前，特意调阅了郁龙余教授撰写的《梵典与华章：印度作家与中国文化》。在相关中外记者招待会上总理两度引用“梵典与华章”来概括中印文化关系，并将《梵典与华章：印度作家与中国文化》赠送给印度相关领导人。

2015年5月14日，国家主席习近平在西安将印地文版《大唐西域记》（由郁龙余教授组织重印）作为国礼赠送给来访的印度总理莫迪。

郁龙余教授研究的学术成果成为党和国家领导人出国接访的学术礼品，这不仅仅是郁龙余教授的个人荣誉，更是我们印度学界的荣誉。

我与郁龙余教授的学术交往

我与郁龙余教授的相识有十几年的时间，我首先把他看作我的老师，因为我研究印度学，就是从拜读他的学术著作开始的。

我和郁龙余教授认识于2008年，那时我从印度尼赫鲁大学读完博士回到国内不久。同年11月19日至21日，首届中国南亚文化论坛暨纪念谭云山、师觉月诞辰110周年国际学术研讨会在京举办。论坛由中国人民对外友好协会和北京外国语大学、北京大学及深圳大学联合主办。我和郁龙余在学术会上认识，从此开始了我们的学术交往和友谊。所谓学术交往，实际上是我毕恭毕敬地向郁先生讨教，郁先生诲人不倦地指导我，循循善诱地帮助我、提携我。我在这次会上做了题为《玄奘与谭云山》的学术发言，发言引起了与会学者的关注。后来，北京外国语大学亚非学院编的《亚非研究》第3辑收录了此文。2010年7月9日《人民日报·内部参阅》1163期缩短、修改此文，以《挖掘宣传“现代玄奘”，提升我对印文化影响力》为题发表，此文得到了时任中央政治局委员刘延东、中央政治局常委李长春的批示。为了回应中央领导的批示，2010年8月20日《人民日报》发表我写的《现代玄奘谭云山》。当时郁龙余教授、谭中先生和我一起参加由北京大学主持召开的印度学会议，文章发表的第二天晚上，《人民日报》编辑拿着报纸来看我们。郁龙余让我赶紧把报纸给谭中先生送去两份，此时郁先生与谭中先生正在商议如何在深圳大学进一步建好谭云山中印友谊馆一事。看到报纸，谭中先生和郁先生自然非常高兴。郁先生兴高采烈地说，他要把文章复印放大，放到谭云山中印友谊馆。当晚我们和两位编辑谈了好多，共同商定，为了大力宣传谭云山，中印合拍电影《谭云山》，用汉语、英语、印地语、孟加拉语（因为谭云山先生传播中国文化的国际大学所在的印度西孟加拉邦使用孟加拉语）。我们进而设想此电影可能会引起轰动效应，可以趁热打铁，再由中印合作拍一部电视连续剧《谭云山》，把对谭云山先生的宣传扩大到全世界。由郁龙余教授撰写《谭云山》的电影文学剧本。我们大家都谈得异常兴奋，我主动提出做郁龙余先生的助手，在电影拍摄时担任印度那边的翻译和导游，因为我在印度读书 6 年，去国际大学考察过，在西孟加拉邦旅游过，我自己的博士研究方向是泰戈尔，熟悉印度西孟加拉邦一带的文化和风土人情。我们把商量结果汇报给了谭中先生，他自然非常欣慰，也十分愿意配合这项工作。

此次会谈大约半个月以后，我就收到了郁先生的《谭云山》电影文学剧本，该剧本刊于新加坡《新世纪文艺》杂志 2010 年第 5 期。郁先生的工作效率高得令人惊讶！据他自己说，关于剧本他酝酿了一个星期，然后一气呵成，几天内就把稿子写好。要知道，这是他第一次写电影文学剧本。没有积淀深厚的文学功底，没有对谭云山先生的深刻了解，怎能在如此短的时间内写出连谭云山的长子谭中先生都啧啧称赞的电影文学剧本？叫人不佩服不行！

然而，谭中先生授权拍摄电影《谭云山》，郁先生尽了最大的努力，剧本却迟迟没有得到有关部门的批准，拍摄无法开始。2010 年 3 月 31 日，印度总统普拉蒂巴授予深圳大学荣誉教授谭中先生莲花奖，她也很赞成两国合作拍摄。但至今没有动静，非常遗憾。谭中先生已是 91 岁的高龄，郁先生也是 74 岁，他们都渴望早日看到电影拍出。我相信，郁先生会继续努力，不会轻易放弃。我们都希望此事能够尽快做成，实现两位先生的宏愿。如果此事能够启动，我还是愿意做郁先生的助手，履行我做导游和翻译的承诺。

2011 年 8 月我去季羡林先生曾留学 10 年的德国哥廷根大学的梵文中心访问考察，做了一场学术报告，和中心主任进行了友好交谈，双方交流非常融洽。我还专门去参观了季羡林居住过的地方，住在那里的女主人对我们非常热情。中心主任特意复印了季羡林先生用德语写的博士论文，赠送给我，这是德国朋友的友好表示，是一份最珍贵的礼品。我当时知道郁龙余教授正在筹建“季羡林研究馆”，回国以后立刻把这个好消息告诉他，并把季先生的博士论文再复印一份寄给他。郁先生异常高兴，答应一定把季先生的论文复印件布置在馆内显眼的位置。他出版《季羡林评传》时，也将季羡林博士论文收录其中。

兰州大学印度研究中心从开展活动到成立，到兰州大学正式批准，再到 2017 年成为教育部国别研究中心，每一步都离不开郁先生的关怀和指导。郁先生不是简单地认为中国多了一个印度研究中心，而是从学术战略的眼光来看待。就在我写此文的前几天，他还对我说：“从中国地图看，你在兰州大学建立一所印度研究中心说明中国西北有了印度研究基地，中国研究印度的学术地图就完整了。而且甘肃既是古代丝绸之路在中国的主要路段，又是玄奘西天取经走过的主要路段。在中国西北成立印度研究中心具有战略意义。”他嘱咐我一定要把兰州大学印度研究中心办好。不说为国家战略服务，也不说为了促进中印文化交流和中印友好，仅仅为了郁先生的期望和重托，我都责无旁贷，应该把兰州大学印度研究中心办好。

2012 年 3 月，为了纪念泰戈尔诞生 150 周年，我和当时的印度驻中国大使苏杰生合作策划、排演了泰戈尔的戏剧《齐德拉》。为了具有更大的观赏性，我们在剧里加入了中国人最喜欢的印度歌舞，由国内最有名的印度舞蹈艺术家金珊珊担任舞蹈导演，由余秋雨的女弟子武怡担任总导演。演出取得了很大的成功，在国内外产生了很大的反响，包括印度三大媒体在内的国内外 150 多家媒体进行了报道。在时任国家主席胡锦涛赴德里出席金砖五国会议前三天，全印电视台播放我们的演出，以示欢迎。郁龙余教授和我都非常高兴。当时印度使馆已经安排好由我们赴四川大学、中山大学、同济大学、北京大学巡回演出，郁龙余教授闻讯，诚恳邀请我们去深圳大学演出，我还做了学术报告。郁教授邀请当地媒体报道，中国的南方掀起一股泰戈尔和印度文化热。他在给我的信里说："我说你们的戏排得好绝不是一般的夸奖之词，而是发自内心，因为我自己也试图做过，深知其中的艰辛。"我们为郁教授的诚恳深深感动，决定把深圳大学作为巡演的第一站。做好了出发准备，但因资金问题，计划中巡演的国内几所大学最后没有去成，留下了永远的遗憾。

20 年前在尼赫鲁大学留学时我就产生把印度古代最著名的诗人兼戏剧家迦梨陀娑的《沙恭达罗》搬上中国舞台的想法。2011 年我和当时印度大使馆文化参赞萨胡博士商量，由我在兰州大学排演《沙恭达罗》，但萨胡提议排演泰戈尔的著名戏剧《齐德拉》，以纪念泰戈尔诞生 150 周年。我觉得也有道理，只好全力以赴去做，暂时放下《沙恭达罗》。但排演《沙恭达罗》的宏愿一直在我心里激荡。2018 年我与印度使馆文化处参赞 Geetika Srivastava 女士商量，能否由我们和印度使馆合作排演《沙恭达罗》，女参赞非常赞成，她表示 2020 年是中印建交 70 周年和中印人文交流年，此剧正是纪念之作。女参赞没有犹豫，表示在经费上支持我们。我自己满怀信心。我将此事向郁先生汇报，他非常支持，并提出两点指导性意见：一是自己写剧本一定不要偏离原来的故事情节；二是剧本写好后由他交给郁秀修改润色。2019 年年底我们写好剧本交给郁先生，郁先生及时转发给郁秀去修改。我和之前排演《齐德拉》的两位导演武怡和金珊珊沟通，她们非常愿意再一次合作，排演出场面更加宏大、故事更加感人的《沙恭达罗》。《沙恭达罗》的演出使兰州大学校园再吹起一阵印度文化春风，再一次引起世界的关注。但我们做梦也没有想到会出现世界性的灾难新冠肺炎疫情，疫情使所有的排演计划无法实施，心里干着急。于是我又向郁先生求教，他非常达观、冷静地嘱咐我："暂时等待，不要轻易行动，因为疫情还有很大的反复性，排演与演出都有很大的风险，出现任何问题，我们承担不起代价。”疫情有很大的不确定性，《沙恭达罗》的排演搁置，但郁先生的关怀和指导，我们一直铭记于心。

有件事我既感谢又有愧于郁先生。

疫情的肆虐使得大多数人无法出门，和全国的大学一样，兰州大学的学生也只能待在家里。校长严纯华和副校长潘保田别出心裁地建立一个兰州大学“治学大家谈”栏目，正好利用这个机会让兰州大学的学者写文章谈治学体会，和师生们分享。有幸接到二位校长的邀请，我写了《实话实说》。现在冷静检讨自己，由于虚荣心作怪，加上耳目闭塞，自以为是，没有在网上查阅更多资料，因此不知天高地厚在文章里说了几处过头话，对印度学同行造成了一定的心理影响。很快西北大学梅晓云教授对文章提出质疑。我一边打心底里感谢梅老师，一边头上冒汗，脸上发烧，心里一阵阵发紧，惭愧得无地自容。我赶紧向学者们认错并诚恳道歉，再从原文上纠错，尽力挽回我自己造成的恶劣影响。郁龙余教授替我向大家解释，他策略地、宽容大度地、巧妙地解决了此事，我深受感动。

我们已经有了《谭云山》，有了《季羡林评传》，即将有《谭中传》，为什么不能有《郁龙余评传》，为什么不能为郁龙余教授立传？记得2019年在深圳开完印度文学学术会，我和郁龙余教授的女高足黄蓉老师谈过我的想法，提议由深圳大学郁龙余教授的同事和学生做成此事。我感觉他们正在搜集资料。我相信，在不久的将来，我们一定会看到倾注着作者们的心血、倾注着我们印度学界同人希望的《郁龙余评传》问世，也会有更多的中国印度学界的翘楚评传问世。

学术因缘 30 年

侯传文

侯传文，文学博士，青岛大学教授，印度文学研究专家，中国外国文学学会印度文学研究分会副会长兼秘书长。

我在研究生时期就知道郁龙余老师的大名，读过他编的《中印文学关系源流》，但和郁老师真正结缘，是参与编写他主编的《东方文学史》。记得是我研究生毕业到青岛大学任教不久，听说郁老师要主编东方文学史教材，我恰好正在讲授东方文学课程，便产生了参与编写教材的想法。我冒昧地给素未谋面的郁老师写了一封信，提出参编教材的愿望。郁老师提携后学，很快给我这个陌生的毛遂自荐者回了信，邀请我参与《东方文学史》的编写工作。后来我才知道，这部《东方文学史》由郁龙余和孟昭毅共同主编，在此之前他们已经组织好了队伍，并做了分工，由于我的参与，郁老师将分工重新做了调整，把本来属于他的也是他自己更擅长且已有所准备的印度现代文学部分让给了我。对一位刚出道的年轻教师来说，参编教材是一个学习的好机会，我也抓住了这个机会，专门从导师刘安武先生那里借来相关资料，认真撰稿，不仅写好文学史的相关章节，完成自己承担的任务，而且就势深入研究，写出几篇有分量的学术论文。几篇论文发表后受到同行专家的好评，这也增强了我的学术自信，让我在学术道路上往前迈进了一步。

此后，我和郁老师经常在学术会议上或同人聚会中见面。论资历学源，郁龙余老师是前辈，但我们之间交往如朋友，我视郁老师为自己学术人生中的良师益友。也许是因为有着相似的经历，所以我们感觉彼此比较投缘。郁老师从北京大学东语系印地语专业毕业后留校任教多年，之后，出于家庭责任，乘着改革开放的东风，毅然离开北大这个学术中心，去往新建的深圳大学中文系任教。我则是出于家庭责任，研究生毕业后没有留在北京，而是来到沿海开放城市青岛，在创办不久的青岛大学中文系任教。远离学术中心，放弃多年学养积累的一技之长，在缺乏信息和资源的条件下开辟学术新天地，其中的得失和甘苦不足与外人道，却成为我和郁老师无障碍交流的心理基础。当然，从郁老师那儿受到启发，得到鼓励，是我们之间交往和交流的常态。

和郁老师的深度结缘是参与他主持的“中国印度学研究”项目。郁老师学术视野开阔，善于从大处着眼进行选题。我知道他很早就开始了中国印度学学术史方面的研究，已经出了一些成果。在此基础上，他于 2015 年开始筹划“中国印度学研究”课题，试图对中国的印度学进行全面总结，将中国老一辈印度学家的学术贡献载入史册，由此进一步推动这门学问和这一学科的发展。该课题被列为国家社科基金重大项目招标选题后，郁老师邀请我做子课题负责人一起申报项目。我从心里就非常赞赏这个选题，感觉其不仅有学术价值，有学科建设和传承意义，而且有家国情怀和人文精神，所以我欣然同意担任负责人。郁老师对我非常信任，也非常了解，他让我在刘安武先生和黄宝生先生之间选一位写评传。我是刘安武先生的硕士研究生，又曾跟随黄宝生先生做访问学者，对两位老师都比较熟悉。经过一番考虑，我选择写黄宝生先生。我告诉郁老师，之所以这样选择，主要有两方面的考虑：一方面，我手头正在做中印佛教文学比较研究方面的课题，更接近黄老师的学术领域，细读黄老师的著译可以两边兼顾，既可以完成我自己的课题任务，也可以为新的项目做准备；另一方面，刘安武先生在北大当导师多年，弟子众多，桃李满天下，而且其中不乏大腕学者，愿意且能够为刘老师立传者大有人在。而黄宝生先生在社科院工作，没有担任过硕博导师，虽然以他为师的学人不少，但入门弟子不多，愿意且能够为其作传的人选寥寥无几。我虽然也算不上黄老师的入门弟子，但与他颇有渊源。我们这届研究生的主干课程“印度古代文学”是由黄老师主讲的，我毕业后第一部重要的学术专著《佛经的文学性解读》曾经得到黄老师指导，并由黄老师作序出版（台北慧明文化事业有限公司 2002 年版，北京中华书局 2004 年版）。后来我又跟随黄老师访学两年，在他的影响和指导下，2011 年以“中印佛教文学比较研究”为题申报国家社科基金项目并获得成功。所以，我感觉自己有责任有义务承担起总结黄宝生先生学术成就的任务。郁老师非常理解我的想法，同意我作为“黄宝生及其印度学研究”子课题的负责人。我领受了这项任务之后，在征求黄老师本人意见的基础上，进行了课题论证并拟定了写作大纲，也得到了郁老师的首肯。略有遗憾的是，全国社科规划办将“中国印度学研究”项目由重大改成了重点，因此该课题的规划也相应压缩，原计划单独成书的“中国印度学家评传系列”丛书缩成一本《中国印度学家述评》，每个印度学家和内容由一部变为一章。我承担的“黄宝生及其印度学研究”已经交稿，数万字的篇幅只能略述黄宝生先生在印度文学翻译与研究、印度古典诗学研究与翻译、佛学研究、印度哲学翻译与研究诸方面的主要成就。

郁龙余老师的印度学情怀和贡献不仅体现在学术研究方面和中印文化交流的身体力行方面，而且体现在深圳大学印度研究中心和中国印度文学研究会等机构的组织领导方面。大家都知道，郁老师不仅是一位有成就的学者，而且是一位负责任、有担当的文化人和活动家，他凭借卓越的组织活动能力为学界同人提供了很多方便。在我的印象中，郁老师常常是学术会议的举办者和同人聚会的发起人，他领导的深圳大学印度研究中心曾经多次主办中国印度文学研究会的年会和与印度学相关的国际会议，而这些会议我大部分都参加了。由于经常参加郁老师组织的活动，他所在的城市——改革开放的前沿深圳，也成为我非常熟悉的地方。

特别值得提及的是，郁老师一直非常关心中国印度文学研究会的工作，又担起了会长的重任。我作为郁老师在研究会的助手，也有一段故事与大家分享。中国印度文学研究会成立于1982年，季羡林先生、刘安武先生、黄宝生先生三位印度学大师先后担任会长。在他们的领导下，研究会兴旺发达，为推动中国印度学研究发挥了重要作用。后来，根据国家有关方面要求，中国印度文学研究会作为二级学会挂靠中国外国文学学会，更名为“中国外国文学学会印度文学研究分会”。2015年杭州年会之后，总会对分会进行登记，黄宝生先生由于年龄和身体因素提出不再担任会长。总会请北京大学提出继任会长人选，但迟迟没有结果。在这种情况下，从黄老师到各位会员，都对学会前景产生忧虑。2019 年春，我有一天突然接到郁龙余老师的电话。郁老师对我说，中国印度文学研究会是很有影响的学会，不应该在我们这一代中断。北大王邦维给他打电话，坚持推举他当会长。经再三考虑，他愿意接过会长的担子，前提之一是由我担任秘书长，帮他做具体工作。郁老师的电话让我深受感动：一是他迎难而上的责任担当，因为做会长要团结各方力量，化解各种矛盾，需要付出很多时间和精力；二是他对我的信任和器重，说明我们多年交往合作是愉快的。虽然我本人的性格和能力都不太适合做秘书长工作，但我没有理由拒绝，由于郁老师的精神感召，我自己的责任感也油然而生。我按照郁老师的意见，向黄老师汇报情况，黄老师听后非常高兴。因为 2013 年在北京香山举行中国印度文学研究会年会期间，黄老师就已经正式打了报告，有意将会长一职交给郁龙余老师，只是由于郁老师觉得太突然，时机不成熟而没有实现交接。黄老师当即让我召集会议，落实研究会理事会的换届工作。这样就促成了 2019 年 6 月在青岛大学举办的“印度文学与佛教文学高端论坛暨中国印度文学研究会理事扩大会”。黄老师、郁老师和大部分理事与会，理事会全票选举黄老师为名誉会长，选举郁老师为会长，顺利实现了学会新老领导班子的交接。在郁老师的建议下，会议还增补了一批中青年学术骨干为理事，为理事会增添了新鲜血液，实现了理事队伍年轻化，为研究会的蓬勃发展奠定了基础。

佛家讲因缘，认为万事万物皆因缘和合而成。人与人相交也是一种因缘和合，我和郁老师三十年的相识相知，印证了因缘的实存与奇妙。

与郁龙余老师交往的几件事

黎跃进

黎跃进，天津师范大学教授，中国东方文学研究会副会长，天津市比较文学学会副会长。

几天前，孟昭毅老师打来电话，说郁龙余老师从教 50 年，计划出一本纪念文集，希望我能写点什么。我立马就答应了。想想几十年里，因为学习和工作的关系，与郁老师有不少交集，作为学界的前辈先贤，他给过我不少关心、支持和鼓励。在郁老师执教 50 周年的大喜日子里，我应该向郁老师致敬！

一

最早认识郁老师，是在北京大学。

20 世纪 80 年代初，各高校东方文学师资奇缺。继 1982 年 7 月教育部在承德举办“高校东方文学暑期讲习班”之后，1984 年上半年，北京大学东语系主办了一期“东方文学师资进修班”。在时任北京大学副校长季羡林先生的支持下，进修班由时任北京大学东语系文学教研室主任刘安武老师具体负责。全国各地的 32 位学员，来到燕园进修东方文学课程，按区域、国别，从古代到当代，系统学习。这为学员后来从事东方文学教学和研究打下坚实基础，为高校培养了一批东方文学教学的教师。

郁老师当时是北京大学的教师，他也一直跟班学习，而且非常谦逊，往往第一个来到教室，做些课前的准备工作。外地学员初来乍到，不太熟悉北大环境，他都会给予热情帮助。他的热忱待人，给我留下深刻印象。

1984 年 7 月 2 日北京大学东语系“东方文学师资进修班”结业合影，坐第一排的有东语系任课老师季羡林、颜保、刘安武、陈嘉厚、梁立基、蔡祝生、李谋、张鸿年、范荷芳等先生，后两排站立的老师还有李镇华、唐仁虎、潘金生、李宗华、芦蔚秋、姚秉彦。第二排左四是郁龙余老师、左八是班长孟昭毅老师，第三排左六是笔者

当时郁老师即将调入新成立的深圳大学中文系任教，他是在为把“东方文学”的种子播撒到深圳大学做准备。之后不久，听说他去了深圳，先后担任深圳大学中文系副主任、主任，文学院院长，开设东方文学课，与孟昭毅共同主编《东方文学史》。尤其是在印度文学、文化研究方面，做得风生水起：先后编选出版了《中印文学关系源流》《中国印度文学比较论文选》，著有《中国印度文学比较》《梵典与华章：印度作家与中国文化》《中国印度诗学比较》《印度文化论》《中外文学交流史·中国—印度卷》；成立深圳大学印度研究中心，培养研究生，开展各种学术活动。深圳大学印度研究中心成为中国南方的印度学研究基地。

现在回头看，郁老师在东方文学与文化、印度文学与文化方面取得显著的成就，是他刻苦钻研、积极进取的结果，但与他当年跟班系统学习东方文学，也不无关系吧。

二

之后，我在外国文学、东方文学、印度文学、比较文学的多种学术会议中与郁老师有过接触。会场论坛上，总能听到他富于激情、侃侃而谈的发言，他讲中印诗学比较、中印文学交流，讲谭云山、季羡林……往往见微知著、高屋建瓴，不是人言亦言，而是见人之未见，发人之未及，给人启示，拓展视野。

郁老师不仅在学术研究领域深入精进，更是把学术当作事业来经营。为加强深圳大学的印度学研究，推动中国的南亚研究，促进中国文化的域外传播，郁老师竭尽全力，抓住一切机会，筹措资金，举办各种学术活动。在印度文学研究会理事会上，他常说的一句话是：动动脑筋，想想办法，没有解决不了的问题。商讨每届印度文学年会的会议地点时，他总是说：到深圳大学开！我知道，在郁老师担任深圳大学文学院院长、印度研究中心主任期间，印度文学年会在深圳大学主办不少于三次。

郁老师为学术事业发展网罗人才，提携后学，带出了深圳大学一支高素质、年轻精干的印度学研究队伍。近年其中的核心成员每人都主持一个国家社科基金项目。

这里我说两件我经历的事情。

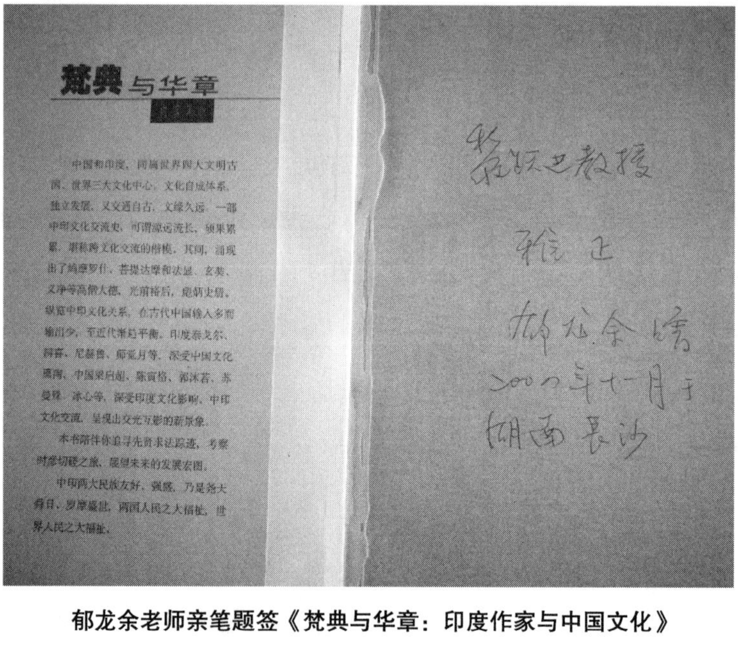

郁龙余老师亲笔题签《梵典与华章：印度作家与中国文化》

2004 年 11 月，中国外国文学学会第八届年会在长沙风光秀丽的岳麓山下枫林宾馆举行，郁老师当年与会。我当时还在湖南大学文学院任教，枫林宾馆就在湖大隔壁。我去宾馆看望郁老师，郁老师很高兴，谈到他编的《中国印度文学比较论文选》中收入了我的论文《普列姆昌德在中国》，我理解为这是前辈对后学的奖掖。郁老师对论文做了在我听来有些夸张的褒评，把他刚出版的著作《梵典与华章：印度作家与中国文化》亲笔题签送给我，并一再勉励我要在中印文学比较、交流研究方面做出努力。收下他那本厚厚的著作，我感受到他对后学的殷殷期望。

2019 年 7 月，我参加在深圳大学举办的“国际比较文学执委会会议暨国际比较文学高峰论坛”，郁老师没有与会。我想，来到深圳，总要见见郁老师啊。电话联系郁老师，他告知我：老伴儿身体不好，要在家照顾，脱不开身，但第二天安排时间在会议宾馆（五洲宾馆）见一面。次日上午 10 点，他电话告知已在宾馆大堂等候，我下楼见到郁老师、杨晓霞老师，还有一位印度学者在大堂右侧的咖啡座。郁老师把我介绍给印度学者。这位学者是印度英联邦文学及语言研究协会主席，著名的后殖民批评家哈里斯·特里维迪（Harish Trivedi）。我们边喝咖啡边聊天，聊中印文化交流，聊中国的印度文学翻译与传播，聊我们正在做的有关印度文学、文化研究的科研课题。大家谈兴甚浓，杨晓霞老师在一边翻译。当然，说得最多的是郁老师，他谈到深圳大学印度研究中心的研究规划，谈到他获得印度总统亲自颁发的“杰出印度学家”奖，谈到几次访问印度与印度学者之间的交流。郁老师特别谈到即将在中国召开世界儒学大会，希望特里维迪教授能深入了解中国文化，与中国学者合作，推进中印文化交流。言语之间，我可以感受到一位中国学者对祖国文化的自豪感，以及一位中国印度学学者强烈的使命感和责任感。

与郁老师、哈里斯·特里维迪合影

三

郁老师不仅学问做得好，待人还特别热情真诚，有事相托，他会倾力相助。这一点从他和孟昭毅老师的相处中能感受到。他们同年出生，相识于北京大学“东方文学师资进修班”，随后30多年，彼此坦诚相见、互相支持，成为学术研究彼此促进、人生道路相互扶持的好朋友。他们一起主编《东方文学史》，一起访问考察印度，合作出版《天竺纪行：郁龙余、孟昭毅学术之旅》。

2015年，为筹备孟老师70寿辰庆祝活动，我负责纪念文集的组稿编辑事务。我们约请郁老师写一篇纪念文章，他爽快答应，很快寄来一篇认真撰写的题为《卓荦甲津门》的长文。文章洋溢着朋友间的真挚情谊，既有对孟老师学术人品的充分欣赏与肯定，又不乏交往中的生动细节。我当时觉得内容和文意很适合作为文集的序言，再次征询郁老师的意见，郁老师依然是满口应允，表示全力支持，一定出席庆祝活动。

当年郁老师果然专程从深圳赶到山西绵山，参加孟老师70大寿的庆祝活动。

郁龙余老师（右）与孟昭毅老师（左）

2016年12月，郁老师荣获印度总统亲自颁发的“杰出印度学家”奖，孟老师随即给郁老师发出贺信：“郁先生作为中国第一位、世界第二位获得此奖项的印度学家，实属业内翘楚。人生七十古来稀，郁先生能在七十华诞之际获此殊荣，乃人生之大事。这也是印度学界对您半个世纪以来，孜孜不倦学习、研究、传播印度学的一种肯定与认同。”欣喜和敬慕之意溢于言表。这种同年学者之间彼此欣赏、共同促进的情怀，成为学界佳话。

正是因为郁老师的学识和人品，他成为深圳大学印度研究中心“退而不休”的主任，成为继黄宝生先生之后新一任印度文学研究会的会长。愿郁老师在未来的生活和工作中，实现自己的种种人生理想，在从教60周年时，取得更加骄人的成就。

2020年5月10日，于天津西郊

郁老师带给我的美好记忆

杨东林

杨东林，深圳大学文学院教授，曾任深圳大学人文学院党委书记。

吴俊忠老师说，2020年是郁龙余老师从教50周年，我们要纪念一下。听了这话，我怦然心动。说实在话，自从认识郁老师以来，他的形象在我的心中是不变的，似乎永远定格在二三十年前。郁老师是不老的，浑然不觉郁老师已从教50周年，更浑然不觉郁老师已过古稀之年。但静下来一想，作为学生辈的自己也已经年过耳顺了，岁月不居，时节如流。回忆结识郁老师以来的往事，虽不免有人生苦短之感慨，但更多的却是温馨美好的记忆。

郁老师主要从事印地语、印度文学与文化、中印文学与文化比较的研究和教学工作，国内从事这一领域教学研究的人并不多，这一领域多少有点冷门绝学的味道。20世纪末，我调入深圳大学中文系不久，郁老师曾请过一位印度女学者到深圳大学来，郁老师给这位印度女学者取的中文名字叫竺丽雅。应林岗、赵东明等老师的请求，郁老师安排竺丽雅为系里的老师开了个梵文入门班。我当时年轻，不知天高地厚，也加入了这个梵文学习班。等进入这个班之后，我才真正感觉到什么叫天书，课堂上如游魂，目瞪口呆，手足无措，懵懵懂懂听了一个多月，脑袋里啥也没有留下。经过这件事，我总觉得，通印地语、梵文，研究印度文学文化的，一定得是高人，而郁老师就是高人，他身上有种神秘感。

郁老师这种高人的形象和神秘感在学术专业之外也有所表现。20多年前的中文系和文学院，很融洽、很宽松、很阳光。午间课余，老师们经常围在一起打乒乓球、下象棋。那时大家没有办公室，连张办公桌也没有，只有一个公用的会议室。打球、下象棋的时候，上场的欢乐，场下观战的更欢乐。郁老师很少上场，但他一上场，球风、棋风颇为怪异，一招一式出人意表，有异域风。郁老师平时说话很庄重，但他时有幽默之语，思维和语言独特且到位，令人忍俊不禁。

一个有神秘感的人往往给人高冷的感觉，但工作和生活中的郁老师并不高冷，他待人接物是极为谦虚平易的。郁老师是我们的领导，他先是做中文系主任，后来又出任文学院（包括现在的人文学院、外国语学院、传播学院、国际交流学院）首任院长。郁老师做领导多年，我听到过一句对郁老师的评价，即“小事小气，大事大气”。所谓“小事小气”，说的是郁老师对待小事也不放过，对待细节也要计较。其实讲的是郁老师做事仔细认真，讲规范讲原则。这种作风，更多的是郁老师的自我要求，我们有时候会觉得郁老师谨小慎微，而郁老师却是一以贯之。对于郁老师的“小事小气”，当时我们年轻，认为郁老师放不开，但绵历世事之后，再加上对郁老师早年经历有了些了解，我们似有同情之理解，更觉前辈学人之自律精进。所谓“大事大气”，说的是郁老师在大事大节面前所表现出的大气度、大胸襟、大格局、大风范。每临大事有静气，郁老师在有关学院学校发展、个人名利大节面前，自有一股正气、一股淡定之气。郁老师主持中文系和文学院行政工作多年，吴俊忠老师主持党务工作，两位老师引领的中文系和文学院，就我个人的体会而言，氛围之好，至今犹让人难以忘怀。

那时候的中文系和文学院，尊老爱幼。我刚来工作，属于幼，不到 30 岁，还单身，每有饭局大家总会把我叫上。评先进之类，因为有奖金，年纪大的老师们总觉得年轻人缺钱，主动把名额让给我。我是实实在在感觉到家庭般的温暖。因此，系里老教师有所命，义不容辞，自当恭谨黾勉为之。这种家庭般的氛围，自然与郁老师和吴老师的大气分不开。我刚来深大时，兄长出事故，需要支援家里，经济紧张。对于我的困难，郁老师牵挂在心，总是给我找一些机会赚点钱，推荐我去台资企业艾美特讲课，吸纳我加入宝安区旅游规划项目组，等等。当时可真是解了我的燃眉之急。

那时候的中文系和文学院，自由平等。当年的领导郁老师、吴老师，包括何道宽老师、景海峰老师，从来没把自己看作领导，只是认为自己是个招呼大家一起做事的人。正因为如此，系里、院里布置下任何工作，老师们一起商量如何做好，如何对学生好、对学院好、对学校好。那时候开会，领导散坐在老师中间，大家围在一起，不分彼此。平时说话，无论年长还是年轻，大家都毫无拘束，发自内心。因此，中文系和文学院是深大氛围最好、最团结的中层单位。

那时候的中文系和文学院，学生至上。我始终认为，教师要把学生放在心里，摆在高处，处处为学生的学业成长着想，这是职业的本分。能够形成这样的一种意识，是因为我参加工作后来到了深大中文系，遇到了章必功校长、郁老师等这样的师长。而章校长、郁老师把北大的优良传统带到了深大，形成了中文系和文学院的传统。这么多年，我接触过很多中文系和文学院的毕业生，从 20 世纪 80 年代到近几年毕业的，从本科生到研究生，从全日制学生到业余夜大学生，说起中文系和文学院的一些老教师，他们都能说出好多老师关爱学生的故事。近年来，由于扩招等各种因素，老师关爱学生的传统有所弱化。我尤其提醒自己，要向郁老师等师长学习，不忘郁老师等师长的言传身教。

那时候的中文系和文学院，务实进取。郁老师主政时期，作为个体的老师和学生，在中文系和文学院的工作、学习、生活是愉快的；而中文系和文学院整体的学术和学科也得到了大发展。现在人文学院、外国语学院、传播学院、国际交流学院学科发展的基础就是在那时打下的。一方面，郁老师以大胸怀、大格局引进了各学科的人才，文艺学专业成为深大最早的一批硕士点之一。另一方面，郁老师邀请了不少学人来深大访问，还组织举办了一系列高端的学术会议、学术活动，学界名家纷至沓来——好多大家、大师，我就是在那时候见到的。要知道，那个年代经费紧张，不可与今时同日而语，能举办这些活动，正是以当年的创收为经济基础的，离不开郁老师精打细算的“小气”。可以说，郁老师的“小事小气，大事大气”，在这个方面体现得淋漓尽致。

我常常想，深大近年来之所以能取得长足的进步，与郁老师这一代人的辛勤努力密不可分。他们作为建校元老，在特区草创之际，筚路蓝缕，穷尽了当时所能得到的所有资源，使尽洪荒之力，使深大达到了当年所能达到的高度，为深大的发展奠定了坚实的基础。他们把自己的青春、自己的一生贡献给了深大。身处深大校园，作为晚辈，每念及此，尤难为怀。

近几年，郁老师荣休后，我和郁老师见面的机会并不多，每次在校园碰面，也总是匆匆而过。但一年下来，也还是有一两次吃饭欢聚，和郁老师坐在一起稍作长谈。郁老师的容貌变化不大，丝毫无老态，神情开朗，思维敏捷，时有隽语，引一座皆悦。更何况，郁老师时不时会以新作见赐，感觉他正处于学术的盛年呢。所以，郁老师给我的印象始终是不老的。说到这里，我尤其感佩郁老师，郁老师现在既无发论文的考核要求，也无报课题的必要，但他却兀兀穷年，孜孜不倦，不断开拓新课题，不断推出新论著，在学术上不断做出巨大贡献，并且获得印度总统亲自颁授的“杰出印度学家”奖。

古人云：“文章者，经国之大业，不朽之盛事。”可以说，目前的郁老师正处于“脱心志于俗谛之桎梏”的至高学术境界中，祝福不老的郁老师，写出更多不朽的著作。

2020年春日，于深圳梅林一村

郁龙余教授交往印象忆述

——敬贺郁龙余先生从教 50 周年

王兴国

王兴国，哲学博士，深圳大学文学院教授，曾任《深圳大学学报》常务副主编。

在我来到深圳大学文学院（现已改为人文学院）执教以前，汤一介先生、胡经之先生以及郁龙余先生，都是我心目中大名鼎鼎的人物。除了汤先生，胡、郁二位先生均素未谋面。最耐人寻味的是，深大初建时，他们三位都从北大来到深大，未免使人想到《孟子》中的“封”耶“放”耶之争。无论如何，这对深大来说，绝对都是莫大的幸事！与三位先生同来的，还有汤先生的夫人，著名学者乐黛云教授。汤一介先生在深大创立了全国第一个国学研究所，为日后深大的哲学系与国学院的建立深深扎下了根。乐黛云先生和胡经之先生创建了深大的中文系并先后任系主任，继任者为章必功先生和郁龙余先生。他们是深大初建期为中文系（后来扩展为文学院）奠定基础的四位系主任。2005 年我调来深大时，汤、乐二先生早已回到北大任教，胡、郁二先生虽然仍在深大，但是皆已从文学院卸任。胡先生主持学校学术委员会的工作，不时会来文学院，他的办公室在我办公室的斜对面，在走廊上能见到；郁先生转任留学生教学部主任。就在这一年，在章必功校长的大力支持下，郁龙余先生创建了深大的印度研究中心并亲自出任主任。也就是在这年年底，我第一次见到并认识了郁龙余先生。翌年底，郁先生赐赠亲笔题签的《中国印度诗学比较》，这是由他和他的四位高足共同完成出版的新著。除了偶尔见面打招呼，我与郁先生并无往来。

直到 2011 年，我到《深圳大学学报》（人文版）编辑部接手沈金浩教授任主任兼常务副主编之后，因为组稿的事情，才与郁先生有了交往。郁龙余先生不仅是《深圳大学学报》（人文版）的老作者，而且是最给力的支持者和支撑者之一。有一期由郁龙余先生所组的三篇稿子（包括郁先生自己主撰的一篇）刊出后，三篇都被《新华文摘》

转载了，这在深大学报是前所未有的，即使是在全国的大学学报，也是不多见的！这给编辑部带来很大的荣誉，自然不在话下。郁先生没有什么架子，说话不多，待人平易，处事和善。他有时候会亲自到编辑部来，与我聊几句和栏目选题相关的事情，我们很容易达成共识。说起来有些奇妙，那几年经常在校内邂逅郁先生，我要找他约稿的时候，总能意外地遇见他，稿子的事情就在路上谈定了。

我与郁先生的合作，最值得一提且有纪念意义的是推介《敦煌佛教绘画（新德里国家博物馆藏）》（*Buddhist Paintings of Tun-Huang in the National Museum，New Delhi*）。2011 年 10 月 12 日，ICCR 派遣印度著名艺术史家讲席教授夏尔玛（Nirmala Sharma）来到深圳大学印度研究中心。她为郁龙余教授带来了一个意外的惊喜，带来了由她和印度著名学者金德尔合作完成并即将出版的新著《敦煌佛教绘画（新德里国家博物馆藏）》（此书原计划于 2012 年出版，实际上已于 2011 年 11 月 17 日在德里正式提前出版）。看到图书，郁先生喜出望外，眼睛顿时一亮，以他敏锐的学术嗅觉，马上就看出这是敦煌学术史上一部具有划时代意义的著作。在 10 月 21 日为夏尔玛所做的“印度佛教石窟之美”演讲会的开场白中，郁先生手捧《敦煌佛教绘画（新德里国家博物馆藏）》，激动地对来听讲的师生宣布：“你们有幸看到这部书的封面以及书中的绘画，可能会感觉似曾相识，但是它们是首次刊布，你们是第一次目睹。”全场顿时兴奋起来。郁先生拟以最快速度向国内推介这部新的里程碑式的著作，于是来找我合作。我们按计划在《深圳大学学报》2012 年第一期的《文明对话与文化比较》栏目中推出了合作的成果。郁先生专门撰写了一篇力作《敦煌学研究的新里程碑：简论〈敦煌佛教绘画〉》并配上了该书封面的菩萨画像，此外又安排翻译了金德尔和夏尔玛为《敦煌佛教绘画（新德里国家博物馆藏）》写的前言，同时搭配上印度艺术家阿弥达瓦（Amitava Bhattacharya）的《1924 年以来的中印画家交往拾遗》和蔡枫的《犍陀罗本生雕刻的印度文化母题》，计四篇文章，作为一组推出。这是一件颇具意义的事情，诚如郁先生文中所论，此书的问世不仅仅是为百年敦煌学研究增添了一部新著，而且它是一种标志，表明敦煌学研究在文献材料、人才结构和知识动力方面，出现了新的扩展和突破，开创了敦煌学研究发展的新阶段。或许是超前的缘故，文章推出后的反响，似乎没有达到编辑部的期望值。然而，这是学术的常态，也是学刊的常态。事实上，这组文章并非没有影响。后来，在一次会议上，著名佛教史家与佛教文学专家孙昌武先生就曾对我提及学报的这组文章，并对学报的进步和成绩表示了首肯，这对我来说，当然是一种鞭策。花常常要耐过沉寂的寒冬，才会盛开怒放。做学问也罢，办学刊也罢，皆当具备这一心态。这是从与郁先生的合作交往中所得到的一点感悟！

《敦煌佛教绘画（新德里国家博物馆藏）》封面

几乎每一次见面，郁先生与我所谈的都是有关他近期的研究与学报的事情，他不仅对我主编学报多有鼓励，而且还就策划与组稿的事情提出有益的建议，我们之间的配合形成了一种默契。郁先生曾经对我说，我与主编章必功校长在工作上也有一种默契。郁先生认为，这是一件好事，是学报之幸，也是深大之幸！他为此感到高兴！郁先生的话陈义甚高，说得不仅巧妙，而且令人动情，至今难忘！人与人之间的默契，在现实的际遇中，则纯属偶然。这是人间莫逆于心，会心之笑的美妙与可贵之处。

郁龙余教授主办的活动，我参加过两次。一次是在 2010 年 1 月 7 日，郁龙余教授邀请法国东方艺术博物馆馆长鲍思岱（Michel Postel）及其华裔夫人朱新天，来深大做了一场关于东方古典艺术的学术讲座。讲座是在图书馆举行的，我很有兴趣，前去听讲，郁先生来时，见到我，很高兴地过来与我打招呼。讲座由郁龙余教授主持，鲍思岱先生讲的不多，主要由他的夫人朱新天教授演讲，内容丰富，图片精美，讲介生动。

我有幸聆听，享受了一次视觉审美的饕餮盛宴。讲座结束后，我与朱新天教授进行了一些交流，颇有收获。

另一次是 2014 年 7 月 10 日，由于郁龙余教授与印度方面的洽谈，印度文化关系委员会以及印度驻中国大使馆决定，印度国家剧团将在中国遴选两个城市演出印度传统戏剧，结果选中了北京和深圳，深圳的演出便在深大演会厅进行。郁先生邀请我出席观赏，并特意在前排为我留了座位，这是我享受到的一次殊荣。这个演出十分隆重，印度驻广州领事馆的领事偕夫人及一干人出席，并发表热情洋溢的讲话，深大党委副书记陶一桃教授代表深大发表讲话，郁龙余教授以书面英文致欢迎辞。这是我平生第一次观看高水准的印度传统剧目，演出十分精彩，宗教与神话气氛浓厚，各种神像的姿势应有尽有，优美刚健，细致入微，纷繁复杂，酣畅淋漓，令人眼花缭乱，尽管不能完全看懂，但也大饱眼福，开了一次眼界，能直接从戏剧表演中感受与体会印度文化的精神。这次演出，给我留下了深刻的印象。

郁龙余先生一生与印度文化打交道，个人学术硕果累累，更重要的是，他基于学术文化在深大与印度之间架起了一座金桥。

与郁龙余先生的交往说不上多，更说不上深，真可谓“一个陌生的熟人”。然而由于交往的机缘以及在深大多年，不知不觉间我对郁先生形成了一种清晰的印象，他除了有上海人的精明能干，主要还有以下四点：第一，治学勤奋严谨，不知老之将至；第二，培养了一批优秀的学生；第三，为人谦和、低调，不摆架子；第四，事无巨细，秉要执本。这就是我对郁龙余先生最深的印象。

2020 年迎来了郁龙余先生从教 50 周年的喜庆日子，欣闻郁先生的师友和弟子希望借此机会为郁先生编撰出版一本纪念文集，邀我留言，谨此略述我与郁龙余先生的交往以及对他的印象，共同回忆美好时光，以表庆贺，并敬祝郁龙余先生健康长寿！

2020 年 6 月 9 日，于深圳

来自谭中先生家族的衷心祝贺

胡　阳

胡阳，天津商业大学教授。

当我告知谭中伯父2020年是郁龙余教授从教50周年时，伯父很高兴，虽然他的视力已经不允许他从事写作了，但是仍然叮嘱我代表“集体”（伯父本人及其家族成员）写一篇文章来表达我们的衷心祝贺。

回想我第一次见到郁龙余教授，是在2010年8月北京大学纪念泰戈尔的学术研讨会期间，谭中伯父在北大招待所门口亲切地把我介绍给郁教授：“这是我的侄子，胡阳。”郁教授热情地与我握手问候的情景，让我至今记忆犹新。从那之后的四五年，几乎每年我都会和郁教授见面，一起参加了“谭云山现象与21世纪中印文化交流”研讨会、《谭云山》新书首发式、“泰戈尔落在中国的心”征文比赛等活动。

我之所以能有幸与郁教授结识并且参加上述活动，要感谢谭中伯父与郁教授的长期合作。伯父与郁教授联合主编了《谭云山》，这是中国大陆第一本介绍谭云山的著作，我的姑姑胡玲玲女士也参与了编写。2012年在中国人民对外友好协会举办了《谭云山》首发式，伯父、郁教授、胡玲玲姑姑和我都参加了首发式。在伯父与郁教授众多的合作当中，最重要的成果无疑是筹建深圳大学谭云山中印友谊馆。

2006年3月，谭中伯父作为谭云山后人的代表，将谭云山先生生前保留下来的文件与物品捐赠给了深圳大学。在郁教授的努力下，深圳大学谭云山中印友谊馆在2008年11日隆重开馆，谭中伯父带领三代家族成员远道而来见证这一历史时刻，并且再次捐赠了许多珍贵的谭云山遗物。在2011年“谭云山现象与21世纪中印文化交流”研讨会上，郁教授特别提到这次捐赠物品中的两幅徐悲鸿画作，其中一幅是谭云山肖像，另一幅是徐悲鸿为谭云山夫人画的观音像，这两幅画价值连城。本来这两幅画已经作为遗产分给了我的姑姑谭元（伯父的妹妹），但是在伯父和家族成员的努力下将画作捐献了出来，难能可贵。

郁教授带领他的研究团队，将谭云山相关的实物与文献分类归档，并且分批扫描，制作了数字化电子文献，在这个过程中，郁教授付出了极大的热情与耐心。由于郁教授对中印文化交流的巨大贡献，印度政府在 2016 年授予他“杰出印度学家”奖。今天，谭云山中印友谊馆成为世界上谭云山物品与文献收藏最多的文化场所，也是中印学术文化交流的场所与窗口，我们相信在未来它必将发挥越来越重要的学术与文化功能，必将如谭中伯父所言成为能与西安大雁塔媲美的中印友好象征。

最后，我谨代表谭中伯父以及谭中先生家族成员，向郁龙余教授表示最衷心的祝贺！

50

口占咏萤铭心志

——记吾师郁龙余先生

杨晓霞

杨晓霞，深圳大学文学院副教授，郁龙余先生的高足。

朦胧幽暗的夏夜，深圳大学图书馆门前的草坪上，三三两两的萤火虫闪着点点绿色幽光飞来飞去。每当此时，我总会想起我的导师郁龙余先生即兴吟诵的那首《萤喻》：“我本草中生，羞对星斗明。君有囊萤志，愿将此身赠。”

1999年中秋节的前夜，深圳大学研究生部举行迎新晚会，时任文学院院长的郁老师应邀出席。深圳大学1996年方获得硕士学位授权，到1999年，全校的研究生加起来有40余人。学校非常重视此次活动，除部分学院的领导外，学校党委书记姜忠也来到了现场。姜书记做了简短的致辞，然后她请郁老师作为教师代表讲话。郁老师略一沉吟，诵出了上面那首《萤喻》，并解释道：古人认为萤火虫是腐草变成的，萤火虽微弱，不如星星那么明亮，但在座诸位学子如果有囊萤之志，我们这些老师愿意倾尽一生心血。言毕，在座的老师和学生无不啧啧赞叹，为郁老师的出口成章、爱生之心、奉献精神鼓掌欢呼！此情此景，让我不禁湿了眼眶。我来深圳大学的选择是正确的！

1999年的春天，南下深圳是一场前途未卜的冒险之旅！

那年，我考了北京师范大学文艺学专业第三名，但没有收到复试通知。“芭蕉不展丁香结，同向春风各自愁。”暮春四月，我虽心有不甘，却也只能开始找工作，有的已经有了意向，有的进入了最终的面试。

一天深夜，我们宿舍的姐妹们准备就寝，我正要爬到上铺。挂在墙上的电话突然铃声大作，大姐接了电话，然后把电话给我，略带神秘地笑着说：“找你的，是个男的，声音很好听。”我满腹狐疑地接过电话，电话那头传来了充满磁性的男声：“我是深圳大学文学院的老师吴予敏……”放下电话，我看见一只小巧玲珑、肚子圆滚滚、通体晶莹剔透的红色蜘蛛（北方称之为“喜蛛”），正顺着墙，慢慢地从我眼前爬过。

第二天，我赶忙向系里请假，到火车站买票。4 月底，我坐了 20 多个小时的硬座到了广州，然后又坐上前往深圳的汽车。中午时分到了深圳同乐关检查站，所有人都要下车查验边防通行证。这时我才知道，我手里拿的不是正式的通行证，只是一张申请表，根本无法进入深圳关内。我赶快给吴予敏老师打电话，吴老师让我不要着急。他现在人在外地，让我在关口等着，学院的其他老师会来接我，并问了我的穿着打扮。下午 1 点多，只见一位气质儒雅的长者和一位风度翩翩的年轻人匆匆来到我面前。他们安慰了我几句，拿走了我的身份证，让我再等等，因为他们需要回深圳的派出所办理通行证，我继续翻阅《文学评论》等待着。下午 3 点多，两位老师带来边防通行证，将我接到了文山湖学术交流中心办理入住。直到第二天研究生面试时，我才知道，去关口接我的长者竟是文学院院长郁龙余老师，年轻的老师是学院的研究生秘书、刚毕业不久的黄金鹏博士。我和郁老师的师生缘分就从同乐关开始了……

读硕士的三年间，作为深圳大学文学院第一批文艺学专业硕士研究生，我和同学 4 人得到了导师和学院各位老师无微不至的关怀。常忆起在章必功校长的办公室里，听章校长谈笑风生，高谈阔论，不觉早已过了下课时间；回想起刘洪一老师带领着我们到福田的教堂，亲身感受和体验宗教的神圣庄严；仍记得吴予敏老师带着我们读康德的《判断力批判》，字斟句酌，一个学期精读了二三十页，收获颇多；更记得郁老师请我们去家里包饺子，让学院资助我们到北京、上海等地访学和搜集论文资料。还有当时学院党委书记吴俊忠老师，请我们吃饭，带我们到仙湖植物园游览，冒着酷暑爬到六楼学生宿舍探望被电扇划伤的我。学习生活上的点滴小事，浓浓的师生情谊，萦绕心间。

时光飞逝，在郁老师的引导鼓励下，我考取了北京大学唐仁虎老师的博士。当我拿到录取通知书的时候，郁老师喜不自胜。他说，我是他在深大的第一个硕士，也是第一个考取博士的，他就像嫁女儿一样高兴。老师拿出 2000 元钱送给我作为奖励，这在2002年可是一笔巨款。我推却不过，只得含泪收下，给郁老师行了个跪拜之礼。迄今为止，我从未提起要将那2000元钱还给郁老师，我觉得还钱会破坏我们的师生之情，而老师的那份情意又岂是几千元钱能还得清的？

在北京大学读博期间，郁老师一直关心着我的学习和生活。每次他到北京开会，总会叫上我和朝华师妹聚一聚。郁老师请我们去吃大餐，改善伙食，带我们去朗润园拜访乐黛云先生，到301医院探望季羡林先生。甚至在我毕业答辩时，郁老师还特意到北京参与答辩会。种种关怀、呵护，绝非言语可以形容。

博士毕业时，我咨询郁老师的意见，是继续攻读博士后还是先工作。郁老师说，他马上就要退休了，深大文学院东方文学的课程需要任课教师，建议我先到文学院工作。就这样，我来到了文学院，接过了东方文学的上课任务。郁老师为我提供课件、教材和参考资料，他还不放心，每次上课时间必到教室听课，课后提出意见和建议，从未缺席过一节课。郁老师说："我不仅要把你扶上马，还要牵着马带你走一段。"这让我不仅倍感压力，更让我体会到了郁老师对学生的殷切期望和诚挚的关爱。

2005年，郁老师在学校的支持下，成立了深圳大学印度研究中心。2007年郁老师退休，可他退而不休，成为中心的"全职义工"。十几年来，郁老师几乎每天都要乘坐班车到学校。用师母的话来说：郁老师不能在家里多待，待多了就会不舒服。深大师范学院502办公室，柜子里、桌子上、地板上堆满了图书和报刊，郁老师徜徉其中，乐在其中。每次见到郁老师，他总是语重心长地叮嘱我好好读书，好好做学问。

郁老师以"士不可不弘毅，任重而道远"自励，潜心著述，近年来，不断有巨著问世。在郁老师的带领下，深圳大学印度研究中心开展与海外高校和研究机构的交流合作，蜚声海外。2016年12月，郁老师获得印度总统普拉纳布·慕克吉亲自颁发的"杰出印度学家"奖，成为中国第一位获此殊荣的学者。这是对郁老师几十年来潜心印度学研究，致力于中印文化交流的褒奖，实至名归。

在深大工作期间，每当年节我提出去探望老师和师母，老师总是拒绝。我有时只能“先斩后奏”，到了老师楼下再打电话；或是通过快递，直接给老师寄去一盒粽子、一盒月饼，聊表寸心。

老师生活简朴，从不讲究吃穿。有时，我们想请老师一起聚餐，老师总说没有必要，到学校食堂打个盒饭就可以了。除了校外学者交流来访或同门到深圳，老师很少外出应酬。记得有一次老师生日，我给老师买了一件白色条纹衬衣，怕码数不合适，为方便退换，没有拆价格标签。老师看到后直说“太贵了”，说那是他穿过的最贵的衬衣，其实也不过 600 多元。

如今，我也成了一名硕士导师。我只能尽力而为，请学生们吃几顿饭，给学生报销点访学经费和书费而已。我所能做的，不及老师之万分之一。

2020 年是老师从教 50 周年，亦是老师的 75 岁华诞，我也作了一首小诗送给老师。

口占咏萤铭心志，

传道授业育英才。

鹤发银丝映日月，

风流儒雅亦吾师。

敬爱的郁老师，“我的心，在你的眼睛里找到了天空”。

2020 年春，于深圳

四方同此水中天

——郁龙余老师及其印度学研究侧记

刘朝华

刘朝华，广州市社科联《城市观察》杂志社副社长，郁龙余先生的高足。

序　言

数年前，我冒失地开始计划做郁龙余老师的学术年谱整理，当时的想法是，在老师的口述和指导下，我能较轻松地透过老师的治学之路，增进对中国印度学的理解和对相关学术史的把握。然而，无数关于郁龙余老师的记忆片断、对老师学术著作的阅读心得，一次次想写出，又一次次中断搁下。对我来说，要深入郁龙余老师的文本并不容易，要进入他的思想世界更是艰难。郁龙余老师精通印地语，在中印文化交流研究上做出卓越贡献：刊发论文过百篇，编撰论著 30 余部，其荦荦大端有《东方文学史》《中国印度文学比较》《中国印度诗学比较》《中外文学交流史：中国—印度卷》《印度文化论》《季羡林评传》《中国外国文学研究的学术历程・印度文学研究的学术历程》等，钩沉索隐，赋新思于旧史，凝聚了郁龙余老师的学术精华；《谭云山》《黄道婆》等文学作品，则借前贤人事，别道情志心曲，深意存焉。郁龙余老师的文字虽然洗练平实，却具有朴素的包容性和无限的伸展性。他善用譬喻，其重要论断却进本退末、直断不疑，若学问没有生根，对其思想脉络没把握，其实不太能领会当中的机缘道理。

好在道存人中。郁龙余老师的文章总留着一道道"密码"，其研究也往往可与其师友互文互见，与当下的世界相通交融。从《从〈梦溪笔谈〉看中印古代文化交流》（1982 年）一文开始系统重读郁龙余老师文章，因应不同时间节点和事件，我选取并交叉阅读季羡林先生、金克木先生、徐梵澄先生、谭中先生、刘安武先生、汤一介老师、乐黛云老师等前辈学者的著作，尝试在参照中不断挖掘对郁龙余老师学术思想的新提问和理解。慢读和交叉阅读的一个好处是，往往在某一瞬间，日常生活中某一个细节，能让我忽然明白以前根本未能理解透的话语、段落、文章，或透过其中的寥寥数语，大致能摹想出郁龙余老师曾经走过或曾全心投入的一段历程。

段晴老师曾在梵文课上半开玩笑地说，言语和书写都应当慎重恭敬，印度古人认为，一出口一落笔，它就成了“呪”，具有影响生命的能量。20 世纪 90 年代出版的《明清之际中国和西方国家的文化交流——中国中外关系史学会第六次学术讨论会论文集》收录郁龙余老师对我国古代官方外事机构的介绍文字，其中一篇题为“四方馆”，郁龙余老师引用《隋书·百官志》的记载说明隋炀帝时已设置四方馆接待外国和四方少数民族来宾。我莫名感觉“四方”好像由此成了郁龙余老师的一个生命空间密码：郁龙余老师最珍重的四方，西是他五十多载躬身研究的西天印度；东既是他的出生地东土中国，也是东方明珠上海；北是北京，也是北京大学，他学术生涯生根发芽的地方；南是中国南大门深圳，也是深圳大学，他教于斯、成就于斯的地方。

郁龙余老师于 1946 年 4 月 3 日出生在上海浦东的三林镇，是家中长子。父亲陈祥刚是南京燕子矶人，1931 年九一八事变后流落上海成为难童，先被浦益习艺所收容，后被周姓人家收养，送到上海学裁缝。新中国成立后，陈祥刚在上海第五服装厂带着徒弟完成了中国服装行业的好几样技术革新而成为“工人革新家”，两次获评“上海市先进工作者”。郁龙余老师的外公于 1935 年去世，外婆于 1940 年去世，母亲郁如心 14 岁就独当门户，庄敬自强，是上海毛纺厂受人尊敬的标兵。郁龙余老师说，父母本是苦命人，“为了养活兄妹 6 人，吃尽了千辛万苦，但是他们从来不说苦”，“父母的教诲，归结为一句话，就是争气”。因父母进城工作难得回家，郁龙余老师 10 岁起就当家拉扯 5 个弟妹，把日子过得井井有条。早岁生活的艰辛从没有扭曲、伤害到郁龙余老师的精气神，反而培育了他的担当、智慧、坚韧和每临大事有静气的涵养。

郁龙余老师断续花了 20 年在废旧讲义纸背写成历史小说《黄道婆》，周思明老师以“超越苦难生命的传奇”为题高度评价了这部小说。在近现代黄道婆的故事出现前，黄道婆是作为江南纺织业内的“始祖”存在于民间文化记忆中，但在郁龙余老师笔下，黄道婆已由神变回人，与她身边的劳动者一样，于苦难中不屈不挠，勤劳智慧勇敢，常怀悲悯之心，乐于助人……闪现着郁龙余老师对父辈亲人的追怀。尤其在小说的第一卷，童年黄道婆见到的浩浩汤汤滋养生民的浦江，江中“会跳到锅台”的大乌鳢、发蟹和贴在墙上的蟹螯骨壳做成的“蝴蝶”，屋后三林塘港新涨的春水、甜嫩的芦粟，秋来篱外野菊花的芬芳……浦江悠悠历史途中的一段，其底色历尽千载未变，生活气息的朴素的美扑面而来，分明是烙在郁龙余老师心底的童年与故园。

浩浩汤汤的黄浦江汇入长江，最终流去的方向是东海、太平洋。黄道婆顺着江流海潮到了福建、海南，而她带回家乡的纺织技术，间接推动了元代的“棉花革命”，使原产印度的亚洲棉在江南地区得到更快速的推广。

我母亲是一位纺织能手，20世纪60年代，她所在的工厂里来了大批新疆姑娘，她们一个个漂亮大方、虚心好学，和老师傅们的关系处得像一家人似的。我至今还记得，自从厂里来了新疆学艺的青工，母亲每个星期天回家，有着说不完的她和新疆徒弟的故事。有一次，她在乘小火轮回上海之前，让我和弟妹们去摘一些当季的栀子花，说带回工厂送给她的新疆徒弟。母亲是黄道婆的故乡人，和其他乡亲一样，心里一直记着黄道婆“帮人是福”的教诲。我花费50多年时间，撰写、修改《黄道婆》，弘扬“帮人是福”的精神，正是受到母亲潜移默化影响的结果。[①]

黄道婆、棉纺技术、父母、故乡与印度，因为奇妙的文化缘分紧紧地联结在郁龙余老师的心中。

1965年夏天，郁龙余老师从三林中学毕业，在语文老师陈一冰先生和班主任周文良老师的鼓励下考入北京大学东方语言文学系。东语系有梵巴、印地语、日语、泰语、朝鲜语等13个专业，经过填表自选和组织分配相结合，他成为印地语1965级的学生。

---

① 郁龙余:《加强“棉花之路”研究》，贝拿勒斯印度大学举办的“多语主义：语言与文化话语的视角”网络研讨会演讲稿，《中印对话》2022年第2期。

当时东语系系主任是季羡林先生，而印地语专业的师资在南亚的三大专业中最强，除了研究室主任金克木先生、副主任徐晓阳老师，还有彭正笃、殷洪元、刘安武、刘国楠、金鼎汉、马孟刚、张德福、刘宝珍等老师，1965 年印地语专业刚毕业留校的王树英老师和 1966 届毕业的王益香老师分别负责思想政治和业务工作。郁龙余老师在北大学习期间，被选为班长，然而入学第二年"文化大革命"爆发，他刚读了一年大学就被卷入洪流，骤然失去了步步跟随名师深入学习的条件。在此期间，郁龙余老师靠坚韧的毅力自学印度语言文学、中国文学和文学理论，靠编写《毛主席著作中的成语词典》来自学，机智地避免了"智育第一，业务至上"的指责。1970 年，郁龙余老师毕业后留校任教，在印地语专业教书工作了 14 年。在北大工作学习期间，对郁龙余老师影响最大的，莫过于离家时其父亲发自肺腑的一句叮嘱："毛主席的话一定要听。"对于纯朴的青年人来说，听老师话，听上级指示，跟老师学，认真落实组织委派任务，不就是听毛主席的话吗？"听跟习惯，影响了我一生。"[①]1983 年，国务院批准成立深圳大学，请清华大学、北京大学和中国人民大学支持。1984 年，为了争取一家团聚，郁龙余老师带着 26 箱书和结婚时东语系老师送的一口锅离开了燕园，来到初创期的深圳大学，由此开启在中国南方建设印度学的历程。郁龙余老师半生的治学历程，既包含剧烈的起伏颠簸，又有无数的纵横曲折，使人百感交集。不论如何，对党和国家忠诚与充满信心的底色，造就了郁龙余老师这一代知识分子的学术关怀，以及这一代知识分子的社会参与和人生际遇。

中国传统文化重时空，流传下来与"四方"相关的诗文名句很多，譬如李世民的"车轨同八表，书文混四方"，杜甫的"丈夫四方志，安可辞固穷"，梁启超的"少年悬弧四方志，未敢久恋蓬莱乡"，但郁龙余老师的"四方"密码，首先让我想到的却是苏轼赠给王子立（苏轼弟子、苏辙女婿）的这首《武昌酌菩萨泉送王子立》："送行无酒

---

① 郁龙余、朱璇：《季羡林评传》，山东教育出版社 2016 年版，第 585 页。

亦无钱，劝尔一杯菩萨泉。何处低头不见我？四方同此水中天。”诗中的典故出自初唐房融在广州笔录的《楞严经》，月光童子回忆当他还是教授诸菩萨修习水观的水天佛时如何证入正等正觉：“我忆往昔恒河沙劫，有佛出世名为水天。教诸菩萨修习水观，入三摩地。”三摩地（Samādhi），是一种禅悟的境界，在印度瑜伽哲学中，属于八正道（aṣṭāṅga）之一。水天佛观想水性融洽，流通无碍，让弟子移走误投入他心中的石子，由此达致内外如一，以童真得入菩萨位中。当修习者能突破身与意的界限（身见），也就从痛苦和种种不和谐中解脱出来了。

2016 年 12 月 1 日，时任印度总统普拉纳布·慕克吉在新德里总统府隆重召开颁奖大会，将第二届“杰出印度学家”奖授予郁龙余教授。“杰出印度学家”奖由印度文化关系委员会设立，授予在研究、教授印度哲学、思想、历史、艺术、文化、语言、文学等方面取得卓越贡献的海外著名印度学家，郁龙余老师是世界第二位、中国首位获得此项殊荣的学者。印度国宝学者、印度文化关系委员会主席金德尔教授在颁奖典礼上致辞说：“郁教授充实了中印两国之间伟大的价值交流活动。在这些价值中，心灵是一束神圣的亮光。他令我们想起了手持莲花、观照世界的大慈大悲的观音菩萨。慈悲使世界美好，如同晨曦之于白昼。”

在《我在深圳探索生命的意义》一文中，郁龙余老师谦逊地写道：

从北京大学来到深圳大学，至今已整整三十六年。从三十八岁的壮年，变成了七老八十的白发翁。这三十六年间，我主要做了三件事：和中文系、文学院老师一起培养了一批优秀学生，搞科研写了一批文章和著作，创建了中国南方第一个印度研究中心。

我有时不免设想，假如郁龙余老师的“四方”生命空间密码有所不同的话，他的成就又会有怎样的变化呢？但人的成就往往在因缘际遇中和合而成。下文基本按时间顺序，从郁龙余老师的四方生命空间、三个治学阶段来重建他所说的“三件事”的脉络，并以此小规模地理解以郁龙余老师为代表的一代知识分子全心投入的中国印度学学术创建道路。

一、修身践履，求真尚同：郁龙余老师的“史”“论”“学”

自1965年进入东语系以来，郁龙余老师就与印度学结下了不解之缘，倾注了半生精力。郁龙余老师的治学道路大致可以划分为三个阶段：1984以前在北大燕园的求学和积淀是第一阶段。1984年至2005年在深圳大学任教治学是第二个阶段，也是其学术思想发展的关键时期。以2005年创建深圳大学印度研究中心为标志，开启了第三个阶段，他走过厚重的一段思想旅程后取得学术创见的累累硕果。目前，学术界对郁龙余老师学术思想的研究尚未展开，鉴于此，本文拟通过对郁龙余老师从佛学、梵学、比较诗学、文化交流史学到中国印度学的贯通性和脉承性的研究成就进行初步记录与分析，以期为今后的中国印度学研究提供初步资料。从季羡林先生、金克木先生、刘安武老师到郁龙余老师，这两代中国印度学家的学术道路和学术研究框架并非刻意塑造而成，却对接续的印度学研究走向产生了深远影响。

（一）中印文化交流史研究

从考据到义理、从学问家到思想家几成中国现代印度学家的必由之路。郁龙余老师在北大时期的研究成果以印地语文学剧本翻译和中印文化交流史考据为主，代表性的论文为发表在《南亚研究》的《从〈梦溪笔谈〉看中印古代文化交流》和《中印栽培植物交流略谈》（1983年）。郁龙余老师在这一时期的文献研究，善于从散乱、零碎的历史片段，推衍出其背后隐藏的文化关联，再勘察外来元素带来的发展机缘及其对我国文化体系生成轨迹的影响。

魏晋南北朝至唐朝的400多年是中印文化交流第一座高峰的形成期，此时不少中国僧人通梵文，与印度的直接往来交流较多，对印度器物及文化的介绍记载也多；宋朝以来，中印文化交流的成果已经深入民间日常生活，但其源头往往“视之而弗见，听之而弗闻”“日用而不知”。北宋沈括的《梦溪笔谈》在世界科学史上有着重要的地位，其中也涉及中印古代科学和文化交流的成果，小部分有简单说明渊源，大部分并没有明确记载和判定关系。在《从〈梦溪笔谈〉看中印古代文化交流》一文中，郁龙余老师拈出其中两国在天文历法、音韵学、音乐舞蹈、地理等方面的文化交流零散记载，深入分析北宋时期以前中印两国由小及大的文化交流激荡，展现了中印交流丰沛磅礴的历史原貌。文章虽早成，却集中体现了郁龙余老师治史的三个传统中国式研究方法。

第一个方法：疏通知远。郁龙余老师串联沈括记载的印度天文学家对唐代天文历法的贡献事迹片段，打通理解中印天文学的交流成果。唐玄宗令一行和尚修订的《大衍历》是我国古代最为精准的天文历法，其开创的历法格式，在我国一直沿用到明朝末年采用西洋法造历为止。郁龙余老师梳理了唐代三大定居于长安的印度天文世家——迦叶氏、瞿昙氏和拘摩罗与《大衍历》的联系，如李淳风修《麟德历》得到迦叶孝威的协助，一行和尚修《大衍历》时拘摩罗家族传授推算日食方法以及瞿昙氏家族对《大衍历》的挑战，在历史性叙述中以此点勾连中印古代天文学家们的互相合作、互相竞赛，从细碎的历史片段中拉起一条主线，进而揭示中印天文学的交流成果和两国古代紧密的文化关系。疏通知远治史方式的要点是取弘用精，选取关键问题的关键点，通过对关键点的深入、细致的考察，探赜索隐，由关键点研究连带推导知识脉络和谱系，甚至由此判断其未来的走向。此后的《中国印度诗学比较》《中外文学交流史·中国—印度卷》等论著也体现了郁龙余老师疏通知远的治史特点，即通过深厚的专业研究来理解历史情境和走向，深入洞察关键而具体的人事物，见微知著，而后将知识片段以主线合拢贯穿，以小节见大体，在知识脉络和体系的展开过程中，求取历史文化的真旨。

第二个方法：会通识机。这一方法清晰体现在郁龙余老师梳理《梦溪笔谈》的关于中国音韵学发展的记载，从专业经验旁证肯定沈括的“切韵之学本出于西域”，推论出其演变过程。反切法是中国千年来注音识字的传统方法，较早记载研究反切法的是《颜氏家训·音辞》“孙叔言创《尔雅音义》，是汉末人独知反语。至于魏世，此事大行”。有人据此认为是孙炎创造了反切法，其实并不确切。颜之推这句话只明确孙炎创作《尔雅音义》时使用了反语（反切注音），反切法的最早创立人仍无定论。沈括在《梦溪笔谈》记载：“切韵之学本出于西域……以西域二合之音，盖切字之原也。”“音韵之学，自沈约为四声，及天竺梵学入中国，其术渐密。”此外，《梦溪笔谈》还记载着梵文 42 个字母的汉字音译。郁龙余老师据此推论我国古代音韵学从“急切”到受梵学影响发展出“反切”的过程：汉字自古是象形会意的，对“音”的重视可能较多存在于口耳相传的方言中。东汉年间，印度的声明论（音韵学）随佛教传入我国，同时不少印度僧人在中国学习汉字时用梵文字母注音。在佛教推广过程中，由于对梵文经咒必须准确颂念和推广普及，僧人因此严谨地采用汉字来拼注梵文经咒的音，使不懂梵文的普罗大众也能依字念诵。受到此启发，中国学者也使用两个汉字作为字母拼注汉字音（也用汉字拼读外文字母），逐渐形成我国音韵学中的反切法。根据梵文字母如 **श**、**झ** 等的读音，假如不用二合反切法，无法用一个汉字的“直音”“读若”来拼读注音，郁龙余老师以专业知识推断，论证了印度声明论传入及汉代的梵汉互学对反切法的形成起到了重要的影响作用，由此直断沈括的“切韵之学本出于西域”言之有据。反切注音法在我国流行千年直至清代刘熙载《四音定切》刊行（1878 年）方臻完善，但 40 年后北洋政府正式颁行国语注音字母，反切法遂被淘汰。会通识机的治史方法重点在于研究眼界须广阔，郁龙余老师在梳理爬抉过程中能跳出原有框架，佐以新的专业知识比较参验，把握住关键点，避免游谈空疏。

第三个方法：透物识人。这一研究方法在郁龙余老师评雁荡山地名一节的取舍中清晰展示。中国是最有历史意识的国家，也是历史文献大国。由于中国古文的简约隐括，史料记载往往片段化，“录远详近”“代远多伪”，传统的考据、义理研究，往往是后人在文献和各种新资料的基础上对预设理论的论证和检验。史料片段化和碎片化既可能是线索的中断，也可能是新说的起点，关键在于能否透物识人，见其大而不避其碎。宋神宗熙宁七年（1074 年），沈括到雁荡山做实地考察，在《梦溪笔谈》第四三三条记录了雁荡山的地名由来。温州雁荡山很美却一直不见诗文记载，在宋真宗大中祥符年间（1008—1016 年），因为要造玉清宫，进山伐木的人们才发现了这座无名秀美的山峰。因为它面海，山南又有芙蓉峰，加上西域书记载阿罗汉诺矩罗住在震旦东南大海际雁荡山芙蓉峰龙湫，所以人们取贯休《诺矩罗赞》中的诗句“雁荡经行云漠漠，龙湫宴坐雨蒙蒙”来命名这山和山顶的水池、路径。沈括的记载有一处关键的史实碎片，即西域书对阿罗汉的记载，“阿罗汉诺矩罗居震旦东南大海际雁荡山芙蓉峰龙湫”现已不可考。假如参考藏地经文对诺矩罗（Nakula नकुल）或藏文佛典中的巴古拉尊者（Bākula बाकुल）等的记载，甚至应该怀疑该书极可能是在 8 世纪左右比附编写的“伪西域书”。目前可见的汉文十六罗汉名讳事迹，最早的应数《大阿罗汉难提蜜多罗所说法住记》，是玄奘法师（602—664 年）翻译斯里兰卡僧人难提蜜多罗（又译为庆友，被尊为降龙罗汉）涅槃前的传道说法，“第五尊者名诺距罗……第五尊者与自眷属八百阿罗汉，多分住在南赡部洲”。从谢灵运任永嘉郡守（422—423 年）时并未有雁荡山的诗文记载，公元 7 世纪十六阿罗汉始广为国人所知，9 世纪贯休所画“胡貌梵相”的十六罗汉图及赞诗在民间广为流传，到稍后阿罗汉诺矩罗彻底中国化……可以想见佛教文化从传入到交融的过程，有生有灭，这一过程本身就是两国文化的生命力所在。对于史实的细碎断裂处，即西域书的说法，郁龙余老师不去做批评，而是直奔有具体可考的历史名人贯休，“到宋朝人们发现这座不知名的奇山，山顶上又有可谓之雁荡的水池，于是让贯休诗中这些好听的雅名在这山中各得其所。这就是今天雁荡山、龙湫等名字的由来。今天我们知道了这一些再去游览这座称为‘天下奇秀’的雁荡山，就会自然而然地想起贯休和尚和阿罗汉诺矩罗，就会对中印古代文化交往产生美好的追怀”[1]。换言之，不执象而求，才能大道直行，明心见性。

中外历史文献可以说汗牛充栋、虚实夹杂，唯有经过下功夫的拣选、剪裁和撰述，才能让意义和脉络从史料中浮现生发。《中印栽培植物交流略谈》中关于茶、大豆、柑橘、桃子、梨、月季、芝麻等植物来源和传播的论述，不仅参考了中印两国的典籍记载，还采用了美国学者和阿拉伯学者的研究成果，由此进入了全球史的研究范畴。尽管郁龙余老师此阶段的研究仍基本以文献史料为主，但通过具体物和人的细致考察来贯穿跨区域跨文化的历史研究，这一研究方法雏形已现。

郁龙余老师的史学研究，最擅长也最具特点的是以人志史、知人论世。中印两国学者间的相互往来、著作的相互翻译、思想的相互启发，体现了中印文化同音共律、广师求益的特质。郁龙余老师从20世纪80年代开始就有意识地认真思考什么是中印文化交流的成果，有哪些起到影响力的关键性历史人物，通过对成果的理解来把握一个时代的基本面貌，并与其他史料相激发，通过记录、整理、研究和书写两国学者的思想史，逐步将之纳入他的文化交流史研究框架中。记人记言作为历史结构单元本是中国史书的特点，郁龙余老师将之上升为记载现代文化交流史的最重要方法。这源自季羡林先生的一次勉励：

“文革”后期，季羡林逐步获得了“解放”。有一天，我在外文楼遇见他。他叫我到他办公室。其实，这是一间空办公室，除了蒙满灰尘的办公桌椅、书架外，什么也没有。我替他擦拭桌椅，又帮他把所有抽屉里的擦鼻涕纸清理掉。……靠东墙的书架上有一摞书，我帮他整理了一下，又把书架擦了个干净。这时，他对我说：这些书送给你，都拿走。……在这一摞书中，有一本印度中印学会出版的《观光祖国诗及其他》，作者是谭云山。翻开，扉页上有他的题赠：

敬赠季教授羡林先生指教　谭云山　一九五九年十月廿二日　北京

---

① 郁龙余：《从〈梦溪笔谈〉看中印古代文化交流》，《南亚研究》1981年第1期。

我问："这谭云山是什么人？"季羡林说："这个人很了不起，是泰戈尔的朋友和学生，这本书你可以好好读一读。"[①]

走过第二次世界大战和现代民族国家的曲折发展，前辈师长们历经太多的苦难，也越发坚韧，两国学者留下的厚厚的学术思想记录，他们所历练的生命深度和思想高度，已成为历史文化资产，有待清理、总结、评说和继承。如同徐梵澄先生说的，印度人可以不了解中国，但中国不可以不了解印度。正是因为有真情实感，《谭云山》《季羡林评传》《中国外国文学研究的学术历程·印度文学研究的学术历程》和"中国印度学研究""泰戈尔及其作品研究"等相关撰述，才能超越"中心论"的价值评判，成为郁龙余老师在书写中继承师长、连接同道，并为后来的研究者拉起一个精微却坚实的思想谱系的有力尝试。

如果说在"五四"时期，"革故"并与现代化的西方接轨是中国知识界的主流任务，那么从20世纪末期起，人文学科的前沿议题则普遍聚焦于学术话语的本土"再造"，或者在"再造"中开拓出有别于西化的发展可能。郁龙余老师等学者的研究直指古代跨文化交流史，固然有学科专业的偶然性，但其"鼎新"的根本目的，是重新理解文化中国的根性和发展脉络，又具有一定的时代必然。自西方国家为主导的现代民族国家体系在全球推行以来，我国的史学和文化研究既吸收了西方浩瀚的哲学历史文化思想，也深受其制约，以至于主流历史叙述更集中在对王朝更替、国运兴衰、疆域变化等"载籍之作"（《文心雕龙·史传》），人与物的民间文化交往，绝大部分未进入主流历史叙述视野。中国的历史文化表明，仅以王朝更替和疆域变化为对象来考察国家历史是极不全面的，会遮蔽国家民族文化的多元性、开放性和发展脉络，更无力消解"中华文明西来说""中华帝国说""中华文明断裂说"等舶来理论。从西周"何尊"铭金文"宅兹中国，自之乂民"以来，中国就和"天下之中"紧紧联系在一起，具有

① 郁龙余、朱璇：《季羡林评传》，山东教育出版社2016年版，第589页。

地域、都城、国家、华夏文化共同体等不同的意蕴。按照梁启超的说法，“中国”是经历了“中国之中国”“亚洲之中国”“世界之中国”三个阶段。接续其后的郁龙余老师等一批学者的研究成就说明，通过具体的人物事件在平视的文化交流中不断厘清和揭示文明多元发展脉络，科学地认识文化中国、世界中国，才能复原真正的中国历史，才能建构具有国际视野、能产生重大影响力的文明史学。

（二）从比较文学到东方文论

从思想史和精神史的角度看，在20世纪七八十年代，中国的知识界出现了一个重要的转折点，中国文学研究、文化研究也进入了一个快速发展和急剧变化的时期。

郁龙余老师的文学研究始于燕园时期的印地语文学剧本翻译。通过20世纪80年代初郁龙余老师的印地语现代剧译本，读者可以尝试进入译者的内心世界及其嵌入的大环境。在译者按中，郁龙余老师只简单地说：“……（剧本）取材于最普通的日常生活，于平静舒缓之中蕴藏着巨大的思想和情感的内涵。作者笔锋辛辣而含蓄，寓悲于喜、寓庄于谐，极为耐人寻味和咀嚼”。但若认为《四天》只是讽刺职场的冷漠、残酷和欺善怕恶，认为《无耻之徒》只是揭露资本的贪婪和对人心的吞噬，认为《飞》只是展现女主人公对独立自强的追求，必然挂一漏万，隔膜失落。比如，《飞》中美丽的逃难女孩玛娅（**माया**），这个名字的原意是“真实之幕”“幻象”；把玛娅当女神一样保护的诗人拉梅希（**रमेश**），名字源自维持宇宙秩序的大神毗湿奴；阔气而崇拜暴力的猎人兴格尔（**शंकर**），所谓“创造幸福的人”，名字源自楼陀罗，是毁灭之神湿婆的一个化身……换言之，《飞》展示着真实的人性修炼：玛娅是幻象，是真相之面纱，预示着在人生的炙烤下，精神必经一次大幻灭。人就是在这样的一场场世道与人心的强烈纷争中，与内外的邪恶作战，在一次次的建构与坍塌中觉悟自性。唯知常变进退，方能升华长进。简言之，在改革开放初期，现代派等西方文学流派的涌入让文学界和文艺理论界为之目眩神迷，文学观念整体从“为政治服务”位移（1980年提出“为社会主义服务、为人民服务”），文学形式的价值、意义和作用有了新的开掘，文学更加关注人性、人情、人道和人的“异化”问题，关注人与社会的关系。而郁龙余老师这一时期翻译的印地语文学作品，为文学界和文艺理论界带来了意涵丰富深刻的印度现代文学，既让读者看到东方现代作品对于传统文化的借用、活化、转换等积极脉承，也坚定了自己对东方传统文化文明的信心，为未来的比较文学研究、东方文论研究奠定坚实基础。

让人深为惋惜的是，印地语文学翻译的道路因郁龙余老师主动申请离开燕园而中断。1984 年 7 月，郁龙余老师毅然离开北京大学东语系来到深圳大学，两个月后，深圳大学中文系成立。由北至南，需要于无路处辟路的坚韧。首先是工具书一项，国家图书馆、北京大学图书馆和东方语言文学系图书馆有相关的印地语作品和印度学藏书，而到了南方，除非自己购买、收藏、携带，很难在草创期的深圳大学获得足够的相关研究资料；其次是诸位老师的即时指导和同专业研究者之间的相互砥砺不可得，因此刚刚着手的印度研究和印地语文学翻译也不得不搁置、沉淀下来。但离开燕园是“困于心，衡于虑”，“行拂乱其所为”后的决断，也可以看作郁龙余老师学术上的“奥德修斯之旅”。

我从一名印地语教师，改行为中文教师，虽然没有外在压力，但我内心压力还是蛮大的。所以，除了系里派给我的工作，如和澳门东亚大学、香港公开大学合作，办中文公开课程等，我集中时间精力备课。几年中，我开过“秘书学”“公文写作”“大学语文”“中西文化比较”“中外文化交流史”“东方文学”（等课程）。其中，“东方文学”课程中包含印度文学。为此，我主编了一本教材《东方文学史》，业界反映良好，是同类书中最畅销的一种。

在这一时期，需要忍受清贫寂寞的学术拓荒。好在 1983 年国务院批准建立深圳大学时，批示由清华大学、北京大学和中国人民大学支持；而在 1985 年，乐黛云、汤一介、胡经之、李赋宁等北大教授，在深圳大学首任校长张维院士的带领下南下荔园，郁龙余老师遇到了他“生命途中的恩师、贵人”。郁龙余老师转向比较文学研究和文论研究，与时任深圳大学中文系主任兼比较文学研究所所长的乐黛云老师有莫大的关系。

20世纪80年代，中国学术界恢复了和西方学术界的直接对话交流，各种西方思潮和学术流派猛然涌入，“向西方学习”几乎等同于现代化，迅速成了学术界的高频词。只有极少数的东方学学者会自觉地带上“东方”的视角来严肃关照文化的这一新走向，而比较文学研究就是种种外来新学科中的这一“极少数派”。因为早期倡导者和组织者的关系，中国比较文学的核心和最突出的研究特征就是以中国为中心、以中国为基础。1981年，季羡林先生刊发了《新疆与比较文学的研究》一文，同年1月23日北京大学比较文学研究会成立了，季羡林先生任会长，李赋宁老师任副会长，乐黛云老师任秘书长，并聘请中国社会科学院文学研究所钱钟书先生任特别顾问。由于比较文学的年轻主将都南下深圳，1985年深圳大学中文系成立的同时，比较文学研究所也顺势成立了。1985年是中国比较文学界极其重要的一年。以“中国比较文学学会成立大会暨首届学术研讨会”在深圳大学召开，詹明信于9—12月应邀访问北京大学，并于10月14—29日在深圳大学的比较文学讲习班上做“现实主义、现代主义、后现代主义”“德国批评的传统”“法国批评的传统”三场讲座为标志，比较文学作为一个新学科正式在中国确立。尽管郁龙余老师的名字隐没于比较文学学科确立的大事记中，但作为季羡林先生和乐黛云老师极为信任的年轻学者，比较文学研究所的成立、首届比较文学学会成立大会的筹办组织等事务他都积极参与，以至于病倒在大会前。

汤老师、乐老师对我的关爱，主要体现在教学和科研上，给我压担子、指方向。他们多次对我说：“做中国大学者必须中、西、印三通，光懂中、西还不行，你是搞印度文学出身，有条件三通，好好努力，不然太可惜了。”为此，汤老师嘱我为其主编的“港台海外中国文化论丛”编《中西文化异同论》。我在大量阅读的基础上编成此书，并写了一万多字的前言。这是我正式踏上学术之路的第一个脚印，前言中的一些基本观点和心得体会一直受用至今，并影响了不少人。[①]

每一时代都有体现时代思潮特征的人文追求和学术热点。乐黛云老师说，“80 年代是一个以文化外求、横向开拓为主的时代。事实上，可以说中国大陆的整个 80 年代都是沟通中外、以他种文化为镜、反思本民族文化、以求奋进、以求新生的跨文化研究蓬勃开展的时代。”[②]比较使中国文学、中国文艺学和中国文化研究看到了新的发展前景和动力。1985 年，郁龙余老师怀着转为中文系老师的“觉悟”发表了《印度文学在中国的流传与影响》与《印度文学在中国的流传与影响（续）》。这两篇文章的重要观点为：第一，明确了中印文化交流早于汉代的佛教交流，屈原的《楚辞》即有受印度神话和寓言影响的痕迹；第二，明确汉译佛教文学是我国最早大规模翻译的外国文学；第三，印度文学在中国的传播得益于佛教的传播，也受到佛教的制约，尤其是印度教（婆罗门教）的圣典如《摩诃婆罗多》《罗摩衍那》《往世书》和四吠陀，被视为外道而不被完整翻译引入；第四，本生故事、《佛所行赞》、《维摩诘经》、《法句经》、《大庄严论经》等佛经文学作品随着佛教传播在中国最广为人知，有些汉语译本现在被还原成梵语回到印度；第五，佛教及其文学对我国文学的体裁、题材、语言等方面具有重大影响，郁龙余老师撮要做了介绍。此后两年，郁龙余老师沉心于比较文学和比较文化的研究中，主编并刊出了两部有分量的专业书《中印文学关系源流》和《中西文化异同论》，被乐黛云老师认为是 20 世纪跨文化研究横向开拓时代的代表学者之一。

从外国文学和比较文学研究的现状出发，郁龙余老师敏锐地意识到了尽管新中国成立以来中国的世界文学研究取得了丰硕成果，整体的文学研究和文化研究仍存在基本学术立场问题，也就是“缺乏横向的交流影响，更没有中国的对比与参照”、出现轻东方重西方等问题。深圳大学中文系活跃的学术活动推动相关学术研究形成新气象，

---

① 郁龙余：《当代女性的一面镜子》，《书屋》2021 年第 10 期。

② 乐黛云：《中西跨文化研究五十年》，《上海社会科学院学术季刊》1999 年第 4 期。

促成了一系列新的研究主题和研究方法。除了比较文学外，深圳大学中文系另一重大的议题设置是重新聚焦中国文化在海外传播的轨迹和方式，以及反向的对中国文化自身的影响。1987 年 12 月 26 日至 1988 年 1 月 9 日，北京大学和深圳大学联合在深圳大学举办了一期国际中国学研讨班，引起学术界的广泛关注，也直接影响到郁龙余老师转向对文化研究和阐释模式的反思，甚至带动了他后来的研究思想、技术路线等的深刻变化。

在这一时期，郁龙余老师的学术成果《中印文化关系源流》和《中西文化异同论》是“两面一体”的——虽然都讲中国文化与外来文化的异同关系，但是实际在讨论中国文化的根性、中国学派的本质。郁龙余老师精心选择了 40 篇从 19 世纪末到 20 世纪末这 100 年里中国学者论述中西文化比较和中印文化关系的“标志性”学术论文，组织印证他的观点：

任何一个民族文化的发展，一靠自身的创生更新能力，靠自己由少到多、由浅入深、由低级到高级的不断积累与进步；二靠外来文化的不断补充、丰富、启发、刺激，在于外来文化的摩擦、搏击、竞争、交流、融合中发展壮大自己。这二者有着内在的有机联系，相辅相成，缺一不可。[①]

要建立一个真正的、独具特色的比较文学“中国学派”，需要付出艰巨的劳动。其中，除了对国外诸学派的学习、借鉴之外，还必须对自己已经取得的成绩进行总结和分析。

历史告诉我们：我国的比较文学在其滥觞期曾得益于中印两国的文学比较研究；它一开始，就得到了梁启超、胡适、鲁迅、陈寅恪等中国第一流大学者的关心与重视，正是他们奏响了我国比较文学研究的序曲。[②]

以中国为中心、以比较为方法引导着郁龙余老师的文学和文化研究，他的研究使他位列改革开放以来立足中国文化，打通理解东方历史文化脉络系统走向的第一批学

① 郁龙余：《中西文化异同论》，生活·读书·新知三联书店出版社 1989 年版，第 7 页。
② 郁龙余：《中印文学关系源流》，中华书局香港分局 1987 年版，第 425 页。

者。郁龙余老师此后的中印文学、中印文论、中印文化研究的学术主线都是归一的，最终都指向对中国的理解和对人类自身的理解。例如，郁龙余老师曾基于对中国传统文化的保护，严厉批评学术大家的某一学术概念的翻译——该翻译因斩断了历史文化传承而造成对中国学术的极大损害。

将原意为“通灵感物”的“通感”取代真正表述感官挪移意义的“心感”，犹如养子取代亲子，于情于理都不通。在发现“心感”之前，用“通感”来译 Synaesthesia，已属憾事。现在，“心感”这一术语已经发现，再用“通感”来译 Synaesthesia 就有僵李代桃之嫌。更重要的是，用“通感”译 Synaesthesia，用的非其本义，所以它实质上只是一个赋于新意的借词。失去了历史传承，就失去了发明权和话语权。这样，由中国古代先贤发明、在中国古代文献中有明确记载的心感论，戴着“通感”的头帕拱手送给了西方人，中国大量的诗例只能作为陪嫁去妆扮 Synaesthesia 而已。这种违背历史真实的相让，对学术有害无益。①

历史上印度文化的传入极大丰富和改变了中国文学的表述方法，文学研究的概念术语和研究领域随之发生了根本性的变化。而近现代的两次大规模西方理论的涌入，使得中国的文艺批评也发生了根本的变化，可说是繁盛喧闹、众语喧哗，甚至在很长一段时期里，西方的学术话语把持了中国文学、中国文化的批评方式，改变了传统上讲求意境神韵的文学文化评论方式。郁龙余老师于 1999 年转入中印味论诗学的研究，从此研究兴趣和研究领域逐步转向中印诗学比较和东方文论，这显然与全球化语境下西方文论的冲击有极大的关系。他说，“中国和印度的味论特色，是相对于西方而言的”，例如黑格尔认为“嗅觉、味觉和触觉则完全与艺术欣赏无关”，但“东方则不同，中国和印度不但没有把味觉看成毫无美感的低级感觉，而是经过引申、转换、融通和互借，建构成诗学的一个基本范畴，形成了富于浓郁东方色彩的味论。显然，在东方，

① 郁龙余：《“通感”，还是“心感”？——兼谈传统学术遗产保护》，《中国比较文学》2006年第4期。

味觉和视觉、听觉乃至触觉、嗅觉可以相互替换，是融为一体的，形成综合审美效应。所以，在中国和印度出现了众多像趣味、意味、韵味、情味、风味、品味、兴味等概念，完全打破了感官的界限，互相渗透，你中有我，我中有你了。所以，东方的味论，不是以味觉代替视觉、听觉，而是充分运用生命最基础的感官——味觉，创造出丰富的味感话语，并以此为基础，极大地发挥通感作用，用味感话语来表达视觉话语和听觉话语。可以这么说，东方人在通感上用得比西方人足，不但可以融通视觉和听觉，而且成功地融通味觉和视觉、听觉，进而创造了味论”①。

这一时期郁龙余老师的重要研究成果是《中国印度文学比较》，本书分为上下编，上编研究中印文学发展背景，共五章：第一章从两国的历史、地理等文化要素来讨论两国文学生发的特征；第二章扼要讲述印度文学和印度文艺理论发展史；第三章介绍印度文学的西传及其在东南亚的影响；第四章和第五章分述中印两国在古代和近现代的文学关系，既介绍了印度文学对中国汉族和少数民族的影响，也介绍了中国学在印度的影响和发展。下编则从作者身份、喜剧情结、女性意识、“主神”、文学与外来宗教、审美主体构成、文化与味觉思维、味论诗学以及修辞（庄严）论八个方面仔细比较、寻找中印诗学的联系和异同，在国际视域下，在对照和鉴别中，增进对中国和印度文学、文论、文化的理解，坚定东方文化的立场。乐黛云老师在为郁龙余老师的《中国印度文学比较》作序指出：

“中印审美主体构成”、“中印文化与味觉思维”、“中印味论诗学比较”、“中印修辞论比较”，各章则相当系统地总结了东方美学的一些特点，为美学研究提供了很多非常重要的侧面。应该说，这本书不仅是当下比较文学研究的重要成果，而且也是美学研究、印度文学研究和文化研究的重大成果。②

---

① 郁龙余：《中印味论比较——兼评陈应鸾〈诗味论〉》，载《中外文化与文论》，四川大学出版社1999年版，第288页。

② 郁龙余：《中国印度文学比较》，中国社会科学出版社2001年版，第1页。

《中国印度文学比较》一书可以视为郁龙余老师从比较文学转入诗学比较的过渡性标志。正是在对中印文学关系的梳理过程中，郁龙余老师不断发现在现当代的诗学、文学理论话语体系中，因缺乏中国主体性，对传统文化的“无学”而造成文化上的“丢失国土、丧权辱国”。郁龙余老师对比较诗学的理解，解释了他为何从比较文学转向比较诗学研究：“许多中国学者，好像是集体无意识，都认为‘比较诗学是在安田朴做出比较文学走向比较诗学’的预言之后才兴起的。”郁龙余老师举了《诗论》《谈艺录》等 20 世纪 50 年代前出版的比较诗学著作的例子，也举了印度比较诗学里程碑式作品的例子，如 A.K. 左马尔斯瓦米博士的《艺术本质的转化》、伯勒瓦吉温・乔达里博士的《比较美学研究》、K.C. 潘迪博士的《比较美学》、K. 克里希那拉衍的《诗歌中的暗示义和叙述》、G. 奴曼吒・饶的《比较美学——东方和西方》等著作的问世时间早于 1963 年安田朴命名比较诗学的时间。据此，郁龙余老师以中印两国的诗学实践证明，从学科建设的角度看，比较诗学的实先于名，所谓 1963 年安田朴预言产生比较诗学，只是一个现代学术童话。他认为，当下中国要搞好比较诗学研究，有三个原则：必须破除西方中心主义；“左手必须知道右手的学在做什么”；必须从“知其二”迈向“察其三”，坚持“第三者原则”。①

2006 年，由郁龙余老师主编并主笔的《中国印度诗学比较》出版，乐黛云老师誉之为“在坚实的学术资料基础上长期铸造出来的集大成之作”。她在《中国印度诗学比较》序中评论道：“更重要的是，龙余还特别强调构建全书的精神是‘求真不求圆’。求真是实事求是，坚持真理；不求圆就是绝不追求某种观念性的‘体系’完整，而不顾事实地、人为地对资料进行剪裁和增删，举世都热衷于建构‘体系’之际，我认为这一点尤其重要。”②全书约38万字，以西方诗学作为第三方参照，研究比较中印诗学，用十二章分述中印诗学发生、诗学家身份、诗学阐释方法、诗学传播形式、审美思维、

① 郁龙余、刘朝华：《比较诗学的名与实》，《深圳大学学报》（人文社会科学版）2005 年第 1 期。

② 郁龙余主编：《中国印度诗学比较》，昆仑出版社 2006 年版，第 36 页。

味论诗学、庄严（修辞）论诗学、韵论诗学、艺术诗学、经典诗学例析、诗学现代转型、比较诗学等研究主题，不仅总结了中印诗学各自的特质，丰富了对中印两国文化的理解，而且身体力行，贯彻了比较诗学的第三者原则，使得中印诗学在世界诗学中有了更准确的定位。为此，印度学研究的同行曹顺庆老师和尹锡南老师在《突破“中西中心主义”学术研究范式的新尝试——简评郁龙余等〈中国印度诗学比较〉》中评论道：

《比较》不仅开拓了中印文学比较研究的新领域，深化了中印文化关系研究，还可以视为东方诗学比较研究领域的第一块里程碑。这在客观上也是突破“中西中心主义”学术研究范式的一次成功尝试。……近年来，郁龙余先后出版中印文学比较和中印文化关系的相关著作，其中便部分涉及中印诗学比较。此前，也有部分学者对中印味论、韵论和修辞论（庄严论）原则进行过一些零散的探索。《比较》一书的出版，使中印诗学比较成为一种科学而自觉的系统研究。[①]

（三）从东方学到中国印度学

随着人对世界认识的不断拓展，人对自身的定义也在逐步深化。郁龙余老师曾多次表达这一观点：“中国文论有三个发展阶段。第一阶段是只有中国一个点，自成一体。清末以来又加上西方的一个点，无疑是历史的一大进步。但两点只能成一线，三点才能成面。有‘面’才有舞台，文论家们才能演出声色俱佳的戏剧来。”[②] 正是这种强调差异、关注身份、最终强化自我认同的文化立场，驱动郁龙余老师这一辈的文学、文化研究学者去打开封闭的本土意识，自觉地摒除西方话语崇拜的迷障，转向关注第三世界的书写、东方其他国家和地区文化的研究，以独特的更多元的审视路径来进入对“东方”和“中国”的再理解。

---

① 曹顺庆、尹锡南：《突破“中西中心主义”学术研究范式的新尝试——简评郁龙余等〈中国印度诗学比较〉》，《外国文学研究》2007 年第 5 期。

② 郁龙余：《旧红新裁　熠熠生辉——简评〈东方文论选〉》，《外国文学研究》1998 年第 1 期。

郁龙余老师曾解释为何对中国文论、对中国文化的研究需要东方的视角，这是从季羡林先生、黄宝生老师的主张中脉承而来的：

中国文论家们悬在中西两极之间，紧追西方层出不穷的新流派、新理论不成，回到中国传统文论母床也不行。建构富于中国特色的新文论，成了中国文论家们的共同愿望。但是怎样建构新文论？如果又回到“中西兼融”的思路上，还是两点一线。困惑中，有人提出“东方视野”，希望从东方文化、东方文论的研究中获取新的营养。《东方文论选》就是在这一背景下应运而生的。季羡林先生说：“我曾在一次国际学术讨论上提出了一个口号：只有东方文化能够拯救人类，我至今仍然坚持这个口号。”[①] 许多人不理解这个带有先知预示性的口号，但我完全赞成。中国新文论光靠西方不行，还必须有东方文论的加盟。不少有识之士早就认识到了这一点。黄宝生先生在《印度古典诗学》序言中说：“我们迫切需要加强东方文学的诗学研究，为中国比较文学学派的崛起和长远发展打下坚实的基础。如果在若干年内，国内的东方文学学者能潜心研究印度、阿拉伯、日本、朝鲜等国家和地区的文学理论，推出一大批东方文学理论的翻译和研究著作，那么，‘水涨船高，泥多佛大’，中国的比较诗学必定会登上一个新的台阶。”[②]

近现代西方有强大的研究东方的动力，尤其是18—19世纪的欧洲传教士、商人和探险者，他们把不断深入东方各国作为传播民族宗教文化、强大国家领土和财富的途径，并以自己的概念工具来定义“东方学”，对亚洲国家的历史重新进行叙述和整编。而20世纪以来中国印度学学者们所理解的东方，显然不仅仅是严格意义上的地理概念，更是从文化历史这个层面做出定义的、不同于欧洲东方学所理解的东方。两个“东方”背后反映的是东方文明的重新崛起，是文化发展积累到相当程度后水到渠成的结果，也反映了东方国家重新自主书写历史文化谱系的诉求。在《中国文化和人类

---

① 季羡林：《今日东方》创刊号“卷首语”，香港亚太新闻出版社1997年第1期。

② 郁龙余：《旧红新裁　熠熠生辉——简评〈东方文论选〉》，《外国文学研究》1998年第1期。

前途——关于世界发展大趋势的思考》一文中，郁龙余老师从近300年中国与西方资本主义的遭遇史、斗争史中剖析阐明，中国和世界正面临新的抉择，中国印度等东方国家不再是被西方霸权所定义的形象。可以说，第三世界国家学术的发展跟国家民族的命运、国家的建设是息息相关的。郁龙余老师善于把时代问题转化为学术问题与话语资源，努力捕捉其中的普遍性意义，他对“东方学”理解，呈现于由他主笔主编的《梵典与华章：印度作家与中国文化》这部论著中。该书从源远流长的中印文化关系说起，从吠陀时代一直讲到现代的中印文化相互馈赠，论证了中印两国和平友好的3000年文化关系才是世界文化交流的楷模。有学者指出，这部书最大的特点是对不同东方文化的平等言说，构建了新的东方学向度。

《梵典与华章：印度作家与中国文化》着力阐发的中印学便是东方学家族中近年来迅速发展的学科。这本书的问世见证着中国的东方学研究正在超越汉语中心主义立场。

王晓明教授进一步指出：

正如真正的东方主义必是多元主义，有深度的东方学所呈现的也只能是复数化的东方，中印学作为东方学的子学科所复活的自然是中国文化和印度文化在复数化的东方中的交流史。《梵典与华章》在长达532页的篇幅中坚持文化多元主义立场，未给任何形态的文化中心主义留下余地。为了避免陷入印度文化中心臼论，这本侧重于“梵典”对“华章”影响的著作也花了较多笔墨寻觅和总结中华文化对印度文化的馈赠。从实体性的丝文化、纸文化、物种文化到佛教文化的倒传，由早期的实物交流到中后期文化人之间的直接对话，它向读者展示了中国文化影响印度文化的全面图景。①

2005年出访印度的时任国务院总理温家宝曾专程调阅《梵典与华章：印度作家与中国文化》一书，后将其作为出访礼物赠送印度朋友。2006开启“中印友好年”，在同年召开的十届全国人大四次会议的记者招待会上，温家宝总理回答印度报业托拉斯

① 王晓明：《超越汉语中心主义立场——从〈梵典与华章〉谈起》，《中文自学指导》2006年第6期。

记者关于中印关系的问题时说：“今年是中印友好年，其中一个重要内容就是‘梵典与华章’，即中印文化的交流。”

正如郁龙余老师在《梵典与华章：印度作家与中国文化》中所说：“中国人重文字、重历史的习惯，若能随着求法僧人一道西去，在印度生根开花结果，那该会是一种什么情景？至少不会让几乎所有的印度史家发出这样的感叹：若没有中国正史和旅行家的著作，研究印度历史几乎是不可能的。”① 古代中国和古代印度的文明菁华融汇彼此的文明血脉，当下已经“日用而不知”。重新发掘中国/印度文明，其实也是反思、找准本国的现实定位。

中国、印度和东方，都不是固定的、凝固的形象和文本，这些概念的内涵是流动的、变化的、生成中的，正是各国的学者通过书写、理论构建和现实交往的互证，不断在建构和推演其对各个民族国家的认识，形成印象—言说—真实的形象构建张力。可以说，真挚深厚的情感是做研究的不竭动力，印度学未必一定是研究印度为何的学问，郁龙余老师与其说是在介绍和研究印度文学、印度文论，或在钩沉史实探索中印文化关系，倒不如说是试图跳出个体框架，以印度为借镜不断探索什么是“中国”以及中国文明的本源，叩问的是文化本源和中国根本性认识的问题，这也最终导向了他独特的中国印度学研究之路。唯西学马首是瞻的学人缺乏独立判断，往往无法形成有价值的观点，其中一个重要原因是做研究一味标榜“就事论事”“理性客观中立”，不敢带真情实感，不敢坚守自己的文化学术立场，杼柚空虚，自寻短见。从季羡林、谭云山、金克木、徐梵澄等印度学前辈学者至郁龙余老师，随中华民族和平发展而成长起来的中国印度学家，一开始就不把中印文化文明并峙对垒，他们的学术命运与这个时代、国家民族自觉地紧紧相连，他们对中印文化关系的认同，是从两大民族共同的历史荣光、文化尊严、苦难、慈悲和不屈来反观自身，来寻求民族与更为广大的世界、

① 郁龙余：《梵典与华章：印度作家与中国文化》，宁夏人民出版社 2004 年版，第 21—22 页。

更为辽阔的历史和未来的联结，是一种认同式的诗性研究，是爱，更是对中华文明矢志不渝的信仰和信守。

二、独木成林、南枝早馥：深圳大学印度研究中心的创建

自1984年郁龙余老师离开北京大学燕园来到深圳大学荔园，经过20多年的研究积累，深圳大学的印度学研究已经从清贫寂寞的学术拓荒、“一夫当关”的独自鏖战迈向了学术共同体式的发展历程。深圳大学印度研究中心的创设，既是国家力量的推动，更是有识之士一直秉持学术批判的态度来审视既有的研究方式、研究性质和研究表现以及对已有学术进行不断超越的推动。郁龙余老师带领着深圳大学印度研究中心，利用学术交往和民间外交关系扩展了中国印度学的研究视野，积极与国内外智库、研究机构开展多种形式的交流合作、学术研讨和专家互派，以原创性的学术成果来增进中印两国学界的深层文化理解，通畅学术对话，甘为人梯，奖掖后学，为海内外印度研究学界提供了一个具有引领力、公信力和影响力的学术交流平台。

（一）深圳大学印度研究中心成立缘起

作为世界上两个最大的发展中国家，中国和印度在求富图强的现代化进程中力求构建新的文明秩序，谋求在国际舞台上发挥更重要的作用，更清晰地发出自己的声音。作为天造地设的兄弟之邦，中印是各自最重要的陆地邻国之一，两国关系是21世纪以来全球最重要的双边关系之一，两国在政治、经济、文化上的实践、竞合乃至碰撞，是塑造双边关系、亚太地区关系乃至国际关系的重要因素。印度研究中心在中国的创设，是国家在倡导和践行和平共处五项原则基础上，为全面推进中国和印度在政治、经济、人文等领域务实合作而做出的安排，是中印两国前贤大愿的回响，也是中国印度学学界迈向更高层次学术研究和学科建设的跃迁。

只有回到中国和印度的学术交流脉络，才能理解耳顺之年的郁龙余老师在中国南方创设印度研究中心的初心。

众所周知，自远古以来，中国和印度就一直是好邻邦和好朋友。……中印之间的文化交流有着十分悠久的历史，而这种交流促进了我们两国的社会进步，加强了我们的友谊，并给两国带来了福祉。在人类历史上，这是一个在任何别的地方都不曾发现的绝无仅有的例证。①

但是，此后很长一段时间里，中印直接的文化交流渐渐稀少，尤其是近代西方殖民主义对印度和中国的野蛮侵略，阻断了两国人民直接的友好往来，积贫积弱的印度和中国在学术上被西方世界的思想与实践主导和定义，出现了两国知识界必须借道西方才能沟通的扭曲现象。

从 19 世纪到 20 世纪初，中印之间的学术交往基本以西方为组织者和中介。1814 年 12 月，法兰西学院设立了西方第一个汉学讲座教席“汉语、鞑靼—满族语言与文学讲座”，标志着汉学首次迈入西方学术领域。直至 20 世纪上半叶，在欧陆东方学界执牛耳的一直是包括汉学和印度学在内的法国东方学。与此前的传教士试图将中国思想纳入西方意识形态的立场不同，以斯塔尼斯拉斯·儒莲（Stanislas Julien，1797—1873）和爱德华·沙畹（Émmanuel–Édouard Chavannes，1865—1918）这两代法国学者为代表，严肃的东方学学者认为，必须从历史与文明的源头和脉络中去认识东方，对东方各国真正的文化根基、内涵和表现形式要有浸入式的充分理解，而不应当把东方塑造成西方希望的模样，或者以西方的视角来剪裁、理解东方。在学者们的呼吁和努力下，法属印度殖民地政府于 1898 年委托法兰西铭文与美文学院（Académie des Inscriptions et Belles–Lettres）在越南河内设立“印度支那考古学调查团”（Mission archéologique permanente en Indochine），1900 年，调查团改组为法兰西远东学院（École Française d’Extrême–Orient）。法兰西远东学院对远东的历史和社会文化进行了大规模、深入的考察和研究，在中印研究上起到两个深远的影响：一是其学者的直接学术贡献，例

① 季羡林：《文化交流能推动中印社会前进》（代序），载张敏秋主编：《跨越喜马拉雅障碍：中国寻求了解印度》，重庆出版社 2006 年版，第 1 页。

如沙畹最为著名的弟子伯希和（Paul Pelliot，1878—1945）、马伯乐（Henri Maspero，1883—1945）和戴密微（Paul Demiéville，1894—1979）先后在法兰西远东学院任职；二是形成将一国文化研究放入与之有关联的、更为广阔的文化圈层来比较和理解的研究传统。例如，把汉学的研究放置到了“儒家文化圈”和“印度文化圈”的重叠部分来考察，这种研究方法有力地促推西域史和“丝绸之路”研究成为显学。法兰西远东学院等欧陆东方学研究机构在中国和印度活跃的学术活动，更为重要的意义是几乎同时重燃中印两国对彼此的研究兴趣。1918 年，印度加尔各答大学历史系对研究生开设了一门名为“中国语言与文化”的课程，而北京大学则聘请了钢和泰（Alexander von Staël-Holstein，1877—1937）担任梵文讲师，拉开中印两国互相研究的现代学术体系建设和学科建设序幕。

然而在学术的觉醒时期，东方本土的学术思想与实践经验始终处于边缘地位，无论是中国的印度学还是印度的中国学，仍深受法国远东学院、英国皇家亚洲学会、俄国中亚及远东科学考察委员会等欧陆东方学研究机构的影响。1921 年 12 月 22 日，泰戈尔在圣地尼克坦创办的国际大学延请了西勒万·列维（Sylvain Lévi，1863—1935，后任法兰西远东学院的荣誉会员）来担任汉语和藏语的客座教授；2 年后是缅甸华人林我将博士（Nin Ngo-Chiang）接任，再 2 年后是意大利东方学家吉塞普·图奇教授（Guiseppe Tucci，1894—1984）接任。这一时期，国际大学最优秀的中文学生有著名汉学家师觉月（Prabodh Chandra Bagchi，1898—1956）。师觉月已经是加尔各答大学的研究佛教的讲师，精通印度历史、佛教和中印文化，但在跟随列维学习前，他并不懂中文。金克木先生将师觉月（后在巴黎大学取得博士学位）、林我将的学生郭克雷（Vasudeva Vishnunath Gokhale）和巴帕特（Puruṣottama Viśvanātha Bāpāṭa）称为“汉学三博士”，从三人的求学经历和学术研究方法可以看出，在中国学院建立以前，印度的中国研究主力基本仍需借道于西方。中国的情况也类似。1923 年 8 月，罗振玉在北京发起东方学会，列出的发起者有 20 人，包括王秉恩、柯劭忞、陈三立、辜鸿铭、叶尔恺、郑孝胥、朱祖谋、王国维、罗振玉等，筹议期间曾宴请中外名人如德国汉学家尉礼贤（Richard Wilhelm，1873—1930）、法国汉学家铎尔孟（Andre d'Hormon，1881—1965）、美国文物专家和教育家福开森（John Calvin Ferguson，1866—1945）、日本满文文献研究专家今西龙（Imanishi Ryū，1875—1932）及钢和泰等人。罗振玉的东方学会构思恢弘，成立的目标是研究东方3000年来的文化，其六大职能是“一、设图书馆、博物馆以集图书、博物。二、设演讲部以贯学术。三、设印书局以流通古今书籍，并本会学术杂志。四、设招待部以招待东西各国之学者，以沟通学术。五、通行部。六、设发掘部以发掘古今古名迹、废墟遗址，以资考古”[①]。东方学会发起的直接原因是受到所谓欧陆东方学家的刺激，多年来“神物去国，恻焉疚怀”[②]，尤其是斯坦因、伯希和等人“访古”于我国西陲，窃取大量古代典籍、文物回国后，刊发论文形成了具有国际影响的敦煌学、西域学，一时间国际汉学的话语权为探险家掠夺者所把持。但同时，中国学术界也离不开西方的最新学术成果，例如罗振玉、王国维的《流沙坠简》，被誉为“近代中国简牍学开山之作”，是基于沙畹寄给他的《斯坦因所获汉文文书》校样。可以说，罗振玉发起东方学会的另一目的是希望流通古今书籍，招待东西各国学者，沟通学术，期盼为本土学者创造较为平等的学术条件，在东方文化研究上与西方学者一较高下，但最终因经费和乱世而没有达成心愿。民国时期这批一流学者在国际敦煌学、西域学、蒙古学、突厥学、丝路学上的挫败告诉后人，弱国不但没有外交，而且无法给本国学者提供公平的学术研究平台和竞争条件，无法把本国的学术话语传播出去。1928年钢和泰在北京设立哈佛燕京学社下属的中印研究所，这是在中国出现的首所中印研究机构，工作经费列入哈佛燕京学社年度预算，启动资金中的2000美元是钢和泰在1927年从法兰西远东学院申请而来的，而主要研究骨干钢和泰的学生林藜光，也曾是戴密微在厦门大学教学时的学生。可以说，这一阶段

① 王若：《新发现罗振玉〈东方学会简〉手稿跋》，2011年6月30日。

② 罗振玉：《流沙坠简》第1卷，日本京都：东山学社1914年版。

的中印学术研究被打上了深深的欧陆东方学烙印，西方思想仍主导着中国和印度的学术研究。

近代重建中印文化和学术直接交流“金桥”的第一人是诗人泰戈尔。周恩来总理1956年在印度国际大学访问时高度评价道：

泰戈尔不仅是对世界文学作出卓越贡献的天才诗人，还是憎恨黑暗、争取光明的伟大印度人民的杰出代表。中国人民永远不能忘记泰戈尔对他们的热爱。中国人民也不能忘记泰戈尔对他们的艰苦的民族独立斗争所给予的支持。至今，中国人民还以怀念的心情回忆着1924年泰戈尔对中国的访问。①

谭中先生、郁龙余老师、阿莫尔多·沈（Amrita Sen，又译为阿马蒂亚·森）、孙宜学老师等国内外学者对于1924年的“泰戈尔伟大的中国之行”，已有相当深入的研究讨论，此处仅摘录谭中先生的评论：

泰戈尔急切要以东方文明精神来改造世界秩序，当时的印度受西方殖民主义统治，日本东施效颦、不可救药，泰戈尔把希望着重寄托在中国，希望重振古代中印两大文明的兄弟情谊而建立全球国际关系的新风尚。当时某些中国知识分子对他表示的冷淡、甚至不敬，是使他伤心的。但他并没有放弃，他于1927年热情欢迎谭云山去圣地尼克坦，1933年热情欢迎“中印学会”成立，1937年热情建立“中国学院”，又在1939年欢迎徐悲鸿时说，他期待着印中两国“一同步入温暖的亲谊时代，期待着（文明）历史力量在东方施展，把我们从四面袭来的黑暗中解救出来”。②

泰戈尔和谭云山缔造的国际大学中国学院，是印度真正意义上的现代中国学的发祥地，它的诞生固然是泰戈尔多年筹划经营的结果，也离不开谭云山、蔡元培、戴季陶等中国知识分子在人财物上的鼎力支持。这里有印度首个中文图书馆，成立了中国语言文字专业，设立“中国文化讲座”和“中国佛学会讲座”，将中国的佛经重新翻

① 转引自张光磷编：《论泰戈尔》，中国社会科学院、北京大学南亚研究所，1983年未正式出版。
② 谭中：《泰戈尔是中印之间的金桥》，《深圳大学学报》（人文社会科学版）2011年第1期。

译、返回印度，组织了国际大学和北京大学的中印学者间的互访、互换，培育并帮助了一大批卓越的中印专家，如白春晖（Vasant Vasudeo Paranjpe，1921—2010）、泰无量（Amitendranath Tagore，1923—2021）、魏风江、周达夫（甫）、吴晓铃、石素真（石真）、游云山（晓云法师）、金克木、杨允元、冉云华、糜文开等，到访中国学院的中国学者名人还包括常任侠、法舫、徐志摩、陶行知、戴季陶、张大千、丁西林、巫白慧、徐梵澄和徐悲鸿等。另需重提的是，中国的印地语教育始于1942年的昆明东方语文专科学校（1949年并入北京大学东方语言文学系），首任印地语教师辛哈（K.K.Sinha）即由谭云山从国际大学选送。1946年，北京大学成立东方语言文学系，季羡林任系主任，从印度回国奉母的金克木担任教师。同年，印度国际大学利用中国教育部设立的奖学金派遣了第一批（七八名）印度学生到北京大学学习中文。因此可以说，印度国际大学中国学院没有辜负其创设宗旨："研究中印学术，沟通中印文化，融洽中印感情，联合中印民族，创造人类和平，促进世界大同。"[①]

从近现代史的角度看，只有在中印两国直接交流、友好合作的基础上，两国的学术研究才能获得独立发展；只有民族国家的独立才能保障学术的自主发展。1950年4月1日，中国和印度建交，印度成为第一个与中华人民共和国建立外交关系的非社会主义国家。1954年日内瓦会议休会期间，周恩来总理应邀访问印度，这也是我国政府首脑第一次访问非社会主义国家。在周总理访印期间，中印两国发表联合声明，首次提出并共同倡导和平共处五项原则，将之写入《中印关于中国西藏地方和印度之间的通商和交通协定》。同年冬天，刘安武老师等人被派往印度留学，先后在德里大学和贝拿勒斯印度教大学攻读印地语和印度语言文学。1958年夏天，刘安武老师回到北京大学东语系教授印地语。

可以说，民族国家的崛起和中印两国的关系从研究取向、研究视域、研究主体、

① 谭中主编：《中印大同：理想与实现》，宁夏人民出版社2007年版，第1—2页。

研究对象和研究方法上深刻影响了中国印度学 / 印度中国学的学科建设。印度国际大学中国学院和北京大学东语系有着千丝万缕的思想联系，是两个东方大国在现代相互学习和直接交流的重镇，其重建中国学 / 印度学的功绩和地位是不可取代的。然而，受探戈舞步般的两国关系影响，这一阶段中国的印度学和印度的中国学都面临着摊子小、学生少、研究面不广的问题。例如，在 1962 年边境冲突后，印度政府迅速成立了几个学习中文的高校院系和研究机构作为国家战略的一部分，例如德里大学的中文研究中心（即东亚系）、尼赫鲁大学中国与东南亚研究中心、印度政府国防部外语学校、中央邦五山库的军队教育与训练学院、浦那的国防学院、旁遮普大学中文与藏文语言系等，中国文化研究的中心逐步从加尔各答转入新德里，汉语教学的中心则从普通高校转入军校。1988 年是中印两国关系的一个破冰时期。中印两国当时的经济规模大致相当、发展面临问题类似，时任印度总理的拉吉夫 · 甘地（Rajiv Ratna Gandhi，1944—1991）对中国进行了友好访问，双方同意通过和平友好方式协商解决边界问题，同时积极发展其他方面的关系，中印关系迅速升温。但学术交流略有滞后，直至 1990 年，新德里英迪拉 · 甘地国立艺术中心主任瓦赞嫣博士（Dr. Kapila Vatsyayan，1928—2020）在访问敦煌研究院时，还诚恳地指出："印度和中国过去一直是通过西方去寻求对彼此的认识和了解，现在我们应该面对面来直接了解彼此了。"[①]

冷战结束后，苏联解体留下"一条广阔的民族主义破碎带或地震带沿亚非欧结合带经中欧、巴尔干、中东、西亚、西南亚、中亚、东南亚、东北亚向全世界延伸"[②]，美国因失去强力对手威胁而集中力量发展经济科技，经济全球化的浪潮迅速席卷全球。在"一超多强"格局和全球化浪潮下，传统以军事安全为核心的国家安全观，渐渐让位给以经济、文化、社会安全为主的综合安全观，国际合作成为大多数国家解决安全问题的首选手段。在前所未有之紧密经济技术合作和频繁人文交流过程中，19 世

① 张敏秋主编：《跨越喜马拉雅障碍：中国寻求了解印度》，重庆出版社 2006 年版，第 2 页。
② 蔡拓：《全球问题与当代国际关系》，天津人民出版社 2002 年版，第 208 页。

纪以来形成的现代民族国家体系和国家疆界渐渐被淡化。在此背景下，各国纷纷根据自身的需要加强了区域国别研究、经济研究、文化研究和历史研究，而跨国学术对话和文化生产又在一定程度上强化了对一个历时性的、跨区域跨文化的交流体系的认同和构建。中印两国的学术交往与合作就是在这个时代背景下，在两国政府和人民的努力下，在曲折中迅猛前进。参考美国宾夕法尼亚大学“智库研究项目”（TTCSP）研究编写的《全球智库报告》可知，印度顶级智库基本开展涉华研究，且其成立时间基本能以 1988 年为前后分水岭，20 世纪 90 年代中印关系升温期有新研究切入，进入 21 世纪后又有了质量的新跃升。例如，印度世界事务委员会（Indian Council of World Affairs）、印度国防研究与分析所（Institute for Defense Studies and Analyses）、印度中国研究所（Institute of Chinese Studies）、印度政策研究中心（Centre for Policy Research）、印度观察家基金会（Observer Research Foundation）、印度和平与冲突研究所（Institute of Peace and Conflict Studies）、金奈中国研究中心（Chennai Centre for China Studies）、辨喜国际基金会（Vivekananda International Foundation）、梵门阁：印度全球关系委员会（Gateway House：Indian Council on Global Relations）和布鲁克林学会印度中心（Brookings India）等。

可以说，进入新世纪以来，中印两国同时崛起，也同样面临传统东方大国向何处发展、双方如何相互理解、继往开来的问题。随着中印经济科技实力的进一步拉大，印度学术界迅速调整了其区域国别研究的重点，中国成为重要性数一数二的研究对象国。而对于印度的文化社会发展阶段以及印度发展道路将如何选择，在我国学界内部则有着不同理解和认识，但无论如何，中国涉印度的主流研究，深具共同的鲜明特征，即带有鲜明的反殖民主义、反西方中心主义的理论自觉，始终将印度视为一个和中国一样的延绵几千年的文明体，倾向于以文明为出发点，在历史文化的脉络中来深入理解印度的国家构建、社会塑造、经济发展和文化生产。这反映在国家对重点印度研究机构、智库机构的设置和布局上。2003 年 6 月，印度总理瓦杰帕伊访问中国，表明此前因印度进行核试验而遭受挫折的中印关系得以修复。中印两国政府签署了《中华人民共和国和印度共和国关系原则和全面合作宣言》以及其他 9 个合作文件，标志着两国进入了超越隔阂的新合作时期。北京大学印度研究中心成立，瓦杰帕伊在访问北京大学时，为北京大学印度研究中心揭幕、捐款，用印地语做了演讲，并为北京大学印度研究中心设立了“谭云山奖”，用以支持印度学研究的优秀学生去印度访学。尽管北京大学印度研究中心一直是没有编制的虚体研究机构，在印度学研究领域却具有传统优势，拥有国内最强的印度语言文化历史的研究力量，研究成果也是首屈一指。2005 年 4 月，在两国经贸合作和安全合作取得实质性进展的情况下，国务院总理温家宝应邀访问印度，签署了《中华人民共和国和印度共和国联合声明》，宣布中国和印度本着平等互利、和平共处原则，将“长期建设性合作伙伴关系”提升为“面向和平与繁荣的战略合作伙伴关系”，在温家宝总理建议下，两国确定 2006 年为“中印友好年”。值得重提的是，在这次成功的访印过程中，温家宝总理将郁龙余老师主编主笔的《梵典与华章：印度作家与中国文化》赠予印度友人作为礼物。2005 年 7 月，温家宝总理到 301 医院探访季羡林先生，新华社记者报道了温总理跟季羡林先生的一段谈话：

我今年四月访问印度。出访前看到了《梵典与华章》一书，开卷就有您的题词：“文化交流是推动人类社会前进的重要动力之一。如果没有文化交流，我们简直无法想象人类今天的社会会是一个什么样子。”

“这是我的思想。一个人、一个国家如果关起门来过日子，那不行。”季羡林面带微笑。

“我们不仅要继承和发扬自己的优良文化传统，也要学习借鉴其他国家的先进文化和经验。”温家宝向周围的人说。

“就是爱国主义和国际主义相结合。”季羡林补充道。①

---

① 《亲切的交谈——温家宝看望季羡林、钱学森侧记》，新华社电 2005 年 7 月 31 日。

2005年7月20日，深圳大学印度研究中心正式成立。季羡林先生担任中心首席顾问，刘安武教授、孙培钧研究员、黄宝生研究员为名誉主任，郁龙余老师出任中心主任，董本建、董友忱、杨晓霞、杨修正、蔡枫等人为专兼职研究人员。此后17年里，研究中心的专兼职研究人员的队伍不断更新变化，也不断吸引国内外具有共同学术价值观的学者一起参与相关学术活动。可以说，深圳大学印度研究中心作为一个实体机构，是中国第一个有正式编制（5个编制）的印度研究中心，也是一个印度学研究的中国学术共同体，与北京大学印度研究中心形成南北呼应的良好格局。

学术共同体和学术平台的建设能整体提升学术研究能力。从知识生产的角度看，现代学术研究除需要学者个体孜孜以求地探索、返本开新外，还需要汇流，将各种碰撞中的思想做比较和整合，需要对新知识进行具体应用和积极传播，研究、交流、反思、整合、应用、传播，在社科学术生产链上缺一不可。从近现代中西方学术发展的经验看，国家综合实力与学术发展格局息息相关，客观上如果没有国家力量来提供完备的学术支持系统，提供公平的学术创新条件，保障良好的学术生态环境，就很难聚天下英才而用之，融入国际学术对话和学术创新网络。从学者个体的研究经验看，在现代知识体系的整体性和系统性要求下，学科分化的程度越高，学科间交叉融合的趋势就越明显，协同综合研究的需求也就越迫切性，关起门来做研究的时代过去了，学术共同体建设渐趋主流。例如，2005年云南大学紧随深圳大学之后，成立国内第三家印度研究中心。此后，尤其是随着新时代区域国别研究的兴起和中印两国竞合关系的发展，越来越多的印度研究中心在中国高校和智库机构设立起来，比如，四川省社会科学院印度研究中心于2012年建立，西华师范大学印度研究中心于2014年建立，复旦大学甘地和印度学研究中心于2015年建立，北京第二外国语大学印度研究中心于2015年建立，云南省社会科学院印度研究中心于2016年建立，盘古智库印度研究中心于2016年建立，上海外国语大学印度研究中心于2014年建立，华中师范大学印度研究中心于2018年建立等。20世纪后期印度学家们关于中国印度学“泥多佛大”的良好心愿基本实现了。

可以说，如果没有一个眼界开阔、自立自强的学术使命担当人筚路蓝缕，没有几代中印研究学人的守望相助，深圳大学印度研究中心也很难突破印度研究的学术范式。从筹备多年的艰难起步，到一次又一次获得高级别的肯定与嘉奖，每一项成绩的取得都得益于创建者的不懈努力和国家政府的强大支持。郁龙余老师带领深圳大学印度研究中心团队在学术争鸣中不断拓展思维空间、完善思路、丰富著述，利用学术联结及社会交往，深入印度学术界，广泛收集第一手资料，解读中印文化关系的深层次问题，对印度文明的根源进行学术溯源，热切为解决中印关系问题提供有建设性的对策意见，并著书立说，形成独特的中印地缘文明话语体系。深圳大学印度研究中心 2011 年获授“深圳大学人文社会科学重点研究基地”，2019 年获授“深圳市人文社会科学重点研究基地”，2020 年被评为“国家民委‘一带一路’国别和区域研究中心”，2021 年被评为“教育部国别和区域研究备案中心”（试点）……国内外学者纷纷以受中心邀请到深圳讲学为荣。在郁龙余老师 30 多年坚守与精耕细作后，一个扎根中印实际、自觉摒除西方话语崇拜迷障、具有灵活学术对话机制的中国印度学术研究通道终于水到渠成，深圳大学印度研究中心成为中外学界高度认可的印度学研究、中印文化关系研究的重镇，中心的印度学研究成果在一定程度上重塑了全球印度学研究版图，向世界展现了学术中国、思想中国、文化中国的魅力。

（二）深圳大学印度研究中心的学术迁跃

1934 年 4 月 18 日，泰戈尔在佛教报刊《慈航画报》上发表的《致中印学会中国国人书》中写道：

> 昔印、中本极亲密，曾携手同心，共同信有仁爱牺牲之精神。今世界已划成无数堡垒，互相侵伐，让吾人重整固有精神。此精神固犹充塞吾人生活之中，藉吾人关系证明仁爱与和善之力，实较仇恨侵伐之力为大。诸君发起中印学会，以恢复中、印文化之沟通与人民之联合，此实为吾毕生所致力之事业，今得诸公为共同奋斗之同志，

使余至为庆幸。

生生不息的文明延续是人之大本，也是郁龙余老师和前辈学人的心所安处。深圳大学印度研究中心在中国的印度研究、国别研究中扮演了一个具有前瞻性的特别角色，在中印关系上发挥着它的特殊作用。深圳大学印度研究中心的诞生部分在于国家力量的推动，但中心的研究核心、研究基础以及最突出的研究特征却是“去地缘政治”，倡导地缘文明。这种貌似“偏颇”的取向，是倡建者仁厚的心性、深湛渊博的学养及敏锐的洞察力合力作用的结果。区域国别研究、现代国际关系研究要能观象而不迷于象，须时时放置在其文化建构的参照系统中，立足深沉的家国情怀，向高远的学术理想进发。基于这一学术信念，深圳大学印度研究中心从一开始就是“中印大同”和“地缘文明”理念的践行者，中心的学术研究成果和学术活动组织也紧紧围绕泰戈尔所说的“恢复中、印文化之沟通”和“人民之联合”，取得了一系列的成果。

1. 建立深圳大学谭云山中印友谊馆

谭云山中印友谊馆不仅是深圳大学印度研究中心特殊的公共文化空间，也是深圳大学特殊的人文地标和深圳市难以复制的文化资源。谭云山是现代中印文化交流的伟大使者，印度国际大学中国学院的创始院长，开创了印度中国学的一脉，有“现代玄奘”之誉。除了和泰戈尔一起创建中国学院，他的主要功绩还包括筹募创建了印度首个中国图书馆；创设了中国语言文学专业；组织师生互派、中印学者交流；推动中印政要名流互访，联结中印民众；著书立说，组织将佛典翻译成印度语言回归印度等。谭云山旅印 50 多年，亲历了中印两国交往中的诸多重大历史事件，为中印友好和文化交流做出卓越贡献。郁龙余老师和谭云山的缘分起于季羡林先生在 20 世纪 70 年代末的赠书，其后他一直默默收集并整理谭云山的资料文献，而谭云山中印友谊馆的建设则是郁龙余老师与谭云山哲嗣谭中先生的友谊之花结出的硕果。1987 年，谭中先生第一次到访深圳大学，认识了郁龙余老师，郁龙余老师将刚刚编撰出版的《中印文学关系源流》样书赠送谭中先生。但此后因为通讯不发达等，他们多年没有直接联系。2005 年，郁龙余老师获知谭中先生及其夫人黄绮淑教授从印度返回美国时在香港机场转机，特地赶到了香港机场和谭中先生会谈，并赠送《梵典与华章：印度作家与中国文化》一书。谭中先生即席决定把谭云山遗物赠送给深圳大学，并建立纪念馆。

机场分手时，郁教授感叹说："要是我们二十年前就这样建立联系，中印学早就搞出来了。"后来我翻阅《梵典与华章》，发现郁教授所收集的家父信息比我还多，我多年向国内学者建议开展泰戈尔和谭云山倡议的"中印学"而不得要领，却第一次从他那儿得到积极反响。①

2006 年 3 月谭中先生将第一批数百件谭云山文献捐赠给深圳大学，谭云山中印友谊馆同年启建，2008 年 11 月 21 日正式开馆。在庄严而隆重的开馆仪式上，中国人民对外友好协会陈昊苏会长、时任印度驻华大使拉奥琦女士、印度西孟加拉邦邦长 G. 甘地先生发来贺信、贺词；来自印度和美国等地的 15 名嘉宾中，除了谭云山的家人和师觉月的三位女儿，还有印度著名的历史学家和泰戈尔研究专家邬玛·达斯·古普多教授（Uma Das Gupta）、国际大学泰戈尔馆馆长摩炯达教授（Swapan Majumdar）、印度驻广州总领事馆首任总领事班浩然（Gautam H. Bambawale）等人，可见印度学术界对在中国设立谭云山友谊馆的重视。开馆当日，印度研究中心主编的《深圳大学印度研究通讯》（创刊号）同时首发，这是一份重要的学术交流内部参考报告，不定期展示深圳大学印度研究中心作为学术思想实验室的研究进度和成果。友谊馆珍藏着徐悲鸿绘的《谭云山》画像和谭云山妻子陈乃蔚的素描《观音像》，印度国家博物馆委托印度著名经济学家、尼赫鲁大学前校长、印度总理首席经济顾问契特教授赠送的六件文物复制品，台湾故宫博物院赠送的《龙藏经》，周恩来总理题赠谭文的书，师觉月的文献与遗物等。谭云山中印友谊馆的建立，从本源上讲具有回瞻历史、满足历史记忆的作用，

① 谭中主编：《中印大同：理想与实现》，宁夏人民出版社 2007 年版，第 9 页。

用于纪念和缅怀为中印交流做出卓越贡献的谭云山、泰戈尔、师觉月、徐悲鸿、蔡元培、金克木、徐梵澄、吴晓铃等近现代重建中印文化和学术直接交流的哲人。他们所倡导的"中印大同""跨文化合作""地缘文明"，将随着社会发展与演进日益凸显其意义、价值和重要性。设在大学图书馆内的谭云山中印友谊馆，将把学术圈内的文化记忆和情感空间，逐渐扩展为面向下一代的公共文化空间，空间构成已从视觉对象、感知对象转化为可传承可重新诠释的文化符号，成为中印民间交流的丰厚文化精神。在中外访问学者的来来往往中，在深圳大学印度研究中心不断深入的学术探索中，谭云山中印友谊馆从一个特定的角度丰富了大同理论的资源，又赋予了当下的"中印大同"新的文化意义，参与到了新文明形态的生成和锻造。

2. 成果丰硕、影响广泛

在郁龙余教授带领下，深圳大学印度研究中心聚焦印度及印度历史文化、中印关系开展的系统性知识生产，既有传统的文学文化文本研究，也利用多学科的理论和研究方法，通过扎实的田野调查而获得的多元化学术成果呈现。

深圳大学印度研究中心已出版相关专著、译著超过 20 部，代表作有《中国印度文学比较》《东方文学史》《中印大同：理想与实现》《理解 CHINDIA：关于中国与印度的思考》《泰戈尔诗歌精选》《印度文化论》《泰戈尔作品鉴赏辞典》《谭云山》《谭云山文集》《中外文学交流史 · 中国—印度卷》《季羡林评传》《中国外国文学研究的学术历程 · 印度文学研究的学术历程》等。其中，郁龙余老师主笔主编的《梵典与华章：印度作家与中国文化》于 2006 年获第四届中国高校人文社会科学研究优秀成果二等奖，《中国印度诗学比较》于 2009 年获广东省哲学社会科学优秀成果二等奖。郁龙余、黄蓉等著的《中国外国文学研究的学术历程 · 印度文学研究的学术历程》于 2018 年获上海市哲学社会科学优秀成果奖著作类一等奖，2019 年获教育部第八届高等学校科学研究优秀成果奖一等奖。2016 年郁龙余老师主笔主编的《印度文化论》由北京大学出版社与印度普拉卡山出版社签订了英文版、印地文版出版协议。郁龙余、朱璇著的《季羡林评传》于2018年在印度五星出版社出版了英文版，于2019年在印度普拉卡山出版社出版了印地文版，于2019年在印度阿奇出版社出版泰米尔文版，其中印地文版入选2016年国家丝路书香工程重点翻译资助项目。郁龙余、刘朝华著的《中外文学交流史·中国—印度卷》于2016年获第六届中华优秀出版奖图书奖、第四届中国出版政府奖图书奖，2019年获第八届高等学校科学研究优秀成果奖（人文社会科学）三等奖，2021年12月获评第二十届输出版优秀图书，其英文版、印地文版入选2016年国家丝路书香工程重点翻译资助项目。

深圳大学印度研究中心的学术著作因质量高而成为服务国家外交、发展中印关系的智识资源。2015年印度总理莫迪作为印度政府首脑首次访问中国，5月14日下午在两国领导人参观大慈恩寺的玄奘三藏院时，习近平主席介绍玄奘法师从印度学习回国后，就在大慈恩寺翻译佛经，并将深圳大学印度研究中心修版重印的印地文版《大唐西域记》一书和玄奘铜坐像作为礼物赠送给莫迪总理。2016年1月，由中国外文出版发行事业局和国家新闻出版广电总局共同主办的《大唐西域记》研讨推介会暨版权输出签约仪式在印度新德里世界书展举行。

出席推介会的中国外文局副局长陆彩荣在致辞中表示："该译本是《大唐西域记》英、法、日等各种外文译本中公认的上乘之作，不仅具有特殊的学术史价值，而且具有重要的现实意义。玄奘和《大唐西域记》所体现的取经精神，将激励中印两国学者和人民进一步推动中印关系发展，使两国成为睦邻友好、共同繁荣的典范。"印度中央邦政府高等教育部教授舒明经在发言中谈到，该书唤醒了中印间的手足情谊，将在印度拥有广泛的读者群，并帮助读者进一步了解两国所共享的文学和文化遗产。德里大学哲学系主任普拉萨德教授评价该书对印度读者而言是必不可少的参考资料和宝贵财富，使读者有机会了解中印两个文明古国之间悠久的文化交流史和深情厚谊，必将开启中印全方位、多层次合作的新时代。[①]

除专著和译著的出版，深圳大学印度研究中心还积极申报国家部委的基金研究项目，先后主持国家和部委 20 多项研究项目（含重大课题子项目），并主要依托年轻的研究团队，对印度文化包括梵文研究进行了更为系统深入的学术史梳理，继续深化梵文、巴利文和汉文佛典的对勘研究，推进中印两国现代梵汉典籍互译，拓展印度宗教、印度文学、印度艺术的研究维度和深度，深化中印文化关系研究。

例如，杨晓霞师姐主持的国家社会科学基金“印度英语小说中的底层叙事研究”（批准号 17BWW039），以印度英语小说中的底层叙事为主要研究目标，在宏观综合的基础上对印度英语小说代表作家安纳德、拉贾·拉奥、巴达查理雅、阿兰达蒂·洛伊、阿拉文德·阿迪加，达利特作家翁普拉卡什·瓦尔密齐、马哈斯维塔·戴维等作家及其小说创作进行细致研读和分析，结合印度民族运动的发展、印度传统文化、种姓制度、当代印度现代化进程的发展过程中出现的问题等进行联系和比较，对印度英语小说中的底层叙事和底层书写的价值和局限进行阐述，探究现当代印度社会的发展过程中印度英语小说底层叙事的理论意义和实践意义。而她主持的教育部课题“民族与文化认同：印度英语小说研究（1947—2010）”（批准号 13YJC752029），则聚焦印度英语小说三大家：安纳德、纳拉扬、拉贾·拉奥等当代女性作家和流散小说创作进行分析，主要梳理印度英语小说的产生、发展，深入研究印度近现代英语文学的发展历程以及作为跨文化语境先锋的印度英语作家的文化身份抉择：面对西方文化的冲击，印度英语作家如何不断调适自己与所处的文化环境之间的关系，保持对本民族文化的认同和归属感并重新认识自身。杨晓霞师姐的印度英语文学研究深化了国内学界对于印度文学思潮流派的理解。

蔡枫主持的原文化部项目“犍陀罗叙事性雕刻艺术研究”（批准号 13DF32）以犍

① 蔺丽瑶：《〈大唐西域记〉印地语版再谱中印文化交往新篇》，中国网 2016 年 1 月 12 日。

陀罗叙事性雕刻为研究视点，注重叙事性雕刻的文学和文化内涵，突破国际学界在考古学领域和宗教造像学领域粗线条研究犍陀罗叙事性雕刻艺术的局限，将犍陀罗叙事性雕刻视为文学和文化研究的有效文本，借用叙事性雕刻图像深化印度文化研究，探讨犍陀罗叙事性雕刻的中国化历程。教育部青年基金项目“犍陀罗佛教故事雕刻研究”（批准号 15YJC760002），该项目以犍陀罗佛教故事雕刻为研究对象，以汉文、梵文和巴利文佛传文献为重要参照，充分挖掘犍陀罗佛教故事雕刻所蕴含的宗教、神话、民俗、民间文学和历史信息，重新确立犍陀罗佛教故事雕刻的文化功能和文化地位，重构犍陀罗佛教故事雕刻艺术之于古印度宗教文化传播和中印艺术交流的重要意义。

黄蓉主持的教育部青年基金项目“谭云山与中印文化交流”（批准号 14YJCZH059）以谭云山著作和文献资料为研究对象，从文学、历史学和传播学的角度，探讨谭云山传播中国学术的路径及其在中印文化交流上的历史贡献。

朱璇主持的国家社科基金青年项目“南亚苏非经典《神秘的启示》翻译与研究”（批准号 15CZJ015）通过对南亚苏非主义传世之作的翻译与研究，理解苏非思潮泛滥时期的苏非大家之间的多重互动，全面评价“南亚苏非之父”胡吉伟利的理论建树、历史贡献和深远影响。

吴蔚琳主持的国家社科基金青年项目“汉译巴利语律藏注释书《善见律毗婆沙》整理与研究”（批准号 17CZJ011）以汉译佛教律典《善见律毗婆沙》为切入点，结合梵语、巴利语、汉语佛教戒律文本进行比较研究，探索佛教戒律学术语的发展演变历程。课题创新之处在于结合日本古写本和高丽藏初雕本对《善见律毗婆沙》进行文本整理，重新确立《善见律毗婆沙》与汉传佛教律宗南山律学的关系，重新看待巴利律学传统与汉传佛教律学传统的对话与融合。

张玮主持并完成国家社科项目“当代南亚英语流行小说研究”，后参与“印度英语小说中的底层叙事研究”等多项国家社科项目、省部级项目。

李美敏主持完成江西省社会科学规划“十二五”项目“印度电影的叙事研究”（批准号 12YS11）、江西省教育厅人文社科重点项目“电影叙事研究：宝莱坞电影的经典叙事”（批准号 JD1426）、江西省社会科学规划“十一五”项目“独立后印度英语文学的美学研究”（批准号 10WX53）、江西省高校人文社会科学研究项目“印度英语文学的现代性研究”（批准号 WGW1105）等。

蔡晶承担了国家社科基金重大委托项目“周边国家宗教发展趋势及其对我国社会稳定和文化安全的影响”（批准号 14@ZH028）子项目“印穆关系新变化”、国家社科基金青年项目“中世纪印度穆斯林种姓问题研究”（批准号 15CSS013）、河南省高校创新人才（人文社科类）重大项目“印度民族宗教问题研究”（批准号 2017-cxrc-019）等。

李朗宁参与并主笔完成国家社科基金重大委托项目“中国节日志”（批准号 JRZ2012005）子课题“波罗诞”。其主笔的科研成果于 2011 年获国家宗教事务局征文优秀奖、2013 年获国家民委优秀调研报告二等奖；主笔或参撰的成果分别获广东省统战理论研究优秀成果 4 项（2012、2020 年度二等奖，2011、2021 年度三等奖），报告获评“广东省民族宗教事务委员会优秀调研报告”1 项。

3. 积极开展多层次学术交流，建设面向未来的学术联结

深圳大学印度研究中心紧密关注印度研究的前沿动态，致力于在跨学科视域中构建学术共同体。从印度研究中心的架构上看，外部的学术联结是中心重要的力量依托。顾问季羡林先生和蒋正华先生，以及名誉主任黄宝生先生、刘安武先生、孙培钧先生都为知名学术大家。名誉教授全是印度鸿儒硕学：印度历史学及汉学大家谭中，印度文化关系委员会前主席、教育家凯伦·辛格，印度总理首席经济顾问契特，法国考古学家、艺术史学家鲍思岱，印度国际文化研究院院长洛克希·金德尔教授等。讲习教授有尼赫鲁大学艺术史副教授阿隆南博士（Dr. Yashadatta Somaji Alone），尼赫鲁大学中国与东南亚研究中心主任墨普德（Priyadarsi Mukherji），加尔各答的印度管理学院经济学教授西科达（Soumyendranath Sikdar），中央邦帕尔塔图拉大学（Bartatullah）政府研究生院英语系主任舒明经（Shubra Thripathi），印度著名艺术史学家、印度文化国际研究院教授夏尔玛等人，此外还聘请多位相关领域学者担任合作研究员。从深圳大学印度研究中心的架构看，国内外学术资本的结构性维度、关系性维度对于中心的学术成果产出具有明显的促进作用，形成能见度极高的学术团体，助推深圳大学印度研究的学科建设，帮助印度研究中心的学术研究获得了有利的国内外学术资源支持，确保了深圳大学印度研究中心在国内外学术界的能见度和优势地位。

深圳大学印度研究中心重视学缘建设，与国内外一流印度学研究机构保持密切合作。从学术定位出发，深圳大学研究中心虽然重视学理性构建和基础研究，但也同样重视问题导向的实用研究，因此，在基础研究上长期与中国外国文学学会印度文学研究分会、北京大学印度研究中心、北京大学东方文学研究中心、中国社会科学院梵文研究中心、四川大学南亚研究中心、复旦大学甘地与印度研究中心、云南社会科学院等国内印度学主要研究机构保持密切合作；而从研究的实用取向和咨政功能出发，与中国人民对外友好协会、国际儒学联合会、孔子学院总部等单位与机构建立并保持良好关系。为保证中心的印度研究取径得法、行稳致远，深圳大学印度研究中心与印度文化关系委员会、印度尼赫鲁大学、印度泰戈尔国际大学、印度观察家基金会（孟买）、印度中国研究所、印度拉贾格里社会科学院、印度安贝德卡尔大学、印度Maniben Nanavati女子学院、法国东方艺术博物馆等高校和机构签订了正式的《合作备忘录》和《合作协议书》。与德国哥廷根大学印藏学系、哈佛大学燕京学社、伦敦大学亚非学院、纽约新校大学印中研究中心等国际印度学主要研究机构保持长期稳定的合作关系。

深圳大学印度研究中心期待通过融汇多学科学术伙伴的智慧，聚焦新研究和新理论，突破区域国别研究的学科边界，产生创新性的知识产品，因此格外重视与各个机构联合举办能体现中国印度学最新成果的学术研讨会。中心主办或承办的重要学术研讨会包括：中国印度文学研讨会（2005）、印度文化节（2006）、谭云山中印友谊馆开馆（2008）、首届中国南亚文化论坛暨纪念谭云山、师觉月诞辰100周年国际学术研讨会（2008）、第二届中国南亚国际文化论坛（2010）、第四届中国南亚国际文化论坛（2012）、“中国印度关系与世界新格局”国际研讨会（2014）、中国印度文学研讨会（2015）、第二届世界印度学家大会（2016）、谭云山国际研讨会（2018）、“印度文学与中国”学术研讨会暨中国外国文学学会印度文学研究分会第十六届年会（2019）等。

除了学术知识生产，印度研究中心在深圳大学建制的另一个目标是教育和培训了解印度的年轻人，打破文化偏见，增强人类命运共同体建设的愿景认同。因此，中心培养理念的设定从普及型向应用型再向学术型转化。第一，面向深圳大学全校的本科生和硕士研究生开设印度特色的传统课程，包括研究生课程“中印诗学比较”“印度文化要义”，校级精品课程“《摩奴法论》今析”，本科公选课“印度电影赏析”“印度视觉艺术”“东方文化纵览”“印度文化概论”“印度文化遗产赏析”“《摩奴法论》与印度社会”“印度社会专题”“印度与中国”“商务印地语”等。第二，依托青年研究人员开设各类新型课程，如在“优课联盟”开设MOOC“印度文化概要”（该课程入选深圳市教师继续教育专业科目课程）、“梵语入门”，创新研究短课“商务印地语”（由印度文化关系委员会印地语专家主讲），聚徒教学课程“犍陀罗佛传雕刻专题”“印度细密画研究专题”，创新研究短课和聚徒教学课程分获2018—2019年度优秀本科教学单项奖和2019优秀聚徒成果奖。第三，依托印度文化关系委员会的讲席教授开设针对专业研习的本科生、研究生和青年教师的英语专题研讨课，如“印度古代文学”“中印文学关系”“印度英语文学”“印地语文学”“印度佛教雕塑艺术”“印度婆罗门艺术”“印度视觉艺术”“印度艺术理论”“印度历史与文化”“圣雄甘地研究”等。第四，根据《中国深圳大学与印度尼赫鲁大学合作备忘录》《中国深圳大学与印度拉贾格里社会科学院合作协议书》等校际协议，印度尼赫鲁大学选派博士生来深圳大学访学进修三个月，在中心学者的指导下学习并合作开展项目；拉贾格里社会科学院则接受深圳大学学生赴印度参加学术冬令营。郁龙余教授相当重视中印两国的双向交流活动和面向下一代的知识跨国传播的战略考量，期待为中印青年建立起内在一致而又充满张力的中印文化知识体系，通过对毗邻大国的文化比较研究，深化对自身的理解，在百年未有之大变局下，把人类最好的思想和创造性工作整合成自己文化最本质的组成部分。

50

既见君子，云胡不喜

——记与郁龙余老师交往诸事

于晓峰

于晓峰，深圳大学传播学院副研究员。

来深圳快20年了，认识郁龙余老师也快20年了。看到郁老师将要举办执教50周年吉庆，我的心情也跟着喜悦起来。思绪穿过时间的长河，我与郁老师交往的点滴也在脑海中渐渐明晰起来，亲切而又亲近，仿若昨日，于是有了如下记叙。为温润如玉的郁老师，也为人到中年的自己，更为如歌似诗的岁月。

未见郁老师之前，我早闻其大名。郁老师不仅是北大南下筹建深大中文系的元老，也是文学院的时任院长，更是《花季·雨季》的作者郁秀的父亲，所以大家对郁老师都有一种景仰膜拜的心理。初见郁老师是在2001年4月下旬的研究生复试面试现场。当时郁老师穿着蓝色衬衫和黑色外套，坐在面试台的中间，身板笔直，面目慈祥，然而脸色却不大好，看上去极为疲惫。郁老师说他身体有点不舒服，可能不会参加全部面试，但让大家不要紧张，全力参加复试面试，如果表现优异，学院争取全部录取。我们顿觉吃了定心丸似的，紧张的情绪也一扫而光了。郁老师大概参加了两三个研究生的面试就离开了，说身体不舒服需要去看医生。我当时觉得有点遗憾，还没到我面试郁老师就离开了。我们10位参加面试的同学全部被录取，据说是郁老师去学校争取名额了。

第一次和郁老师吃饭，是我们2001年8月底来学校报到之后。作为院长，在新生见面会之后，郁老师请研究生们聚餐闲聊。郁老师担心大家紧张，总是不停地给大家添菜，同时现身说法，自曝个人的苦难史和奋斗史，引导大家谈论一些自己的情况，还有感兴趣的问题。我已不记得当时的我说了些什么，只记得饭后剩下不少菜食，郁老师叫大家打包，看见大家都没动静，他就直接对我说："晓峰同学，你把这些白切鸡、椒盐排骨、奶黄包等打包一下吧，晚上还可以吃的。”我当时还觉得有点窘，因为在江西老家还没有打包的概念。当时我想，难道郁老师觉得我能吃？还是觉得我好吃？为啥10个同学偏偏叫我负责打包呢？

开学之后我们很快开始紧张的研究生学习，郁老师的办公室就在我们上课的会议室对面，所以我们和郁老师经常见面。每次见面，郁老师都是面带微笑，询问有什么困难，看了什么书之类的。为了鼓励我们看书，郁老师叫我们去深圳书城买书，每人500元的标准，用学院的研究生经费报销。那天我们像过节似的，过了一把富豪瘾，在书城里，看见喜欢的书就买。郁老师还鼓励师兄侯灵战举办读书会和读书沙龙，希望大家形成一种你追我赶的读书研讨风气。记得有一次班会，郁老师还进来插话，叫我们要背诵一些经典，比如《论语》《文心雕龙》等，并认真地说，如果谁能把《文心雕龙》背诵下来（错误率不超过2%），学院奖励3万元。幸福来得太突然了，天底下怎么会有这样唾手可得的美事？这可是一笔巨款，记得当时大街上房地产公司的销售广告经常有：“0首付，送户口。”如果有了这3万元，是不是可以去买房了，够付1年月供了。郁老师看我们面面相觑，一副半信半疑的样子，马上加重语气：“我是说话算数的！”说完，就请黄金鹏老师过来作证。虽然郁老师如此信誓旦旦，我们也跃跃欲试，但没有同学有勇气去揭这个“皇榜”。为了开阔学生的学术视野，郁老师当时请了不少著名学者如杨义、王宁、王诺、龙协涛等来讲座讲学，还请香港学者黄维樑给我们讲了一学期的《中西比较诗学》。班长薛江交给我和彭国欣一个任务，让我们把老师上课内容录音后整理成文稿，我们最后整理成薄薄的一本《中西比较诗学》讲稿，学院给我们俩派发了1600元的劳务费，这在当时也算是一笔巨款，让我们高兴了好一阵子。

第一学期的元旦后，硕士研究生要选择导师了。当时是单向选择，也就是主要由学生选择导师，而不是像现在比较流行双向选择。我们对选哪位老师作为自己的导师并不是很清楚，为此郁老师和黄金鹏老师专门给我们开班会。郁老师认真全面地把五大导师的学术专长和个人特点都介绍了一下，然后让大家根据自己的学术兴趣和意向，彼此商量和讨论，叮嘱大家要尽力做到选择的平衡和合理。当时好像没有什么百度，而且第一学期也不是每位导师都有课，所以有的导师我们连面都没见过。对于我来说，能确定的是我对古典文艺学和比较文艺学（印度方向）兴趣不大：一是我古典文艺学基础较差，觉得自己难以胜任这个方向的学习；二是我曾借阅过《印度文论选》和《舞论》，觉得文辞生涩，难以理解。虽然我对郁老师极为敬仰，但对他的方向我还是望而却步。至于选哪位老师做自己的导师，我虽迷茫，但已有朦胧的意向：因为我一直对俄苏文学比较感兴趣，五大导师中就有吴俊忠老师专攻俄苏文学。在大家讨论的间隙，我有事出去一下，刚好碰到郁老师，郁老师问我："晓峰，你选好方向和导师没有？对哪个方向感兴趣？"我说导师目前还没确定，个人对文艺美学和俄苏文学感兴趣。郁老师说："那你就选吴俊忠老师吧，他刚好是文艺美学方向，也是俄苏文学专家。"然后，郁老师认真地把吴俊忠老师的为人、学术方向和特点介绍了一下，并强调吴老师是一位学识高超、善良睿智和爱心满满的好老师。因为吴俊忠老师当时在学报编辑部工作，办公室也在那边，而且第一学期也没排课，所以我与吴俊忠老师素未谋面。然而我就这样与吴俊忠老师结缘，这也是我人生重要而正确的选择。郁老师为人正直，不轻易臧否人物，如要评论，一定是从正面进行评价，20 年来他给我的印象一直如此。

为了研究生能安心学习，郁老师特别关心研究生的生活和经济状况。一开学，看到研究生都没有学习电脑，郁老师叫简刚晖老师把学院一批报废的电脑分给了我们，并叫简老师帮我们一一安装好，调试好。郁老师说，这叫变废为宝，至少写写作业，查查资料没问题。说实话，来深大之前我都没怎么见过电脑，更不用说用电脑了，所以即使是淘汰下来的电脑，对我来说也是极为珍贵的。我后来三年的研究生生活就是在这台电脑的陪伴下度过的：学打字，进聊天室聊天，上 BBS，做课程作业，查找学习资料，完成毕业论文……都是在这台电脑上完成的。我们毕业后，这批电脑又被还回学院了。郁老师还特别关心学生的经济状况，从各方面提供帮助和支持。当时留学生教学部需要兼职汉语老师，郁老师就安排了几位同学兼职教学；夜大有时需要助教，郁老师也叫黄金鹏老师安排研究生过去担任助教。后来郁老师创办国际交流学院，他需要搬到新的办公场所。其实当时的搬家物流业务已较为成熟，但郁老师都是让研究生来搬，一则让研究生锻炼一下，二则让研究生有机会赚一点勤工助学的费用。为开拓研究生勤工俭学渠道，更为了提升留学生的汉语水平，郁老师让薛江、何德勇和我几位研究生创办深大汉语角，每周三晚上组织中外学生进行汉语交流。让人感到欣慰的是，汉语角作为深大留学生的一个固定活动一直被保留了下来。

诚然，郁老师最关心的还是研究生的学习和研究。他经常以季羡林、钱仲联等老先生为人生标杆，要求大家多读书，多写作，认为人文学科学者要厚积薄发，愈老愈发青；要活到老，学到老，写到老，这样才有可能成为一位知名学者。郁老师支持研究生参加校内举办的各种学术会议，每逢本院举办学术会议，郁老师都会让研究生去帮忙做会务，他认为这对研究生来说是一个极好的学习机会，能看看这些学者在做什么研究，怎么做的。另外做会务可以近距离接触这些学者，向他们取经学习。郁老师还支持研究生去国内其他地方参加各种学术会议和访学，并报销差旅费用，解决学生的后顾之忧。在指导研究生方面，郁老师要求研究生多读多写，特别是在自己导师的指导下做研究、写论文。每逢做学位论文的开题报告，很多研究生和导师抓瞎烦恼，不知做什么题目好；而郁老师总是气定神闲，经常仙人指路，为研究生提供选题并进行比较和选择。郁老师认为这样可以构建一种系统性的研究模式，师生一起讨论和研究，共同进步，一起出成果。郁老师和研究生们出了很多本著作，其中的《梵典和华章：印度作家与中国文化》在 2005 年还被时任国务院总理温家宝作为礼物赠送给印度朋友。郁老师还特别支持研究生继续深造，鼓励研究生攻读博士。在他的指导和影响下，十多位硕士研究生继续深造攻读博士，其中大部分都是北大等名校的博士学位。最让人高兴的是，可能是郁老师为了激励我们，我们有机会第一次和青春偶像作家郁秀近距离互动，听她讲《花季·雨季》的创作过程及创作的艰辛，听她讲在美国的学习和生活，以及她的《太阳鸟》的出版和正在创作的《美国旅店》。郁秀告诉我们，凡事只要坚持，总会有所成就。不得不说，这一切都有赖于郁老师有心、善解人意和慈悲为怀。

在我的印象中，郁老师生活简单。退休之后，很多老师或游山玩水，或吹拉弹唱，或含饴弄孙，郁老师则分秒必争，每天到学校的办公室上班，继续研读，申请国家课题，著书立说，并主持印度研究中心的工作。师母郑老师说郁老师在家待不住，只有学校办公室才能让其安心，在家则像病了一样，没有精神，站也不是，坐也不安。后来因为师母身体有恙，郁老师把办公室搬回家里，一边照顾师母，一边继续他的学术研究和创作。郁老师不舍得花时间去旅游，出外一定是为了学术研究或者学术会议。他也很少应酬吃喝，觉得应酬很耽误时间，又费钱，所以我记得和郁老师吃饭，都是打了盒饭在办公室边吃边聊，聊的问题也不外乎印度的情况和大家感兴趣的学术话题。郁老师一直以季羡林先生的耳提面命激励自己，潜心印度学研究，出版了十多部印度学方面的著作，2016 年还获印度总统颁发的“杰出印度学家”奖。如果说季羡林先生是北大的学术丰碑的话，那么郁老师可谓深大的学术高标。而且郁老师还在与时间竞赛，相信会给大家带来更多惊喜。每次碰面，郁老师都会问我看了什么书，在做什么研究。每每此时，我就变得惶恐起来，那种惭愧真的让我无地自容。所以，很长一段时间，我都怕见郁老师，怕他那鼓励的眼神变得失望，虽然郁老师待人自始至终都是平和的，面带微笑。

现在我也忝为人师，自问对学生的支持、对读书的热爱、对学问的执着等，哪一样能让郁老师满意呢？ 20 年前郁老师是我们的师者和标杆；20 年后，郁老师更是我们的指引和榜样。祝他学术长青！愿他健康长寿！

2020 年 2 月，于金域世家

一座淑人明道的灯塔

——我心中的郁龙余教授

杨爱姣

杨爱姣，文学博士，深圳大学国际交流学院教授、副院长。

2021年的春天，窗外阳光明媚，杜鹃灿烂，深圳一片生机盎然。20年前，我怀揣青春的梦想投奔这片南国热土。弹指一挥，多少个阴晴圆缺、多少个悲欢离合，刹那间如滔滔江水从眼前汩汩流过。“浪奔，浪流，万里滔滔江水永不休；是喜？是愁？浪里分不清欢笑悲忧……”在那奔腾不息的苦乐年华里，有一位学者自始至终信任我们、倾听我们、引领我们、提升我们，是我们的领导更像我们的慈父，陪伴并见证了我们的成长。他就像矗立于南海之滨的一座淑人明道的灯塔，引领我和同辈学子、同事学人奋力航行，绕过险滩暗礁，冲破云雾重重，在深圳这片神奇的土地上探寻生命的意义与生活的真谛。

他是谁？他是郁龙余教授——深圳大学印度研究中心主任、深圳大学文学院首任院长、中国外国文学学会印度文学研究分会会长，曾获印度总统慕克吉颁授的“杰出印度学家”奖。

无论你来自何地、师从何人、贫富与否、困达与否，只要你有困难，郁老师都竭尽所能帮助你。记得20多年前，我和家兄入读武汉大学，由于我们都是脱产读研，没有经济来源，父母卖掉家中仅有的一套房，还来大学附近的东湖边租房陪读，说是担心艰苦的读研损伤儿女的健康，要天天做饭保证我俩的营养，催我们坚持跑步锻炼，这种日子持续了三年。毕业后，我来到深大报到，这时的我用完最后的700元，已是囊中羞涩，连去湖南张家界开《诗经》国际研讨会的费用都拿不出，也不好意思向亲朋好友开口。郁老师得知情况后问我需要多少钱，我说想从工资里预支1000元，他却很干脆地说：“预支2000元！”

当时我的爱人想求职深圳某部门，我的话音刚落，郁老师提笔为他写了一封推荐信，写得工工整整、情真意切。这封信最终没有送出去，至今被呵护得崭新如昨。“借一给二”的故事折射出郁老师察人囧处、帮人难处的细心，推荐信又展示了郁老师宅心宽厚、慷慨助人的天性。这看似不起眼的两件小事，却给初来深圳、诚惶诚恐入职的我一份莫大的尊重与温暖，也安抚了千里之外为我忧虑的家人的心。人生有了好父亲、好丈夫固然重要，可是单位有个好领导，如父似兄若友，岂不是更幸运？

2011 年大运会的口号响彻深圳：来了就是深圳人！其实，你一腔热情来了深圳，之后究竟有没有扎根深圳做深圳人，有没有归属感，很大程度上取决于你遇到的第一个人。早在 20 多年前，郁老师就以灯塔的光芒，让我感受到深圳人的高度、宽度与温度，坚定了我留在深圳成为深圳人的决心。

当时我们文学院每一位老师，家里家外都有这样那样的难处，郁老师一视同仁，方方面面都给予力所能及的关照。谁结了婚，郁老师亲自祝贺写祝词；谁生了娃，他自带礼物上门恭喜；谁生了病，他也自带水果去医院探望。当时学院的老师过生日，都会收到一份精美的礼物。留学生部由郁老师首创，他带领当年的文学院团队白手起家，从师资配备、课程建设到招生管理诸多繁杂的事务，郁老师打理得井井有条，经营得蒸蒸日上。教学若有收入，郁老师都按规定分配给教师。我因此拥有了有生以来的第一部手提电脑，不菲的工资也月月给父母寄一份，这让亲朋好友、同学同门很是羡慕我这个深圳人。

郁老师很辛苦。“夙兴夜寐，靡有朝矣”是他的真实写照，他每天坐班车上班，第一个来文学院办公室，下午最后一个离开。他基本上没有请过假，我的记忆中他没有生过病。他一心扑在学院的日常管理和学科建设上，日子是一天天、一月月、一年年地过，他风雨无阻，始终如一。不管其他老师们来或不来，在或不在，可是郁老师总来，总在。他就像家里门口的那盏感应灯，无论你何时推门而入，总能看到它温暖的亮光。事实证明，后来无论他到哪个单位，他就是那儿的守护人，就是那儿的定海陀螺仪。老师们来学院，总喜欢到郁老师这儿坐坐聊聊，谈谈学术或说说烦恼，他总是从文稿堆中抬起头，甚至站起身来倾听。他个子不高但身形挺拔、神采奕奕。他耐心地听我们说完，然后逻辑清晰一语中的，瞬间点醒我们，那略带上海口音的普通话真让人觉得是深圳版乡音，好听又中听。可惜后来他调到学校新成立的留学生教学部，我们都很不舍。有一次我到文山湖边的留学楼拜访郁老师，他依然精神矍铄，语重心长地提醒我不要被当下的炒房热、炒股热迷惑，要不忘初心，坚持走学术之路。这些看似闲谈的寥寥数语如醍醐灌顶，浇灭了我那些年蠢蠢欲动的开个公司淘点金的幼稚之念，使我始终走在教学、科研的路上。对于留学生工作，我谈了自己的一些想法，还自告奋勇要编个留学生生活指引，郁老师非常信任地鼓励我做下去。为此我还熬了几个夜做成一个 8000 来字的小册子，郁老师毫不嫌弃它粗陋，还将部分内容用于网站建设。

“如切如磋，如琢如磨”是郁老师的学术写照。他毕业于北京大学，师从季羡林大师，功底深厚；他始终关注中印关系，锚定印度学研究领域，孜孜不倦，笔耕不辍，久久为功，终于成为大师级学者；他为中印友谊奔走四方，结缘著名印度学者狄伯杰。他的恢宏巨著《中外文学交流史 · 中国—印度卷》和《“一带一路”开创人类文明新纪元——兼论中国、印度的历史担当》高屋建瓴、文笔细腻，就像一座文化桥梁，飞架于中印之间，吸引无数印度学子友人探秘其中，来中国求学问道。2008 年他促成深圳大学图书馆建立谭云山中印友谊馆。2016 年他获得印度总统慕克吉颁授的“杰出印度学家”奖。2019年，深圳大学印度研究中心获得“深圳市人文社会科学重点研究基地”称号；2020 年获评“国家民委‘一带一路’国别和区域研究中心”；2021 年获评“教育部国别和区域研究备案中心”（试点），填补了深圳大学在国别和区域研究方面的空白。他在做好守护神的同时，又化身为拓荒牛，带领团队碰撞出一个个新火花，整合一个个新资源，开拓了一块块新领域。从这一点讲，他将深圳人的创新基因发挥到极致，将拼搏精神释放到极限。

郁老师是深圳大学留学生教育工作的重要创始人，他筚路蓝缕，脚踏实地，为

2008 年国际交流学院的创立打下了坚实的基础。深圳大学荣获中国教育国际交流协会颁发的“2019 年来华留学质量认证证书”，还不负众望获得广东省高等教育学会外国留学生工作委员会颁发的“2019 年度广东高校来华留学工作先进集体奖”。这些殊荣与郁老师早年打下的基础密不可分。

2006 年的一个春寒料峭的下午，我乘飞机从香港抵达韩国釜山，成为深圳大学派往韩国东义大学的第一位交换老师。山顶矗立着一栋 10 层建筑——晓民生活 1 馆，其最高的 10 层就有我的宿舍。白天我教韩国学生听说读写，晚上回到宿舍开启我自己听说读写的自学模式。听窗外的风声、雨声、落叶声、鸟鸣声，听窗内的空调嗡嗡声、电视里面的韩语歌声；读小说、读自传、读年谱；写日记、改作业、写论文、写总结；对着天空说，对着大地说，对着窗外说，对着天花板说，对着电脑说，自言自语，旷世孤独！

半年之后，郁老师随阮双琛副校长、高立天处长、刘彦峰副院长一行来韩国看望我们了！我从湖北来深圳大学遇到的第一位院领导是郁老师，郁老师也是第一位来韩国看望我和杨晓霞教授（同年在韩国外国语大学工作）的老领导，多年过去了，他依然细心如斯，亲切如当年！

“宴尔新婚，如兄如弟”是他齐家的写照。《诗经》里面这句诗乍一看有点费解，怎么把夫妻恩爱这种男女之情跟兄弟之情相提并论？其实，上古汉文化就是把夫妻恩爱等同于兄弟相亲，情同手足就是比喻兄弟之情。从郁老师的自传中能看出他高尚的人品、务实的作风根源于他的家教家风。他的高堂正直勤奋、坚韧不拔；他们六个兄弟姊妹相亲相爱、患难与共；他爱妻爱女爱家的故事有口皆碑。家庭是孩子的第一课堂，父母是孩子的第一任老师。他的爱女郁秀于豆蔻年华就以小说《花季·雨季》一举成名，青年时代凭《太阳鸟》《美国旅店》《不会游泳的鱼》《我在仲夏清晨踏上征途》享誉海内外。“问渠哪得清如许，为有源头活水来。”她的少年成才、青年成功、中年美满，除了自身的天分与勤奋，源头在于郁老师创造的浓厚的书香氛围和温馨的家庭环境。一位爱妻的暖男赐予孩子们安全感与自信心，激发孩子的开拓欲与创新欲。

他的爱妻是一种本能，激发的却是孩子开掘幸福的潜能。记得每次文学院新年聚会，郁老师都会携爱妻郑亦麟老师前来。郑老师一直幸福地笑着，慈爱地看着我们，轻言细语跟我们聊，那种大家闺秀的风范让人难忘，那种伉俪和谐也给我们很多启发。直到有一年我们在聚会中没有发现郑老师的身影。原来可亲可爱的郑老师生病了，这一病就是 6 年。未经其事，怎知其艰？那 6 年里，郁老师怎么在家里家外奔波，协调这瞬间发生的一切？怎么度过那最难的春夏秋冬？怎样衣不解带、日夜照顾？怎么为了家人的康复和自己的事业殚精竭虑？衣带渐宽终不悔，为伊消得人憔悴！很多次会面，郁老师却是神清气爽，健谈如旧，那曾经的难处只字不提，粗心的我居然很久之后才知晓这些事情。

杨爱姣博士与郁龙余教授

在 2019 年国家汉办举办的中印高校交流会上，郁老师一上台，会场掌声如雷！这位深受印度学者爱戴的学者发表了题目为《打造中印文学交流升级版》的演讲，在做了精彩报告之后，他说："这次前行，我先把爱人安排在医院托管，因此很珍惜这个与印度学者友人聚会的机会。"这席话令举座动容、熟人泌泪。当天晚上，国际儒学联合会滕文生会长会见印度尼赫鲁大学中国与东南亚文化研究中心主任狄伯杰以及郁龙余老师，我也有幸随行。滕会长简要介绍了国际儒联开展文明交流互鉴的情况，回顾了中印文化交流的一些重要历史事件。他说，中印两国历史上和平交往、互鉴互学的经验对推动当代世界的和平发展仍然具有重要的启迪、借鉴作用，中印两国应该携手同心，发扬这种友好传统，加强文化交流，促进政治互信，为世界和平发展做出新贡献。会见期间，郁龙余介绍了他开展中印文化研究和交流的情况以及他的著作《中外文学交流史·中国—印度卷》和《"一带一路"开创人类文明新纪元——兼论中国、印度的历史担当》的有关情况。滕会长很仔细地看了著作，并认真地表达了对这两本书的肯定。

中印高校交流会现场

郁老师说，自从进入老年，郑老师越来越看重感情。几年前，她希望将 1993 年在印度总统府照的合影，请大芬村的能工巧匠绘成油画作品。2021 年年初，郁老师问她，阎文喜教授是当代著名油画大家，要不要咨询他一下？她说，那当然好。结果一得到消息，阎教授坚持要由自己来画，说自己虽然 84 岁了，但手不生，天天都在操弄。这让郁老师夫妇大为感动，不知如何感谢为好。阎教授不但精心绘制，还发了许许多多微信、语音，指导如何装框、上墙。郁老师说，我们无以为报，写了首诗《赠阎文喜教授》，以示感谢。

画坛圣贤久闻名，

毫耋倾心绘龙麟。

秦岭太乙高万丈，

不及兄长送我情。

著名书法家黄子良先生，是郁教授高足黄蓉老师的父亲。看到这首情真意切的七言绝句，他便沉吟构思，然后提笔一挥而就，为中国当代书坛增添了一幅力作。郁老师认为，作品中的“麟”字，寓言深远，是点睛之笔。它居中偏上，长长的一竖，一字用了两字的位置，象征郑老师福寿绵长。

听郁老师这么一说，我又细品了他的诗和阎教授的画，诗书画俱佳，顿时觉得这真是一段感动中国的文坛佳话！

南海一灯塔，荔园一菩提，印度学研究的大师，中印友谊的文化使者，这就是我心中的郁龙余教授。

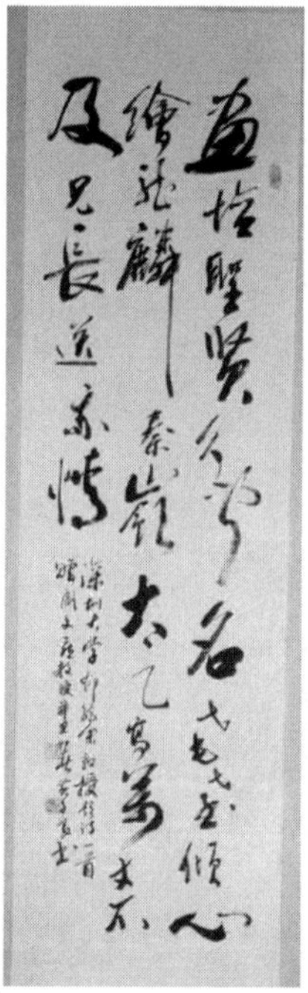

著名书法家黄子良先生书《赠阎文喜教授》

2021 年 3 月

我给郁龙余老师当责编

祝　丽

祝丽，山东教育出版社副总编辑、编审。

我正式接到郁龙余老师的邀约是在 2019 年 11 月，与郁老师一起在北京参加纪念孔子诞辰 2570 周年国际学术研讨会暨国际儒学联合会第六届会员大会。那次会议上，我第一次见到郁老师的女儿、著名的《花季·雨季》的作者郁秀。郁老师说 2020 年就是他从教 50 周年，他的挚友、同事和弟子们计划为他编辑一本文集作为纪念。郁老师郑重地对我说，他虽然出版多部著作，与多家出版社有过合作，但是我是他合作最久，也是他最重要的两部著作的责任编辑，他邀请我作为编辑代表撰写文章。我欣然应约。这些年来，围绕《中外文学交流史·中国—印度卷》《季羡林评传》的写作、出版、版权输出、翻译出版、首发宣传等一系列活动，我看着郁老师在印度学研究领域皓首穷经、敦品励学，在推动中印文化交流方面踔厉奋发，看着郁老师乐善好施、关心友人、爱护学生，深为敬佩。作为郁老师的责任编辑，我也在这期间受益良多，从编辑业务到人生阅历都得到提升和丰富。许多感人时刻、美好回忆历历如昨，虽未动笔，但心中所想已够编长篇系列剧了。后来想，既然我作为编辑代表，还是从两本书的出版写起。

说来我跟郁老师正式认识有十六七年的时间。因为研究生修读的是比较文学专业方向，1993 年毕业进入出版行业之后，我就一直关注比较文学学科发展动态，坚持参加中国比较文学学会年会，也了解到郁老师和他带领的深圳大学印度学和中印文学比较研究队伍是一支非常活跃的学术力量，只可惜一直找不到机会正式谋面。20 世纪 90 年代末，南京大学钱林森教授启动跨文化丛书“外国作家与中国文化”，其中的“印度卷”，也就是郁老师的《梵典与华章：印度作家与中国文化》成为这套丛书中非常有影响的一部。2004 年，听闻钱老师要带领学术团队推出更大规模的“中外文学交流史”丛书，我认为该项目彰显了更大的学术抱负与更高的学术雄心。于是，我立刻联系钱老师，并得到钱老师的积极回应和支持。我们决心要创设一套涵盖中国与欧洲、亚洲、美洲等世界主要国家及地区的文学交流史。2005 年春天，丛书启动之前，我随主编钱老师到北京大学，就丛书的写作理念、规模、作者等编纂各环节请教汤一介先生、乐黛云先生。钱老师说深圳大学印度研究中心主任郁龙余教授正巧在北京大学开会，也住在勺园宾馆，郁老师是“中国—印度卷”的理想人选。当时郁老师已经出版了《中印文学关系源流》《印度文化论》《中国印度文学比较》《梵典与华章：印度作家与中国文化》等一系列围绕印度文学文化和中印文学关系的研究著作，还在中印文化交流和民间往来方面做了大量工作，在印度有广泛的影响力。郁老师在北大的日程安排很满，我们约定在晚上他的一场讲座之后见面。事实上郁老师做完讲座之后又耐心地、热情洋溢地回答了同学们的一个个问题，等到我们见面坐下来的时候已经到晚上 11 点了。对于丛书的设计思路，郁老师与我们一拍即合，到了后半夜他与钱老师还是谈兴甚浓，毫无倦意。距离那次碰面，十六七年过去了，那天晚上具体的言语已经记不清，但是那天受到的启发和那种春风般和煦的感觉，这些年时常伴随着我的编辑工作。郁老师谈到，2005 年 3 月，时任国务院总理温家宝出访印度之前，专门调阅郁老师的学术著作《梵典与华章：印度作家与中国文化》，在相关中外记者招待会上总理两度引用“梵典与华章”来概括中印文化关系，并把这本书作为出访礼物赠送给了印度相关领导人。我颇有所感，书籍不仅是两国文化交流的结果，还可以作为象征两国友谊的“文化使者”，成为“国礼”。这种认识促使我们在“中外文学交流史”丛书启动之初，就在出版品质和出版形态上自觉树立了“国礼”的标准。这次见面，在遴选作者方面我们也达成共识，各分卷写作者要精通对象国语言，在该领域有丰富的学术积累，最好不仅是对象国的研究者，而且是中外文化文学交流的参与者、推动者，若没有理想的作者，宁可暂时空缺，也要保证丛书的出版质量。郁老师欣然接受了我们的邀约，并从写作风格、进度、各卷的人选方面提出了很多宝贵的建议。第一次见面，感受到郁老师为人热忱坦荡、宽容风趣，说话温和而留有余地，特别是郁老师的思路清晰开阔，建议简洁而具有针对性，使我深切感受到了他不仅具有学者的研究专长，更具领导的行政指挥能力，这种感受在日后的出版合作中越来越清晰。

春天相识之后，我跟郁老师开始了持续的合作,《中外文学交流史・中国—印度卷》作为“中外文学交流史”（17 卷）之一部，整套丛书，我们进行了 10 年的合作，10 年间郁老师一直温和而坚定地爱护我、支持我。2005 年 7 月盛夏时节，山东教育出版社与南京大学比较文学与比较文化研究所在南京新纪元大酒店，举行了“中外文学交流史”丛书首届编委会暨学术研讨会。丛书主编钱林森教授、各卷主笔相聚南京，以“文化转型时期的中外文学交流史研究”为中心主题，结合各自国别文学交流史研究实践，启动了中国比较文学学科史上的这项有深远意义的重要学术工程，郁老师从深圳专程与会。

继 2005 年 7 月南京首届编委会暨学术研讨会后，2005 年 8 月以郁老师为首的深圳大学承办中国比较文学学会第八届年会暨国际学术研讨会，举办中外文学交流史圆桌论坛。其后 2006 年 9 月在上海、2007 年 3 月在北京、2007 年 12 月在济南、2011 年 7 月在厦门、2012 年 3 月在南京，数次举行各种形式的编撰研讨，召集丛书全体执笔者，或者分卷主编和主笔，对丛书编撰内容、叙述方略、章节构架、材料取舍等诸多方面，进一步细化、明确，并对各卷撰写大纲和部分章节进行讨论、审定。

2005 年郁老师在深圳大学创办了印度研究中心，2007 年成立谭云山中印友谊馆，深圳大学成为中印文化交流的重要驿站。印度政要相继访问深圳大学，郁老师本人也多次应邀前往印度开展学术交流活动。郁老师非常忙，但是每次编写会他都鼎力支持。2007 年 12 月济南会议期间，遇上罕见的大雾，几乎所有的航班都取消或者延误，上海、福建的几位先生改乘火车与会。郁老师在深圳路途遥远，当时还没有高铁，倘若乘火车来到济南，估计会议也结束了。郁老师在深圳机场等候了整整一天，在之前订的南航航班取消之后，又改签成山东航空，飞机终于深夜起飞，子夜之后飞抵济南。我们接机的同事已经从机场撤回，待郁老师打车到酒店办理好入住手续就快黎明了。第二天早上在会场看到郁老师，我们所有人都喜出望外。郁老师幽默地说："我就相信山东航班的这架飞机一定会回家过夜的。"郁老师的通达和幽默舒缓了我们接待不周的歉疚和不安。回望出版过程中类似的小插曲很多，郁老师总是排除一切困难支持我，每每想起，心生暖意。

编撰"中外文学交流史"是重大学术工程，一进入实施阶段，研究团队的每一个成员、各卷主笔和执笔者，又都面临自身所拥有的史料、史识和理论装备的多重考验，加之遭遇难以预料又无法抗拒的诸多因素（如某些分卷主笔相继辞世），研究团队和编撰计划面临着及时调整、紧急补充的严峻考验。丛书最初计划用 5 年的时间写作，当初觉得时间已足够宽裕，不料到最终项目完成，竟然用了 10 年时间。郁老师在后记中说："为此书费时费力之多，超乎我以往任何一本书。""中印文学交流自古就不平衡，对印度学者的研究成果掌握不足，更是有意无意在感觉上加剧了这种不平衡。在下笔前，我们下决心在寻找印度资料上下功夫。"郁老师在《尊重事实，穷搜不舍》中记述寻找印地语论文集《中国普列姆昌德研究论文集》的过程。他从《季羡林全集》中了解到这本书。为了找书，从外文局陈力行老师、陈士樾老师，到北京大学刘安武老师、外文局钱永明老师，后来朱璇老师从钱老师那里借到书复印之后请谭中先生带到成都的第三届中国—南亚国际（文化）论坛，"历经数月，我们顺藤摸瓜，穷搜不舍，终于如愿以偿。至于为什么这么做，我们都基于这样一种认识：尊重历史，尊重事实。我们想起一句名言：世界上怕就怕认真二字"。70 万字的一本著作，在已经有扎实积累的情况下写了 10 年，正是这种"板凳甘坐十年冷，文章不写一句空"的治学态度，才能催生出《中外文学交流史・中国—印度卷》这样传之久远的精品力作。

《中外文学交流史・中国—印度卷》与"中外文学交流史"整套丛书，作为"十一五"国家重点图书规划项目，甫一结项便获评国家出版基金资助项目 2015 年优秀项目，出版后翌年，2016 年 8 月下旬第二十三届北京国际图书博览会期间，“中外文学交流史”便作为国家出版基金成果精品被列入展品目录。随之，整套丛书先后于 2017 年荣获第六届中华优秀出版物奖图书奖、2018 年荣获第四届中国出版政府奖图书奖。岁月悠悠，郁老师对学术的坚守、耐心和毅力令人感动。丛书是集体项目，要统一推出，各位先生写作进度参差不齐，郁老师在出版节奏安排上对我工作的信赖、理解和宽容同样让我记忆深刻。“中国—印度卷”较早完稿，之后主编审稿、改稿、编校，2012 年我们又约请装帧设计师对丛书的封面和版式重新设计，烦琐而漫长的过程，其间郁老师从来没有因为出版周期的漫长而表现出一点儿的不耐烦，反而在后记中对他这一卷写作过程超出预计完稿时间对我表示理解和感谢。还有这篇小文，我因为头绪烦乱一直拖稿，郁老师也是一如既往地理解和热情地鼓励，显示出他一向“躬自厚而薄责于人”的胸襟。

《季羡林评传》是我和郁老师合作的第二本图书。2014 年前后，《中外文学交流史·中国—印度卷》刚完稿，我得知郁老师开始了《季羡林评传》的写作。研究季羡林的著作，大体上可分成两种：一种是季羡林的传记类，一种是名人评价季羡林的文集。迄今为止，还没有出现一本全面、深入、系统地评价季羡林人生和学术思想的评传。郁老师研究印度学，季先生是他的业师，所以郁老师写《季羡林评传》有得天独厚的优势，他为此准备了十多年之久，这将是国内第一本全面、系统、深入研究和评价季羡林的人生和学术的专著。我知道当时有好几家出版社都想出《季羡林评传》。季羡林先生祖籍山东，作为季先生家乡的教育出版社，出版跟季先生有关的著作，弘扬和传播季先生的为学为文为人，是我们出版人的责任和荣耀。当我向郁老师表达我的愿望时，郁老师爽快地答应了我的请求。

2015 年 7 月，我在北京出差时了解到 2016 年印度新德里世界书展，中国将首次作为主宾国参展。我便与郁老师商量，能不能加快《季羡林评传》的进度，争取年内完成，在书展前做出样书，与《中外文学交流史·中国—印度卷》一起参加书展，最好能在书展上举行新书发布活动，以期带动版权输出。郁老师赞成我的提议，表示要把《季羡林评传》的写作作为诸事之首。原计划2016年出版的著作出现了加速度，郁老师在后记中称我是“加速器”。也是从郁老师的后记中我才了解到，在那段时间郁老师克服了怎样的困难。2015年10月，师母突然旧病复发，中风偏瘫住进北京大学深圳医院。郁老师一直在医院倾心陪护，在昆明召开的中国南亚学会年会和在杭州召开的中国印度文学研究分会年会都未能参加。从师母发病到病情逐渐好转，郁老师在陪护的病床边完成了《季羡林评传》最后的校对、统稿工作。11月我收到打印的厚厚的四大本书稿，从中国首席印度学家、彻悟真谛的佛学家、开宗立派的东方学家、不可或缺的翻译家、名副其实的比较文学大家、独树一帜的学者散文家、文化交流的伟大重镇、胸怀世界的敦煌吐鲁番学家、笃信马克思主义的大学问家和季羡林的情感世界十个方面，研究“当代中国乃至世界学术文化思想界的坐标人物”季羡林，并对“季羡林现象”进行深入而全面的分析，力求呈现一个“有血有肉、有七情六欲、有缺点错误的‘大学问家’‘大思想家’季羡林”。

收到书稿之后，我们社集中编辑、美编、印制，全力以赴编辑、设计、排版、校对。其间在编校中需要核查的插图、引文、注释、索引等所有大大小小的疑问，郁老师都全力协助，尽快回复，没有丝毫拖延。用一个月的时间，在赴印度新德里参加书展前一天，我们收到印刷厂送来的散发着油墨香的数码样书。因为书展参展样书几个月前就要求寄到中图公司，已经由中图公司统一发往印度。紧急赶制出来的《季羡林评传》《中外文学交流史·中国—印度卷》各20册和易拉宝等宣传海报以及2套“中外文学交流史”丛书装了9个箱子，作为随机携带行李，经过烦琐的安检、托运，顺利参加了2016年1月的印度新德里世界书展。

印度书展结束后，我们又根据书展各方专家的意见，对书稿内容进行了丰富、完善，请书籍装帧设计家吕敬人先生对图书重新进行整体设计，成品图书内敛、大气、凝重。2016年9月，在齐鲁书香节隆重发布新书《季羡林评传》。中国社会科学院学部委员、中国印度文学研究会会长、印度莲花奖获得者黄宝生，中国社会科学院研究员郭良鋆、葛维钧，《季羡林大传》作者梁志刚，北京大学外国语学院南亚系主任陈明，印度尼赫鲁大学教授狄伯杰，敦煌吐鲁番学会会长郝春文，天津师范大学文学院原院长孟昭毅，青岛大学教授侯传文等国内外专家出席了发布活动。11 月深圳读书月期间，在深圳书城举行了《季羡林评传》新书分享，深圳大学老校长章必功，深圳大学文科学术委员会原主任、深圳大学中文学科主要奠基者胡经之，深圳大学教授、资深翻译家何道宽，深圳大学文学院原书记、著名文化学者吴俊忠等与郁老师进一步共同探讨季羡林先生的学术思想和丰富人生。《季羡林评传》受到海内外读者的关注。

郁老师说："人生在世，成事为重，名次之，利益为轻。"在郁老师心中，"个人的事业和生命只有和国家、民族的命运紧紧相连的时候，才会真正有意义，才会真正迈向不朽，哪怕只是极其微小的一点点。"郁老师从事印度学和中印文学交流、文化关系研究，他说："印度学是中国最能向世界展示学术底蕴的专业，西方研究印度是从 17 世纪开始的，而中国有文字记载的资料可以追溯到南北朝法显时代，唐代译经大师玄奘、义净更是举世闻名，到现在研究印度的学者队伍更加庞大。"集大成之作《中外文学交流史 · 中国—印度卷》，将中印文明交流的焦距拉远至 2000 多年的文明往来，以更宽广的视野来看待历史，借古鉴今，延续文明对话，不仅有学术价值，更有助于向国际社会，尤其是东西方学术界传播中印源远流长的文学和文化交流，对促进"一带一路"文化交流民心相通、构建人类命运共同体具有积极意义。

2016 年 12 月 1 日，ICCR 在印度总统府举行仪式，总统慕克吉亲自出席，并向郁龙余教授颁授年度"杰出印度学家"奖，他高度评价了郁龙余在印度学研究领域所取得的杰出成就，以及为中印文化交流所做的杰出贡献。据悉，该奖项始于 2015 年，当年得奖者为一名德国著名印度学研究专家，郁老师是世界第二位也是中国首位获此殊荣的学者。他说如此高规格地向一位中国学者颁奖，预示着中印文化交流会有更进一步发展，中国印度学研究前程似锦。2020 年 10 月在中国出版协会“一带一路”出版工作委员会组织的第二届“一带一路”出版合作典型案例和国际化人才遴选评比中，“中外文学交流史”（17 卷）多语种版权输出入选“‘一带一路’出版合作典型案例”。《中外文学交流史·中国—印度卷》作为丛书的首推之作，英文版 *China and India: Dialogue of Civilisations* 出版后，2021 年 4 月 4 日《星期日卫报》（*Sunday Guardian*）发表书评文章《一部昭示中印文明对话之书》（“Book Sheds Light on Civilisational Dialogue between India and China”）。12 月，《中外文学交流史·中国—印度卷》英文版入选第二十届输出版优秀图书，实在是实至名归。

郁老师视野开阔，站位高，不仅是一位卓有成就的学者，而且是一位有家国情怀的文化活动家，自觉用学术研究服务国家战略，用学术成果支持国家重要外事活动。近年来，正是在郁老师的建议和支持下，我们在国际书展策划的《中外文学交流史·中国—印度卷》《季羡林评传》两本著作的相关活动拓展了版权交流合作，扩大了海外影响力。2016 年 1 月印度新德里世界书展，出行之前社里筹备了《中外文学交流史·中国—印度卷》图书座谈、版权输出签约暨“中外文学交流史”（17 卷）捐赠仪式和“《季羡林评传》版权输出签约仪式”两场活动，郁老师帮助我们联系了印度孟买观察家基金会主席库尔卡尼先生，签署这两本书的英文版输出合同。第一次在国际书展策划活动，对语言、邀请嘉宾、合同落实各环节我们都惴惴不安，社里邀请了郁老师的学生、安庆师范大学张玮老师作为翻译同行，所幸郁老师带深大印度研究中心朱璇等老师也到了印度。没想到这两本书刚一展出，就引起了强烈关注，普拉卡山出版社表示对两本书的英文版、印地文版都很感兴趣。印度阿奇出版社的社长和总编辑在展场上看到《季羡林评传》之后，当即表示要引进这本书的泰米尔文版，这是一家以出版文学和传记作品见长的泰米尔文出版社。我们输出了五个版权。在版权输出签约仪式上，郁老师请来了印度著名的梵文学家、两届莲花奖得主夏斯特利（Satya Vrat Shastri）先生和印度著名的汉学家阮瑞山大使、狄伯杰教授、邵葆丽教授等，并在致辞中高度评价了这两本著作的学术价值和出版意义。ICCR 主席金德尔教授因为眼疾未能出席，委派夏尔玛教授致辞："这两本书值得印度每一座图书馆和有文化的家庭拥有。"印度当地媒体以及《中国新闻出版广电报》等媒体报道了此次活动。

活动结束后，我们带去的两套"中外文学交流史"丛书，郁老师将一套书送给了金德尔先生，另一套送给了莫迪总理。《中外文学交流史・中国—印度卷》(英文版、印地文版)、《季羡林评传》(印地文版)获得 2016 年度国家丝路书香工程重点翻译资助。郁老师邀请到中华图书特殊贡献奖获得者、印度著名汉学家、中国问题研究专家、尼赫鲁大学语言文学与文化学院中国与东南亚研究中心教授狄伯杰用英文、印地文两种语言翻译了这两本书。《季羡林评传》泰米尔版译者根据英文版翻译，目前已经在印度出版，2018 年 8 月在北京国际图书博览会隆重举行首发式。活动嘉宾阵容可谓豪华，外方嘉宾有印度驻中国大使班浩然、参赞纪提卡，英文版和印地文版翻译者狄伯杰，印度普拉卡山出版社社长夏尔玛。中方嘉宾有国家新闻出版总署原副署长、中国出版协会常务副理事长邬书林，国家档案局原局长毛福民，北京大学教授马维光等，这将成为中印友好交流史上的佳话。我至今仍然保留着郁老师此次活动中写给班浩然大使的书信。

2019 年 9 月，在印度新德里尼赫鲁大学举办《季羡林评传》英文版和印地文版出版座谈会，中国驻印度大使馆时任公使李碧建、印度国会上院联邦院(Rajya Sabha)副议长哈里凡什・纳拉扬・辛格(Harivansh Narayan Singh)和印度尼赫鲁大学执行校长贾格德什・库马尔(Jagadesh Kumar)共同主持。印度知名教授、作家、汉学家以及尼赫鲁大学中国语言系的学生参加了座谈会。新华社新德里分社以及印度主流媒体 Dainik Jagran、Jansatta、Prabhat Khabr 等报道了此次会议，产生了积极反响。《季羡林评传》同时输出孟加拉文版。郁老师在外译本后记中写道："汉语是世界上使用人口最多的语言，并保存了最丰富的文献资料；印地语是 4.5 亿印度人的母语，是使用人口仅次于汉语的民族语言；泰米尔语有超过 2000 年的古老历史，且现今还有超过 7000

万人口使用；英语是公认的世界通用语，有着广泛的读者群。在中文版出版之后 5 年的时间，《季羡林评传》能从汉语译成这些文字，并在‘一带一路’倡议蓬勃开展的背景下服务于中印人文交流，作为作者自然是欣喜的。”作为责任编辑，则是感激与欣慰难以言表。这期间，联系印度出版社、洽谈版权、选择译者、筹备活动、邀请嘉宾等每个环节都离不开郁老师细致的指点和热情的勉励。2008 年，季先生曾获印度最高奖“莲花奖”奖章。《印度时报》用“莲花奖首次跨越喜马拉雅山”来形容这次特殊又迟到的获奖。2021 年是季羡林先生诞辰 110 周年，我写了《〈季羡林评传〉“跨越喜马拉雅山”》记录《季羡林评传》的出版和海外传播，郁老师建议我将文章题目改成《季羡林“跨越喜马拉雅山”》，我理解了郁老师的用意，欣然听命。文章先后发表在我们业内《中国新闻出版广电报》和《中印对话》(中文版、英文版、印地文版)。2022 年 11 月，“《季羡林评传》多语种版权输出”入选中国出版协会“一带一路”出版工作委员会组织评选的“‘一带一路’出版合作典型案例”。

我也是通过《季羡林评传》的外译树立起学术著作选择译者的标准，并逐渐在“走出去”工作中通过一系列项目的实施，汇聚了一批优秀的作家、学者、译者、汉学家、出版人等高级翻译人才资源。郁老师请来印度著名汉学家、尼赫鲁大学语言文学与文化学院中国与东南亚研究中心教授狄伯杰用英文、印地文两种语言翻译《季羡林评传》。狄伯杰教授曾在北京大学和中国社会科学院接受中国历史和中印关系方面的学术训练。郁老师还帮助我们联系了德文版、日文版的译者，并且在他们的帮助下，与德国禾珀出版社和日本汲古书院洽谈版权。德文版将由德国弗莱堡大学胡海燕教授翻译，胡教授早年师从金克木与季羡林教授，主修梵文语言学及佛学，1982 年赴德国哥廷根大学攻读印度学，先后在弗莱堡大学、维也纳大学等任教并从事研究。胡教授说：“因本人于 40 年前受季先生重托，被他亲自从北大派往其母校哥廷根大学深造，故参加《季羡林评传》的德文翻译及校勘工作理当义不容辞。”日文版由日本福冈国际大学国际关系学院亚洲语言文化系海村惟一教授翻译。海村教授是《王元化著作集》的日文版译者，对季先生有深厚的敬仰之情。他们对译介工作的参与本身就是一段文化走出去的佳话。这些项目联络起来头绪纷繁，耗费心力，推进过程中阻碍重重，有时候会懊丧，是郁老师的通达和信赖给了我鼓舞和信心。

《中外文学交流史·中国—印度卷》是郁老师与刘朝华博士合著，《季羡林评传》是郁老师与朱璇博士合著，我在看书稿时根据行文风格和注释方式大约能看出二位年轻学者完成的书稿比例，我跟郁老师说起过我的判断。郁老师说他晚年工作还有一个重中之重，就是培养印度学研究领域的人才。他在培养研究生的过程中，让研究生及早参与到科研项目中，让他们尽快得到成长和锻炼，这是一个事半功倍的好经验。有时候我写新闻稿和图书介绍，无意中就会只写郁老师名字，凡经郁老师审阅，郁老师一定会认真地加上两位合著者的名字，从这些小细节可见郁老师的胸襟和气度。

郁老师说话幽默风趣，他曾经说过一个非常生动的比喻。在印度新德里世界书展中国主宾国活动圆满结束后，有一些出版社不解地问郁老师，印度人个性散漫，他们的很多约定都没落实，为什么山东教育出版社的活动超出预期？郁老师听后爽朗地笑了，说："印度人也有沙子和金子之分，沙子当然是容易吹散的，我们请来的都是金子一般的嘉宾。"后来这个比喻被多次引用。意大利著名作家莫拉维亚写道："友谊不是偶然的选择，而是志同道合的结果。"我想正是因为郁老师金子般的为学为人才凝聚了这些同道吧。

"以文合志者，不老岁月"，祝愿郁老师和他热爱的事业永远年轻！

润物无声

——纪念郁龙余老师从教 50 年

张　玮

张玮，安庆师范大学副教授，郁龙余先生的高足。

2020年，是郁老师从教的50周年。我作为他半个世纪教师生涯中教授过的学生之一，想写几件在老师身边读书时的寻常事作为纪念。

我是2001年去深圳大学读研究生的。我那届同学中，除彭国欣等三位应届生外，其他都是辞掉教职去读书的人，大家都担心去深圳后的吃穿用度问题。国欣接到录取通知后甚至还打电话到文学院询问学费的事，说如果不是公费就不读了。接电话的人正好是郁老师。他除了跟国欣说不要担心学费，还一再强调会有很多勤工俭学的机会，让她尽管来读书，不要有后顾之忧。我们入学后，郁老师确实想方设法给大家提供了不少“挣钱”机会。当时，郁老师担任文学院院长职务，后来调去负责留学生教学工作。他结合大家曾经的工作经历，积极争取机会让大家去深圳大学成人教育学院（夜校）代课，或者担任留学生的汉语老师。大家一周兼职上一到两次课，既不耽误学习，还有可观的课时费。还有一学期，郁老师请一位香港学者每周来讲一次课，他让国欣和晓峰把老师上课内容录音后整理成文稿，然后他付给两位同学劳务费。郁老师补贴我们的方法还有很多，比如，大家进校没多久，他就跟我们说每个人有500元钱的购书费，大家去买自己想看的书；再如，每位同学都有一次外出查资料的机会，费用可以报销。据我所知，在郁老师和其他老师的“安排”下，我们大家三年学习期间没为费用发过愁。

郁老师管理学生——用现在时髦的词来说，采取“散养式”的方法，他尽可能地为学生创造学习机会，让大家选择自己感兴趣的研究主题，他做好服务工作就行。哪些是他的“服务”工作呢？大家听讲座时，他亲自给大家倒水、续水，有同学起身想接过他的活儿，他示意学生坐下，小声嘱咐：继续听讲座，学习机会难得。郁老师负责深大留学生院工作后，办公室从行政楼搬到了研究生宿舍对面的留学生楼。他给了朝华师姐一把钥匙，渐渐地，那屋子白天是他的办公室，晚上就成了同学们聊天交流的地方。他放在办公室的书籍，大家也可以任意取阅。郁老师不“管”学生，而是尽量给大家提供方便。

这种“散养式”的管理方法却处处透着郁老师对学生学习的关心和了解。拿同学们硕士论文写作来说，郁老师往往在开始时引好路，把大家领进门。郁老师知道修正想做鲁迅和印度印地语作家普列姆昌德的比较研究后，就让他先去北京大学拜访中国的印地语专家、普列姆昌德研究专家刘安武先生，引导修正顺利地开展论文写作的准备工作。有一次郁老师和我聊天，我跟他说起安徽的目连戏，他说目犍连从印度“来”到中国，由佛陀的十大弟子之一演变为中国的一个孝子。郁老师的话引起我探讨目连形象如何演变、如何中国化的兴趣。郁老师觉得选题可行，并将论文题目定为“华天梵影”。目犍连在中国被塑造为孝子形象，与中国佛教里一些孝道经文不无关系。郁老师有次外出开会回来，送给我《佛说父母恩重难报经》《佛说长寿灭罪护诸童子陀罗尼经》等几本书，他还在一册书的书尾空白页写道：“二〇〇三年七月十四日，由广东省留学生管理学会组织到汕头大学等访问途中，参观潮州开元寺，获赠国欢寺印赠、十方妙音后土等印赠及南普陀寺印赠的《佛说父母恩重难报经》《孝道是佛学的大根本 知恩图报是修行的一个科目》与本书，三书于张玮同学撰写《华天梵影：目连形象的中国化》有参考价值。是为记。”我没想到郁老师在繁忙的公务活动中还能留意这些小事，三本小册子被我从深圳带到北京又带到安庆，一直放在书架随手可及处。

这样的小事在我去北京读博士后也时常发生。记得我确定博士论文选题后，和郁老师提及所研究作家的小说不好找，而中文译者王槐梃收集有很多。他知道王老师也在中国社科院南亚所工作后，就拜托薛克翘老师帮忙引荐我上门求书。王老师不仅将所藏的小说倾囊相赠，还给了我不少他与作家交往的信件、录音、图片等资料。2007

年，王老师去世后，我将他翻译的季羡林先生的《天竺心影》英文稿整理出来，请郁老师看看能不能找到出版社出版。郁老师一直记着此事，10年后，经过他牵线搭桥，山东教育出版社和印度一家出版社合作，王老师的这部译作终得付梓。

郁老师对学生学习、科研的关心和帮助并没有因为大家硕士毕业而结束。在郁老师的鼓励下，我的同门师姐妹们大多都继续攻读了博士学位，研究方向涉及印度英语文学、宗教、艺术和哲学等。大家毕业后虽然分散在不同地方工作，郁老师却经常将我们组织起来完成一些课题和项目。大家分工合作，每人负责撰写与己研究相关的内容，在完成课题、写作中彼此切磋学习，共同进步。

事实上，郁老师从北京大学调到深圳大学工作后并没放弃他热爱的印度学研究，他退休后更没放慢做学问的步伐。郁老师的勤学笃行是我们这些学生的精神营养。深圳大学的很多老师都知道一件事：一次旅行中，老师们坐的大巴被前面一辆车挡住了，车上的司机和乘客却不以为意，没有要让道的意思。郁老师看到车上是一群印度游客，他走下车用印地语和他们理论了一番，并指挥司机让出道来。同事们对郁老师解决问题的能力并不吃惊，大家诧异的是，他多年没教授印地语，用起来还是这样得心应手。郁老师到深圳大学后从事的工作与之前的相比，说“转型”都不为过，但他并没有将自己的专业知识束之高阁，这使他在中印两国关系跨入新阶段时焕发出更加闪亮的学术活力。我博士毕业后在安庆一所高校从事英语教学，工作与所学的专业风马牛不相及。我想，正是郁老师的经历鼓励着我没有放弃印度英语文学研究吧。

郁老师对待学生及其家人像自己的家人一样，我女儿曹阅微在郁爷爷面前也不会觉得拘谨。前两年，郁老师在师母的鼓励下，想把早些年在工作闲暇之余写的小说《黄道婆》修改一下。郁老师给我寄了一份打印稿，嘱咐我一定也要让曹阅微阅读并提意见。他说这种题材的小说，得当代年轻人看懂、喜欢才行。曹阅微也就不客气起来，她认真阅读后说了一些感想，让我把感想告诉郁爷爷。她认为郁爷爷会尊重她的建议，因为郁爷爷在她还是小孩子的时候就尊重她的想法。曹阅微说的是她第一次见到郁老师时的事情。那次，郁老师到北京出差，抽空喊上在北大读书的几位学生小聚，我把10岁的曹阅微也带去了。郁老师跟曹阅微说，第一次见面，一定要送小朋友礼物。于是，他就让美敏、蔡晶去附近的书店替他选几本书送给曹阅微。席间，大家聊天谈笑，郁老师忽然按住转盘说，小朋友还没夹到菜呢。他说着把转盘转回停在曹阅微面前。原来，郁老师看到了曹阅微想夹的菜被转走后满脸失望的样子。后来，郁老师又给曹阅微寄来郁秀的《花季·雨季》《太阳鸟》，也时常在电话里问起她读书、学习情况。

我毕业离开深圳大学那天，去郁老师的办公室告别。郁老师将我送到留学生楼门口，我回头时，看到他还站在花坛边望着我离开。十多年过去了，这个情形我依然记忆犹新。郁老师从教50年来送走一个个毕业生，也教给我们对待生活、工作的态度和信念。

2020年4月7日，

于龙山校区教师宿舍

50

庄严郁然，亦师亦父

——记恩师郁龙余

李美敏

李美敏，文学博士，江西师范大学副教授，郁龙余先生的高足。

深圳走在改革的前沿，经济发达，但向来被说成是“文化沙漠”。然而在看似文化沙漠的地方，却有一片绿洲，闪耀着最令人流连忘返的人文之光。我的硕士导师郁龙余就是绿洲中的一位极具人文情怀的老师，他是当代研究印度学的大家，是我人生道路上的启明星，亦是深大之光。

记得研一第一个学期末要开始选导师，我之前从未深入了解过印度文学，对印度文化的了解也是浮光掠影。经过一个学期的学习，在郁老师的传道授业解惑中，我逐渐对印度文化有了清晰的认识，并对仅隔着喜马拉雅山的异域文化逐渐产生兴趣，最后自然就选择了印度文化这个研究方向，并有幸成为郁门弟子。引领我进入印度文学研究之门的正是郁老师的著作《中国印度文学比较》，我在比较的视野中开始对印度文化产生浓厚的兴趣。

郁郁乎文哉！郁老师的著作《中国印度文学比较》《中国印度诗学比较》《印度文化论》《“一带一路”开创人类文明新纪元——兼论中国、印度的历史担当》等都是学术界的典范之作。郁老师严谨的治学之风也深刻地影响了我们。记得读研时期，我们几位研究生在郁老师的带领下，共同完成了学术专著《梵典与华章：印度作家与中国文化》。这本著作是我们学术研究的开始，从查找资料、内容撰写到文章范式，郁老师都从点滴开始传授我们，郁老师还将他自己的办公室以及所有的学术著作让给我们使用。记忆当中还有那些点缀着繁星的夏夜，在郁老师办公室里边查找资料，边和晓霞、朝华以及张玮师姐们探讨问题的情景。撰写这本书稿对于我们来说是一场学术淬炼，终于《梵典与华章：印度作家与中国文化》于 2004 年出版，获得学界同人的一致认可和好评。2005 年 3 月，温家宝总理在出访印度时，将此书作为礼品送给印度友人，为中印交往锦上添花。

中国和印度两国文化自成体系，虽隔着一座喜马拉雅山，但两国文化交流源远流长。在中印文化交流史上，大家辈出，如鸠摩罗什、菩提达摩和法显、玄奘、义净等高僧。中国近代史上的梁启超、陈寅恪、郭沫若、季羡林、苏曼殊和冰心等作家，与古代印度学大家交相辉映。时至现代，郁老师堪称学界楷模，他将自己的一生深刻地融入印度学的研究。他学理高瞻，学术视野广阔，不囿于一隅。除了学术著作，郁老师还编撰了《谭云山》和《季羡林评传》两部传记，在传记中，他对印度学的两位大家谭云山和季羡林的生平思想娓娓道来，将他们深邃的思想融于日常生活的叙事，平实而又深刻。郁老师还创作了电影文学剧本《谭云山》，以及一部长篇小说《黄道婆》，郁老师研究文类之广，可见一斑。

郁老师虽然已退休，但实际上是退而不休，他依旧笔耕不辍，著作频出。我们毕业之后，每次开学术会议见到郁老师，都会被他的学术热情感动，这种燃烧着的学术热情对后继学人是一种极大的鼓励。

郁老师在学术上造诣深厚，在日常生活中不拘小节，为人处世大气宽容。郁老师是上海人，我们学生私下开玩笑说，郁老师是最不像上海人的上海人，完全不拘泥于个人琐事，把学生看成他的孩子一般。他常说他的两个女儿久居国外，我们就是他的女儿。于我而言，郁老师亦师亦父，他不仅有着老师的崇高和庄严，更有着父亲般的慈爱和关心。记得我们当年刚到深圳，一下子被深圳的滔滔经济潮流席卷，加上研究生的生活补贴非常有限，在经济上可谓捉襟见肘。郁老师时任文学院院长，他一再强调研究生期间要多读书、广读书。他给我们研究生每人 500 元的书费补贴，让我们去买书。我们当时非常欢欣，纷纷去深圳书城购置了一批自己喜爱的书籍。这种激励学生读书的举措在现在看来都是少有的。除了鼓励我们读书，每当有专家学者来深圳或路过深圳去香港时，他就请他们给我们做讲座，郁老师自称这是“雁过拔毛”，而恰恰是这种“雁过拔毛”丰富了我们的学习生活，点缀了我们的学术研究。郁老师还请著名学者——香港中文大学黄维樑教授给我们讲了一个学期的“中西比较诗学”，这于我们而言更是一顿顿学术大餐。

因为我本科并非中文专业，报考文艺学专业研究生也是凭自己的兴趣爱好，入门后才发现自己的专业底子非常薄弱，很多文艺理论以及文艺学的著作都要重新学习。但郁老师一直鼓励我，说我还可以发挥自己的外语优势。他从来都是正面肯定学生、鼓励学生。在撰写毕业论文时，从选题、行文到修改，都得到了郁老师的悉心指导。每提交一次修改稿，郁老师都以最快速度进行批阅修改，每次取回修改稿，上面都有很多红色笔迹的批阅，甚至细微到标点符号，这让我既羞愧又感动。

郁老师不但关注学生的学习，还非常关心学生的生活状况。他在任深大留学生教学部主任期间，请我们去给外国留学生上课，这不但锻炼了我们备课、讲课的能力，还让我们有一笔可观的收入，解决了经济上的后顾之忧。而给留学生上课的经历成为我毕业之后求职的一个重要的履历。

三年的研究生时光美好而短暂。临近毕业之时，我处于人生的抉择中，不知道是出来工作还是继续读博深造。正在犹豫不决之时，郁老师将张玮师姐和我叫到他的办公室，鼓励我们去考博士。郁老师有一套独特的夸奖人的方法，即便是微小的一些优点也会被他放大，并且绽放出光芒，在这种光芒中我们进行自我肯定，获得了无比的自信。就是在这种独到的“郁式”夸奖中，我和张玮师姐坚定了考博的决心。郁老师真诚推荐，加上已经去北大攻读博士的晓霞、朝华师姐给我们求师探路，这种“里应外合”为我们的考博加持不少。2004 年，张玮师姐和我一举双双考取北京大学东语系博士，加上之前的晓霞、朝华师姐，继而还有蔡枫、蔡晶和朱璇等师妹也纷纷考入北京大学攻读博士。蔡枫毕业后还被深大外国语学院邀请去为新入学博士生做报告，讲述读博经验。郁老师被誉为北大博士的输送者，还特别受到深圳大学的表扬和奖励，这在深大一时传为佳话。正是经过读博期间的学术淬炼，今天的我才有勇气和底气走向大学讲台。而这一切都离不开郁老师对我的认可和鼓励。

郁老师如海上的灯塔，总是照亮我们前行的道路。博士毕业之后，我自己也成为一名大学老师，开始指导硕士研究生。在和学生相处的过程中，我常常以郁老师作为标杆，不但关心学生的专业学习，同时关爱他们的生活，帮助他们不断成长，这也许就是薪火相传吧。

郁老师生活简单、简朴。在深圳这样一个经济大潮汹涌的地方，人们很容易受金钱的驱动而追名逐利，但郁老师始终不为所动。他永远都是坐学校的班车上下班，他还自诩说这样可以和同行老师们多交流，在专业知识上还可以互补。从家到学校，两点一线，几十年如一日，我想一个人如果没有一点人生定力和专业精神是很难坚持下来的。2016 年，郁老师荣获“杰出印度学家”奖，他就像印度的古鲁，他所践行的人生哲学让生命充满光明、变得轻盈。

郁老师从教 50 载，门人弟子，群英荟萃。他用庄严宏大的学术思想滋养了一代代后继学人。郁然庄严，亦师亦父。人的一生能遇上这样一位师者，吾之幸也！

50

垂叶的绿荫，做根的奉献
——恩师郁龙余先生的桃李情怀

蔡 晶

蔡晶，文学博士，华侨大学副教授，郁龙余先生的高足。

郁龙余先生是我读硕士期间的导师。至今我仍感慨，这是一份可贵的缘分，与先生的相遇，改变了我的一生。虽已毕业多年，但与先生的联系没有断过，先生在背后默默关爱、支持的目光仍然慈爱，情意仍然深沉。

我与先生的师生缘

2003 年，我辞了在老家的公务员工作，南去深圳大学求学，拜在先生门下，成为先生的第五届研究生。对于我的这段经历，先生常赞誉有加，在他口中，我成了一个有理想、有抱负又有主见的青年。但实际上，我性格内向，有些木讷、不善言辞，在先生的众多学生中，是最不起眼儿的一个。我时常宅在宿舍或图书馆，像一只仓鼠，躲在自己的“舒适地带”，对一切事情都不太关心，做事情也不积极主动。先生很善识人，对我从未苛责，也并没有额外的要求，但却默默地在以他的方式关心我的学习和生活。

我很少去找先生汇报我的读书和学习情况。一是觉得自己嘴笨，二是觉得自己实在书读得不怎么样，索性就等着先生召见吧。在先生办公室，有三次谈话让我印象深刻。

第一次谈话，先生给了我 600 元钱，他说：“你去书城买一些书吧。”但具体的书目先生并没有规定。那时的 600 元，是很大一笔钱，于是我买回来了不少关于印度历史、哲学和文化的书籍，满满两大袋。先生看了我的书单，笑着一一跟我点评这些书的作者或是内容，并告诉我这些书应该怎么读。先生用这种方法来指导我读书和做学问，当时我的内心感到很震撼。我既佩服先生的学识渊博，又感动于先生的良苦用心。

第二次谈话，是在郁老师的印度文化课上，我写了一篇课程论文，题目是《诸神的武器》，分析印度神话中的神祇。从严格意义上说，那远远算不上是一篇学术论文，仅是我阅读感兴趣的书之后做的一个梳理。先生把我叫过去，特别跟我提到了湿婆的第三只眼，说这是湿婆非常特殊的武器。既然是神话，这些神的武器就不普通，威力也不一般，看问题要全面，而且要挖一挖现象背后的东西。那是先生在如何做学问的问题上对我的启蒙。

第三次谈话是毕业时去先生办公室辞行。当时我已考上了北京大学的博士，当然前前后后先生的多番鼓励和帮助对我考博起到了很大的积极作用。但对这一切，先生只字未提，却提起我辞去公务员来读书的事情，鼓励我保持这份初心，在新的环境里获得新知和新的人生。先生一如既往地微笑着，我却鼻子发酸。我当时觉得，硕士阶段最大的收获，就是遇到了先生吧。先生为我打开了一扇门，用格外的宽和与不断的鼓励让我获得了勇气和信心。

先生有不少女弟子在北大继续深造读博，这俨然成了传统。我们自称为“郁门弟子”，彼此之间交往甚密，关系很是亲近。我也不知多少次受到师姐们的各种帮助和照顾，这也是一种传统。我们之间，有先生这样一个纽带联结着，衍生出了一种特别的情感，这种情感醇厚而真诚。

先生每次来北京开会或讲学，总会抽时间来看看我们。我在读博士期间，曾拜访过乐黛云、汤一介、黄宝生、郭良鋆、金克木、刘安武等诸位先生，全都是先生引荐。有时还是先生亲自带我们这些后辈登门拜访。这些先生都是学界泰斗，听其教诲，感其思想和精神，是莫大的荣耀，也为我的内心注入了巨大的能量。

即便是在工作之后，我也多蒙先生照拂、帮助。还记得我工作的第一年，第一次在学校的百年纪念讲堂面向全校做学术报告，我内心忐忑不已，将要讲的内容逐字逐句写下，仍不知所谓，不明深浅。于是，我便给先生发邮件，请他指点。回想起来，当时那份讲稿实在粗糙，多有不尽如人意之处，在先生眼里，恐怕更是小儿科般的拙作。但当时，先生除了鼓励再鼓励，还提醒我充分考虑听众的情况，教给我话语运用的技巧。那时，我初出茅庐，不懂如何立身处世，时常得到先生的指点，而今，我已年近不惑，却仍仰仗先生的支持。我因课题研究需要，要去印度做一些实地调研。临行前，我打电话给先生，请他介绍一些人脉资源。这也是给先生添麻烦的事情。但先生不仅欣然应允，还一再说“这是好事”，说他“很高兴”。先生不仅将他熟知的人引荐给我，还颇费周章地帮我联系到了一些他并不十分相熟的人，先生认为这会对我的研究有帮助。正是在先生不遗余力的帮助下，我的印度调研进展非常顺利，并且有不少意外的收获。先生为我争取到了中国驻加尔各答总领事馆春节招待会的邀请函，并托大使馆的官员将我引荐给查立友总领事。在招待会上，我非常荣幸地谒见了查立友总领事，与总领事的交谈让我获益匪浅。后来的调研，也非常有幸得到了中国驻印度大使馆的孙美幸老师的诸多帮助。在那之后，有与我研究领域相近的学者，先生也介绍给我认识，并提醒我们既要多加交流合作，又要避免研究内容重复。毫不夸张地说，先生对我，绝不仅仅是“师父领进门”，更是一路以来的引领与扶持。

在生活上，先生对学生们也是关怀备至，有着令人惊叹的细腻。我硕士毕业时，先生送给我一盒咖啡。我很惊讶先生为何知晓我爱喝咖啡，原来竟是我在硕士论文后记中略有提及撰写硕士论文时与一杯咖啡为伴的时光。而且在时隔 6 年之后，有一次我借去深圳出差的机会前去拜访先生，先生又送给我 2 个精致的卡布杯，让我喝咖啡时用。若不是以心关爱，如此细枝末节，又怎会记得？一日为师，终身为父，这话不是没有道理。先生总是在给予，从来不求回报。我刚到北大读博的时候，有一次先生去北京出差，下榻在北京外国语大学校内的宾馆。我来拜见先生。先生细细地问起我的近况，对我殷殷嘱托。临别时，是晚上 8 点左右，其实时间尚早，可先生却认为晚了，执意送我出来，依然不放心，一路走了很远，送我出了校门，上了公交才回转身去。那一条路，很长，就像先生对我们这些学生的关爱，如细水长流，孜孜不倦，充满温情，亦无限厚重。

先生之德与仁

笑容亲切、言语温和，儒士气度让人如沐春风。每一个见过先生的人一定都会有这样的感受。即便未曾谋面，先生也从不吝给人带去一束光，一份希望。还在深圳大学读硕士的时候，某个假期我父母跟我说起在报纸上看到先生的事迹，说我何其幸运，遇到了如此有大情怀的导师。报纸上说，一位服刑人员在狱中给先生写信，先生亲笔给他回信，鼓励他重塑新生。先生说："虽然我不知道你犯了什么错，但我愿意在你奔向光明的路上做些什么。"这话语有尊重、有包容、有温度、有力量，不仅温润了一个人的心灵、改变了一个人的命运轨迹，也深深地感动着像我父母那样的每一个普通人的心。先生的为人即如此，先生所做的好事、善事不胜枚举，车载斗量。

成人之美，俯首甘为孺子牛，先生一直将此奉为圭臬。但凡是对后辈的提携扶持，先生一向不遗余力。先生名气大，有一次我的一个同事拜托我请先生帮她看一看书稿，提一些意见。我不好意思推托，就答应她试试看。我给先生发了邮件，又很担心给先生添麻烦，因为我这位同事所做的研究是与法国戏剧有关。可是先生不仅细读了书稿，提出了中肯的意见，还推荐了另一位一直从事这一领域研究的老师给我，说多听听专业的意见总是好的。这件事情，一度在我所在的学院被传为美谈。

精神矍铄，足下生风，一直奔忙于他钟爱的事业，这是先生另一专属气质。先生一向语言和缓，但做起事来却是雷厉风行，极有效率。印象当中，和先生一起走路，我常常赶不上先生。先生的时间都用来做有意义的事情，尽管先生的日常事务很多，也经常出席各种各样的活动，但写书做学问的事业，先生从未疏于耕耘。

先生从事印度研究多年，造诣极深。对于先生而言，这已不仅仅是一份事业，更是一种使命，一种责任。2019 年 6 月 23 日，在青岛举办的印度文学与佛教文学高端论坛暨中国外国文学学会印度文学研究分会理事（扩大）会议上，学会理事会换届，先生当选为新一届印度文学研究分会会长，可谓众望所归。但当时先生的压力一定非常大。师母身体一直不好，卧病在床需要人照顾。先生也已是古稀之年，两个女儿又在国外，在我看来，如果先生拒绝，也在情理之中。但先生最终仍是应允了。他说了一番极坦诚的话。他说：一则，先征求了师母的意见，得到了师母的同意和支持；二则，亦认真考虑了这件事，认为这也是他为印度文学研究分会大发展应该尽的一份力。先生的话掷地有声，让人不由得肃然起敬。

2016 年 12 月 1 日，ICCR 授予先生“杰出印度学家”奖，印度总统慕克吉为先生颁奖，先生作为首位获此殊荣的中国学者实至名归。在中印文明交往对话方面，先生的贡献可谓卓越。先生一直主张筑牢中印友谊大厦，强调中印两大文明和平向善的共同本质和心灵相通的内在联系。先生呼吁以和为中心的天下大道，尤其是在中印关系出现波折的时候，先生始终如一地为中印大同坚定发声，实属难得的正能量。

回忆中的会心微笑

借撰此文的机会，我细细忆起先生的点点滴滴，回味起来，竟是如此甘醇美好。回忆排山倒海，先生的音容笑貌如在眼前。记忆的残片亦纷纷温柔绽放。

2018 年 8 月，我在网上看到先生参加《季羡林评传》英文版、印地文版新书发布会的照片，于中印诸学者中看到先生，先生的笑容依然熟悉亲切，但惊见先生的满头银丝，我不觉湿了眼眶……

2018 年 11 月，我去深圳开会，先生当时刚做过一个手术，但依然出现在会场，他看起来很是虚弱，但依然笑着安慰我们，不要担心，是小手术，老毛病了……

无数次，先生亲笔写来书信，或给我交代事情，或为我指点迷津，或帮我解决困难……读先生的书信，就像在读家书，字里行间，言真意切，满满都是先生的慈父之心、舐犊之情。

先生说过很多话，“钱只是一个数字”“成事为重，名次之，利益为轻”“学术工作需孜孜不倦、持之以恒，只有耐得住寂寞的人才会取得最后的成功。人是追求意义的高级生命，只有做成几件真正有意义的事情，生命也才会真正地有意义”。句句箴言。正是在先生的言传身教中，我懂得了用善良和诚心去感恩，即使遇到了困难和挫折，也不失骨子里的坚强和勇气；即便经历苍凉，内心也保留一抹亮色、一份美好。我亦学会了在难过失意的时候不颓废，在荣耀风光时不忘乎所以，在细水长流的日子里不戏谑蹉跎每一寸光阴。

陶行知先生曾说：“捧着一颗心来，不带半根草去。”桃熟流丹，李熟枝残。先生所做的，是根的贡献，是叶的绿荫。先生所给予我的，不仅仅是此生热爱的事业，更是面对人生的态度与情怀。此生能做先生的弟子，我很幸运，也很幸福。

50

大匠诲人，必以规矩

李朗宁

李朗宁，广东省民族宗教研究院助理研究员，郁龙余先生的高足。

朝华师姐发来郁老师执教50周年纪念文集的封面，“燕园荔园　学脉相连”8个字，深深触动了我，细细想来，这形容郁老师很贴切；封面上的照片，从未名湖到文山湖，北上又南下，个中情怀尽在其中，这展现郁老师很全面。能在老师执教50年桃李满天下的生涯中“逗留”了3/50的时间，在老师的带领下学做人、学做事、学做学问，我深感幸运。在郁老师门下学习的3年是我毕生最珍贵又难以忘怀的、充实又踏实的3年。“大匠诲人，必以规矩”，在我的心目中，郁老师正是孟子教育理念的践行者。

2005年，我刚入学，老师刚从文学院卸任，于我而言，却获益良多。从繁忙的行政事务中脱身出来，老师如鹰归蓝天，在学术的征途上更加心无旁骛地飞翔。每每想起老师在办公室的满室书香中伏案写作的身影，我总是记起2008年硕士毕业典礼上，章必功老校长的致辞：“定力如磐，行走无疆。”

老师不擅长用电脑，于我而言，却获益良多。我能够近距离地“观摩”到一篇学术论文、一本著作的诞生过程，从资料的集合到下笔成章、一气呵成，再到字斟句酌地修改，一稿有一稿的用意，一稿有一稿的收成；能够从一个大型学术会议（中印关系国际研讨会暨2007中国南亚学会年会）中学习到郁老师的办事方法，整个会议过程中，从联系学者到确定场地、联系经费，再到出论文集，郁老师事无巨细而又运筹帷幄，到最后会议圆满结束；还能近距离地“观察”到老师与学术同行、同门师兄妹、社会各界以及家人的往来情况，如何为人师、为人友、为人父、为人夫，老师在用自己的行动“教育”着我，是以谓之“身教重于言教”。走出象牙塔之后，遇到各种人生难题，我时常会想，老师会怎么做。

我有一个时光盒子，里面珍藏了一点老师当年的笔迹和文稿，其中有两份很值得在老师执教 50 周年的纪念文集中全文辑录并分享（附后），第一份是老师在 2006 年新增导师工作会议上的发言，第二份是老师在文艺学专业研究生课程“中国印度诗学比较”上的作业点评。也许老师早已忘记这两篇在课堂、在会堂的发言小稿，但是我认为这两篇稿子相对完整地诠释了老师的教学思想与教育理念，尤其是后者，使人常读常新。

回想毕业已然 12 年，我时常愧疚于毕业后远离了印度研究，愧对老师的殷殷教诲。然而，老师对我的关心与关怀并未走远，点点滴滴，感恩在心。2020 年 8 月 10 日，我向老师汇报了个人的情况，老师写了一段很长的话来鼓励我，最后说：“努力吧，不负韶华！ 10 年之后，再读我这段话，你一定会在心底里说：知我者，郁师也！”老师不知道，正在会场开会的我，在口罩与眼镜的掩护下，未语泪先流。

知我者，郁师也！

第一份（附文）：

在 2006 年新增导师工作会议上的发言

郁龙余

尊敬的章必功校长、邢锋副校长，

陈继会主任，

各位新科导师、各位老师：

大家好！

今天，学校嘱我给 280 多位新科导师谈谈教学心得，我既高兴又惶恐。面对这么多年轻而智慧的面孔，我兴奋不已。这是深圳大学学术发展的强大的新动力，标志着我校研究生教育进入了一个新的发展时期，必将出现教学和科研互相促进、人才与成果不断大量涌现的新景象。这种景象和世纪新城深圳以及全国的高速发展相一致，呈现出一种和谐之美。但是，我只是一名深大的普通教师，没有取得什么突出成绩，我填表时，获奖一栏总是空白，面对满堂的硕学时贤，我确实诚惶诚恐。请理解我遵命从事，和大家进行一次教学谈心。

我们生活在 21 世纪的改革开放前沿城市深圳，我们国家又是一个文明古国，有着世界上最完整的传统教育思想体系。如何将现代教育理念与传统教育思想有机结合起来，是摆在我们每一位老师面前的现实课题。我想结合自己的教学实践，对培养研究生的标准、态度、方法，谈一些粗浅的体会。

一、德才兼备，诲人以规矩

研究生来到深大，我们用一种什么样的标准来培养他们，这是一个方向问题。这对我们导师而言，关系重大。古人说“导师失路，则迷路者众”，强调的就是导师对教育方向的把握。我想，德才兼备，千年常谈，还要谈下去，这是我们必须坚持的育才标准和方向。我们不能拿有限的教育资源去培养不德之才，那样不仅是浪费，而且是犯罪。

现在社会上不正之风较多，各种诱惑也很多。内地大学研究生出现各种问题的不少。我认为，除了社会影响，育人标准和方向没有把握好，是一个重要原因。无视知识产权，甘当电子文抄公，剽窃他人成果，等等。尽管问题出在学生身上，但与导师平时教育有关。有的导师甚至本人就对自己要求不严，学生出问题难道还奇怪吗?“善禁者，先禁其身然后人；不善禁者，先禁人而后身。”我做研究决不抄袭，也不允许学生抄袭，这是学术道德底线。我指导的学生从不发生剽窃之类的事情。当然，我也有做得不好的地方，我的著作被内地一位名教授剽窃十多万字，我也没去追究人家，我只是告诫学生，千万别学这位教授。

育才造士，为国之本。这是重中之重。古人说：“大匠诲人，诲人以规矩。”这规矩，首先是做人的规矩，然后才是做学问、做事的规矩。我指导的硕士生，至今已毕业 9 人，其中 5 人考上北京大学博士生。她们在北大学习勤奋，待人礼貌，乐于助人，很有口碑。当然是她们的本质好，也是我要求她们的。

二、身教言教，尤重身教

古人说得好："以身教者从，以言教者讼。"所以，我们在教育研究生的过程中，要特别重视身教，以身作则。凡是要求学生做到的，老师必须做到；自己实在做不到的，要向学生说明情况。一名教师，在学生心中失去了榜样的作用，他就失去了作为一名教师的一切价值和意义。而做好榜样，身教重于言教。我指导研究生，除了讲课，更重要的是带着他们做学问，在做的过程中，让学生看到、听到、体会到我做学问的全过程。能够让研究生参加的，尽量让他们参加。这样，研究生不仅知道我是怎样做的，而且和我一道做，共享甘苦。我这个榜样，不是高高在上的，而是生活在他们之中，是干活儿的带头人，是一个学术的领班师傅。

从指导第一届研究生开始，我就坚持在研究的实战中培养研究生。这样，不但避免了把研究生变成"本科后"，真正凸显研究生的"研究"二字，而且让他们从听师傅讲、看师傅干，到和师傅一起干，我边讲边示范，少不了和研究生们一起商量。几年下来，从效果上讲是成功的。《梵典与华章：印度作家与中国文化》一书，受到温家宝总理肯定，这是一个出版社约稿的横向课题，"十五"国家重点图书，是我和深大 7 位研究生、川大的一位博士生共同完成的。我的"十五"规划教育部重点课题"中国印度诗学比较"，也是和研究生一起干，许多章节由研究生完成。此书已纳入季羡林先生主编的《东方文化集成》出版，得到我国一流专家的好评。让研究生参加重大课题，会不会有麻烦呢，会不会降低水平呢？麻烦肯定是有的，胜利就是在克服麻烦中取得的。不怕麻烦，战胜麻烦，就不会降低水平。多年的体会告诉我，教学相长，集思广益，优势互补。蓝天告诉鸟儿怎样飞翔，大海告诉鱼儿怎样游泳。我在指导研究生的过程中，从他们身上知道了应该怎样当一名好导师，从他们身上学到了很多很多。从某种意义上讲，研究生是我的导师，我是他们的研究生，研究学习怎样做一名合格的好导师。

今年，我写了几篇文章《“通感”，还是“心感”——兼谈传统学术遗产保护》《用自己的语言研究中印关系》《〈摩诃婆罗多〉全本汉译的意义》等，我都从头至尾和研究生一起商量、讨论。今年新生第一堂课，我就将这三篇文章介绍给研究生，一边让他们知道老师的研究近况，一边征询他们的意见。学生反映不错，因为从第一堂课开始，就带他们进入角色。

三、因材施教，随形赋彩

文艺学专业的研究生，本科阶段有学中文的、英语的，还有学教育、图书馆、经济专业的。除了专业背景不同，每人的家庭、性格、审美取向等都不同。如何使三年研究生教育做到投其所好、用其所长、尽其所能，做到刻苦攻读与快乐成长相结合，是学生一入学就需要导师考虑的问题。孔夫子提倡的因材施教，至今仍有指导意义。老百姓说，量体裁衣，文论家说，随形赋彩，和孔子讲的因材施教，都强调解决问题要重视个性，要有针对性。我在学生入学之初，就通过各种办法了解他们的个性，然后根据不同个性，设计符合他们需要的教学方案和方法。研究生学位论文，是三年学习的总结，是压轴大戏，要给予特别重视。论文题目的选择，我一般让研究生自己做主，自己找，称为“骆驼寻水”。自己不愿找，要求老师给题目的，我一般也只是指一个方向，由他们沿着方向去寻找，这叫“仙人指路”。这样，可以极大地调动研究生的主观能动性，同时增强其完成论文的责任心。

这样做，看似轻松随意，其实我的学术背景及师兄师姐们的研究成果，已经给出了很强规定性。我指导的研究生从来不乱写文章，他们的学位论文都是一些正规、严肃、重要的研究课题，而且质量都较高，每届都能评上一个优秀论文。在平时教学过程中，我会根据学生的知识结构的情况，采取针对性措施，让他们全面、快速发展。例如，2002级的学生蔡枫家学渊源，从小热爱丹青，我引导她进行中印艺术美学比较，结果她的学位论文《印度人物造型艺术》，以专业最高分获评优秀论文。2003 级的研究生蔡晶和黄蓉，都是中文背景，英语相对不是很强，我就安排她们合作翻译一本印度人写的比较诗学专著《印度诗学和西方诗学比较》，她们的学位论文都写得很好，其中蔡晶的论文也以专业最高分获评优秀学位论文，结果她们的英语水平、专业水平也大为提高。

我体会到，有针对性的即个性化的教育，对研究生培养特别重要，做得好，会收到令人惊喜的效果。

以上是我的点滴体会，仅供参考。不妥之处，敬请批评。

2006 年 9 月 29 日

国际会议厅

第二份（附图）：

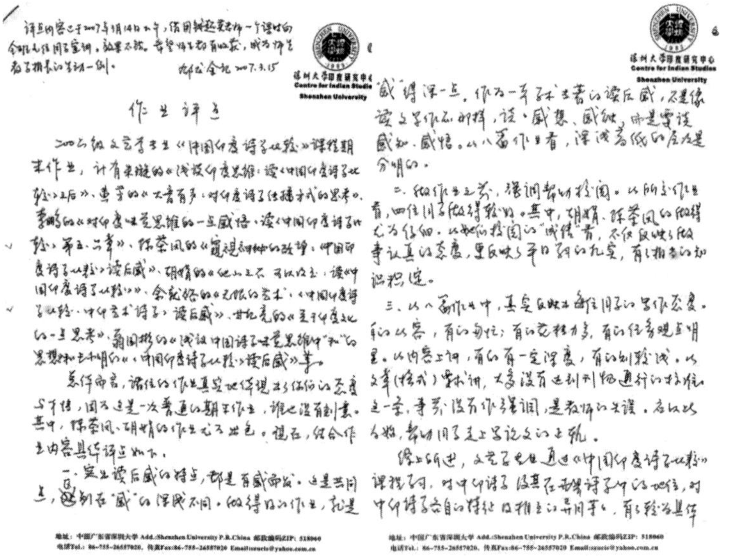

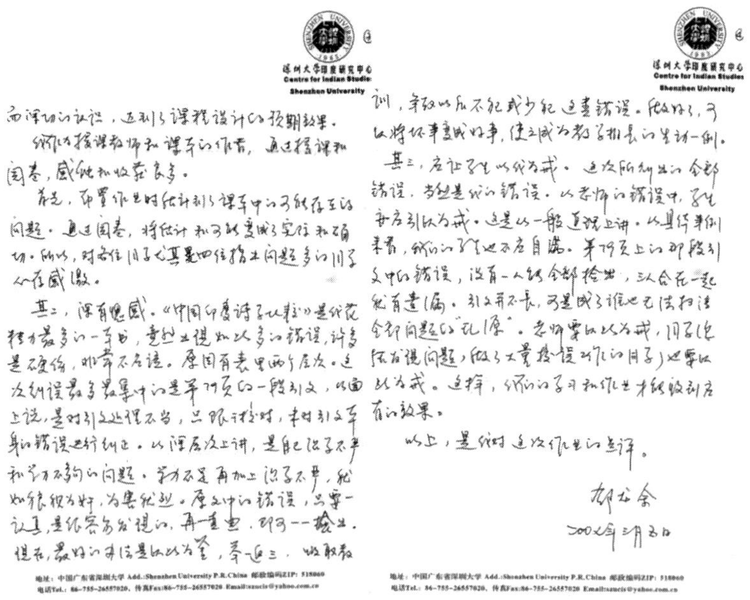

深圳大学印度研究中心
Centre for Indian Studies
Shenzhen University

而深切的认识，达到了课程设计的预期效果。

我们的授课教师和课本的作者，通过授课和问卷，感触和收获良多。

首先，印度作业时使我们了解了课本中的可能存在的问题。通过问卷，将估计和可能变成了实际和确切。所以，对各位同学尤其是那些指出问题多的同学心存感激。

其二，深有愧感。《中国印度诗学比较》是我花精力最多的一本书，竟然也犯如此多的错误，许多是硬伤，非常不应该。原因有表里两个层次。这次纠误最多最集中的是第79页的一段引文，从表面上说，是对引文处理不当，只限于校对，未对引文本身的错误进行纠正。从深层次上讲，是自己治学不严和学力不够的问题。学力不足再加上治学不严，就如狼狈为奸，为害就大。原文中的错误，只要一认真，是很容易发现的，再一查书，即可一一检出。但是，最好的办法是以此为鉴，举一反三，吸取教训，争取以后不犯或少犯这类错误。所以说，可以将坏事变成好事，使之成为教学相长的生动一例。

其三，应让学生以我为戒。这次所列出的全部错误，当然是我的错误。从老师的错误中，学生亦应引以为戒。这是从一般道理上讲。从具体事例来看，我们的学生也不应自满。第79页上的那段引文中的错误，没有一人能全部检出，三人合在一起就有遗漏。引文并不长，可是成了谁也无法扫清全部问题的"瓦砾"。老师要以此为戒，同学（包括提问题，做了大量检误工作的同学）也要以此为戒。这样，我们的学习和作业才能收到应有的效果。

以上，是我对这次作业的点评。

郁龙余

200[illegible]年3月5日

地址：中国广东省深圳大学 Add.:Shenzhen University P.R.China 邮政编码ZIP: 518060
电话Tel.: 86-755-26557020，传真Fax:86-755-26557020 Email:szucis@yahoo.com.cn

李朗宁珍藏的郁老师在课程"中国印度诗学比较"上的作业点评

此君不与诸君同

甘利英

甘利英，广东省作协会员，中级作家。自由撰稿人。

多年前，有位朋友告诉我，遇良友不交，遇良师不拜，遇良机不握，是人生三大憾事。反之，则为三大幸事。酷爱音乐的他，在最好的年华里，交良友、拜良师、握良机，幸事连连，事业蒸蒸日上。

我谨记友人赠言，期盼生命赐福。只是时运不济、事与愿违，经年以来，要么四处搜寻不得，要么用力过猛，遇人不淑。沧桑历尽，岁月渐远。后来，我发现，一个人在什么时候，会遇到什么样的良友、良师、良机，苛求不得。在你按着既定的目标，奋发攀缘之际，命运早已拈花一笑，看在眼里，并已悉数做好安排。

比如，遇见良师——郁龙余。

初见，如虹

2015 年夏天，绵绵不尽的雨，像一场永无尽头的倾诉。

我是喜欢雨的。雨丝缠绵，犹如一个贪恋红尘之人，满心都是对娑婆世界放不下的执着。那无边无际的快乐和忧伤，在光阴里弥漫，痛快淋漓。

回首，几十年漫漫人生路，横冲直撞，不知飘飘何所似。当风雨肆虐之时，恍兮惚兮，惚兮恍兮，我疯狂地迷上 2000 多年前那位骑青牛的长者。祈盼在他潇潇五千言的《道德经》里，觅得般若，救我出世。夙兴夜寐，仰望星空，只盼紫气东来。

风雨之中，求道之路，泥泞坎坷。每天去上班，从位于半山腰的家到地铁站路上，我右手打着伞，左手捂着包，生怕那无情的雨，淋湿手中奔袭了千年的有情文章。

道在天上。道在雨中。道在拥挤的地铁里。列车在地下隆隆作响，我在这人间冥思苦读。

车上，目光重叠。摊开书，世界只我一人。我如饥似渴，读着，背着，思考着。一打开书，道在书里。列车一到目的地上海宾馆站，随着我匆忙的脚步，道也跟着，躲进包里。

走进位于国际文化大厦22楼的公司，迷茫仍在。

开始上班，打开文华正道国学机，据说被植入了十亿中华国学经典。封面，是著名歌唱家于文华，她以一曲《纤夫的爱》，和尹相杰一起，唱红了大江南北。山水之间，她着一袭白衣，轻挪玉步，长袖善舞，以纤尘不染之姿，辉映一支泼墨挥毫的大笔。

“永和九年，岁在癸丑……”随着演员濮存昕清清朗朗的诵读，一缕美妙的歌声自天际飘飘而来。

那一刻，我为之沉醉。国学宝典之名，非此莫属。这里面，有我喜爱的《道德经》，各种版本，各种解释，可以相互佐证。同时沉醉的，还有另一份喜爱。世上有什么工作，可以这样在为稻粱谋的同时，也为灵魂谋？

我深深地爱上了这台国学机，爱上了它背后那个耗时十年，不辞辛劳收集、编撰、校对、朗诵的顾问团队。这支八人组成的顾问团队，均来自名校名家：汤一介、乐黛云、郁龙余……

他们皓首穷经，孜孜不倦，颤抖着双手，将这千年的经典，从高阁之上，小心翼翼解缚。尘埃弥漫，经典闪耀。

部门主管邹城东问：“你知道我们国学宝典的总顾问郁龙余是谁吗？”

“不知道。”我茫然道。

“那你知道郁秀是谁吗？”

“知道知道，是那位16岁时写出《花季·雨季》的女孩吗？那是一个奇迹，青春文学的奇迹。”

“郁龙余，是郁秀的爸爸！”

那一刻，我张大了嘴巴，睁大了眼睛，就像风雨之后，惊见彩虹。青春不远，20年过去了，传奇还在。我没有想到有一天，我会离传奇这么近。更没有想到，两年以后，我将走近这个传奇，揭开它神秘的面纱。

斯时，我特别想知道，这个缔造传奇的女子，身后究竟有怎样的高山和流水，可以在碧玉年华，仅用三个月时间，就创作出一本近30万字的小说。

她究竟有一个怎样的父亲？有一个怎样的家庭？

邹城东悠悠地说，郁老师一家都是传奇。1970年，他毕业于北京大学东语系，毕业后留校任教。1984年，他调到深圳大学，担任中文系主任、文学院首任院长。2016年，他获“杰出印度学家”奖，这可是世界级的奖项。郁秀的妈妈毕业于北大。郁秀的胞姐郁英事业也相当成功。他们家有个很大很大的书房，一家人都酷爱阅读。他们用实践告诉世人：阅读，可以改变人生。

原来，没有随随便便就出现的传奇。

打开国学机，触摸十亿经典，闻一以知二，闻一以知十，闻一以晓天下。

再打开窗户，风停雨住，彩虹当空。

再见，如梅

一年后，公司资金链断了，业务停顿，难以为继。

2016年3月离开公司时，我购买了两台国学机。一台白色，放在客厅；一台金色，置于卧室。这些年，它们与我日夜相伴，听音乐，听小说，听四书五经，几乎可以满足我所有的精神需求。

有时候，什么也不听，光看着，就觉得充实。看着看着，我就会隐约想起，那些曾为此付出辛劳的人，今在何方？

郁老师呢，他和他的家人都还好吗？

机缘巧合之下，我继续文学梦想。一份纯文学内刊编辑的工作，帮我打开了另一扇不同的门，发现并走进另一个不同的世界：文学天地。

沉浸于这个纷繁复杂、文字气息浓厚的天地，一颗迟到的种子，终于找到了合适的土壤。虽然晚了些，但对于长期孤芳自赏的我来说，感觉自己的人生越来越正确了。

正确的人生，才会遇到正确的人吧。那时，我认识了一个“90后”小妹妹：温秋圆，《中国文化报》记者。蕙质兰心、心地善良的她，成了我生命中的贵人。

2017年冬天的一个上午，阳光洒在脸上，暖融融的。在秋圆引荐下，我怀着惊喜和急切之心，来到了南山区委党校大厦13楼会议室，参加由《蛇口消息报》主导的一个项目，和二十多位作家一起，书写蛇口故事，寻找改革开放的基因和密码。

几十个选题，个个惊心动魄，说尽改革开放之初，那些挑战世俗和体制的人和事。我怕啃不动“硬骨头”，就把目光定格在“青春文学如何在蛇口育才中学诞生”这个选题上。我瞬间想起了郁龙余老师。虽然不曾见面，也不相识，但是凭着曾经的国学之缘，采访他的女儿郁秀应该不难。

这一切，或许就是命运的安排。在朋友邹城东的帮助下，我顺利联系到了郁老师。他告诉我，郁秀在国外，不便采访，但他可以告诉我有关郁秀的一切。

几天后的一个下午，我怀着激动的心情，从景田乘车到彩田村。在名典咖啡，我终于见到了慕名已久的郁老师。眼前的他，身形清瘦，但双目炯炯，精神矍铄，根本看不出已年近七旬。

音乐柔和舒缓，时光仿佛镀了金。说起爱女一路创下的传奇，郁老师如数家珍，两个小时不间断，娓娓道来，桩桩件件都是刻骨铭心的美好与感动。

我带着意义非凡的使命感，写出了《花儿为什么红得像燃烧的火——探密〈花季·雨季〉》一文，请郁老师斧正。他看完第一稿后，连说三个“好”：立意好，结构好，文字好。“是迄今为止，写郁秀写得最好的一篇。”我受宠若惊。

《蛇口消息报》执行主编司秉军看完第一稿后，也惊喜地打电话给我，让我再采写

第二篇。

为了精益求精，郁老师和病中的妻子一起为我提出各种修改意见，找出更多相关材料，充实文章内容。郁老师还把稿子打出来，用红笔在上面校对和修改，然后拍照给我更正。

如是多次，让我大为惊讶。我看到了两位优秀的大学教授，不管在什么样的条件下，都能始终如一，坚持严谨的治学态度。

锋出磨砺，香自苦寒。在他们身上，我看到了梅的品格。

又见，如莲

2018年，经过半年之久的打磨与编校，我和二十来位作家共同创作的文集——《蛇口，梦开始的地方》，如期与读者见面。此书由人民日报出版社出版，装帧精美，内容厚重。书一出来，大受好评，被抢购一空。

乘着这股大好形势，这一年，我在文学创作路上迈开了大步。

在福田区宣传文化体育事业发展专项资金扶持下，第三届“文学福田”出版工程项目对外公开征稿。政府资助出书，是福田文学的盛事，也是福田作家的喜事。经过业内专家三轮评审，我参评的报告文学集《我爱这土地》成功入选。

这是献给深圳的一份礼物。其中收集了我六年来书写深圳的部分作品，文章好坏不一，但却是用一颗赤子之心写就。从旧城改造，写到村庄嬗变；从800年前的民族英雄，写到改革开放的拓荒牛。改革开放的主题，赋予了文集宏阔的内涵。这是我对报告文学体裁的一种尝试，也是我对这片土地寄予深厚情感的一次集中梳理。

来深圳二十多年，深圳，已成我的第二故乡。我把青春都献给了这片热土，而书写，无疑是爱她最深切的一种表达。

可是，谁才是为它作序的最佳人选呢？我突发奇想，如果郁龙余老师能够……这个想法有点大胆，甚至有点痴心妄想。作为广外的英语自考毕业生，能请大学中文系教授又是文学院院长的老师作序，不仅是莫大的荣幸，更是无形的鞭策。

来了，就是深圳人。深圳人，本就是敢闯敢拼的代名词。没有痴心妄想，深圳何以有今天？也许是我的诚心和执着，让善良的郁老师难以拒绝。他稍加迟疑，竟然答应了。

本来就忙碌的他，一边照顾病中的妻子，一边抽空阅读完了我近20万字的书稿。

一周后，一个朝霞满天的清晨，我收到了郁老师寄来的序——《浩荡东风暖 神州万里春》。通篇读完，我的感激和震撼之心，如同东方日出，喷薄而出。

书出来以后，我拿着墨香未散的新书，欲当面呈送郁老师，再受教诲。郁老师欣然应允。

那天中午，在彩田村对面的避风塘餐厅，我们边吃边聊。从学习到生活，郁老师亦师亦友，谆谆之言，教诲不倦；他的鼓励与关怀之语，言辞恳切，让我们感到他像个慈祥的父亲。

当我把备好的稿费递给他时，郁老师面露不悦。“成事为重，名次之，利益为轻。”他用这句由孟子格言改造而来的人生座右铭，委婉拒绝。“事情做好了，目的就达到了，生活，越简单越好，我们什么都不缺。”

为了表达谢意，我仍在坚持。为了不伤我的自尊心，让我相信他的为人，他说出了一个很少为外人所知的“秘密”：他退休以后是个全职义工，连获得“杰出印度学家”的奖金，以及其他稿费、讲课费，全部捐给了深圳大学印度研究中心。

“如果你实在要给，我收了。然后，我再把这个费用转赠你的孩子，让他好好学习，将来考个好大学，拼个好未来。同时，把我的话告诉他，就说是一个大学教授对他的鼓励。”

说完这句话，他转身告辞，忙着回去为妻子送饭。

看着他干脆利落的背影，我的眼泪夺眶而出。

50

文坛学苑乔松在，荔园传薪一代师

——记我的老领导郁龙余教授

李红霞

李红霞，文学博士，深圳大学人文学院副教授。

郁老师是我最为敬重的一位学者。在工作上，他是我入职深圳大学后遇到的第一任学院领导；在生活中，他是有仁爱之心的慈祥忠厚的师长。他与我虽无师生之谊，他对我却有着知遇之恩、引荐之功。无论何时何地，只要一提到他，我的心中就油然而生无限敬意与感戴之情！

郁老师是我国著名的印度文学、文化比较研究专家，也是印度学研究领域承前启后、继往开来的大师级学者。他毕业于北京大学东方语言文学系，早年曾师从季羡林、金克木诸先生，并将印度学带到深圳这片热土开枝散叶。郁老师治学的严谨和为人的真诚兼具一身，这促使他获得了独树一帜的专业成就，形成了高标独树的浩然心性。孜孜不倦的沉研覃思，也为他赢得世所瞩目的丰硕研究成果。

“声华当健笔，文雅见天伦。”郁老师学博、才高而识卓。他视野雄阔，学养深厚，博通古今，融贯中西，在印度学和比较文学方面用力尤深。他成果丰硕，著述宏富，有目共睹。他的学术影响，有口皆碑。他所著《梵典与华章：印度作家与中国文化》曾被温家宝总理作为出访印度的国礼；2016 年因其在印度学领域取得的骄人成就而获得印度总统慕克吉颁授“杰出印度学家”奖。在这些成就的背后，是郁老师长年累月、持之以恒的深耕细作。给我印象最深的是他心无旁骛、焚膏继晷、兀兀穷年的勤勉。无论刮风下雨，他总是雷打不动地第一个到办公室，几十年如一日。他总能在繁忙的行政工作中挤出时间，或伏案写作，或披阅典籍，在学术这条被常人视为艰辛孤独的旅途中砥砺前行，甘之如饴。虽然我与他分属不同的专业领域，但与他交谈，他总能新意迭出，且极有见地，显示出深湛的学养与功力。更难能可贵的是，他虽年过古稀，但精神矍铄，精力健旺，思维敏捷，逻辑严密，笔耕不辍，一直活跃在印度学研究的学术前沿。他为中国印度学的发展奔波操劳，为中印友谊奔走于两地之间，积极推进中印两国的交流和合作，从不计较名利得失。2008 年他促成深圳大学图书馆建立国内唯一的谭云山特藏馆——谭云山中印友谊馆。2019 年他领衔的深圳大学印度研究中心获得“深圳市人文社会科学重点研究基地”的称号。这些荣誉的背后无不凝聚着郁老师几十年来的默默耕耘和辛苦付出！

“教坛振木铎，授业育群英。”郁老师不仅学问做得好，而且是校内公认的名师。郁老师从教几十载，从风华正茂到老骥伏枥，他始终不辞辛苦，慧眼拔擢，金针度人，春风化雨，广育英才。他像一个躬耕垄亩、辛勤耕耘的园丁，精心栽培着学苑的蓓蕾，其苦心孤诣在于薪火相传，培育更多的人才来光大弘扬中国的印度学，并为这一事业注入无限的新鲜活水。他培养了众多的高层次学术接班人，他的弟子有很多已获得北京大学的博士学位，在高校教坛上崭露头角，成为新时代印度学研究的后起之秀和生力军。他对学生严之有道，宽之有体，其道德人品、学识文采，如春风化雨浸润了一届又一届的深大青年学子，堪称教书育人的楷模。

“仁怀掖后进，善诱付辛勤。”初见郁老师，是在他文学院院长的办公室。他身形清瘦，精神健爽，衣着质朴，亲切坦诚的言语、平易近人的态度打消了我初见时的忐忑和顾虑。他的身上既透着学者儒雅的风度，又带有师长的睿智和温厚，让人如沐春风。给我留下深刻印象的是他讲话时挺拔的身姿和飞扬的神采，特别是从他那略带南方口音的抑扬顿挫的语调中，显示出学养深厚的洒脱与自信。郁老师仁爱堪亲，提携青年学者素来不遗余力。在与他共事的日子里，我时常聆听他的哲诲，每一句殷切的希望、热情的激励，都让我受益匪浅。犹记得我来深大执教之时，正值国际交流学院初创之际，郁老师始终督促我们这些青年教师要上好每一堂课，同时也要注重学术研究。他的激励和教诲，言犹在耳，励我至深。在教学和学术之途上，他是一个前行者，也是我人生的引领者，是标杆，是明灯，励人前行。在执教深大的日子里，幸蒙他的奖掖、鼓励和扶持，使我在教学和治学上日有精进，少走了不少弯路。其实，不仅是我，我的同事们也都感沐着郁老师关爱的和煦之风。他为人谦逊，待人热情，有着蔼然宽厚的长者之风。学院里无论谁遇上难事，他总是不遗余力、尽己所能地相助，给予他们帮助与关爱。同事生病住院时，郁老师会自掏腰包买上果品前去探望，嘘寒问暖；学院初创时师资紧缺，他又多次积极奔走，向学校申请引进人才的指标，而引进的师资已成为今日学院的中坚骨干力量；在评优评先之时，郁老师总是淡泊名利，莫计荣辱，把获得奖励和荣誉的机会一次次地谦让给年轻教师。凡此种种，不一而足，而其知识分子卓然超拔的风骨可见一斑。在学院，大家无不钦服郁老师学者的高风亮节。于我辈而言，郁老师之惠泽可谓厚矣！

郁老师不仅是我学术上敬重的学者，也是我人格上学习的楷模。值此纪念文集付梓之际，我衷心祝愿郁老师身体康泰，也祝愿他“江山正待纵横笔，莫道桑榆是晚晴”，学术上永葆青春！

梵典华章间，龙象和合志

——敬贺郁龙余老师执教 50 周年

王汝良

王汝良，文学博士，青岛大学文学院副教授。

得知要出版郁老师执教50周年纪念文集，我很乐意用自己笨拙的笔为郁老师写点什么。在求学和教学科研之路上，我曾多次惠蒙郁老师的指点和提携，也借此机会对郁老师敬致谢意。

初识郁老师，是2009年在洛阳举行的印度文学研究会第十二届年会上，郁老师高屋建瓴且富有激情的发言给我留下了很深的印象。此后不久，在读博期间，硕士业师侯传文邀我参与郁老师担任主编的《泰戈尔作品鉴赏辞典》词条撰写工作，最后商定由我负责其中的诗歌类词条10个。在阅读泰戈尔的诗作并查阅其传记和相关研究资料后，我认真完成了这项任务，但心里是惴惴不安的，担心由于自己学养的不足和时间的仓促而辜负了郁老师和侯老师的信任。直到听侯老师反馈，郁老师对我负责撰写的词条比较满意，自己心里的石头才放下了。我初尝到付出之后的满足感，这大概是对郁老师的第一份感激之情吧，也因此增添了自己从事科研工作的动力和热情。2014年，我以博士学位论文为基础申报国家社科基金后期资助项目，恳请郁老师作为推荐人之一，郁老师欣然同意；我知道郁老师工作繁忙，为此给他留出了富余的时间，没想到，郁老师很快就通过邮箱发来了带有亲笔签名的推荐信电子文本，对我的书稿给予了肯定和鼓励。我正准备将推荐信电子文本打印出来之时，却收到了郁老师通过快递寄来的推荐信纸质原件，感动不已，时至今日，仍清晰记得当时的心情。在感激之余，我更加认真地修订申报文稿，最终得以顺利立项。一个项目代表不了什么，但它对初入高校从事教学科研工作的青年教师来说，却太重要了，而这与郁老师的爱护和支持是分不开的。近年关注《大唐西域记》，在得知郁老师组织中印专家共同努力将印地文《大唐西域记》再版发行的消息后，我给郁老师写信想要获得更多信息，郁老师随即嘱请印度研究中心的老师为我发来相关资料，他对后学总是有求必应。

我的硕士论文、博士论文以及参加工作后的教学和科研都以东方文学和文化、中印文化关系为主要方向，自然受益于郁老师颇多。从文学到文化——《东方文学史》是我考研和授课时的主要参考书，《印度文化论》为我了解印度文化打开了一扇窗；从文学关系到诗学关系再到文化关系——《中印文学关系源流》《中国印度文学比较》《中国印度诗学比较》《梵典与华章：印度作家与中国文化》等，都是我自己在教学和科研时经常翻阅并从中受益的。读郁老师的学术著述，一个深刻的印象是：研究印度学时刻不忘结合中国自身传统，在视野开阔的资料运用和恰如其分的比较阐发中突显自己的观点。并且，郁老师的著述往往以近乎随笔的方式娓娓道来，完全没有八股气息，一些中印典故信手拈来。表述浅显易懂，涵义却透辟深刻，没有深厚的学养积淀和丰富的人生阅历，是很难做到这一点的。

中印关系源远流长，郁老师也一直在此领域深耕并创获丰厚。针对印度友邻创造出“Chindia”这一寓意“中印大同”的新词，郁老师在经深思熟虑后也创制出新字𤅷，取意“龙象和合”，可谓匠心独具、用心良苦。匠心独具自不必言，用心良苦是说这个新词不但饱蕴郁老师对中印友好的炽热情怀，还体现出他对世界大同的深切期待。中印之间两千多年的交往史上，友好始终是主基调，但并非完全没有摩擦，如 1962 年的边境冲突和 2017 年的洞朗对峙事件。对于 1962 年冲突，郁老师敏锐地指出这是殖民主义给中印人民埋下的毒药，他曾援引印度著名的共命鸟的故事，在古代智慧中给现代问题找出启示：一只鸟有两个头，一个头找到了甘露，另一个头也争着要。第一个头不给，第二个头就故意找毒药吃，结果这只鸟就一命呜呼了。中国和印度就如一只当今世界的共命鸟，有了甘露应该分享，而不要去吃殖民政治或冷战政治的毒药。[①]对于2017年的事件，郁老师也曾撰文进行冷静分析。在郁老师看来，这些问题在中印深远的友好交往历史中，只是几个不和谐的音符，中印关系应着眼于长远的未来，“龙象和合，龙象不争，龙象共舞，龙象无敌”。如此，中印大同的理想，对于维系两大民族的友好交往、实现两大民族现代复兴，具有重要的现实意义。但不仅于此，“龙播甘霖，象洒睿智，龙象福佑天下”，中印大同的理想构建对于曾经历过两次大战并仍在战乱恐怖中挣扎的整个世界来说，同样具有重要的借鉴和启示意义。他说：“两千多年的中印文化交流史，是世界文化交流史上的楷模。它除了滋养中印两大文化，还为我们今后的发展提供了宝贵经验。随着科技的进步，地球空间的有限性对人类发展造成了越来越多的束缚。在局促的地球村中，各种文化如何避免冲突而自由发展，是一个有关人类兴衰存亡的大问题。出路只有一条，那就是走世界大同之路。中印文化交流史证明这是一条切实可行的光明之路。”从历史到现实，从中印友好到世界大同，我们看到了一位视野不被一方书斋所囿的学者，感受到了他的情怀和担当。

郁老师在国内较早建立独立的印度学研究机构——深圳大学印度研究中心，培养了一批印度学研究的骨干，为印度学在中国的发展做出了很大的贡献。我曾经两次到深圳大学参加学术会议，每次都能感受到这所现代大学的活力，都能看到印度研究中心的老师们热情的笑脸，都能从那一系列出版的印度学研究成果中受益。

作为印度文学研究分会会长，郁老师对我们说，这不是一份荣誉，更是一份责任。写到这里，我想起郁老师曾用一系列的“大”字来形容他心目中的“中印大同”和“龙象和合”，那就是中国和印度“大团结、大联合、大合作、大交流、大互惠、大发展、大相爱、大坦诚、大智慧、大慈悲、大福祉、大光明……簕是当今世界的最大吉

① 郁龙余：《认识印度文化的意义》，《亚非研究》2008年第1辑。

象，最大福音，最大幸事”[①]。这么多“大”字的背后，袒露的是郁老师在为人、治学等方面的大胸襟、大气魄、大视野和大境界。我也由衷地感佩郁老师，他正是以其博大的心胸和气度、高远的视野和境界，取得桃李满园、学贯华梵的成就。

谨以此短文，敬贺郁老师执教 50 周年。

① 郁龙余：《实现中印大同（CHINDIA）的思想基础》，载谭中主编：《中印大同：理想与实现》，宁夏人民出版社 2007 年版，第 5、27 页。

记郁老师二三事

田克萍

田克萍，广东外语外贸大学日语语言文化学院、亚非语言文化学院（筹）印地语专业副教授。

称呼著名学者郁龙余教授为郁老师，是近几年的事。认识郁龙余教授有十几年的时间了。我们“相识”于《印度文化论》《天竺纪行：郁龙余、孟昭毅学术之旅》《中国印度诗学比较》等学术著作和“杰出印度学家”奖等各大媒体发布的新闻资讯之中。但真正认识郁老师，仅三年有余。郁龙余教授与我的距离十分遥远，他是令人景仰与敬佩的文化名人；郁老师与我的距离很近，虽然总共只见过几次面，交谈不过一两个小时，却仿佛熟识了一辈子。郁老师的学术成就和国内外声誉有目共睹，毋庸赘言。在此只写下与郁老师相识相处的再微小不过的几件事，以证郁老师文如其人。

初次和郁老师见面，是在2016年11月于深圳召开的第二届世界印度学家大会上。当时我怀着忐忑的心情在大会上汇报了自己的论文《出世入世的张力之美——论〈薄伽梵歌〉的世俗观》。茶歇时见到郁老师，他主动微笑着对我说了一句话：“你的论文，我从头到尾都听完了。”严格来讲这并不是一句赞扬，却在我心中引起了不小的震动，以至于竟一时失语，不知如何回答。这句不像夸赞的话比任何溢美之词都带给了我更大的前进动力。我常常想，如果连郁老师都愿意把我的论文听完，说明它还是有点意思的，不该妄自菲薄，应继续写下去。后来在与郁老师的微信交谈中，他对我写道：“2016年11月你在第二届世界印度学家大会上的发言，获得了中外学者的交口称赞。当时我心中想多么难得的人才……”这时我才完全确信，当时那句“听完了”的话，确有赞美之意。

“盛名之下，其实难副。”这句话在郁老师这里不灵验了。我以往所见过的成功人士往往是不屑于关注小人物的小事情。他们是如此繁忙，要做的事情是如此多、如此重要，以至于终日被聆听，而失去了聆听别人的能力。郁老师在功成名就的一片赞美声之中，依然保持着一颗谦卑、安静、天真、求知的赤子之心，令我大为惊讶。我好奇，这样的心是什么样的生活锻造出来的？作家郁秀在《看着父亲成长》中这样描述了郁老师的生活："他的生活，粗茶淡饭，青灯黄卷……他喜欢工作，喜欢做学问，这就是他的生活乃至生命……他甚至认为他这才叫享受。"当看到郁老师谈起学问时投入、认真而又充满享受的表情时，就知此言不虚。虽然并非每个人此生都有幸取得郁老师这般的成就，但这种沉浸在自己所爱好的事业中的流畅体验，是可以令人羡慕和向往的。

郁老师带给我的受宠若惊可不止这一次。他还为我写了一封亲笔信，被我永久珍藏。事情的原委是这样的。郁老师有一篇文章，叫作《我的"中印文学交流史"研究之路》。他希望我把这篇文章翻译成印地语。当时我刚生了二宝不久，独自在家带两个娃，身心俱疲，实感难以担此重任，于是再三推辞。不料郁老师就此事写了一封长达两页的亲笔信，拍照片发给了我。这封信我不知反复阅读了多少次。每当生活和工作中有许多事情一起向我涌来时，我总是会想起郁老师在信中说过的几句话。它们在我最困难的时候带给我释放和解脱，仿佛拥有某种魔力一般。郁老师在信中这样写道："一般来讲搞研究需要较完整的一段时间，翻译较好些，可以断断续续。我从 1980 年代起，因要坐班做研究，养成了断断续续的习惯。近日写这篇文章也是如此，熬稀粥将火苗调小，洗衣服在洗衣机发出结束信号前，尽量利用点点滴滴的时间写稿子，能写几行，几个字，也是在推进。"

郁老师在荣获"杰出印度学家"奖的获奖感言中提到了自己的座右铭——"成事为重，名次之，利益为轻。"我恍然大悟，郁老师的"成事"何尝不是在克服种种干扰之后逆流而上呢？若要等到条件都具备了再去做事，也就意味着永远都做不了事。时间的碎片化并不可怕，可怕的是把仅有的几分钟自由时间用在自怜与抱怨上，可怕的是小看了那几行、几个字的推进，可怕的是已经习惯于为"不成事"找各种貌似正当的理由。于是，在郁老师的鼓励下，我总算与外教合作完成了翻译任务。原来很多事的成与不成，有时仅仅是因为思维方式的不同。

“贵人多忘事”这句话在郁老师这里同样不灵验。2019 年 11 月我到深圳大学参加印度文学研究分会年会。临行前，印度外教智辉老师反复叮嘱我帮忙把郁老师给他写的一封推荐信带回来。我把此事记在自己手机上，生怕忙着开会而忘记。郁老师是中国印度文学研究分会的会长，想必要在众多学者中间迎来送往，十分繁忙。我想提前提醒他把信带到会场，又怕提醒的时机不合适而打扰了他的工作。不料，会议还没开始，郁老师竟亲自走到我的座位上，把推荐信递给了我。我一看，是打印版，用的纸张和上次给我写的亲笔信一样，都是深圳大学印度研究中心的专用信纸。我记得智辉老师给我看的是郁老师亲自用笔书写的手写版，这说明郁老师还特意把手写版誊录到了电脑上。我一直固执地认为，在这个技术化电子化的时代，漂亮的印刷体带给人一种冰冷感和距离感，不如手写体有温度。手写文字哪怕写错画掉，都体现出一种暖洋洋的人性，无法被电脑的机械化替代。这就是为什么郁老师的手写书信总是让我感到被尊重、被温暖，而给智辉老师的这份打印版推荐信却让我感受到温度。看来不只对我，郁老师对青年老师的真诚关爱是跨越了国籍的。

关于郁老师，我知道的就只有这么一点点。就这一点点，仿佛也足够了，足够回味，足够美好，足够去认识一个人。有的人认识了一辈子，依然感觉很陌生；有的人只见过几次，却仿佛熟识了一辈子。郁老师于我，就像是后一种人。我并未有幸成为他的学生，也并未真正地听过他讲课，然而这简短的几次见面、几次谈话、几条微信仿佛就够我受用一辈子。当和郁老师在一起时，他头顶上的光环仿佛都不见了，如同邻家大伯般亲切可爱，又如博学鸿儒般智慧通透。他一生追求卓越，也喜欢推我们这些年轻人一把，与他共同卓越。一个人在某个领域取得成功或许并没有什么了不起，了不起的是，经历了一切繁华，却依然珍视平凡，依然拒绝把一切得到看作理所当然。

最后，愿以郁老师的几句话（2019 年 4 月郁老师发给我的微信原文）与各位同人共勉。

不朽是每个人的追求。读书人用事业追求不朽。成为大学生、大学教师，极为不易，是前世修来的。犹如蝉鸣一夏，得在地下修炼数年。美国有一种蝉，得在地下修炼 25 年。既然做了大学老师，做了鸣蝉，那就得教好、鸣好。

（此文原载《书屋》2020 年第 4 期）

勇立潮头，心有净土

——恭贺郁龙余教授从教 50 周年

王鸿博

王鸿博，北方工业大学东方文学研究中心主任，中国东方文学研究会秘书长,《北方工业大学学报》编辑部主任，中文系副教授。

2020年年初，从业师孟昭毅教授处，得知2020年是深圳大学郁龙余教授从教50周年。作为多年来受益于郁教授印度文学研究的晚生后学，写一篇文字表达对前辈的敬意，这在我当然是义不容辞的事。

一

郁龙余教授是季羡林先生门下弟子中的佼佼者，在印度文学研究领域著述颇丰，成就斐然。他的代表性研究，仅我手边常翻阅的，便有《梵典与华章：印度作家与中国文化》《中国印度文学比较》《中国印度诗学比较》《印度文化论》《中国外国文学研究的学术历程·印度文学研究的学术历程》《中外文学交流史·中国—印度卷》《季羡林评传》等多部极有分量的著作。

季先生生前身后，传记型、回忆类著作不算少，在学界和公众之间都曾引起一定的关注。然而，对其人进行整体视野的学术评价，乃至精神人格的探索评析，所见并不太多。郁龙余教授的《季羡林评传》是从印度文学研究者的角度，从学科内部洞见季先生之学术广大的著作，因此具有不可替代的意义。从1965年入北京大学学习，到1970年留校任教，再到1984年离开北大，郁教授在季先生身边学习工作整整19年。其后，郁教授南渡深圳，成为深圳大学中文学科的重要创办者之一，也得到了季先生的大力支持，这样算来，他前前后后跟随季先生有40余年之久。尤其是郁教授的印度文学研究和中印比较文学研究，始终是在季先生的研究大旗鼓舞和感召之下进行的。因而，从拥举和承继季氏之学，继而成为季学研究的主将，为季先生作学术评传，郁龙余教授可以说是非常合适的人选。

《季羡林评传》一书体系森然，自有识家慧眼可探其幽微。于本人而言，该书附录以“我为何要写《季羡林评传》”为题，具有珍贵的历史文献意义。文中追忆了燕园之中与季先生为师生时的点滴过往，尤其是围绕季先生“文化大革命”时的经历，作者或亲眼看见，或亲耳聆听，均在书中讲述。至少就我个人阅读范围来说，北大东方语言文学学科史的早期资料，今日所能见者并不太多。这些文字，通过亲历者的绵绵笔触流出，具有惊雷般的力量，为中国印度文学学科的发展历史留下了宝贵的记录。

学术发展的历史以学术自身脉络为骨架，以学人言行为肌体，而学人的精神则为其魂魄，进而具备永久的价值馨香。季先生为后人留下了原始佛教语言的开拓研究，留下了两大史诗的翻译与研究，也留下了《牛棚杂忆》等沉重的文字。先生散文以学者美文享誉文坛，但《牛棚杂忆》的笔调明显不同，无奈其痛之深、责之切，印度文化中的蛇绳之喻、无常之观何尝不在昔日国人的善恶、美丑之倾覆间有所呈现。

每一本有关中国历史的书上，都写着中国人是多么热爱记述历史，然而，中国人又是多么容易遗忘历史。遗忘，或者健忘，并非《百年孤独》中马孔多人的专利。中国自古便有“讳”的文化，为尊者讳，为贤者讳，为长者讳，为逝者讳，为往事种种而讳，为形势而不得不讳……无论哪一种讳，本质上都是一种精神世界的断裂与遗忘，一种有意无意的对真实记忆的背弃和逃离。《季羡林评传》的作者以“求真不求圆”的书写态度，保留了中国印度文学学科的珍贵记录，也映照出以季先生为代表的20世纪中国学人的一段坎坷人生，以及其中隐约可见的奋发精神。

二

天竺之学博大精深，如深林幽泉，季羡林先生徜徉其间，在许多领域均有创见发明之功，学界已有公认。郁龙余教授是季先生中印文学、文化交往研究的衣钵继承者之一。“文化大革命”之后、改革之初，蛰伏已久的几代学人齐心协力，共同恢复和建设人文学科，构织了20世纪80年代的学术春天。在这个过程中，郁教授作为季羡林、杨周翰、乐黛云等发起的中国比较文学运动的主动响应者和自觉跟随者，努力对中印文学关系进行较为系统的学术整理，并尝试从比较文艺学的角度开展具有特色的研究。

1987年，由郁教授编写的《中印文学关系源流》由湖南文艺出版社出版，这可能是中国每一位研究印度文学人士的必读之书。该书系北京大学乐黛云教授组织的“比较文学丛书”中的一种，是20世纪80年代最早出现的中印比较文学著作。其中收录了25篇论文，既包括新中国成立前梁启超、胡适、鲁迅、陈寅恪等前辈学者发表的重要文章，还包括季羡林、金克木、糜文开、刘守华等学者从多个学科、创新视角的学林新论，仅季先生一人便入选5篇；郁龙余、阎云翔等青年学者也就此跃上研究舞台，展现了充足的学术活力。

在我看来，《中印文学关系源流》的价值在于大致确立了中印比较文学研究的知识边界和方法规范。在考证研究和文艺研究的框架之内，比较语言学、佛典翻译学、中外交通史、比较文学的影响研究和平行研究、民间故事主题学等研究手段纷纷登场，为中印比较文学研究的未来发展提供了思路和方法上的指南。此后，他还编写了《中国印度文学比较论文选》等作品。或许郁教授编纂作品之初，不一定去考虑这些著作对学科发展所具有的意义，然而如东坡所言：“书初无意于佳乃佳尔。”从学术史来看，扎实的资料汇编，其意义未必小于研究专著。

此后，郁教授有意识地运用比较文学的各种理论方法，在中印比较文学园地悉心耕耘数十载，尤其在比较诗学的理论方法运用上颇有心得。在《梵典与华章：印度作家与中国文化》《中国印度文学比较》等著作的基础上，他联合几位学者共同撰写的《中国印度诗学比较》，是中印诗学研究领域的集大成之作。该书从第六章开始，对中印味论诗学、韵论诗学、庄严（修辞）论诗学、艺术诗学进行比较研究，无畏语言、文化、体系上的重重障碍，这是扎硬寨、打硬仗、正面攻城式的写法；又辅以中印诗学发生、诗学家身份对比研究、诗学的阐释方法、传播形式和审美思维等综观之、统摄之，形成了对中印两大诗学体系、概念、范畴层面较为圆融丰厚的整体认识。从著作中可以看出，以更宽广的比较视野来总结人类文学艺术的规律，概括丰富的文学现象，这是郁龙余教授研究的一贯立场。

比较文学以开放包容为其宗旨，这在郁教授和孟昭毅教授共同主编的《东方文学史》中也有体现。我国外国文学教材与学术研究的关系颇值得研究，相对来说教材历来偏于保守，该书能够力排众议，将索因卡、戈迪默等刚刚引起中国学界阅读的非洲文学家写入文学史，这需要一定的眼光和勇气。这部教材型著作在国内中文院系中广泛使用，对于构建和调整中文专业师生的世界文学观念具有相当重要的作用。

在网上看到郁龙余教授的《"一带一路"开创人类文明新纪元——兼论中国、印度的历史担当》问世，仅从书的题目上，便可以看出作者持之以恒的学术抱负。

郁龙余教授以及与他年龄相近的一辈学人，他们身处历史发生变动的特殊时期，得中国改革开放经济浪潮在先，又有中国比较文学的潮流涌动在后，可谓生逢其时，躬逢其盛。如郁教授，再得深圳大学从无到有的发展契机，顺应历史潮流，同时静心凝气，不为纷纷扰扰所动，在中印文学研究领域发扬咬定青山的学术精神，终于迎来了自己的学术高峰。

三

一流学者越多，越不易组织，这是常有之现象。容易忽视的是，第一流的研究人才固然稀缺，优秀的学术组织者则更为罕见。在中国的大学院系里的不少学者，单独而论个个骁勇善战，合成一队却常打败仗，这实为领兵之人不善谋划，不懂运筹之故。在中国学术史上，离开了作为学术机构领导者的胡适、傅斯年，作为新潮思想庇护者的蔡元培、梅贻琦，作为报纸刊物出版者的鲁迅、茅盾，中国现代学术的历史将会是另外一番面貌。这些学术组织者的历史作用，其实并不亚于他们所支持和辅佐的研究人才。

郁龙余教授的学术贡献正在于他是一位深惟重虑的学术组织者。深圳大学创建之初，郁教授和乐黛云教授、汤一介教授、胡经之教授等，成为最早一批南渡深圳的援建学者。他长期引领深圳大学中文专业的发展，对于深大人文学科，他是开拓奠基的功臣之一。尤其是，他领导的深圳大学印度研究中心，一直孜孜矻矻地做着基础性的研究工作，时至今日已经成为中国印度学研究的重镇。几十年来，他主持多个国家级、省部级科研项目，学术成果日积月累，厚重深远。他主持的国家社科基金重点项目“中国印度学研究”，可以说既代表了深大印度学研究的最高水平，也是中国印度研究中最为前沿的部分。近年来，该中心或多次举办国际级会议，或深度参与中外印度学国际交往，使中国印度研究从广度和深度上有所拓展。深圳作为中国经济最为活跃的城市，为学术研究和文化互动提供了精彩的舞台，随之而来的是，深大印度学研究在人文层面润物无声，持久地发挥着文而化之的作用。《梵典与华章：印度作家与中国文化》曾经作为温家宝总理出访印度时的品书礼。2015 年 5 月，习近平主席将郁龙余教授组织、筹划再版的印地文版《大唐西域记》作为国礼赠送给到访西安的莫迪总理。以此而论，郁教授的组织策划之功，小而言之，是为学术；大而言之，则为国家。学术研究不一定以服务国家为本质目的，但深耕细作、久久为功，自然会有益于国家。

在繁忙的学术管理过程中，郁教授始终保持着旺盛的研究精力，几乎每隔三五年就有大部头著作出版，实在让人敬佩。想必在他内心，对学术研究始终凝聚着一种敬重与痴迷，方得如此眷恋无悔，贯穿始终。心有一方净土，是郁龙余教授的本色，也是学者应有的底色。

郁龙余教授除带领科研团队的发展，还培养出了一大批专业人才，杨晓霞、刘朝华、汤力文、朱璇、蔡枫、黄蓉、张玮、李美敏、蔡晶、李鹏等是其中的骨干和佼佼者。这些学者既受过专业的印度语言训练，又有扎实的理论功底，更富于开放眼光，在郁教授的指引点拨之下，或著或译，已经逐渐成长为可以独当一面的成熟学者，并充实为深圳大学印度学研究的中坚力量。

四

郁龙余教授不仅对门下学生耳提面命、奖掖有嘉，对其他后学末进也能尽力帮助、努力扶持。就我个人而言，虽从学生时代起就开始跟随老师们参加印度文学或者东方文学的学术会议，也多次拜见过郁教授，但毕竟没有太多机会向他正式请业。记得2015年春到北京大学参加“一带一路”文明交流的学术会议，茶歇时正好遇见郁老师。那时我刚刚接手学校学报工作，正在办刊为难之际。于是，我就带着试试看的心理跟郁老师约请大会的发言稿，没想到他毫不犹豫地答应了。郁老师的发言是这场国际级会议的主题报告之一，分量自然不轻，他竟然慨然允诺给了我校学报的新办栏目，这让我吃惊且又欣喜。

但是，其后编辑加工时却面临难题，这篇发言稿篇幅很长，有将近1.5万字，而当时学报不仅版面有限，还保留着非常落后的编辑观，要求稿件不能超过9000字。我刚到编辑部，还不好擅作改革，只能在会后硬着头皮跟郁老师商量，请他缩减或删去部分文字。这个时候，我的内心是十分忐忑的，此前听说过太多老先生们“一字不易”的故事，生怕文章发不出来，还把老师给得罪了。又一次让我想不到的是，郁老师不以为忤，而是表现出了极大的宽容，让他的助手朱璇博士尽力配合我们工作。最后，文章按照我提出的一种不很成熟的结构修改完毕，以《季羡林美文游记与中外文化交流》为题，刊发在《北方工业大学学报》2015年第4期上。原稿是对季先生散文游记的分析研究，既有理论透视，又有盎然文情，包含了作者跟随季先生求学问道的许多细节感受，而由于刊物篇幅的限制，很多精美华赡的细节文字都忍痛割爱了。这固然让刊物减去了压力，对论文却实在是一种伤害。如果没有郁老师对我和刊物的包容理解，这件事情是很难完成的。

此事正值学报《东方学研究》栏目草创初期，那时的我急于觅得名家名作，以局部带动全体，拉动刊物质量。得到郁老师的帮助，其意义就不止是刊发一篇优质的稿件，还令我在刊物调整的过程中有了更多的信心和底气。通过对这篇文章的编辑，我感受到了既存规则与学术现实的矛盾，让学者委曲求全，只会令刊物失道寡助，最终走向绝路。此后，学报大踏步扩版增容，并采取比较弹性的选稿标准，只要是好文章，就是 2 万字也照样刊发，甚至还给一些学者开辟过专栏连载长篇论文。这些都是郁龙余教授赐稿于我的精神启发。

说到这里，我不由得想到国家高度重视学术体制的改革，其中重要的议题就是学术发表制度，许许多多的学者都为当前学科评价和学术发表的沉疴难除而扼腕痛惜。我在编辑征稿过程中，也时常受窘于此，很多老师一看是普通期刊征稿都表示爱莫能助，近年来我只好把目光转向国外学者的译文上。然而某次跟一位韩国学者征稿，对方竟然上来就问：你们是 CSSCI 吗？当得到否定答案时，人就立即消失不见。这实在是令人莞尔的笑剧，又是一出关乎士林学风的悲剧。如果连外国学者都沾染其“俗”的话，那国内千千万万的学者对以刊评文、唯 C 刊不破的当代“铁律”敢怒不敢言，只能在 C 刊指挥棒下团团乱转，就不令人奇怪了。

不应忘记，“文化大革命”之后，季羡林先生正是在《社会科学战线》等地方刊物上发出印度文学研究的报晓春声；21 世纪初，已过米寿之年的季先生在 301 医院病房中仍笔耕不辍，先后在《东方论坛》《延边大学学报》《辽宁大学学报》《中国海洋大学学报》等地方大学学报上谱写学术新曲。郁龙余教授步先贤后尘久矣，此亦为一例也。

愿如郁教授“跬步集”之名所寓示，今后有关部门能够敬畏学术，尊重规律，为真正的学者营造一方净土，唯此方能积跬步而至千里，呈现中国学派的大气象。

以上所记，只是我个人对郁龙余教授其人其学的初步了解，希望能够给读者提供一点侧面的认识。

祝愿郁龙余教授学术之树常青！

［本文系 2019 年度国家社会科学基金一般项目“中国印度文学学科史研究”（19BWW034）阶段性成果］

郁龙余教授

——充实着光彩故事的学术生涯

狄伯杰

狄伯杰，印度尼赫鲁大学教授，著名中国学家。

20世纪90年代我在为自己的博士论文搜集中文学术资料的过程中，发现了郁龙余教授编的《中印文学关系源流》，此书向我揭示了中国和印度之间文学交流的迷人世界。尽管此书跟我“殖民时期的中印关系”的课题并不直接相关，却给我留下了不可磨灭的印象。虽然在北京大学的日子里，我经常麻烦郁龙余教授的老师季羡林教授，但是我们从未谈起过郁教授。我俩一直未曾谋面，直到2007年郁教授在深圳大学组织的一次中国和印度的研讨会上，我才和郁龙余教授碰面以及交流。事实上，郁龙余教授是这次会议的主要推动者和组织者。我在会上做了题为《中印大同呼吁边境问题的早日解决》的演讲，此文后来被收录进我的导师谭中教授主编的《中印大同：理想与实现》。

我发现郁教授富有激情，睿智，说话幽默，擅长讲故事，有些是关于学术上的，有些是关于其他方面的。2016年，印度总统慕克吉给他颁发“杰出印度学家”奖的时候，我荣幸地在总统府见证了这一仪式。此次奖励的颁发展现了他对印度学和中印文化交流的贡献。但是他在其雄辩的感言讲话中，却把奖项的获得归功于他的母校北京大学，以及他的老师和同事如季羡林、金克木和为中国印度研究打下坚实基础的一些人。那么，郁龙余教授是谁呢?

郁龙余教授生于1946年4月3日的上海，那是一个动乱的年代。他有一个卑微的童年。他在名叫上海三林中学的乡村学校里上学，1965年从这所中学毕业以后，他成功地通过了北京大学入学考试，被东语系印地语专业录取。季羡林、金克木等人是他中印研究方面的老师和导师。我有机会跟王树英教授一起编过一本有关中印关系的书，而王树英教授当时就教过他印地语。中国大部分从事印度研究的中坚人士，例如刘安武、金鼎汉、黄宝生、薛克翘、王树英、王邦维，包括郁龙余教授本人都是北京大学培养出来的，他们都是知名的国际学者。

1970年从印地语系毕业以后，郁教授被系里留下，在随后的14年里一直担任印地语教师。1984年，为了解决由于工作地点不同而与妻子两地分居的问题，他调到了新建立的深圳大学。从那时开始，他就一直在不屈不挠地从事着中印研究，而且培养了一些年轻的学者。建立深圳大学印度研究中心并且引导它走向成功，可以说是郁教授学术生涯的里程碑之一。这一中心的建立标志着中国印度研究的多样化。

除了亲历了郁教授北大、深大创始期的工作，我还有幸翻译了他的几部纪念碑式的著作。其中之一是《季羡林评传》，我把此书翻译成了印地语和英语，在2018年北京国际图书博览会期间首发，当时的印度驻北京大使班浩然出席了发布会；2019年在印度举行发布会，联邦院副议长哈里凡什·纳拉扬·辛格主持。翻译的另一本书是《中国和印度：文明对话》，其印地语和英语的出版正在进行中。

就前一本书而论，它重现了印度学、佛学、东方学和中国比较文学研究的老前辈的学术生涯、职业生涯以及个人生活的人生历程。虽然季羡林的人生旅程充满了磨砺和磨难，情感世界深埋在家庭责任和职业责任之下，但是诚如作者评价所说，在中国翻译、比较文学、敦煌－吐鲁番研究以及文化交流方面，他是不可或缺的。印度贯穿于他的整个人生历程，无论是中国向印度传播造纸技术和丝绸或印度向中国传播白糖等方面的开创性文本研究，还是中国的印度文学以及《罗摩衍那》、《五卷书》和《沙恭达罗》等书从梵语翻译成中文，抑或他访问印度的回忆录，所有这些都有可信的原始史料补充。把季羡林这样一个多才多艺的人的生活和作品像编织织锦一样用心编织并使其永闪光芒并非易事，但是作者们在反映季羡林历经清朝、民国、中华人民共和国的历程方面做了非常杰出的工作。我相信，郁教授跟季羡林教授之间的亲密关系会使“编织织锦”这一工作变得容易。郁教授在《季羡林评传》中《我为何要写〈季羡林评传〉》一文里，对这种师生兼同事的关系进行了精彩的阐述。通过把这部著作翻译成英语和印地语，我不仅从郁教授的学术财富中获益匪浅，而且对于他这个人和朋友有了更深的了解！

我作为这本书的译者，背后还有个故事。2016年年初，此书的中文版发行的时候，在新德里世界书展上，郁教授当场告诉我“经过商讨决定”由我来翻译这本书。我高兴地同意了。之所以同意，理由有三个。第一，我跟作者和传主都有着亲密的关系。第二，我对他们的著作都比较了解。我曾经发表过一篇关于季羡林的文章，文章经过修改于2017年作为季羡林的《天竺心影》一书的序言。第三，而且是最重要的一个原因，我认为有必要让更多的印度人民和世界人民了解这位印度学泰斗、佛学大师、杰出的翻译家、优秀的散文家，他不仅把印度学带入中国，而且带领印度学走向世界。不管郁教授是否了解我的强项和弱点，但是这就是他对待朋友的果断和信任。

《中国和印度：文明对话》（原书名《中外文学交流史·中国—印度卷》）是篇幅达到800页的鸿篇巨制，也是学养上的一部优秀著作。翻译这部著作是我绝对引以为豪的。这部著作极大地增加了我对印中文明的对话，特别是加深了文学对话的认知和理解。郁龙余和刘朝华教授已经费尽心力地搜集了2000年来印度和中国之间属于文学交流方面的大量的信息材料，对他们的艰苦工作，我为他们感到自豪！我也要感谢教育出版社的刘东杰和祝丽，他们把印度和中国的一卷书编进了17卷本的“中外文学交流”丛书中，这是一部重要的学术著作。我必须承认，在翻译了《四书》之后，这是一项最富挑战性的任务。倘若不是我在北京大学期间接受了少量的古典汉语方面的训练，以及20世纪90年代我在我的导师谭中教授领导下的英迪拉·甘地国立艺术中心担任研究员期间没有少量接触佛教和梵文术语，我在翻译中做到恰到好处是不可能的。我希望，通过这一翻译过程，进一步促进和加强印度和中国的文化、文学和人民之间的关系。我相信，这将为研究打开新的探索，并证明对于印中关系、文学研究、佛学研究、翻译研究、比较文学、东方研究，甚至是诸如泰戈尔、季羡林、金克木、徐梵澄、师觉月、谭云山、拉贾·拉奥（Raja Rao）、奥修（Osho）等以及更多别的人物的研究都是有裨益的。

我认为值得一提的是郁教授另两本广受好评的学术著作，即2004年出版的《梵典与华章：印度作家与中国文化》以及2006年出版的《中国印度诗学比较》。前者得到了季羡林、王元化以及汤一介等学术大腕的好评。这本书于2005年荣获北方十五省市自治区第十二届哲学社会科学优秀图书奖，于2006年获得第四届中国高校人文社会科学研究优秀成果二等奖。《中国印度诗学比较》建立在真实可靠的学术资源基础之上，是一部优秀的研究著作。这是一个极为困难的课题，郁教授却做到了措置优异。郁教授对中印诗学所涉及的诗学发生、诗学家身份、诗学阐释方法、诗学传播方式、审美思维、味论诗学、庄严论诗学、韵论诗学、艺术诗学、经典诗学、诗学现代转型、比较诗学等主题进行了批评性的分析和精心详尽的阐述。该书于2007年荣获深圳大学人文社会科学优秀奖一等奖，于2009年荣获广东省哲学社会科学优秀成果二等奖。

此外，郁教授一直关注中国的印度研究趋势和发展，同时，他也密切关注印度的中国研究发展情况。他所著的《中国和印度：文明对话》中的一章就阐述了这一事实。自从我对用印地语翻译中国经典和其他著作产生兴趣以来，郁教授就很乐意在中文刊物和媒体上评论我的一些著作。我相信，他是做这类事最合适的学者，原因是他分别讲授印地语和中文19年和20年，拥有独一无二的教育背景。郁教授在评论我的《中国诗歌：公元前11世纪到公元后14世纪》时说："此书的印地语译本问世，是中印两大诗国文化交流史的一枝报春花。因作者'长期以来为中国图书翻译出版和文化交流做出突出贡献'，此书荣获中国文学2011年杰出书籍奖。"随后，郁教授评论过我翻译的《四书》，也评论过我翻译的《季羡林评传》。他认定，把汉语译成印地语，译者做到了伟大翻译家严复所说的"信、达、雅"。

最后，如果我不略谈几句郁教授的家庭，那么我对他的评价就会不及格。他是一位爱心满满的父亲和情爱甚笃的丈夫。他的妻子瘫痪了，他是如何在规定的时间内写作并审校为数甚巨的稿子，特别是在他深爱的女儿都不在身边的时候，提及这些，让人感觉很痛心。虽然他减少参加各种学术会议，但是，必要的时候，他挤出时间参加几次重要的会议。他的小女儿是杰出的作家，人们通过她在中国最畅销图书之一《花季·雨季》对她有了更多的了解，这部小说还被拍成了电视剧。她也写过有关印度的故事，很快将在印度出版其英语版和印地语版。简而言之，郁教授的一生跌宕起伏，但是，就是因为这样的生活，教会了他坚韧、勤奋，以及面对逆境时的坚定、坚强！我个人从跟他的交往中受益良多，所以才会在他完成了北京大学和深圳大学 50 年教学生涯之际奉上这一简短的献词。

（刘英凯译）

Prof. Yu Longyu：An Academic Career of Brilliant Stories

B. R. Deepak

As I was collecting Chinese sources for my Doctor of Philosophy in the 1990s, I came across Professor Yu Longyu's edited book the *Origin and Development of Sino-Indian Literary Relations*, which exposed me to the fascinating world of literary exchanges between India and China. It left an indelible impression on me even if it wasn't directly related to my topic that was about colonial connections between India and China. Even though I often troubled Prof Yu Longyu's teacher, Professor Ji Xianlin many times during my days in Peking University, however, Professor Yu never figured in our discussions. As a matter of fact, I and Professor Yu remained strangers until in 2007 when we came face to face during a conference on India and China organized by Shenzhen University, the employer of Prof. Yu. In fact, professor Yu was the prime mover and organizer of this conference, where I presented a paper on "CHINDIA calls for an early resolution of the border dispute" which was later published in *Chindia: Idealism and Realization* edited by my guru professor Tan Chung.

I found professor Yu very lively, resourceful, full of humor and the one who has many stories to tell, academic or otherwise. In 2016 when President Pranab Mukherji conferred on him the "Distinguished Indologist" Award, I was fortunate to witness the ceremony at the Rashtrpati Bhawan. The conferment of the award demonstrates his contribution towards Indology and India-China cultural exchange, nonetheless, during his eloquent speech he dedicated this award to his alma mater, Peking University and his teachers and colleagues like Ji Xianlin, Jin Kemu and others who laid solid foundations for India studies in China.

So, who is professor Yu Longyu ?

Well, Prof. Yu Longyu was born in Shanghai on April 3, 1946 in those turbulent years. He had a humble childhood and did his schooling from a village school called Shanghai Sanlin middle school. After graduating from the school in 1965, he successfully qualified the Peking University entrance examination and got himself enrolled for Hindi Specialization at the Department of Oriental Languages. People like Ji Xianlin, Jin Kemu were his teachers and mentors as far as Sino-Indian studies were concerned. Professor Wang Shuying, with whom I have had an opportunity to edit a book on India-China relations taught him Hindi. Most of the stalwarts of Indian studies in China, to the likes of Liu Anwu, Jin Dinghan, Huang Baosheng, Xue Keqiao, Wang Shuying, Wang Bangwei including professor Yu himself, were the products of Peking University and are internationally acclaimed scholars. After graduating from the department in 1970, professor Yu was retained by the Department as a teacher where he taught Hindi for the next 14 years. In 1984, in order to avoid the problem of shuttling between the two places owing to the job location of his wife, he shifted to the newly established Shenzhen University. Since then he has been relentlessly engaged in Sino-Indian studies and have groomed a number of young scholars. The establishment of the Centre for Indian Studies in Shenzhen University and steering it to success could be regarded as one of the milestones in Professor Yu's academic career. The establishment of the Centre marked the diversification of India studies in China.

Apart from going through Prof. Yu's authored work, I also have had the honor of translating a few of his monumental works. One is *Ji Xianlin: A Critical Biography* which I translated into English as well as Hindi and was released by the then Indian ambassador in Beijing, Mr. Gautam Bambawale during the 2018 Beijing International Book Fair, and by the deputy speaker of Lok Sabha in 2019 in India respectively. The other is *China and India: Dialogue of the Civilizations*, the publication of its English and Hindi editions is under proceedings.

As regards the former, it reconstructs the academic, professional and personal journey of the doyen of Indology, Buddhism, Orientalism and comparative literature in China. Though Ji Xianlin's journey of life remains full of trials and tribulations, emotional world lay buried deep under the familial and professional obligations, nonetheless, true to the evaluation of the authors, he remains indispensable as far as China's translation, comparative literature, Dunhuang–Turfan studies and cultural exchanges are concerned. India runs through his veins throughout this journey, whether it is his path breaking textual research on the dissemination of paper and silk from China to India or the sugar from India to China, or the Indian literature in China and translation of *Ramayana, Panchtantra, Shanakuntla* etc. from Sanskrit, or the reminiscences of his visits to India, one and all have been supplemented with credible primary sources from historical records. It is not easy to weave a tapestry of the life and works of a person as versatile as Ji Xianlin, but the authors have done a remarkable job in mirroring Ji Xianlin's journey through the Qing, Republican and the People's Republic of China. I believe the weaving of this tapestry was made easy by the close and intimate relationship that professor Yu enjoyed with Professor Ji Xianlin. This student–teacher–colleague relationship has been brilliantly expounded by Professor Yu in Chapter 11 of the book titled "Why I Chose to write *Ji Xianlin: A Critical Biography*." By way of translating this work into English and Hindi, I not only benefitted immensely from the academic wealth of prof. Yu, but also got to know him better as a person and friend.

There is also a story behind I being the translator of the book. Early in 2016 when the Chinese edition of the book was launched at the New Delhi World Book Fair, Professor Yu told me on the spot that 'we have decided' that I will be the translator. I happily agreed. I had my reasons. First, I had close relations with both the author and the biographee. Secondly, I was somewhat familiar with their works. I had published a paper on Ji Xianlin, and edited with an introduction Ji Xianlin's *Bharat in My Heart* in 2017. Thirdly and more importantly, I believed, it was important to let the larger number of the people in India and the world know about this doyen of Indology, an erudite scholar of Buddhism, a translator of par excellence, and an unrivalled essayist who not only took Indology to China, but also to the world. Whether Prof. Yu knew about my strengths or weaknesses or not, but such was his decisiveness and principle of faith towards his friends.

China and India: Dialogue of the Civilizations is even bigger in size that runs into over 800 pages is an excellent work of scholarship. I absolutely enjoyed translating this volume. It immensely added to my own knowledge and understanding of India–China civilizational dialogue, especially the literary dialogue. Professor Yu Longyu and Liu Chaohua have taken great pains to collect a great deal of source material pertaining to the literary exchanges between India and China in the last two millennia. I congratulate them for their hard work. I also wish to record my thanks for Mr. Liu Dongjie and Zhu Li of the Shandong Education Press for incorporating a volume of India and China in the 17–volume series *History of Sino–Foreign Literary Exchange* such an important academic work. I must admit that after the translation of the *Four Books*, it was the most challenging task. Had I not had that little training in classical Chinese during my Peking University days, and a little bit exposure to Buddhist and Sanskrit terminology during my stint as a research fellow at Indira Gandhi National Centre for Arts under my guru professor Tan Chung in the 1990s, it would have been impossible to do justice to the translation. I hope through this translation, the cultural, literary and people to people relations between India and China are further promoted and strengthened. I am sure, it will open new enquires for research, and prove beneficial for the researchers and students of India–China relations, literary studies, Buddhist studies, translation studies, comparative literature, oriental studies, and even studies on individuals such as Tagore, Ji Xianlin, Jin Kemu, Xu Fancheng, P. C. Bagchi, Tan Yunshan, Raja Rao, Osho and many more.

Other two well acclaimed academic works of Prof. Yu that I deem worth mentioning are *Sanskrit Classics and Chinese Texts: Indian Scholars and the Chinese Culture* published in

2004, and *China–India Comparative Poetics* published in 2006. The former had appreciation from Ji Xianlin, Wang Yuanhua and Tang Yijie etc. academic bigwigs. In 2005, the book received the 12th Philosophy and Social Science Excellence Prize in the fifteen northern provinces, cities, and autonomous regions. In 2006, it won the second prize in the 4th Chinese Higher Education Award in Humanities and Social Sciences Research for excellence. The *Comparative Study of China–India Poetics* is based on the authentic academic resources, is a brilliant work of research. It is an extremely difficult subject, which professor Yu has handles very well. The author has critically analyzed and elaborately elucidated the themes of China–India poetics as regards existence, identity of the poets, interpretation methods, mode of propagation, aesthetics, rasasidhanta, alankara, dhavnisidhanta, literary and artistic poetics, classical, modern, transitional and comparative poetics etc. themes. In 2007, it received the first prize for excellence in humanities and social sciences of Shenzhen University, in 2009, the second prize for excellence in social science and philosophy in Guangdong province.

Besides, while Professor Yu has kept himself abreast with the trends and development of India studies in China, he has also keenly followed the developments in Chinese studies in India. A chapter written by him in *China and India: Dialogue of the Civilizations* demonstrates this fact. Ever since I developed interest in translating Chinese classics and other works in Hindi, he has willingly reviewed some of my works in Chinese journals and media. I believe he is the most appropriate academician to do that, for he is equipped with a unique background in teaching Hindi and Chinese for 19 and 20 years respectively. In his review about my translation of the *Chinese Poetry: From 11th Century BC to 14th Century AD*, Prof. Yu says the translation is "like primrose in the history of cultural exchange between China and India which won the Special Book Award of the Chinese Government towards his 'long term outstanding contributions to the translation and publication of Chinese books and cultural exchange' in 2011." Subsequently he has reviewed my translation of the

Four Books, and also *Ji Xianlin: A Critical Biography*. He believes that the translator has done justice to what the great translator Yan Fu has called as faithfulness, expressiveness and elegance as far as rendering Chinese to Hindi is concerned.

Finally, I would be failing in my assessment of Professor Yu, if I don't pen down a few words about his family. He is a loving father and dedicated husband. It is heart wrenching, how his wife was struck by paralytic attack and how he has managed to finish the writing and proof reading of those fat manuscripts well within the stipulated time, especially when his loving daughters are no around. Though he has cut short on his participation in various academic conferences, but squeezes in time for a few important ones when required. His youngest daughter is a brilliant writer, people know her better by the *Season of Spring and Rain*, one of her best sellers in China, which was made into TV serial. She has also written Stories about India, soon to be published in English and Hindi in India. In short Professor Yu's life has been full of ups and downs, however, it is the same life which has taught him to be resilient, hardworking, trustworthy and unswervingly strong in the face of adversities. I personally have benefitted from my association with him, hence this small dedication towards him completing 50 years long academic career in Shenzhen University.

50

郁龙余教授

——我的良师益友

高丽婷

高丽婷，印度尼赫鲁大学博士，中文教师。

2016年读博期间，我计划到中国开展田野调查。我的导师邵葆丽教授（Prof. Sabaree Mitra）把我引荐给郁龙余教授。为了完成我的博士课题——“印度文学在中国：学者研究与机构建设”，我需要采访中国主要的印度文学研究者，了解他们的研究经历和学术事业的发展轨迹。到达中国后，郁龙余教授对我呵护有加，犹如对待家人一般。他和学院里的其他同事（尤其是朱璇博士、黄蓉硕士和蔡枫博士）不仅使我在深圳大学得到很好的照顾，而且在课题研究和田野调查中给予许多帮助，这完全超乎我的期待。在深圳大学期间，我经常沉浸在印度研究中心卷帙浩繁的藏书之中，这对我的研究大有助益。深圳大学图书馆的一部分——谭云山图书馆（由印度研究中心筹办），也为我提供了许多珍贵的研究材料。在我向郁教授表示想要与尽可能多的印度文学研究者交流后，他亲自打电话和写推荐信，介绍我拜访这一领域中的许多领军人物，从而拓宽了我的研究范围，同时也令研究内容更加丰富。

郁龙余教授为人谦逊亲切，是印度研究领域的一位出色学者。1965年至1970年，他在北京大学东方语言文学系学习印地语。当时，中国正处于“文化大革命”期间，因此学习、教学难以正常开展，时常被打断。从毕业后到1984年，郁龙余教授留在了北大东语系教书。在19年（5年学习，14年教书）的北大生涯中，郁龙余教授得到了多位著名学者如季羡林先生、金克木先生和金鼎汉先生等的悉心教诲。

1984年，由于个人原因，郁龙余教授南下深圳大学工作。在深大期间，他在“东方文学”课程中教授印地语文学，同时也在几个人文社科院系中教授一些印度相关的课程，如“《摩奴法论》解析”“印度文化史”“中印文学比较研究”等。2005年，印度研究中心成立，郁教授开始担任中心主任。

作为导师的郁龙余教授

从20世纪初，中国学者就开始对印度文学中的一些新领域和新方向进行研究，填补了中国对印度了解中的许多空白。印度研究在中国发展成为一个学科，得益于学者们的不懈努力。他们不断开拓与印度相关的新的研究领域，教授学术课程，发展学术研究项目，从而激励了一代又一代的学者薪火相传。

中国的印度研究由人数不多的几位学者开启，而后通过集体努力持续推进，这也许是中国印度研究发展的最重要特点。学者们不仅教授他们自己的学科，同时也通过个人的研究，去提高中国对印度社会文化的兴趣和关注度。正是通过三代学者的持续努力，今天中国才打下印度文学研究的坚实基础。

在这个方面，作为中国的资深学者之一，郁龙余教授自己就是一位功臣。他的主要研究领域包括印度文学、印度文化、中印文化交流、中印文学比较以及中印关系。自印度研究中心成立以来，他在取得许多研究成果的同时，也培养指导了一大批学者，如朱璇博士、黄蓉硕士和蔡枫博士等。这些学者不仅在深圳大学教书，也对印度文化的许多方面进行了研究，比如，朱璇博士的主要研究领域是印度宗教、哲学和文化，黄蓉硕士的领域是泰戈尔、印度文化和宗教，蔡枫博士的领域是印度美学。

我在深圳大学度过了一个月的时光，受益匪浅。在这期间，我经常前往印度研究中心的办公室和图书馆。更重要的是，我有很多机会可以与郁教授以及他的同事和学生见面交流。郁教授对印度文化研究的造诣很高，且十分热切地去传授知识，在中国和印度两国人民之间建立起更坚固的友谊之桥。他是一位极具个人魅力的学者，在他的影响下，整个研究中心都认同并实践着他的理想——提高中国对印度的兴趣和关注度，提供更丰富的印度研究相关知识。多年来，印度研究中心一直在出版学术成果，举办研讨会等活动，以推进这一目标。这些工作系统性地扩大了中国新一代印度研究的学者队伍，并在学术知识的传递过程中，巩固了这一学科的实力，从而保证了中国印度研究的蓬勃发展。

郁龙余教授领导下的印度研究中心的成果与贡献

深圳大学成功举办了许多印度相关的研讨会和大型会议。早在 1996 年 4 月，深圳大学就举办了第十三届“罗摩衍那”研究国际会议；2002 年 3 月，深圳大学举办了第九届印度文学研讨会。自 2005 年成立以来，印度研究中心多次举办学术活动，这些活动包括 2006 年 10 月的 2006 中印友好年・深圳大学印度节、2007 年 4 月的中印关系国际研讨会、2008 年 11 月的谭云山中印友谊馆开馆仪式。2008 年 12 月和 2009 年 12 月，深圳大学分别在北京和新德里参与举办了首届中国南亚国际学术论坛暨纪念谭云山师觉月诞辰 110 周年学术研讨会和第二届中国南亚文化论坛。2012 年 11 月，深圳大学还与中国人民对外友好协会合作，在深圳组织了一次泰戈尔画作的展览——“泰戈尔：远行的罗曼史”，并在 2012 年 11 月于深圳举办了第四届中国—南亚国际文化论坛。

印度研究中心曾接待过许多公众人物和印度研究领域的著名学者，包括印度总理经济顾问、尼赫鲁大学的前校长契特教授，三任印度驻华大使梅农（Mr. Shiv Shankar Menon）、拉奥琦和苏杰生，ICCR 主席凯伦・辛格先生，ICCR 主任高尔（Mr. Suresh K. Goel），印度知名梵学家夏斯特利教授，谭中教授，鲍思岱先生和朱新天博士。

2010 年 7 月 15 日，印度总统普拉蒂巴・帕蒂尔给郁龙余教授写了一封祝贺信，高度赞赏了他在组织出版《泰戈尔作品鉴赏辞典》中所做出的贡献。

建立谭云山中印友谊馆

谭云山教授是拉宾德拉纳特・泰戈尔亲密的学术伙伴，是印度国际大学中国学院的创办人和首任主任，是中印之间的伟大文化使者。他一生致力于中印友谊，为此被称赞为“现代玄奘”。

2006年3月，谭云山的长子谭中教授将父亲的藏书和文献捐赠给了深圳大学。这些资料具有很高的研究价值，因此受到了深圳大学领导的认可和赞赏。谭云山中印友谊馆于2008年11月21日正式落成，很好地保管和展示了这些藏品。谭云山中印友谊馆设在深圳大学的图书馆内，它有着两个重要的作用。第一个作用在于，它是展示谭云山以及所有为印中友谊做出贡献的人士的个人生涯和所处时代的纪念馆，展品包括许多珍贵的手稿、作品和纪念品。谭云山中印友谊馆还有第二个作用，它是一个特别的阅览室，向深圳大学的师生以及来自中外的所有访问学者开放，以促进对印度文化、中印文化交流、中印之间经济往来、中印友谊与合作以及其他相关课题的学习与研究。谭云山中印友谊馆的建立是现代中印文化交流史上的一个里程碑，它集中展示了中印之间的友好交流史。

郁龙余教授的研究成果和学术荣誉

郁龙余教授出版了许多与印度研究有关的著作，极大地促进了跨文化理解和跨文化研究的发展。他在印度研究方面和加强印中文化关系方面做出了杰出的贡献，因此他在中印两国学术界都备受尊敬。

他的主要作品包括《中印文学关系源流》(1987)、《中国印度文学比较》(2001)、《东方文学史》(2001)、《梵典与华章：印度作家与中国文化》(2004)、《中国印度诗学比较》(2006)、《印度文化论》(2008)以及《泰戈尔作品鉴赏辞典》(2011)，等等。

《梵典与华章：印度作家与中国文化》和《中国印度文学比较》获得了部级和省级的奖励。郁龙余教授还是第二届ICCR“杰出印度学家”奖的获得者，2016年印度总统普拉纳布·慕克吉亲自为他颁奖。

(高学思译)

Yu Longyu, A life of Dedication and Friendship

Bihu Ghosh (Ph.D.)

I was introduced to Prof. Yu Longyu by my mentor, Prof. Sabaree Mitra in 2016, when I was planning to go to China for my Ph.D. field trip. My thesis on the "Research of Indian Literature in China: Individual Scholarship and Institution Building (1950–2010)" required that I interview the leading scholars of Indian literature in China and learn about their research experiences and their careers trajectories. Once I arrived in China, Prof. Yu took me under his wings and treated me like a member of his family. He and everyone in his department (especially Dr. Zhu Xuan, Ms. Huang Rong, Dr. Cai Feng) not only made sure I was well taken care of in Shenzhen University but went over and beyond any of my expectations to help me in my research and fieldwork. During my stay, I spent hours in the Centre for India Studies, where there were piles and piles of books, most of which were essential for my research. The Tan Yunshan library (curated by Centre for India Studies), which is a part of the Shenzhen University library was also made available for my search of research materials. When I told Prof. Yu that I also wanted to meet as many scholars of Indian literature as possible, he himself made calls and wrote me introductory letters, making sure I could meet the biggest names in the area of my research and strengthen the scope and content of my thesis!

A warm and humble man, Professor Yu Longyu is a prominent scholar in the area of India Studies in China. He studied Hindi at the Department of Oriental Languages and Literature at Peking University from 1965 to 1970. During those years, China was going through the Cultural Revolution (1966–1976) and classes were irregular and often interrupted. After his graduation Prof. Yu Longyu remained at Peking University to teach at the Department of Oriental Languages and Literature, where he taught till 1984. During this period of nineteen years (five years of studying and then fourteen years of teaching) at the university, Prof. Yu Longyu studied under the guidance of several senior teachers such as Ji Xianlin, Jin Kemu, Liu Anwu, and Jin Dinghan.

In 1984, due to personal reasons, Prof. Yu Longyu moved to Shenzhen University. While in Shenzhen University, he taught Hindi literature in an Eastern literature course, he also taught India related courses like "Analyzing Manusmriti", "History of Indian Culture", "Comparative Study of Indian and Chinese literature" etc. in different humanities and social science departments, before the specialized department called Center for India Studies (CIS) was established in 2005 with him as the Head.

Mentoring

Since the beginning of the 20th century, Chinese scholars have done research on new areas or new aspects of Indian culture, which has helped in filling gaps in China's understanding about India. India Studies developed as a discipline in China because scholars worked hard to establish and develop new research areas related to India, they taught academic courses and developed academic programs across China which inspired and encouraged generation after generation of scholars to carry the torch forward.

Perhaps the most important characteristic about the development of Indian studies in China, is that it was initiated by the efforts of a few scholars and developed through the years as a collective effort. Scholars who not only taught their own subjects but also carried on individual research to develop interest and awareness about Indian society and culture in China. It is a joint effort of scholars of three generations and their relentless hard work that has erected a strong research base of Indian literature in China today.

In this respect, Prof. Yu Longyu, one of the senior scholars of China is an institution in himself. His main areas of research are Indian Literature, Indian Culture, China India Cultural Exchange, China India Comparative Literature, and China India Relations. Since the establishment of the Center for India Studies (CIS), he has not only produced a lot of work himself but at the same time, trained and mentored a large number of scholars such as Dr. Zhu Xuan, Dr. Cai Feng, Ms. Huang Rong etc. who not only teach subjects related to India at the university but are also doing their own research on various different aspects of Indian Culture. For instance, Dr. Zhu Xuan's main area of research is Indian religion, philosophy and culture; Ms. Huang Rong's area of research is Tagore, Indian culture and religion; Dr. Cai Feng's area of interest is Indian aesthetics.

I spent almost a month in Shenzhen University which was a great learning experience for me. During this period, I frequented the Center for India Studies Office and the library, but more importantly I had ample opportunity to meet and interact with Prof. Yu and his students and/ colleagues. Prof. Yu's knowledge and interest in Indian culture is matched only by his enthusiasm towards spreading that knowledge and building a stronger bridge between the people of India and China. He is an iconic scholar and his department shares his view on working hard towards creating more information and interest about India in China. This department has consistently published works, held seminars and other activities to achieve that goal. Such efforts are systematically strengthening the future generation of Indian Studies scholars in China, and also helping in the consolidation of the discipline through the transference of knowledge from one generation to another. Thus, ensuring extraordinary results in development of India studies in China.

Contributions of the Center for India Studies (CIS) under Prof. Yu Longyu

Shenzhen University has successfully hosted various India related seminars and conferences. As early as in April 1996, Shenzhen University hosted "The 13th International Conference on Ramayana" and in March 2002, Shenzhen University hosted "The 9th Seminar on the Indian Literature". Since its establishment in 2005, CIS has hosted many academic activities, including "Year of Sino-Indian Friendship, 2006 · Festival of India, Shenzhen University" in Oct 2006; "International Seminar on Sino-Indian Relations" in April 2007 and "Inauguration of Tan Yunshan Sino-Indian Friendship Museum" in Nov 2008; it jointly hosted "The First China-South Asia Forum and International Academic Seminar on the 100th Birth Anniversary of Prof. Tan Yunshan and Prof. P. C. Bagchi" in Beijing in Dec 2008 and "The 2nd China-South Asia Cultural Forum" in New Delhi in Dec 2009. Shenzhen University also collaborated with Chinese People's Association for Friendship with Foreign Countries (CPAFFC) to organize an exhibition of Tagore's paintings- "Tagore: Romance of Travel" in Nov 2011 and held "The 4th China-South Asia Cultural Forum" in Nov. 2012 in Shenzhen.

CIS has received many public figures and scholars of Indian studies, including Prof. G. K. Chadha (the Economic Adviser of the Prime Minister of India and the former Vice-chancellor of Jawaharlal Nehru University), three Indian Ambassadors to China, namely, Mr. Shiv Shankar Menon, Ms. Nirupama Rao and Dr. S. Jaishankar, Mr. Karan Singh (Chairman of the Indian Council for Cultural Relations "ICCR"), Mr. Suresh K. Goel (Director of ICCR), Prof. Satya Vrat Shastri (Indian distinguished Sanskrit-ist), Prof. Tan Chung, Mr. Michel Postel and Dr. Zhu Xintian.

On July 15, 2010, the Indian President, Ms. Pratibha Patil wrote a Message of Congratulation to Prof. Yu Longyu (director of CIS) to praise and encourage his contribution to organize the publications of *Appreciation Dictionary of Gurudev Rabindranath Tagore's Works* and *The Complete Works of Gurudev Rabindranath Tagore*.

Establishment of Tan Yunshan Sino Indian Friendship Museum

Prof. Tan Yun–shan, a close academic associate of Rabindranath Tagore and Founder–Director of Visva–Bharati Cheena–Bhavana at Santiniketan, India, was the great cultural emissary between China and India. He dedicated his life to Sino–Indian friendship, for which he was often referred to as the "Modern Xuan Zang" .

In March 2006, Prof. Tan Chung, the eldest son of Tan Yun–shan, donated his father's collection of books and documents to Shenzhen University. These materials had great research value and as such was acknowledged and appreciated by the authorities of Shenzhen University; thus arrangements were soon made to preserve and display said documents, for which Tan Yunshan Sino–Indian Friendship Museum was finally set up and inaugurated on November 21, 2008. Appropriately housed inside the University Library, the Tan Yunshan Sino–Indian Friendship Museum plays two important roles: First, it is a memorial hall commemorating the life and times of Tan Yunshan and all those who have contributed to India–China friendship; in other words it is a repository of rare handwritten manuscripts, writings and mementoes. The second role of the Tan Yunshan Museum is that it is a special reading room open to the faculty and students of Shenzhen University and all visiting scholars from China and abroad as a facility for studying Indian culture, India–China cultural contacts, economic interactions between India and China, India–China friendship and cooperation and other related topics. The establishment of the Tan Yunshan Sino–Indian Friendship Museum is a milestone in the modern phase of the history of India–China cultural exchange and it showcases the narrative of India–China friendship.

Contributions and Awards

Prof. Yu Longyu has produced a wide range of works related to India that have greatly helped the progress of intercultural understanding and research. He is greatly respected in both Chinese and Indian academic circle for his outstanding contributions to the research on India and in effect for strengthening India–China cultural relations.

Some of his important literary works are: *Origin and Development of Sino–Indian Literary Relations* (1987), *Sino–Indian Comparative Literature* (2001), *History of Oriental Literature* (2001), *Indian Classic Works and Chinese Classics– Indian Writers and Chinese Culture* (2004), *Comparative Studies on Sino–Indian Poetics* (2006), *The Theory of Indian Culture (2008), Appreciation Dictionary of Foreign Dramas: Ancient Volume*, *Appreciation Dictionary of Rabindranath Tagore's Works* (2011), etc.

Indian Classic Works and Chinese Classics: Indian Writers & Chinese Culture and *Chinese and Indian Poetics: A Comparative Study* were also awarded at ministerial and provincial levels. Prof Yu was also the recipient of the Second ICCR "Distinguished Indologist" Award, presented to him by Indian President Pranab Mukherjee in 2016.

50

郁龙余先生印象

亢西民

亢西民，文学博士，山西师范大学文学院院长。

我与东方文学结缘始于20世纪80年代中期，当时在华东师大世界文学助教进修班学习，有幸在倪蕊琴教授家中见到季羡林先生。对于我这样一位普通年轻教师来说，能够见到这位大师级的人物，深以为幸；后来的多年间，尽管自己的学术兴趣不在东方文学，但是因为这次碰面，也就对国内印度文学、东方文学方面的学者多了几分关注。因此，也就自然慢慢在书本上“结识”了印度文学研究领域的学者郁龙余先生和我后来的博导孟昭毅先生。

1984年郁先生离开执教多年的北京大学，前往深圳大学任教，后来又执掌中文系、文学院，成为国内大学中文界瞩目的焦点。多年以后我又有幸拜到孟先生门下，因为孟先生和郁先生的深挚友谊，也不时听到孟先生和师兄黎跃进先生讲起郁先生的为人、治学的成就。于是我对郁先生的印象也就愈来愈深刻。在我的印象中，郁先生是一位学识渊博、博闻强记、勤谨多才的学者；多年来他笔耕不辍、著述甚多，不断有印度文学、东方文学和中印文学关系、中外文化文学关系方面研究的成果推出。这些著作、论文的面世，往往都能在学术界引起很大反响，其中《中印文学关系源流》《中国印度文学比较》《中西文化异同论》《中外文学交流史·中国—印度卷》等著作更是堪称中国学者研究中印文学、文化关系和印度学方面的扛鼎之作。

我对郁先生之所以有这样的印象，客观与否暂且不论，但实实在在的却是与两个人有关。一个是我的恩师孟昭毅先生。孟先生何尝不是一位学识渊博、博闻强记、勤奋多才的学者？他们两人在治学、做学问方面确有很多相似之处，不同的是，孟先生和我之间多了一层亦师亦友的师生关系。在我和孟先生多年的交往中，孟先生为人处事的大气魄、大格局，对弟子们的要求严格又亲切关爱，我和众多孟门弟子都是有着深切感受的。还有一个人就是季羡林先生。郁先生和孟先生都曾师从季羡林先生，学习东方文学、印度文学，我想他们两位的学问、修养、献身学术的精神，应该是深得季先生真传的。季先生把国内大型学术丛刊《东方文化集成·东方文化综合研究编》的主编工作，委托交付给他们二人；他们两人中，郁先生撰写出版了《季羡林评传》，孟先生编选出版了季先生的散文集《我的人生感悟》《季羡林自述：我这一生》。由此可见季先生对他们的信任，可见季先生在他们治学方面的影响。

说来不怕大家笑话，其实我和印度文学之间缘分很浅，说起印度文学我脑子里立马出现的人物除了上述三位先生，还有三个人是不能不提的。其一是北京大学的魏丽明教授，还有两位，是我的师兄黎跃进教授、师弟张绍斌博士。魏教授在许多方面给过我和我的学生许多帮助，后两位则是我在印度文学、东方文学方面的“高参”，每当我遇到一些这方面的问题和困惑，不便打扰孟先生时，随时随地打电话过去请教的就是他们两位。

2011年郁先生和孟先生两人一起赴印度开会，归来后出版了《天竺纪行：郁龙余、孟昭毅学术之旅》学术游记，一时传为学界佳话。这时郁先生的为人、文才和学问，对我来说早已了然于心；他就像一个我十分敬佩的学界前辈和相交已久的朋友，我心仰慕之、期盼之，只是无缘相见。

后来，结识郁先生的机缘终于来临了。2014年我们几个孟门弟子和学界同人商议2015年8月在山西师大举办“新视野：比较文学与世界文学研究”学术研讨会暨孟昭毅先生学术思想研讨会，并在山西以孝文化闻名天下的绵山为孟先生恭贺70寿诞等事宜；筹划请几位孟先生的学界好友前来做学术报告、助兴共乐，孟先生说一定要请郁龙余先生。当然，郁先生十分爽快地答应了，他还特地把他与孟先生2011年访印归来后所作的一首诗《赠孟教授昭毅兄》寄给我，诗曰：

孟兄圣贤种，卓荦甲津门。

达己济人志，踵事增华人。

学问三境界，甘苦一生寻。

万千接引佛，君最菩提心。

从诗作可见他们之间深厚的友情，以及郁先生对孟先生为人、学问、胸怀、志趣的深刻感受和了解，非相知挚友不能为之。

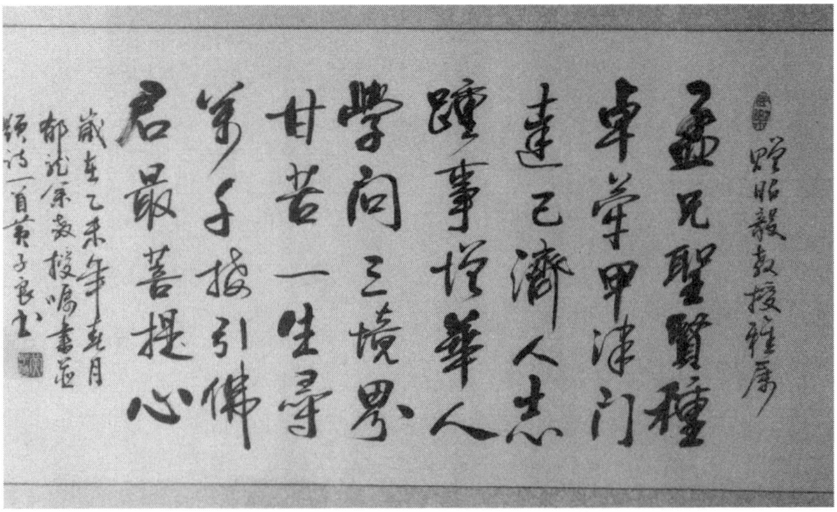

郁龙余先生为孟昭毅先生 70 寿诞赠诗横幅

我请山西当地一位书法家将诗作书写装裱，在孟先生绵山寿宴上做了展示。后来，郁先生又在深圳请书法家将诗作书写装裱好后送给孟先生。郁先生还亲自为孟先生 70 寿诞纪念文集撰写了贺寿文章，文章从中国传统文化祝寿习俗的文化机制的深层分析入手，谈到孟先生做人的博大胸怀、治学的成就，以及对吾辈后学的鼓励。其间旁征博引、高屋建瓴地议论、剖析，动情地抒怀，使我不由得感叹，一篇贺寿文字，竟写得如此博雅、动人，足见得郁先生的深厚学养。后来我和黎跃进师兄在主编《多样性对话与话语建构——孟昭毅先生七十寿辰纪念文集》时，把郁先生的贺寿文作为文集的序，郑重推出。

2015 年 8 月，北方正是酷暑季节，郁先生不惧酷热，如约而至。会议期间，郁先生不仅在学术研讨会上做了精彩报告和发言，其后还不言疲劳，兴致勃勃参加了在晋南和绵山举办的一系列后续活动。

郁龙余先生在 2015 年 8 月“新视野：比较文学与世界文学研究”学术研讨会暨孟昭毅先生学术思想研讨会上做报告

郁龙余先生在孟昭毅先生寿宴上激情发言

山西会议之后，我活动的主阵地转移到了西安，郁先生在山西活动的种种影像还时时浮现眼前。期盼着郁先生能够再来山西或西安讲学，使我的学生和年轻教师同行们都能够再次领略到他的卓然风采！

2020年7月5日，

于终南山下寓所

郁老师印象记

周　萌

周萌，文学博士，深圳大学文学院副教授。

我入读文学院时，郁老师既是院长，又是“四大导师”之一。虽然郁老师工作极其繁忙，但无论什么时候见到，他总是笑意盈盈，说话极为温和。

开学后的中秋节前夕，我们4个同学应邀到郁老师家做客。这样的场合，对我们来说还是头一遭，大家不免多少有些紧张。郁老师似乎早已料到，提前买了甘蔗，一边用刀削甘蔗皮，一边跟我们拉家常，很快大家就变得像在自己家一样无拘无束了。

郁老师是印度学专家，但他并不局限于印度，而是反复强调，治学要用中、西、印“三只眼睛”看世界，这样才能更贴近事物的实相。郁老师讲授佛学与中国文学的关系时，提到唐代皎然，后来我的硕士论文便以皎然所撰的《诗式》为研究对象。

我们是文艺学首届研究生，郁老师考虑到深圳毕竟偏南一隅，为了缩短我们与学术中心的距离，也为了践行“读万卷书、行万里路”的信念，郁老师拨出一笔经费，资助研究生的“游学计划”。

正因有这项资助，我花了两个月时间，游历了北京、天津、西安、武汉、上海、南京、苏州、杭州、湖州、广州10个城市，参观了这些地方的高校，拜访了许多学者，复印了毕业论文的相关资料，还在皎然隐居的地方凭吊了一番。诸多收获均在书本之外，甚至可以说是受益终生。

郁老师向来鼓励学生深造，我读博期间返校，郁老师也会安排我与师弟师妹们交流切磋，给他们些许激励。郁老师门下人才济济，数位弟子均毕业于北京大学南亚学系，绝非偶然现象。

我毕业前夕，郁老师恰巧在京。他与我的博导卢永璘老师，以及陈熙中老师本是故交，正宜小聚。席间，最为健谈的陈老师谈笑风生，指点江山，我有幸聆听了他们的不少旧闻逸事。老师们经历了诸种坎坷，才有如今的成就。后生与其顾影自怜，不如迎难而上。

我毕业后返回深大工作，郁老师仍给予了诸多关照，还给我讲过新手应当如何处理教学科研与行政事务的矛盾关系等，让人受益匪浅。

郁老师荣休后，仍照常准时上下班，科研方面更是硕果累累。郁老师是经历过大风大浪之人，所以从领导岗位退下来后，能迅速回归纯粹学者身份，华丽转身，这是大智慧的体现。

5 年前的暑假，我在校内偶然碰到郁老师，得知我在研究宋代僧人诗话后，他让我提交一篇论文，参加杭州佛学院年底的研讨会。郁老师对后辈的提携，发自内心，真诚而没有丝毫杂质。

会后返深的路上，我笑问郁老师："明年 70 大寿，可否小型庆祝？"郁老师答道："季先生说过，在学术界，70 岁连小弟都算不上，很多印度学者，90 岁还相当活跃，到那时再说吧。"

古人说："智者乐，仁者寿。"像郁老师这样兼而有之的人，将来定会有更多的思想言行泽被后辈，嘉惠学林。我等亲炙之徒，何其幸也。

桃李不言，下自成蹊

——致谢师德高尚、乐于助人的郁龙余教授

李　荔

李荔，深圳大学生命与海洋科学学院教授。

很幸运遇到著名学者郁龙余教授。同在深圳大学任教，由于属于文理不同专业，我对郁龙余教授的了解仅限于校园新闻和传信，因为他是一位杰出教授、文化名人。我也没想到自己会拜访他、求教他，进而认识他。

2014年的春季，我刚上高中的孩子偷偷写了一部20多万字的小说《初心》，准备参加第十五届“中国少年作家杯”全国征文大赛。因为孩子初次写作，不知道写得怎样，就想找个专家看看可否参赛。有老师给我推荐文学院的郁龙余教授，因为他的孩子初中就创作了著名的《花季·雨季》。审阅20多万字的书稿可不是一件很轻松的事，像郁教授那样的名人，要做的重要事情太多了，哪有时间看一个小孩子试写的东西，况且我还不认识郁教授。但好几个同事都推荐他，正所谓“绿野堂开占物华，路人指道令公家”，我怀着忐忑的心情去了郁教授办公室。我看到了一位儒雅和善的老先生，当我说明了来意，他热情地接待了我。郁老师当时在翻译编写印度研究方面的书籍，也非常忙，但郁老师还是爽快地答应了我的请求。

由于参赛截止时间临近，郁老师用了不到3个星期就审阅完书稿，而且是逐字逐句地仔细审改，所有的审改批注都详细手书在打印的书稿上。我的孩子按照郁老师的修改意见对作品进行修改完善，报名参加了当年的“中国少年作家杯”全国征文大赛。在郁老师的精心指导下，孩子的作品获得第十五届“中国少年作家杯”全国征文大赛高中组文学类作品一等奖，我们全家陪着孩子去北京，在人民大会堂接受了颁奖。

作品获奖后不久，大赛协办方之一漓江出版社有意出版孩子的小说。我们将此喜讯报告给郁老师。随后，郁老师又以“新世纪的青年之歌”为题作序，对孩子的作品给予高度评价和肯定。其中写道："读完《初心》的感觉和二十年前读完《花季·雨季》的草稿的感觉是一模一样的。我要大声说，《初心》是充满时代感和正能量的好作品。曾经有评价说，《花季·雨季》是二十世纪九十年代的《青春之歌》，那么，我要说《初心》是新世纪的《青春之歌》。"郁老师的高度肯定和表扬，给予孩子莫大的鼓励，本来有点叛逆的孩子顺利考上大学，并一直爱好文学，大学期间勤奋写作，毕业后一年出版了他的第二部作品《三则故事》。

《初心》作者杨理民在人民大会堂获颁一等奖荣誉证书

陶行知先生有句格言："捧着一颗心来，不带半根草去。"郁老师就是这样的老师。孩子的作品获奖并出版是我们家非常重要的事，其中离不开郁老师的帮助，我想通过一些方式表达我们全家对郁老师的感谢之情，但都被郁老师婉拒，分文不受，这让我深感愧疚和不安。郁老师说只想见见孩子。我带着孩子和出版的书到郁老师的办公室拜谢，郁老师给予孩子莫大的称赞、鼓励和教诲。从郁老师的身上，我深刻理解了什么是“学高为师，身正为范”。

桃李不言，下自成蹊。我相信许许多多的人都受到过郁老师的恩泽，郁老师真诚高尚的品德早已被人们熟知、敬仰。写此短文不为什么，只想表达我们全家对郁龙余老师由衷的感谢！

印象·郁龙余老师

张　远

张远，中国社会科学院外国文学研究所、梵文研究中心副研究员，中国外国文学学会印度文学研究分会理事、副秘书长。

郁龙余老师并没有亲自教过我，但是他的学生朱璇博士与我同年，寝室在我的旁边，所以许多郁老师的教诲和事迹我早已耳熟能详、熟记于心。

从 2013 年金秋在北京与郁老师第一次相见后，已过去多年。由于郁老师在深圳，而我在北京，我们直接见面的次数并不多，主要的联络就是充当郁老师和黄宝生老师的“信使”。这么多年，数不清的往事历历在目。我试着将郁老师留给我的最深的印象和片段，总结为两个可爱的巧合和三个美好的印象。

第一个可爱的巧合是，郁老师幸运地拥有一对双胞胎女儿，我也有一对双胞胎孩子。由于郁老师教育得法，这一双女儿非常出类拔萃、聪慧善良、美丽动人。我一有机会就会跟郁老师取经。谈笑之间，我便能感受到郁老师的家里时刻弥漫着的浓厚的书香氛围。郁老师历久弥坚的工作热情和开明的教育理念也让我深受启发。我希望我的一对双胞胎孩子也能像郁老师的女儿一样出众！

第二个可爱的巧合是，一次偶然的机会，我发现自己跟郁老师同一天生日，都是 4 月 3 日！我跟郁老师一样，都是火象星座的白羊！所以每年郁老师过生日的时候，我也在过生日！这样每年生日都会有双份儿的欢乐！

这两个可爱的巧合，让我感觉我跟郁老师在茫茫人海中相见，特别有缘！

然后，再说说郁老师留给我的三个美好的印象。

第一个美好的印象是，郁老师对前辈学者特别尊重，对年轻学者非常爱护。2013 年 10 月，在中国外国文学学会印度文学研究分会第十四届年会暨“梵语文学与印度现代文学”研讨会上，我与郁老师第一次相见的时候，郁老师充分肯定了黄宝生老师的贡献，言语间透露着发自内心的敬重。那时候我刚刚参加工作还不到半年，正在帮黄老师做一些力所能及的事情。郁老师就鼓励我们年轻人，只要追随前辈的足迹，就会大有可为。郁老师每次到北京都会亲自登门拜访黄宝生老师。记得2019年11月17日，郁老师带着小女儿郁秀去拜访黄宝生老师，以带路为名邀我同行。在黄老师家的这次聚会非常热闹。黄老师的爱人郭良鋆老师拿出黑巧克力豆招待大家。当黄老师讲起郭老师的家庭背景时，郁秀姐说："原来是位流落在民间的公主！"郭老师哈哈大笑道："不愧是位作家，这么会说话！"郁老师愉快地为我们照了一张合影。

2019年11月17日于黄宝生老师家中合影

第二个美好的印象是，郁老师特别勤奋。郁老师热爱科研和创作，充满了工作的激情，无论之前在北京大学还是之后调到了深圳大学，无论担任系主任、院长等领导职务还是退休在家，他都天天工作到很晚。他不仅著作等身，还有很多未出版的书稿，包括《大国和大国学术：郁龙余国学论集》《郁龙余诗文集》和一部长篇小说《黄道婆》。郁老师现在的成就，与他的辛勤工作密不可分。这种刻苦钻研的精神很值得我们认真学习和发扬。

第三个美好的印象是，郁老师特别顾家。郁老师对妻子情深义重，对女儿慈爱有加。郁老师为了印度研究中心的工作，退休之后依然每周五天乘校车上下班，争分夺秒，惜时如金。但是如果妻子身体不适，郁老师就会在百忙之中耐心陪伴、悉心照顾妻子。2015 年 10 月，中国外国文学学会印度文学研究分会第十五届年会暨“印度文学与宗教”学术讨论会在杭州佛学院召开。这次年会郁老师正是因为爱妻生病住院而没能出席。在郁老师的两个女儿还小的时候，他的夫人带着一个女儿在老家，而郁老师则独自一人带着另一个女儿在北京，一边进行教学和科研，一边照顾年幼的女儿。郁老师不仅是事业上功成名就的杰出印度学家，还是照顾妻子的好丈夫，深爱女儿的好父亲，实在是让人无比敬佩！

值此郁龙余老师执教 50 周年之际，谨以此文衷心祝福郁老师身体康健，平安喜乐，吉祥如意，阖家美满！

记老师趣事一二三

蔡　枫

蔡枫，文学博士，深圳大学印度研究中心副研究员、主任助理，郁龙余先生的高足。

我的老师是郁龙余教授，他是我的老师，也是我们的老师。我们常常称他为“老师”，而不是“郁老师”，更不是“郁教授”。

初识老师，是20多年前的事。那是1998年的秋天，我作为大一新生参加深圳大学文学院的开学典礼，当台上的主持人介绍说，我们的文学院院长郁龙余教授是著名青春小说家郁秀的父亲的时候，全场一片哗然。我们的同学，大部分都在高中时期阅读过《花季·雨季》，没想到，名人的父亲就在我们眼前。他看起来如此朴素、如此可亲，如同一个耕地的老农民，完全不是我们想象中的那样光芒四射，遥不可及。二十载时光荏苒，蓦然回首，记忆犹新。

老师执教50年，桃李芬芳，名作迭出，作为师者和学者之典范，早已多有评论，不再赘述。在我们眼里，老师是智者、仁者，但本质上是幽默朴素、可亲可爱的师者。关于老师的二三事，非常有趣，每每想起，我都忍俊不禁。

趣事之一，老师喜欢走路，能走路时一定不会坐车。他走路很快，年轻的时候，几乎是健步如飞。无论在什么地方，他总是走在我们的前面，昂着头前进，脚步从容而紧凑，而我们总是气喘吁吁地跟在他的后面，小跑着追赶他的背影，生怕追不上。于是，他总要时不时回过头来跟我们聊工作、聊见闻，思路清晰，语气淡定，语速适中。每每想起这种情形，我的脑海中就浮现出青蛙妈妈带着蝌蚪宝宝前进的画面。青蛙妈妈悠然自得，而小蝌蚪使劲地摆动着小尾巴紧跟在身后。在学术上也是如此。这20多年来，老师就如同青蛙妈妈一样，不辞辛劳地带领我们这些小蝌蚪做项目、写书以及组织各种对外文化交流，事无巨细，手把手地教我们。

我还清晰地记得2003年老师带领我们写作《梵典与华章：印度作家与中国文化》的情形。那是我第一次写书。那时，我还是一个研究生一年级的学生。当时接到这个任务，我有点诚惶诚恐。尽管我当时已经在《深圳特区报》公开发表过专版的文化评论，笔头功夫有所训练，但是，对我来说，学术研究尤其是印度文化研究还是非常陌生而神秘的。2003年5月的某一天，老师把我们几个在校的研究生召集到办公室，跟我们讲了写作计划，并展示了钱林森先生主编的“外国作家与中国文化跨文化丛书”中的一本样书，那是孟昭毅老师书写的《丝路驿花——阿拉伯波斯作家与中国文化》。当时我们几个学生一头雾水，不知从何写起。过了几天，老师列出了一个详细的写作提纲，并根据每个人的秉性和以后有可能从事的研究方向做了设计和安排。我因自幼喜欢艺术和美学，老师安排我写作“印度艺术美学在中国”这一章。但我仍然不知从何处下手，因为深圳大学图书馆关于印度艺术研究的书实在太少了。又过了几天，老师又召集我们到他的办公室。这次老师分给每人一堆书。我的书最多最重，都是大开本的图册，需要分三次才能搬到宿舍。

那年夏天，我第一次放假不回家，待在宿舍里，“啃着”从老师办公室搬来的20多本大书，在忘我的状态中，初次“尝到”学术写作的甜头，实现了从报刊写作到学术写作的华丽转身。我是《梵典与华章：印度作家与中国文化》写作团队中年纪最小的学生，然而老师却赋我重任，让我当全书的“电秘”（这是师姐们的戏称，指的是书稿的电子秘书），负责书稿电子稿的汇总和排版。这样，所有人的书稿我都至少读了三遍。通过这本书稿的写作、编辑和反复修改，我掌握了印度文化的基本知识，并且找到了研究印度文化的初始感觉。我相信我的师姐们也一定受益于此次学术性写作。参加此次写作的七个学生中，有五个后来考到了北京大学攻读印度文学，并且一直从事与印度学相关的学术研究。

这是一次印度学研究的启蒙训练，开启了我们“梵典与华章”的探索之旅。这也是印度学“聚徒教学”模式的有益探索，比后来深圳大学大力提倡的至少早了12年。

自此以后，我们在老师的“率领”下，踏上漫漫征途，完成了一次又一次“梵典与华章”式的写作，写出《中国印度诗学比较》《印度文化论》《泰戈尔文学鉴赏辞典》等一部部作品。十多年过去了，郁老师仍然喜欢走路，仍然走得很快，仍然走在我们的最前面。犹如青蛙妈妈一样，尽管有些“蝌蚪”已蜕变成“小青蛙”，老师仍满怀喜悦地带领着“小青蛙”不断前进，去领略更美的风景。

趣事之二，老师除了喜欢走路，还喜欢合影留念。老师经常说，趁青春多留点儿照片。我已经数不清跟老师合影了多少次。只记得每次合影的时候，老师一定会帮我们排好队列，兼顾高矮胖瘦和每个人的服装颜色，在摄影者按下快门前，老师一定会大声地喊“茄子”或者“西瓜”，惹得大家哈哈大笑，而老师也会“嘿嘿”地自个儿笑，直至拍照结束。因此，跟老师合影的每一张照片，大家都笑得很开心；每一张照片，都定格着老师经典的笑容，洋溢着大伙儿相聚的欢欣和喜悦。老师不仅与我们合影，还与我们的家人合影。我记得我们一家人跟老师的第一张合影拍摄于 1999 年的秋天。那时候，我的父亲蔡立群先生在郁老师的支持下，在深圳大学的学生活动中心举办了一次画展和讲座。老师参观了画展，出席了我父亲的绘画讲座，并和我们在画展的现场拍了一张合影。老师那经典的笑容便早早地定格在我们家人的心中。

1999 年秋于深圳大学学生活动中心展厅，我和父亲与郁老师合影

老师喜欢跟我们合影，我们也喜欢跟老师合影，合影变成了一件非常有趣的事儿。不仅我们几个学生喜欢跟老师合影，很多学者和名人也喜欢跟老师合影。翻开老师的相册，我们可以看到很多名人的身影。老师跟季羡林、饶宗颐、乐黛云、刘安武、黄宝生等中国学术大咖合影，也跟荷兰的佛克玛教授、印度的学术泰斗金德尔教授、梵文大师夏斯特利教授和法国的鲍思岱先生等国际学术牛人合影。而在老师的相册中，最有特色的合影是老师跟近 20 年来华的印度驻华大使和印度驻穗总领事的合影。老师几乎是“看着”这些外交官长大的。因为有的驻穗总领事后来成了大使，有的驻华大使后来成了印度外长，有的印度外长可能会成为印度国家领导人……老师的相册成了“梵典与华章”之中印学术文化交流最生动的图像记录。

老师的一张合影曾经引起了中印媒体的广泛关注。那是 2016 年 12 月 1 日下午在印度总统府与印度总统慕克吉先生的合影。照片中，印度总统向老师授予“杰出印度学家”奖，总统府的侍卫肃立其后，300 余名来自中国和印度的学术名流和社会贤达在场共同见证了这一张照片的拍摄。此时总统府弥漫着庄严肃穆而又祥和美好的气氛，老师紧紧抿着嘴巴，笑而不露，淡然沉稳，我猜，他一定在心中轻轻念着“茄子”或“西瓜”。这张照片记录了历史，也渐渐地成为历史的记录。每每看到这张照片，我就想起老师的名言。老师在“杰出印度学家”颁奖典礼上发表获奖感言时讲道：“成事为重，名次之，利益为轻。”这 20 多年来，我看到老师以各种大大小小的学术事和交流事为重，脚踏实地，积薪传薪，奇迹般地创建了南方印度学研究基地。老师说：“我用半个世纪的时间，将印度语言文化研究，从专业变成了职业，又从职业变成了终身的事业。”而我想补充说明的是，老师用几十年的光阴，如燕子筑巢，从东西南北各方叼来泥土和仙草，用自己的唾液和心血，一点一滴为我们这一群雏鸟建筑了一个精致而宽敞的鸟巢，并将其置于高高的梧桐树上，期望华梵的清声响彻人林，响彻深泉。

趣事之三是老师喜欢扎书堆。关于老师爱书，30 多年前，报刊已有报道。当年从北大南下深大，老师带来了 26 箱书和一口锅，一时成为美谈。老师上班的时候，手里常常提着一个黑色的拎包，里面至少装着十几本书，有时候，再加一个纸袋，里边也装上十几本书。我每次到老师的办公室，走到门前总是要憋一下气，然后再轻轻敲门，因为我知道老师一定扎在书堆里或看书或写作，不太忍心打扰，但又不得不打扰。每次推开门，老师总是带着浅浅的微笑，从书堆中探出头，放下笔，示意我坐下，然后开始聊论文、聊写作、聊读书，时不时从办公桌的书堆里、从柜子里、从黑色的拎包里，从手提的纸袋里“淘”出书给我。老师成了印度文献的“搜索软件”，只要我们需要某一方面的书，他总能快速准确地帮我们找到。

以前，每次帮老师搬办公室，我最喜欢的是帮老师整理书。因为在整理的过程中，不仅可以弄清深圳大学印度学文献的家底，发现一些好玩的老书，而且还能让自己的听觉、嗅觉和视觉拥有全方位的“书”体验。那泛黄变脆的纸张吻吻作响，那陈酿般的书香扑鼻而来；那带有时代感的朴素典雅的封面设计和书本装帧，令人赏心悦目。老师的办公室从留学生楼搬到汇元楼，再搬到师范学院二楼，最后搬到师范学院五楼，装书的柜子从 4 个柜子增加到 12 个柜子，从 40 箱书增加到 100 多箱书。书多，书杂，书成堆，成了老师办公室的最大特色，令人印象深刻。每次有学者友人到访老师办公室，身“浸”书中，常常叹为奇观。老师爱扎书堆，爱买书，爱藏书。他不仅把办公室变成了图书馆，把自己的家变成了图书馆，还帮深圳大学建立了中国第一个专业的印度文献馆（又称谭云山中印友谊馆），引中外无数鸿儒硕士慕名而来。

数十年来，老师在书堆中阅尽人生之喜怒哀乐，阅尽梵典与华章之低吟高歌，阅尽东西文化之精神精粹，阅尽大千世界之潮起潮落。读书成了老师生活的常态和生存的样式。数十年来，老师作为阅读者，作为编撰者，作为书中的故事主角，出入书中，在流淌的文字世界里，在读与被读之间，在写与被写之间，不断走向生命之绚烂与辉煌。

作为老师的学生，作为一个一直在路上行走的学生，我感到无比幸运，在我的学术生涯中，有这么一位仁者、智者和师者，他如明灯，二十余载，不遗余力，循循善诱，指引着我一直往高处走。我记得很小的时候，读过一首诗，诗中写道："如何让你遇见我，在我最美丽的时刻。为这，我已在佛前求了五百年，求它让我们结一段尘缘，佛于是把我化作一棵树，长在你必经的路旁，阳光下慎重地开满了花，朵朵都是我前世的盼望。"我想，这大概是我 500 年前在佛那里求得的缘分，才能在茫茫人海中，得到老师的真传。想到这里，我的心充满着感激和感恩，充盈着精进的力量，这种力量让我有勇气在老师辛勤耕耘的希望的田野上继续成长，期待来日开出朵朵彩色的花。

育“生命树”立“三不朽”：吾师之道

黄　蓉

黄蓉，深圳大学印度研究中心讲师，主任助理，郁龙余先生的高足。

小学一年级第一堂课是谈谈长大的志向，当时我毫不犹豫地写下“教师”两字。懵懂无知的我只知道教师是神圣的职业，却不晓得如何为师。后来，踏上三尺讲台，每走一步都得益于恩师郁老师的教诲。老师犹如拨开丛林的引路人，其学人风襟、为师为人之道无时无刻不在指引着我、激励着我。

“联以情”：育“生命树”

《管子》云：“一年之计，莫如树谷；十年之计，莫如树木；终身之计，莫如树人。”育人育才是很多老师教学路上最为重要的一环，郁老师也不例外。他对学生学术上的指导和提携总是不遗余力，在我的心底，老师培育的不仅仅是“人才树”，还是中印文化交流之生命树、常青树。在这棵树上，中印人才汇聚，树木得以成长，交流得以顺畅。何以让这棵生命树茁壮成长？我觉得老师的秘诀是施下饱含真挚情感的肥料，浇下“联以情”的营养液。

“生命树”的成长源于老师笑容的感染力。学生年代，我对郁老师最大的印象是他那时常挂在嘴边的笑容。老师总是精力充沛，每遇到晦涩的哲学宗教问题，总能通过对材料的分析、释读、妙喻，很快就带领我们从山重水复中找到柳暗花明，其才思敏捷、庄严恳挚、博学善诱，让人如沐春风。为了调动大家在课堂上的积极性，老师或引经据典，或穿插新闻，或述中印趣事，或谈自身体验，幽默又得体，其音容笑貌，一下子拉近了和学生的感情，让学生爱上课堂。在老师笑容的感染下，郁门弟子在这棵树上花萼相辉，棠棣竞秀。

"生命树"的成长源于老师以诚待人的感召力。自从2005年印度研究中心成立以来，我校与印度政府、学界就建立起了深厚的友谊关系，这离不开老师以诚待人的感召力。每当外国友人来访时，郁老师一句"Namaste"就滔滔不绝地展开了印地语"外交"，溯中印故交之源泉，忆中印文明之长河，没几分钟，便拉近了与印度友人的感情。每一位来深大讲学的ICCR讲席教授，在生活上、学术上都受到郁老师真挚的关怀和支持。我们常听印度学者说，深圳大学就像是他们的家，郁教授就是中国的老大哥。这不仅是由于他们在中国听到了熟悉的家乡语言，更重要的是因为老师与他们的坦诚交流。不藏掖、不矫揉造作的交往态度，以最诚挚的问候，道华梵之精神，哪能不使印度人感动呢?

在这棵生命树的培育过程中，老师"据以德""联以情"，浇灌了笑容满面的阳光，洒下了真挚情感的丰盈之水，孕育了枝繁叶茂，滋养了繁华绿意。

正心、克勤：立"三不朽"

"金无足赤，人无完人。"立德、立功、立言之"三立"完人是许多中国人心中的追求。郁老师曾在《中国社会科学报》发表过《大师是窖藏的陈酿》一文："凡有志学人，只须正心明道，勤奋论著，德、功、言立在其中矣。"这既是郁老师对学人治学之路的理解，也是对为人之道的体会：治学之前提是正心，治学之态度是克勤。

治学之前提——正心

修身正心，是国人修身之正法。《大学》云："欲修其身者，先正其心；欲正其心者，先诚其意；欲诚其意者，先致其知，致知在格物。"又云："修身在正其心者，身有所忿懥，则不得其正；有所恐惧，则不得其正；有所好乐，则不得其正；有所忧患，则不得其正。心不在焉，视而不见，听而不闻，食而不知其味。此谓修身在正其心。"学人的标准，首先得正心。老师常提醒我们，做学术需要淡泊名利、戒骄戒躁、正心养性，养成不以物喜、不以己悲的心态，就不易被名利驱使，就能心无旁骛，物我两忘，学术才纯正而客观。

正心弘道，“文章合为时而著”。老师爱书，看书，他关心时事政治，弘扬中国精神，传播中国学者之成就。比如，老师的文章《将天量秸秆变成优质鸡鸭鱼肉蛋》关注粮食危机；小说《黄道婆》弘扬中国人民拓荒进取之开创精神、中国妇女吃苦耐劳之大无畏精神；专著《季羡林评传》从学术角度再现季先生博学宏大的学术造诣，该书的英文版、印地文版、泰米尔文版的出版为向世界展示中国印度学学者研究成果提供了积极示范。钱穆曾说人文学科的学者：“正须在万变日新的人生大社会中求新呼吸，正须面对人群当前现实需要，把握人生当前现实问题，而使彼所研究之这一项学科，不断有生命，有创辟。”正所谓天下兴亡，匹夫有责，讲中国故事，道中华文明，传中国传统精神。郁老师的文章合为时而著，体现了他弘扬中华文明优良传统的责任感和使命感。

正心创新，“读书不肯为人忙”。郁老师虽“为时而著”，然而他却并非围绕着时事之目的而行文，而是以自身学科为根基，以独立之精神不断创新著述。2016 年，郁老师获得印度总统颁授的“杰出印度学家”奖，然而老师并未因虚名止步，尽管社会上很多人拜谒老师，邀请老师讲学，但是他仍坚持本专业的著述论说，始终保持中正之心，不受世俗干扰。正如老师常告诫我们的，不要被现实牵着鼻子走，不要随波逐流，需坐好冷板凳，夯实自己的根基。这让我想起陈寅恪先生曾为北大学院史学系学生写的赠诗：“天赋迂儒‘自圣狂’，读书不肯为人忙。平生所学宁堪赠，独此区区是秘方。”回顾老师现今的论著，从《梵典与华章：印度作家与中国文化》《中印文学比较研究》《中国印度诗学比较》《中国外国文学研究的学术历程：印度文学研究的学术历程》《中外文学交流史·中国—印度卷》到正在研究的“中国印度学研究”项目，郁老师始终立足自己的学科方向，研究中印文学文化之精髓，推动世界印度学乃至整个世界学术水平的提升。

正心明道，客观求是。近几年，中印关系跌宕起伏，引来不少人的担忧和猜忌。郁老师审时度势，对中印关系保持乐观向上的态度。其论著《“一带一路”开创人类文明新纪元——兼论中国、印度的历史担当》正体现了他从不偏不倚的角度看待两国迈向新纪元的发展趋势。该书围绕中印千年文化关系，从宏观上分析两国文明交往中的智慧和精髓，探寻两国文明相通与融合的思想基础；从微观上体察当代中印文化交流中典型人物与主要事迹，挖掘文明内部的共有价值，探索文明互鉴的实现方式，为当前构建人类命运共同体和中印关系的发展提供学术支撑和智力支持。若无正心，如何能看待问题时做到不偏不倚；若无正心，如何能看到中华民族追求的“天下大同”和印度人的“世界一家”是可以达到 1+1=11 的合力?

治学之态度——克勤

郁老师著述宏富，离不开他克勤克己的治学态度。老师来深大以后，一方面继续印度学研究，另一方面又深研国学。他利用所在文学院之便，不辞以后生为师，请教、探索我国传统诗学理论之奥义，成就了后来的中印文学、诗学比较的著述，这些论著站在中西传统背景下，以印度学为中心比较中西印之文学和诗学异同，开拓了中印文学比较的新境界。退休之后，老师仍旧闻鸡起舞、攻苦食淡、笔耕不辍，一部部力作打开了中印交流的新篇章，此种力学不倦、只问耕耘、不问收获的精神，为我们学生所景仰。老师常以《萤喻》一诗鼓励我们：“君有囊萤志，愿将此身赠。”正是此种感染力，我于老师身边学习，不敢怠慢。我在家里的书桌上摆放着老师自制的便签条。每当我怠慢时，这些便签条就成了我动力的来源。便签条或是白纸制成，或是广告纸裁成，每回看到有用的材料，老师便夹上一张，写下批语。我把它放在跟前，每当看到它，仿佛看到老师正在家中夤夜挑灯著书的场景，而那明灯便是指引着我前行的方向。

2020 年正值老师执教杏坛 50 载，学识不精的我未能交上满意的贺礼。在此纪念文集付印之时，我想对老师道声感谢。

能遇吾师，能获吾师的耳提面命，如坐春风，何其幸哉!

2020 年 11 月 22 日，

于深圳香蜜湖畔

一位“四有”长者

——我心中的郁龙余老师

朱 璇

朱璇，文学博士，深圳大学印度研究中心副研究员，主任助理，郁龙余先生的高足。

老师于我，是业师，是引路人，也是人生导师、道德楷模与学术标杆。十几年来，除了家人，老师是我最熟悉的人。对他总的评价：他是一位有温度、有深度、有风度、有气度的长者。老师于我，亦师亦友，我景仰、敬佩他，但不盲从。我知老师有足够的包容力，从不担心在老师面前犯错；也知老师有公允之心，从不担心有什么话不敢讲，有什么意见不敢提。相反，他很珍视我们这些弟子、下属和同事的看法，凡事皆问询我们的意见，支持我们的想法。正是这样的民主之风，使深圳大学印度研究中心这支团队团结融洽，有向心力和凝聚力。

老师平和宽厚，待人谦和，知人善用，从他对我的培养中可见一斑。我是半路转行到文学领域的。一路上老师除了手把手地指导，更是给予绝对的信任、鼓励和包容。老师保持多年的手写习惯，不用电脑打字。初入师门，除了上课和阅读，我最常做的事是帮老师将手写稿件输入电脑。这种方法看似机械，其实不然。打字是在注意力高度集中的状态下，快速吸收、理解知识，厘清框架、思路，潜移默化地“偷师”措辞、行文和方法的过程。对学术“小白”而言，这是最高效的学术论文写作训练。我的印度学入门知识就是在担任老师的“《摩奴法论》今析”一课助教，将数十万字讲稿在电脑前逐字逐句敲打的过程中学到的。从给老师的文章打字，到辅助老师作文查资料，再到对老师的文章提建议，与老师合著作文，甚至为老师编撰书稿，十几年来，一步步的进阶训练使我对老师的学术脉络和主要思想有了整体把握，我的学术方向也在点滴之中逐步清晰并初现轮廓。

导师带着年轻学子写书，是一般老师带学生的常规操作，老师也不例外。带领学生写文章，对学生而言是一种锻炼，能敦促其自觉和自律，在短时间内迅速成长。同时老师指导到位，充分发挥学生积极性，学生亦能出佳作。事实证明这一方式有效，师门出了好几部颇有影响力的获奖之作。但是和学生一起写书，有两点原则是老师严加遵守的。一是质量必须得到保障，因此老师择生极其谨慎，他会多番考察，结合学生的性格特点和兴趣爱好因材施教。学生写出来的东西经过数十次打磨也是常态。二是所有参与著述者必须署名为作者，并在后记中介绍并感谢。对第二点老师极为坚持。当参与写作的学生成长起来以后，老师作为执笔者，往往愿意将他的文章拿给我们，请我们提意见。因为与老师长期磨合，深知他不做表面文章，且从善如流，我们也就不揣冒昧大胆发挥了。但凡我们参与提出修改意见，或帮老师查过资料，或帮忙翻译摘要，老师都坚持要与我们共同署名发表。我们自然推辞，老师一番语重心长："我知现在年轻人发文章不容易，你们付出了劳动，理应有回报。"用心良苦，实难言述。

老师看人重品行甚于重家世，看能力甚于重经历，看大处而不拘小节，颇有胆识与革新之风。攻读硕士期间，我和几位同门好友，曾在自主创业路上小试牛刀，业务对象是深穗两地的印度商人。当我们将计划告诉老师，老师从精神、智力到物质、行动，给予全方位的支持。后来因经验不足，预期不如实际，我们的业务逐渐缩减直至收摊，我心中十分内疚。老师却反过来安慰我们说：此番尝试不会白费功夫，这是一次有意义的值得总结的经历。现在回想起来，老师对学生创业并非没有前瞻之见，他曾在将我们介绍给印度驻广州总领事时说，他从学生的毕业去向考虑，支持我们自主尝试，给在读学生多一些路子和机会。事后我的母亲曾在给我的一封信里这样感叹："你们的老师甘做学生的奠基石，不但引导你们走一程，还送一程哪！"

经过几年的了解和考察，老师对我的性情和能力已有了基本的判断。他曾评价说，我适合鼓励，不会因受表扬而骄矜；我喜欢挑战，愈知难愈要上，因此适合压担子。2011 年 2 月老师受 ICCR 之邀访印 15 日，恰逢那一年我在读博期间被派驻德里大学留学。老师与我在新德里的阿育王饭店见面以后，便邀我在学业之余，跟他和同行的孟昭毅教授一并参与访问活动。经老师举荐，我有幸全程陪同老师左右，见证许多重要时刻。记得有一场活动开场前，老师郑重地向与会来宾介绍了我，并说接下来的座谈他将用中文来讲，由我翻译为英文。我心头一惊，原本只是一个旁观者、从未做过翻译工作的我，怎能担纲如此重任？但老师毫不担心，频频向我点头微笑，表示信任和鼓励，我也只有硬着头皮上了。第一场磕磕巴巴，勉强译完了全场。场下老师说，这样很好，锻炼了我，后面会越做越好。果不其然，有了第一场，后面就逢场必译了，经过大大小小数十场的操练，不知不觉我也变得越来越有信心，自然也就译得越来越顺畅。翻译练场和打字训练一样，有了量的积累就会进步神速。

量的积累固然重要，但关键处的点拨和携手相助更令我受益终生。老师了解我，我也把老师当家人，遇到重要事情愿意找老师商量。他不仅会给出中肯而有针对性的意见，而且积极出谋划策，甚至不惜跑前跑后为我奔波。从硕士毕业到攻读博士，从博士毕业到回母校任教，我的几次人生命运转折关口都有幸得到老师的指点和相助，说老师是我生命中的贵人没有半点虚夸。按印度的说法，此“贵人”是“古鲁”（Guru）、是“师尊”（Gurudeva），既是精神上的引领者，也是人生旅途中值得感恩、值得铭记、值得跟随一生的人。

老师是一位温度与深度兼具、视野与操守并存的学者。他一向与人为善，善解人意，待人似春风，被学校里的后辈笑称“弥勒佛”。但他的温和中亦有分寸，亦有风骨。记得有一次，一位知名的印度学者希望来深做访问学者，但两年前他曾在国内一家媒体上发表过一篇文章，引起国内外学者的一些争议。我将此事和评论文章拿给老师，征询老师的处理意见。老师思考片刻后对我说：“人还是要请，但不是现在，过阵子再来。像这样一位在中国研究方面有建树的学者，偶尔犯了错误不要一概否定，要有改造之心，让他到我们这儿来，真实地看一看，多跟中国人聊一聊，他自然就会明白。要将他培养成知华派。”此话并非口头说一说，后来在申请“深圳市人文社科重点研究基地”之时，这一段关于团结国际友人的宗旨，被老师写成了文字：“继续以对国家忠诚负责的立场，对学者个人（包括一时不慎出错者），做好自己的科研与服务工作，为创建‘一流学科’尽心尽力。”

如果没有多年的政治觉悟和外事经验，处事不会这样有温度与深度。他善于换位思考，透过现象看本质，深谙印度人心理。善于推己及人，在处事上往往能“心理攸同”，以己度人，拉近与印度人的心理距离，并多从他人立场为对方着想。善于制造机会合作共事，增进了解，并与其结下深刻的友谊。从2008年起，来深大任教的历任ICCR讲席教授，个个都成了他的至交，他最骄傲的是，他们每个人都成了知华派。

有温度不代表无个性，相反更透露出通透、圆融的胸怀与气魄。在学术日渐职业化的今天，另辟蹊径、出奇制胜比比皆是，奇论、怪论亦不少，但是，于平常处见真知最难得。像老师这样一位致力于“研究中印学术，沟通中印文化，融洽中印感情，联合中印民族，创造人类和平，促进世界大同”（谭云山语）的学者，深知真正能在大浪淘沙中沉淀下来的，并非奇谲之语或惊骇之举，而是基本的道义与人心。

2016年12月1日，老师荣膺ICCR“杰出印度学家”奖。当时颁奖典礼在总统府举行，总统亲自授勋，观礼嘉宾300余人。我在为老师编撰《“一带一路”开创人类文明新纪元——兼论中国、印度的历史担当》一书后记中写道：

同年12月1日，郁老师应印度文化关系委员会之邀，接受印度总统慕克吉先生（Pranab Mukherjee）在总统府颁授的“杰出印度学家”奖，成为世界上第二位、中国第一位获此殊荣的学者。这一褒奖看似来得出人意料，实则水到渠成。作为在印度语言、文学和文化领域深耕四十多年的学者，已经不经意地将“专业变成了职业，又将职业变成了终身事业”（颁奖典礼与获奖感言），成为中印友好事业的积极倡导者、推动者和践行者。这些不仅大量反映在他的词章文牍中，而且融入工作的方方面面和点点滴滴。

其实在得知获奖信息之后，老师一度不敢相信，国内外从事印度学研究的学者那么多，为何获此殊荣的是他？他对我们说：“这个奖不是给我的，是奖励中国学者的，是给在印度学方面做出突出贡献的中国学者的集体奖，我只是其中一个代表而已。”这句话，他在得知消息之初就跟我们讲，在颁奖礼上致获奖感言时如此讲，甚至拿奖回来以后也这样讲。他决定要把印度政府奖励的两万美元捐出来。我们建议在校内设立一个基金，将这笔钱和深大奖励给国家级奖项的奖金一并纳入基金，资助给有志于从事印度学研究的学生和老师们。

其实，在我看来，这一褒奖除了奖掖学术上有所建树的学者，还有其他考虑和衡量。印度跟中国一样，历来讲究德才兼备，更讲身体力行。德才兼备者固然是上人，如得罗汉果，身体力行者胸怀天下，更有救世佛心。印度古代有两类智者：一类是“见士”（kavi，见道者，仙人），由直观与启悟，见事物之真性；另一类是“思士”（manīṣi，思想家），以劳苦之心思，见思辨之分明。就知识论而言，后者将前者大大地丰富并普遍化，然就实践论而言，前者远甚后者。徐梵澄在《玄理参同》中曾有这样的评价：“以实践而论，思维不如观照，观照不如体验。”两者高下立判。提出“重理不重教”这一日行而不言的中国人宗教“元立场”的老师自然明白此理。他说的“重理不重教”所重之理，“不是玄理、死理，而是务实之理，有用之理”。此理正是贵行重言的“实践之理”。同时代另一位智者谭云山是老师最重要的老师之一（另一师为季羡林）。这位慎思敏行、惜字如金、字里行间深思凝注的内涵颇深的大学者，正是知行结合的范例。老师总结提炼“谭云山精神”为“献身中印友好，立意天下大同；修齐治平弘毅，难行能行终身”，并以之为向导，将恢宏胸襟和弘毅气度通贯于为人、行为与处世始终。

虽然殊荣备至，但老师对自己有着清醒的认识，他曾用四字评价自己：“毁誉参半。”当时我十分不解，老师誉满学界，“毁”从何来？老师并未作答。随着时间的推移，在与老师的交往中，我也慢慢领会了这四字的意思。先讲一件小事。20 世纪 90 年代曾在全国遴选国务院特殊津贴专家，当时深大经过筛选，最后一轮决定在老师和另一位物理系的女老师之间选一人参选。校有关部门领导找老师谈话，席间征询老师意见。老师觉得对方是位女同志，专业较自己更受社会欢迎，比自己优秀，便照一贯风格，主动让贤。最后的结果是这位女老师没能评上。多年以后在闲聊中我问起老师：当年参选的那位女老师为什么会落选呢？老师说，他当时也不清楚缘由，现在想来恐怕是职称原因，这位女老师当时仅是副教授。他说：现在反思，当时不应该只从自己角度考虑，而应该从学校大局考虑。当时他是教授，符合资格，遗憾的是因为自己的一味谦让，令学校失去了这样宝贵的名额。言者无意，听者入心。我明白，老师遗憾的并非自己未得那个名额，而是深大当时作为求发展的年轻高校错失了拥有国家级专家的机会。说此话时，老师距离当时做抉择的四五十岁的年龄，又长了 20 岁，人世浮沉早已司空见惯，看问题直指要害。人生在世，什么重要，什么不重要，于老师而言已经清晰明了。他有自己的处事观和价值观，用他自己的话来讲，是他改造孟子的那句座右铭“成事为重，名次之，利益为轻”支持他前行。但是，在我看来，这句座右铭还不足以代表他的全部初心。老师与人为善，也乐施好善。他做事首要考虑的是，这样做是否有益于对方，有益于大众，有益于社会和更大福祉？按印度的说法，即是否符合“正法”（Dharma）。因此老师往往不计个人成本与得失地去主动“揽”来一些事情，也会主动去促进和推动一些事情。理解的人知道这出自他的本心，但不理解的人认为他贪图名声。对此，老师从不辩解，不计流言，照样自顾自去做事，如谭云山先生一样，热情有加，慷慨相助，“直到伤害自己为止”。

老师获奖以后，有一次在闲聊中说，感觉找他的人多了不少，他变得越来越忙了，还自嘲都是在“瞎忙”。我对老师说，以后找他的人怕是会更多，提醒他要多加关心自己和家人，老师点头赞同。作为下属，我自然希望自己的领导多些事务，开疆辟土；但是作为学生，我更体察他的辛苦，体谅他的难处。声名在外，有时不得不承担一些个人、家庭之外的公共事务，像老师这样慈悲为怀的性情，难免也会遭遇一些不必要的干扰。我深知，老师不会介意，到了他这个境界，成事为重，“度人”甚于利己，不遗余力地帮扶提携，甚至到了凡有所需皆伸手相助的程度。在传统文化里，这样的人常被称为“圣人”。但圣人也是人，不是神，他们的忠心、赤诚也与年轻人的雄心、壮志一样，需要加倍珍惜与呵护。在当今这样一个风云变幻、波谲云诡的时代，一个多元价值观不断碰撞的时代，一个知识飞速更迭、人心动荡不已的时代，我们仍需要这样一位有见识、有眼界、有平常心、有公道心的学者。

2020 年 8 月 6 日

50

亦师、亦兄、亦友

——我的恩师郁龙余教授

梁仲楷

梁仲楷，深圳大学杰出校友。曾任深圳市南山区农业水务局局长，2008年退休。

1962年响应团中央“学习邢燕子、董加耕，到农村去，到边疆去”的号召，我来到当时的宝安县（深圳市的前身）南头公社新围村插队务农。虽然当地农民把我们知青当“宝”，但从社员、保管员、记分员，到生产队长、大队团支部书记，再到分管文教卫的公社副主任，我深感知识、学识不足，工作起来很吃力。

到了20世纪70年代末、80年代初，改革开放的春天来了，深圳发生了历史性的转折，成立了经济特区。这时，我在大新街道办事处任副书记、副主任，负责引进工作和企业管理。由于重任在肩，我更感自己的学识、知识都不能适应工作要求，求知的欲望十分强烈，总想找机会回“炉”进修再学习，提升自我，拓宽知识面，提高工作能力，把之前耽误的学习补回来。于是，我像大多数“老三届”一样，报读了宝安广播电视大学。我白天上班，晚上跑到离南山较远的宝安上课。就是这时，宝安电大请来了郁龙余教授，由他辅导我们的公文写作，就这样，我认识了恩师郁龙余教授。

恩师给我的第一印象是他极具学者风范，有上海口音，和蔼可亲。他讲课时，总是面带微笑，讲解由浅入深，谆谆引导，时不时会把枯燥内容变成故事，使你兴趣大增，让你听得明、记得住。课堂上，同学们还可以提出不同的看法，共同探讨。

郁教授在结束讲课时，总会把要掌握的重点，一个一个给我们这班“大龄学生”交代清楚。私下里，我们这些大龄同学都说爱听郁教授的课，都认为他学识渊博，专业知识丰富，授课技巧独特，深感遇到了一位良师。

郁教授对我们这些大龄学生的指导也是不遗余力的。有一次，我写了一篇作文《我的三十六》，内容写的是我36岁的人生故事。由于我的文字表达能力较差，作文错别字不少。老师就一个字一个字帮我纠正，还一段一段加了批语，让我受益匪浅。

相处时间长了，我们这些编外生、大龄同学，不管是学习上还是工作上的事，都喜欢与郁老师交谈、请教。课间我们总是围着他问这问那，他都会不厌其烦，耐心给我们讲解，认真给我们辅导。这时，我又感到，他不但是我们心目中的导师，更像兄长。

郁教授不仅学术出众，治学严谨，而且师德人品一流。他退休后，还天天到印度研究中心上班，坚持对印度的人文社会、文化历史、中印关系进行研究，而且硕果累累，令人敬佩，大家都称他为“教授义工”。

郁教授对学生也是一片真情，能帮则帮，能扶则扶。我记得，当我们南山宝安电大的几位同学了解到深圳大学开办了半工半读学院，都想转去那儿学习。郁教授知道我们的想法后，就主动作为我们的推荐人，把我们推荐转到深圳一流学府深圳大学的半工半读学院学习，使我们受到了更正规的高等教育。

大家都说：郁教授是我们走进深圳大学的引路人。

在深圳大学半工半读学院学习时，我们这些大龄同学遇到的第一个难题是必修课《大学英语》。由于“文化革大命”时中学英文课被取消，我们英语底子差，学习《大学英语》非常困难。晚上下课回家，我们经常复习到深夜，差不多把主要精力都放到英语课上，但学习还是跟不上，个别人为此产生放弃学习的念头。郁教授知道后，也为我们着急，鼓励我们要坚持。后来，他第一时间把教育部关于超过 30 岁、工作忙的大龄学生，只要单位出具证明，就可以免修英语，选修其他学科补学分的通知告诉我们，这极大减轻我们的学习负担和压力。

我在深圳大学半工半读学院中文秘书专业 3 年的学习期间，常到当时海边的教工宿舍海望楼郁教授的家中，向他请教问题。郁教授和师母郑亦麟老师热情款待，奉上香茶、水果（郑老师是教我们中文打字的）。这时，我坐在老师家的客厅中，感觉是在好友家做客，郁教授于我而言，亦师亦友。

毕业前，我又到恩师家，请教如何写好毕业论文。郁教授就论文如何选题，如何收集资料、取舍材料等问题，认真耐心地给我讲解。后来，我的毕业论文是满分通过的。

郁教授对学生的无私辅导，正是他优秀师德、人品的佐证。

他践行了“得天下英才而育之”的理念，他一生桃李满天下，为深圳、为国家培养了不少人才。

他坚守了“成事为重，名次之，利为轻”的诺言，淡泊名利，重事业。他取得了令世人瞩目的学术成就，硕果累累，成为国际著名印度学专家，为中印文化交流做出了巨大贡献。

在深圳大学半工半读学院学习 3 年，我拓宽了知识视野，提升了文化水平和写作能力，学会了计算机的应用，受益极大，使我后来在蛇口、南山区农业水务局的领导岗位上，得心应手，为南山的发展做了一些实事，为群众办了一些好事。

借此机会，我要感谢深圳市政府创办了深圳大学，感谢深圳大学开办了半工半读学院！

向郁龙余教授、章必功教授、张卫东教授、景海峰教授以及原中文系全体老师说一声：谢谢！

2023 年 3 月 16 日，于松竹斋

南溟耕耘 30 载，吟唱梵典与华章

——深圳大学印度研究中心主任、印度学家郁龙余教授访谈录

蒋慧琳

蒋慧琳，记者，深圳大学印度研究中心科研秘书。

记者：郁教授，您是最早来深圳大学的教师之一，至今已近30年，请给我们讲讲当年的情景。

郁龙余教授：我是1984年9月来深圳大学工作的，但办妥调动手续则在1985年。1965年，我考入北京大学东方语言文学系。这个系有几位名教授，如季羡林、金克木、马坚等。1970年毕业后，我留校任教，直到1984年来到深圳大学。

因为要解决两地分居的家庭困难，我决定到广东来。当时，汕头大学的中文系主任罗列教授，原在北京大学中文系工作过，我们共事过。我给汕大写信，他们很快就有回信，并发出了调档函。

1984年年初的一个晚上，我到张卫东老师家串门，了解广东的物价、语言等情况。张老师原来是北大中文系的老师，于1983年调入深圳大学。这次，他是回家探亲的。听了我的情况，他劝我到深大来工作。说深大如何好，我的两地分居问题，快则半年，慢则一年，一定能解决。我说："汕大已来调档函。"他说："你先到人事处问一下，档案有否调出。如果已调出，也不要紧，你人到深圳就行。"那天晚上，我们谈得很投机，一直到下半夜两点多钟，张老师的妻子刘丽川老师串门回来，说：有话明天接着说。这位刘老师是学语言的，她和我都在1984年到了深大。

人生道路，关键时刻的一个理念或举措，就会改变整个行程。就是那个夜晚的一次长谈，我就从北京大学来到了深圳大学，一干就是30年。

我来深大前，和东语系的几位领导话别，他们因无法帮我解决家庭困难而只能惜别。到季羡林先生家告别，他几乎一语不发。我们相对无语了片刻，他送我走出家门。

我走出了很长一段路，他依然站在门口的灯光下，看着我。

到了深圳大学中文系，我就立即投入工作。除了准备上课，还要帮助系主任做一些行政工作。我是第九个进中文系的，所以有“老九”之称。最早进中文系的是陈乃刚老师，他家就在南头镇。他是中山大学的研究生，毕业后分配到新疆大学中文系。深圳成立特区后，他就调到深圳市教育中心，深圳大学一成立他就进了中文系。封祖盛老师也来得早，他是中山大学的老师。1984 年 9 月，中文系正式成立，乐黛云任系主任兼比较文学研究所所长，胡经之和封祖盛老师任副主任。那个时候，所有老师都充满激情和朝气，都想为诞生不久的深圳大学出一把力。首先是招兵买马，到各个地方去延揽人才。在纳贤这件事上，深大中文系一直做得比较好。因为我曾经替系主任做过一点招揽人才的工作，后来自己当了系主任、院长，又直接主管此事，所以和许多中文学科的俊彦有交往。许多人因为各种因素，未能如愿调入深大，但“买卖不成仁义在”，看到他们在内地大学发展得很好，大家见了面总是会心地一笑。能和我会心一笑的名教授，数量不下十人。当然，来到深大的人才也有走的，如刘小枫、孙猛、林岗等。潮涨潮落，人来人去，都是常事。深大中文系就在这涨落来去之中，稳步发展了起来。

记者：您在中文系、文学院工作时间很长，请您为我们讲讲文学院的故事。

郁龙余教授：深圳大学中文系的成立，要归功于罗征启校长。罗校长有中文情结：一是因为清华在中华人民共和国成立前就有梁启超、陈寅恪、赵元任、王国维四大国学导师，二是因为他最喜欢的清华校长蒋南翔、刘达都是中文系毕业。他在清华时，就开始恢复文科。等到了深圳大学，因强调分配出路，在 1983 年成立的六个系中，并没有中文系。他对梁湘市长说：在深圳办一所中国大学，有英文系而无中文系，是怎么也说不过去的。于是，到 1984 年中文系就顺利办了起来。我曾写过一篇长文《深大中文系的前世今生》，讲了许多具体的细节，在此不再重复。

我从一名印地语教师，改行为中文教师，虽然没有外在压力，但我内心压力还是蛮大的。所以，除了系里派给我的工作，如和澳门东亚大学、香港公开大学合作，办中文公开课程等工作，我集中精力备课。几年中，我开过“秘书学”“公文写作”“大学语文”“中西文化比较”“中外文化交流史”“东方文学”等课程。其中，“东方文学”课程中包含印度文学。为此，我主编了一本教材《东方文学史》，业界反映良好，是同类书中最畅销的一种。

日月如梭。我来深大已近 30 年，除了教书，还做过中文系（国际文化系）副主任、中国文化与传播系主任和文学院首任院长。2002 年到 2006 年，还担任了深圳大学留学生教学部主任。在深圳大学还有过一个兼职——经济特区研究中心（省部合办重点研究基地）副主任。这是因为这个基地在开办之初，需全校合力支持，我是代表文学院来出任这个副主任的。

我是深圳大学的“永久牌”教授。2007 年，我在市里办了退休手续，但是研究生没有带完，课题没有做完。于是我一如既往，天天按时乘班车上班，乘班车下班。许多深大同事，将我当作是否赶得上班车的标志，看到我就心定，班车尚未开走。

说实在话，2007 年我如果提出在校内办个返聘手续，应该是可以的。但是，我从长远考虑，就没有开这个口。现在看来，这么做是对的。事情我做了，又没有给学校添负担，心情很愉快。有人说我是深大的“义工教授”，我说我是深大的“终身教授”。只要我身体好，可以一直为深大服务下去，这不是真正意义上的终身教授吗？我的人生哲学是：人生在世，成事为重，名次之，利益为轻。

也有人对我不理解，说我已功成名就，安心养老就是，何必天天上班呢？其实，我有我的特殊性，兴趣、职业、事业在我这里完美地结合在了一起。前不久，我听江潭瑜书记对邹尔康老市长说：“专业研究一定要有兴趣，但作为终身事业，就需要情怀了。”对这段话，我深以为然。没有兴趣，职业只是混饭的差事，事业更是谈不上。职业是有退休期限的，而事业则是终身的。我的老师季羡林先生一直工作到 98 岁，工作到生命最后一刻。我一直以季先生为榜样，在他逝世后，我总结了他的五条学术品格：勤勉不怠，惜时如金，是他的成功秘诀；预流弄潮，追寻真理，是他的不死灵魂；用宏取精，灵构妙筑，是他的得心常法；学术道德，以身作则，是他的立身之本；真情切磋，从善如流，是他的为人之道。

季先生对我身教加言教，有亲炙之恩，是我的人生楷模。高山仰止，景行行止，虽不能至，心向往之。

另一位老师谭云山先生对我影响也很大。我和他从未谋面，是我在研究中特别是读了谭中的《谭云山与中印文化交流》之后，深刻地认识了他。可以说，谭云山是我的精神导师。我感叹他的非凡人生，为中印文化交流、为争取抗战胜利，付出了毕生的心血。他应印度“诗圣”泰戈尔之邀，赴印度创办中国学院，担任院长 30 多年，“功比玄奘，德配鉴真”。他将自己毕生的思想修为总结为一首诗《中印箴铭》：

立德立言，救人救世；
至刚至大，有守有为；
难行能行，难忍能忍；
随缘不变，不变随缘；
自觉觉他，自利利他；
己立立人，己达达人；
慈悲喜舍，禅定智慧；
格致诚正，修齐治平。

这 64 字箴言，熔铸了儒释道的精粹，是谭云山留给我们的一份宝贵的精神财富。我引之为座右铭。在此，我愿意将它介绍给各位朋友。我敢放言，谁要是能真正做到这 64 字箴言，必将无往而不胜。

我的一部分难忘的教育经历，来自我的学生。孔子说，教学相长。对于这一点，我是有切身体会的。我总是想，何其有幸，遇到了这么多优秀的学生，是他们激励、鞭策了我，让我不能懈怠，不能闲散。在 20 世纪 80、90 年代，我教授“东方文学”

课，每学期考试，总有三四份答卷，从内容到卷面，实在太精彩了，让我佩服不已！心想，自己应更加用心备课授课，不然有愧于这些卓越的学生。

我受到中国和印度两种教育观的叠加影响。中国文化强调教师的责任，韩愈所说“师者，所以传道授业解惑也”，成了中国人的共识，民间更有“一日为师，终身为父”的观念。在印度，教师职业更加神圣。古代著名诗人格比尔达斯在诗中将教师与日月相媲美：

月亮万万千，太阳千千万，
若是无良师，依旧是黑暗。
大地当作纸，林木当作笔，
海水当作墨，难写师功德。

在古代印度，教师的地位高于父母，只在神之下。比起中国“天地君亲师”的排序，印度教师地位更加高贵。高贵的地位不是凭空而来的，而是靠一代代婆罗门悉心教导学生日积月累而成的。在印度，婆罗门轨范师被喻为梵的化身。大家不要认为婆罗门轨范师十分神秘，在我的理解中，他就是今日的优秀辅导老师。

作为一名中国的现代教师，自然明白师道的古今之变。如何做好自己当下的工作，确实任重道远，需要上下求索。教书，是天下最讲良心的职业。在我的体会中，全身心的投入，对学生培养是最实在的。只要还有事情做，就要不断做下去，前提是身体好，不拖累大家。

除了榜样的力量，事业的召唤也是我退而不休的重要原因。中国和印度，关系到世界两大文明和 25 亿人民，而互相了解又是非常不足。造成这种局面的一大因素是双方都缺乏足够的专家。面对国家的需要，我们个人就欲罢不能了。

记者：您对深圳大学最大的贡献是什么？

郁龙余教授：不是谦虚，也不是客气，我迄今并没有什么骄人的业绩，更谈不上什么贡献。人生在世，能做成一两件事，就算不错。我在深大30年，在学术上做了两件事：第一件是在文艺学专业比较文艺学方向上，培养了13名硕士生，其中7人考取北京大学印度语言文学专业博士，他们的表现十分出众；第二件是成立了深圳大学印度研究中心，在中国南方开创了印度学研究。

记者：深圳大学印度研究中心，在国内外学界的声誉日隆，您给我们介绍一下它的现状和未来的发展趋势。

郁龙余教授：深圳大学印度研究中心正式发文件成立是在2005年。可以说，深圳大学印度学是季羡林先生等创建的北京大学印度学的南方分蘖。随着中印经济的腾飞和国际地位的提升，深圳大学印度学研究的任务越来越重，其地位也越来越重要。可以打个不甚恰当的比方，我为深圳大学开创的印度学研究，好比设立了一只潜力股。它光明的发展前景，我也是完全预计到了的。

2005年成立时，它基本上是一块牌子，没有编制，没有专门的经费。2005年的时候，我还在留学生部做主任，如果发生少量的经济费用，我可以在那里解决。2007年我退休以后，要使用一点留学生部的资金，变得完全不可能了。希望学校能够给我们若干固定的经费，但是一直比较困难，因为在深大像我们这样挂一块牌子的研究所就有六七十家，给了你不给别人，学校领导不好处理。到了2011年，学校里要确立一批校级重点研究基地，大家申报，第一批批了四家，我们是其中之一。原因很简单，从1984年建校开始，不管是有牌子之前，还是有牌子之后，我们都做了大量的工作，出了大量的成果，开了几次有国际影响的重要会议，把印度重要的学者和政要请到深大来做报告、开讲座，请他们当中的一些人当名誉教授。总而言之，印度研究中心影响渐大，声名在外。所以，专家委员会投票的时候，我们是全票通过，他们觉得印度研究中心做得很好。

章必功当校长的时候，几次在我不在场的时候表扬我。说我是独木成林，印度研究中心就我一个人，做了好多事情；还有我不向学校伸手，做了那么多的事情，那些事难度都很大，一次一次把印度大使请过来。意思就是说，没有跟学校伸手要钱，就把事情做起来了。这个很重要。我们任何单位、任何个人，这一条一定要做到，就叫珍惜资源，尽量不花钱、少花钱，多办事、办好事。这是成功的秘诀之一。当然，万不得已一定需要钱的时候，你跟领导开口，领导是会答应你的。这一条我体会到了，我每次跟学校打报告，需要钱的时候，不管是哪一任的学校领导，都没有回绝过。这个是建立在学校领导对一个老师或者一个基层干部的信任之上的。

印度研究中心，将近 30 年来确实做了不少事情。深圳大学这么一个新大学，被认为办在文化沙漠中的大学，要办好一个专业，办好一个学科点，要让内地那些顶尖大学信服，说得明确一点，要让我的母校北京大学的老师信服，那是不容易的。我一直跟我的同事和学生讲，宰鸡用牛刀。深圳大学要办成一件事情，你必须有用牛刀去宰鸡的准备，这样才能把事情办成功。我们是这样想的，也是这样做的。所以在国内，几个研究印度的重镇，北京大学、四川大学等，那里的老师都对我们很看重，很支持。我们印度研究中心发文成立是在 2005 年 7 月 20 日，8 月中旬在深圳开一个重要的会，北京大学、中国社会科学院来了很多学者。中心名誉主任黄宝生，时任中国外国文学会会长、中国印度文学研究会会长，表示热烈祝贺。北京大学印度研究中心主任王邦伟，是一位很有名的教授，当我把这个消息告诉他，他很高兴，说我们印度研究在中国又多了一个阵地，也多了一个竞争对手，以后做事要更加努力、更加谨慎。他讲的话，很有水平，很到位，对我们也是一种鼓励。

记者：您在国内有许多学术兼职，给我们介绍一下有关情况。

郁龙余教授：30 年来，深圳大学的学术活动一直非常活跃，主办或参与主办过许多重要会议。中心对学术贡献多了，发表论文多了，大家就请我担任各种学会的职位，这些职位多是民间的、荣誉性质的。算起来，我的确担任过不少社会兼职，主要有：北京大学东方文学研究中心（教育部普通高校人文社科重点研究基地）学术委员、兼职研究员（2000—2003，2007—），中国社会科学院（文学研究所、外国文学研究所）比较文学研究中心兼职教授（2000—2003），中国印度文学研究会副会长，中国比较文学学会常务理事，《外国文学研究》杂志（人民大学）学术委员，《中国比较文学》杂志编委，《中印研究丛书》主编，中国东方文学研究会副会长，中国南亚学会常务理事，中国中外关系史学会副会长，《东方文化集成》之《东方文化综合研究编》主编，教育部人文科学重点研究基地四川大学南亚研究所国家“985 工程”四川大学南亚与中国藏区研究创新基地“南亚前沿问题研究丛书”学术顾问。

记者：听说您非常重视本科生授课，为什么？

郁龙余教授：大学以育人为本。作为一名大学老师，给学生上课，上好课，是天经地义的。孟子说，人生有三乐，其中一乐是“得天下英才而教育之”。给学生上课，我一直看得很重。我一进深大，就花大力气备课，所以上课的质量不断提高，得到学生很高评价。讲课，除了给研究生讲，主要给本科生讲，他们是学生的主体。他们考大学时，许多人是冲着学校的教授来的。他们进校后，教授却不给他们上课，这怎么可以呢？所以，我一直坚持给本科生上课，而且特别用心。这本是平常的事，不值一谈的。现在，有的教授名气大了，认为给本科生上课太简单，不愿意上。其实，大谬不然。真正能给本科生上好课，是一件不容易的事。

我得了许多奖，学校的、深圳市的、广东省的、教育部的，其中有一个奖我是非常看重的：有一年我无意中看到了学生给老师所教授课程打的分，我的“东方文学”这门课程分数打得比较高，好像 90 多分，我记不清楚了。但是记得在文学院七八十个老师里边，我排名第二。说老实话，到了我这个年纪，也不容易感到惊喜，但是当看到那个排名以后，而且是偶然间看到的，不是在会上宣布的，我心里面还是感到有一点惊喜。

记者：您有哪些科研成果，获得过什么奖项？您最看重的成果是什么？

郁龙余教授：30 年来，我不停地做研究，取得了一些成果，也获得了一些奖励。主要成果有《中西文化异同论》《东方文学史》《中国印度文学比较》《中国印度诗学比较》《梵典与华章：印度作家与中国文化》《印度文化论》《泰戈尔作品鉴赏辞典》等。其中《梵典与华章：印度作家与中国文化》（合著）一书于 2006 年 12 月获教育部第四届中国高校人文社会科学研究优秀成果二等奖；《中国印度诗学比较》（合著）一书于 2009 年 6 月获广东省哲学社会科学优秀成果二等奖。我的有些成果，产生了一些积极影响。例如 2004 年出版的《梵典与华章：印度作家与中国文化》，在 2005 年 4 月，温家宝总理访问印度前特别调阅了此书，将其作为礼品送给印度朋友。2006 年 3 月 14 日，在“两会”答中外记者问现场，温总理再次以“梵典与华章”概括中印友好年、中印文化交流。我觉得自己最得意的著作还没有写出来，还应该继续努力。

记者：您正值学术盛年，请给我们谈一下您接下来的学术计划。

郁龙余教授：首先，2007—2008 年我为深大开设的精品课程“《摩奴法论》今析”的讲稿，准备将其纳入“深圳学派”丛书出版。我手上两本要出版的书，把清样看好，让它们顺利出版。其中一本，2013 年一定要出版，因为它是国家出版总署的一个重大项目，最后的期限就是2013年年底。《中国印度文学交流史》的样本，已经印刷6次了。出版社已经把清样寄来，我也已经改出来了。这是我花心力较多的一部著作，从 2005 年到 2013 年，用了整整 8 年时间。另外的出书计划就是国家社科基金的一个重大项目的子项目“中国印度文学学术史”，年内把它完稿。

把这三本书出版以后，准备为印度古代经典的翻译研究出一些力。主要是把印度经典进一步翻译到中国来，印度古代最早的经典，像《吠陀》《奥义书》《两大诗史》

《罗摩功行录》等，都翻译成了中文，但是还有许多重要的经典没有翻过来，我想组织一批学者投入这项宏伟的翻译工程。

我想培养一下我们的中青年学者。通过这些翻译工程，让他们得到锻炼，得到提高。另外一个工程正好与此相呼应，就是把中国古代经典翻译成印度的民族语言。现在已经在做，效果比较好，就是把老子的《道德经》翻译成印地语。这两种翻译的路子，既相同又不同。相同的，都要中国学者跟印度学者结合起来，进行翻译；不同的，这两种翻译，主要依靠的对象是不同的。把中国经典翻译成印度语言，主要依靠对象是印度学者，因为他们在语言上把握得更好。把印度经典翻译成中国语言，主要依靠对象是中国学者，中间应该请印度学者提意见，这个工作我们准备认真做个规划。2013 年发表的《中华人民共和国和印度共和国联合声明》一共 35 条，其中提到“同意启动中印经典作品互译工程”。这个工作我们已经做一两年了，现在要进一步把它做好。

还要组织我们学校的中青年学者撰写和翻译若干有分量的著作。比如蔡枫跟黄蓉，她们要翻译敦煌佛教绘画，从英文翻译成中文出版，这个已经立项，成了我们学校的一个科研项目。

还要把印度现代佛教第一经，即印度独立后的司法部长安贝德卡写的佛教著作《佛和他的声音》，翻译成中文的《佛和佛音》。印度的语言跟英语，书名都是“佛和他的声音”，我们把它翻译成中文“佛和佛音”，这样符合中国人的欣赏习惯。这本书如果翻译出来，在中印文化交流史上，乃至佛教史上是有地位的，是留得下来的一部著作。因为作者是印度独立以后的第一位司法部长，是印度宪法起草人，他又是印度现代佛教的创始人，在印度他几乎像一个圣人一样。他的这本书主要是重申了释迦牟尼众生平等的思想，反对人分等级，反对种姓制度，是积极向上的一本著作，在世界上发行很广，翻译成许许多多种语言。但是到现在为止，没有一本汉语译本，所以我们准备把它翻译成汉语，在中国出版。

记者：郁教授，您曾在北大有过将近20年的印地语学习和教学经历，据悉，您的印地语至今还说得很地道，就连印度人听了之后，也大加赞赏和感叹，他们在自己本国都很难听到这么标准地道的印地语。我们想请问您，在深大如果条件允许的话，您有没有开设印地语这门课的计划？

郁龙余教授：他们表扬我的印地语说得好，一开始我觉得就像我们中国人听外国人讲普通话，都赞叹他们讲得太好了，其实是有一种鼓励的成分在里面。但后来我进一步分析其中原因，除了鼓励的成分，还有一些内在原因。就是印度人的印地语，五六十年来变化很大，可以说它变得越来越不像印地语了，变得越来越不纯正了。他们总是在印地语中加上自己家乡的方言，夹着英语，混在一起说。我是四五十年前在北京大学学的书面印地语，语法非常标准，用词都是纯粹印地语的基本词汇，他们不仅听得懂，还有一定的陌生感，产生了一点陌生化效应，所以觉得我讲得很好。

印地语以前不开课，是怕学生学了以后找工作困难。现在思路变化了，连续几年深圳和全国的报纸都登出这样一个标题“小语种挑花眼”，什么意思呢？就是学小语种的学生，找工作的时候大家都要，所以他挑花眼，不知道到哪一家去好。我们准备条件成熟的时候，在深圳大学开设印地语。首先开设公选课，让有需要的学生来选这门课。以后有条件了再开成一个正式的本科专业，一步一步来。开设公选课可行性很大，如果快的话，说不定下个学期就可以开。做中印文化交流、研究印度，以前一直有个误区，以为印度是英语国家，有英语就可以解决问题。其实这句话只说对了一半，印度是个英语国家，没错。但是，主要是上流社会和大学里面用英语，民间都还用他们民族的语言——印地语、孟加拉语、乌尔都语、泰米尔语。如果不懂这些民族语言，要真正了解印度，真正做好印度研究，几乎是不可能的。所以必须学好英语，学好印度的英语（因为印度英语有特点），而且还要学好印度的民族语言。所以，深圳大学既然有这个条件，开设印地语的选修课，我觉得是势在必行。加上我原来就是北京大学的一个教授印地语的讲师，到了晚年，我在专业上再做一点贡献，发挥一点作用，也是应该的。据我们知道的情况，许多学生都想学一学。

记者：听说您带研究生有一套办法，请简单介绍一下。

郁龙余教授：这个问题应分两个方面谈：一是我的研究生很有天分，很争气；二是我比较用心，方法也比较得当。

我一共带了13位研究生，7位考上北大博士，到2013年7位已全部毕业。不是说，考上博士的优秀，不考的不优秀。这个我心中有数。那些不考的，各有各的原因，主要是经济原因，要早一点工作。所以，在我心目中，他们都是很出色的。

我带研究生，有些做法是可以供大家参考的。

第一，尊重“兴趣第一”的原则。

兴趣是第一大学，也是终身大学。到了研究生阶段，兴趣对于一个人的成才概率具有决定性的意义。研究生选导师，主动权在学生。让学生了解导师，不要选错。入错行，不论对男生还是女生，都是终身的遗憾。所以，我总是想办法让学生知道自己的研究方向有何意义，有何特色。这样，凡是选我做导师的学生，都没有盲目性，硕士论文做得很扎实。我可以负责地说，13位硕士生的学位论文都经得起考验。这说明，他们选我做导师，是兴趣所致。有一位研究生，论文初稿写了近20万字。后来时间紧，来不及修改，只能将论文的核心部分改出交稿，也有近10万字。如果没有兴趣，能没日没夜地写和改吗？另外一位研究生的硕士论文写得很到位，内地一位名校的博士想做一篇同一领域的博士论文，希望一阅我校的这篇硕士论文。该生闻讯寄去，这位博士生阅后大为感叹，深受启发，要将论文列为参考文献。如果这位硕士生没有兴趣，是写不出这么好的论文的。

每篇硕士论文，都要参评优秀论文，比例是十比一，我指导的硕士论文都被评为优秀。每年的评选，都是让人心服口服的。

有了优秀的硕士论文，再考北大博士，就不是难题。在北大同专业的博士生中，深大出去的个个出类拔萃。毕业之后，他们在各自岗位上工作出色，印度学研究是他们不舍的追求。这说明，他们真正将自己的兴趣和职业结合了起来。

第二，采取“精讲多练”的方法。

我们的学生，从小学到大学，一直听老师满堂灌，灌的内容是知识性的，常常是淡而无味的。读研究生了，应该换一种方法。我就采取“精讲多练”的办法。精讲，就是讲授要少而精，讲要点、重点、难点，采用点拨式、启发式的方法。其实，就是孔子在《论语·述而》中提倡的方法：“不愤不启，不悱不发。”

现代学生看东西不少，眼睛都近视了，但有效阅读不足。为了解决这个问题，必须让他们多练。只有练才能带动他们的读。如何才能引起他们练的兴趣呢？必须是真练，不能为练笔而练笔，写出的东西是要发表的。这样，学生劲头十足，会千方百计完成任务。学生就是学生，不管他多努力，交上来的东西不可能一次合格，需要他们一次次反复修改。必要时需做出示范，如学生改不动了，觉得已经很好了，就替他们改出一段。学生看到满篇红，心中知道了差距和目标，再改就有了动力和方向。等到学生写的文章发表了，他们受到鼓舞，就会觉得一切辛苦都是值得的。我做科研，一般都带上研究生，让他们在实践中成长。实际效果是非常好的。所以，不少人在读研阶段就获得教育部及省级的优秀成果奖。

第三，贯彻“全面培养”的方针。

德、智、体、美全面发展培养，是我国的一贯方针。深圳大学提出“办学以育人为本，育人以素质为本，素质以做人为本”。作为一位合格的研究生，必须在德、智、体、美四个方面，全面要求自己。现在全社会“重智轻德”即重知识轻品行的现象十分严重。这是当今社会乱象丛生、人人焦虑的重要原因。所以，我们应在源头把好关。从根本上讲，全面发展对个人、对社会都有利。

全面培养学生非常重要，我想稍微多说几句。在所有培养方法中，老师把心放在学生身上，和学生一起学习、提高，这是最高、最妙的方法。这样，师生没有距离感，时时能把握和调整培养的力度与方向。

1999年中秋节，学校组织教师和研究生联欢。席间，我做了一首诗《萤喻》：

我本草中生，

羞对星斗明；

君有囊萤志，

愿将此身赠。

诗是这么写的，我也是努力这么做的，效果是出奇地好。学生们不但奋发学习，而且自觉严格要求自己，做到全面成长。这样，师生就积极互动了起来，出现了教学相长的生动局面。关于这一方面，我想用一篇旧文《蔡枫的发卡》来表达。

齐白石在老年时说"姓名人知鬓成丝"，对我来说，是"年近古稀人不知"。于是，我的好心搭档就这样介绍我：这位是郁秀的父亲，郁教授。果然，台下响起惊喜的掌声。

有记者问我："郁教授，你有没有失落感？"

我说："没有。"

记者又问："为什么？"

我说："郁秀就是我的作品。"

听到我底气十足又多少带点儿调侃的回答，记者们就不再问了，每次都这样。其实，这反倒让我有些失落。我希望记者追问，还有什么原因让你不感到失落？那样，我可以自豪地告诉他们：学生，我的学生让我深感荣耀。

我一辈子教书，迄今在北大、深大已教了40年。退休了，就当全职义工，还在教。一分耕耘，一分收获。我教过的学生中，出了不少出类拔萃的人才，蔡枫就是其中的一位。

蔡枫，粤东潮州人。大学二年级时，她来到我办公室，说："我爸爸是位画家，想在深大举办一次画展。"我看了看画册，又看看这位玲珑女孩，就决定出面联系展厅。

画展在学生活动中心举行，蔡立群先生的代表作一经展出，立即获得了深大艺术系学生和画界同行的赞誉。从此，蔡枫这位爱艺术、有孝心的女学生，和我的联系就渐渐多了起来。

大学毕业，几家大报要蔡枫去当记者。她婉辞了，因为考上了文艺学专业的研究生。之后，又选我做她的论文指导老师。我和她的关系也自然更加密切了。

做我的研究生很辛苦，除了完成课程，还要跟我一起搞研究。蔡枫说，郁老师像拿着一根软绳子，每次交稿，都说很好，但是还有不足，需要修改。经过不断修改，反复斟酌，书稿完成了，他们也得到了真枪真刀的锻炼。像《梵典与华章：印度作家与中国文化》《中国印度诗学比较》等获奖著作，我都是这样带着他们一起完成的。

研究生还要帮我做许多会务。最辛苦的一次是 2005 年中国比较文学学会成立 20 周年暨第八届年会。400 多人的规模，外国学者有 30 多人。1985 年，成立中国比较文学学会时，我因病临阵撤退，觉得非常对不起季羡林、乐黛云等对我寄予厚望的前辈。20 年后再开会，一定要有好论文，而且做到会务精良。结果会开得近乎完美，但蔡枫他们做会务的都累倒了。他们毫无怨言，只是在事后用表扬我的口吻说："郁老师真厉害，我们全累趴下了，他没事，照样上班。"

深圳大学有个印度研究中心，没有专门的人员编制，但是干得红红火火，不论在国内业界还是在印度汉学圈子，都已颇有名气。章必功校长说我独木成林。其实，我靠的是蔡枫他们这批研究生。多年来，他们默默付出，无怨无悔。特别让我感到不落忍的，是这次接待辛格主席的繁重任务。

凯伦·辛格是印度著名学者，这次以 ICCR 主席身份来访，确如章校长所说，这是深圳大学的荣誉。谭中先生一直关照我们，要好好接待辛格主席。我们真的投入了十二分的精力来接待，一是不敢掉以轻心，二是出自对他真诚的仰慕。筹备工作到冲刺阶段，集中在三件工作上：布置"柯棣华 100 周年生平图片展"，调整、更新谭云山中印友谊馆展品，编印深圳大学印度研究中心简介。能否按时按要求完成，我甚是焦虑。

10月22日，我将宣传海报稿交给蔡枫，同时告诉她简介的修改意见。她说，这个星期六和星期天是关键。只见她额头戴着两只发卡，在我的潜意识中，她又要拼搏一场了。

3天后，我乘班车来到学校，蔡枫将印好的深圳大学印度研究中心简介交给我。我翻看着，伴随着阵阵油墨香味，内心很感动。又过了几天，我无意中得知蔡枫和她的义工们，为了这本简介所付出的劳动之巨，我内心很过意不去。虽然,《论语》中说：“有事弟子服其劳。”但是他们太辛苦了。于是我下决心写这篇题为《蔡枫的发卡》的表扬稿。

原来，简介的修改、定稿工作量极大，蔡枫又有唯美倾向，她和义工们从星期五下午，一直干到周六上午10点交付印刷。通宵没有休息，她的丈夫小黄——我们深大的校友一直陪着，帮助做传递工作。中间有空当就在走廊的椅子上休息一下，令值夜班的保安惊诧不已。

知道了这些过程和细节，我一方面心疼他们，一方面又甚感欣慰。我一直认为，一个单位，一个组织，不管它多么微小，只要有几个或一批肯死干的人，那么一定能从小到大、由弱变强，一定能生生不息、逢凶化吉、遇难呈祥。深圳大学的印度研究，从无到有，逐渐壮大，能做到今天的局面，不是我能独木成林，是我的一帮学生不辞劳苦死干的结果。这批学生数量众多，主要的除蔡枫之外，还有大师姐杨晓霞及刘朝华、杨修正、张玮、李美敏、冯飞、黄蓉、李朗宁、蔡晶、闵孝、李鹏和朱璇等。

孟夫子说，天下有三乐，其中之一是“得天下英才而教育之”。面对这些青年俊彦，我快活还来不及，怎么会有什么失落呢？按照农民艺术家赵本山的说法，真的应该有什么的话，那就是如履薄冰的心情，生怕误人子弟；如果可以有什么的话，那就是秋天收获的喜悦。看到这些年轻人执着而有为，我想起了毛主席的诗句：待到山花烂漫时，她在丛中笑。

写好后，请蔡枫的丈夫黄鹉看，请蔡枫的婆婆郑悦欢老师提修改意见。郑老师退休前是粤东的一位卓越的高中教师，她给我回信，写道：

郁老师：

深秋时节，拜读华章。南国深秋，虽没北国红似二月花的霜叶，但也是硕果累累的时节。郁老师，你既是霜叶，更是挂满硕果的大树，令人肃然起敬。本人一村野老妪，乡间小草，实无资格与你论长道短。古云，来而不往，非礼也，那我就说几句，博你一笑尔。

感谢上天，送我一个才德双全的好媳妇，垂暮之年，得此大礼，人生之愿足矣。再不因虚度年华而悔恨，也不为碌碌无为羞耻，晚年有此厚福，更要感谢郁老师对蔡枫精心栽培，以及无私的爱护，在此再次对你说声“谢谢”。

这是我事先没有想到的。于是，爱屋及乌，对学生的感谢，又自然而然地延伸到他们的家人。去年郑老师65岁生日，我在学校教师餐厅设便宴为郑老师祝寿。参加者除了郑老师一家三口，还请蔡枫的同学出席助兴。席间，由黄鹉、蔡枫小夫妻呈上寿匾，上书“恩深如海”。这是书法家黄子良的墨宝。郑老师笑脸上挂满了泪珠。在座的小字辈们，都受到了活生生的孝道教育。

我觉得，人文素养的教育与培养工作就应该这么做。有时，我们也许只是举手之劳，但我们的学生及他们的家人可能会获益匪浅，甚至终身难忘。我的学生取得成绩，我一定会激励他们。获了奖，我就把奖状复印若干份，每人一张，分享荣誉。有了奖金，也以按劳分配的原则，分发给每位学生。从杨晓霞、刘朝华开始，每当学生考取北京大学博士生，我都要写诗表示祝贺。2005年，张玮和李美敏一起考博成功，我作诗一首：

皖赣双飞燕，
蹁跹入燕园；
学海无止境，
华梵天地宽。

在我的学生中，蔡晶是比较特别的一位。她本是国家公务员，不顾父母反对，一定要考深大研究生，为人为学都十分优秀。2006年，她考上博士，我照例赋诗一首《送蔡晶》，不同的是，多了一个小序。

送蔡晶

蔡晶，中州驻马店市公务员，敏而毅，去职南投，在学三年有成，北大考博成功，学位论文《印度两大史诗中的爱情之喻》，以专业最高分评为深圳大学优秀硕士论文。特作此诗，以为贺勉。

三阳开泰蔡家女，
两大史诗见才情；
华梵学海宽无边，
驻马店来划舟人。

蔡晶全家读了此诗，都有一种荣誉感，她母亲还将这首诗贴在蔡晶的床头。女儿到北京读博士去了，她看到这首诗就像看到有出息的女儿一样。博士毕业，蔡晶到河南一所大学任教。

总之，我在大学教书，不仅仅是一份职业，也不仅仅是一份事业，而是作为报答父母和国家的一份应尽的义务。我这样做，完全是按照父母、老师从小对我的教诲，很自然，很平常，很应该。不但我习惯了，家里人也习惯了。

古人说："育才造士，为国之本。"培养学生关乎国家根本，我们不能不重视。如何培养？要将德和智结合起来，做到德、智、体、美全面发展。素质教育，品行培养，要和专业培养、知识教育结合起来，就是古人说的"人虽才高，不务学问不能致圣"。这个口号没有过时，而且永远不会过时。

记者：郁教授，郁秀她们那么有名，您是怎么把她们培养得那么好的？您也获得过广东省"十大好父亲"的荣誉称号。借此，我们想听一下您是怎样培养孩子的。

郁龙余教授：这好像是每次采访大家都感兴趣的一个话题。郁秀16岁写成《花季·雨季》，后来小说被翻拍成电视、电影，改编成卡通片、连环画，中央及各省电台连播，并节选为对外汉语教材，后来还翻译成了盲文版，获得了“五个一工程”奖，还有其他许许多多的奖，但最重要的就是这个“五个一工程”奖。这些都是后来发生的事，事先我们一点都不知道，更说不上“培养”两个字。她写小说的时候，处在一个地下潜伏的状态，我们当父母的一点都不知道。不但我们不知道，就是跟她住在一个房间的，床对床、桌对桌的双胞胎姐姐郁英也不知道。她写小说的时候呢，在桌子上面写，同时抽屉是拉开一条缝的，只要听到外面有脚步声，人要进来了，就把这个稿子塞进抽屉里面去，一点痕迹都没有。为什么她采取这个办法呢？我估计她当时没有把握，也不知道能写成一个什么东西。没有把握呢，也就不愿意出洋相，不愿意把自己不成功的东西暴露给人家。写成了以后，我们还是不知道。

一个非常偶然的机会，我们知道了这件事。她班上有个同学，家长在海天出版社工作，告诉她说，你把稿子送到海天出版社去看一看，如果好的话呢，能帮你出版。她去出版社之前打了个电话，是到一个办公室借打电话。这张电话桌搁在门边，她打电话的时候，把话筒拿到门外去打，有意识地避开屋里的老师。这个老师反倒注意了，这孩子为什么这样呢？就留意听了一下。这个老师跟我太太是认识的，马上给我太太打了个电话，说你家女儿写了一本小说，要送出版社，祝贺你们。我太太蒙了，不知道怎么回事。她马上给我打电话，她问我知道吗？我说我不知道。她让我赶快到校车上拦女儿，女儿正要去海天出版社。我匆匆忙忙跑下来，上车一看，果然郁秀坐在上头，背着个黑书包。我问她干吗？她说去出版社送稿子。我问，送什么稿子？她说最近写了部小说。我说给我看看，她掏出了16个笔记本。我翻了一下，正反面都写满了字，字像芝麻、像绿豆，小小的，涂涂改改的。当时我想，这个时候如果硬把她拖下来，她肯定生气，眼泪肯定流出来。我就说：“行吧，你去吧。有了什么消息，什么结果要及时告诉我们。”这样我就下了车，她就去了城里。

晚上回到家里，我问她，有什么消息啊？她说，人家说要一个星期以后回应，怎么会马上就有消息呢？然后等了一个星期，人家这样给她回应：第一，你的小说写得很好；第二，还要修改；第三，要出两万块钱的协作出版费。我们跟她说："你看看，说你很好，这是虚虚地表扬你一下；还要修改，说明有问题；要出赞助费，说明你的小说是赚不了钱的，没有吸引力，所以要赞助费。"听我们这么一说，小孩一下子就泄气了，什么也不说了。我们也不是要故意打击她，因为我们不知道她写了个什么东西。

我们告诉她，你辛辛苦苦写的，也没复印什么的，去把东西拿回来吧。她把小说拿回来以后，她妈妈好奇了，拿来看，觉得有点意思。我问，到底写得怎么样？她说，还很吸引人，看了这一本还想看那一本。我说，那怎么办呢？她说，有个办法，去请人把它打印出来。这样，我们很快就把这本30万字的书稿打印出来了。从那以后，小说就在熟人中间流传开来，反响很好。

我说，这样，请一个专业的人士来看，我们民间的说法还不算数。当时中文系有一位著名作家，安徽人，叫曹征路。我说，曹老师，这部小说稿，他们都说好，我也没有看，像医生不能给自己家里人看病一样，我看了以后，可能是戴有色眼镜，说了也不算数。你是著名作家，你看了以后客观地跟我说。曹老师看了一个星期，后来给我写了两张纸的意见。大体是这个意思：小说很好，在同龄人中郁秀是出类拔萃的。但是她写得很新，没有主线，没有主要人物，没有主要故事，所以不一定能够流行开来，现在的出版社跟编辑不一定喜欢。不过，正因为它是创新的、有突破的，说不定以后会大流行，大家会喜欢这种没有主要人物、没有主线、没有主要故事的作品。他还说，作为一个长篇来说，出版社可能费用上有些压力，可以把它拆成五六个中篇小说来发表，这样可能好弄一点。

有了这个意见以后，我信心就足了，自己也看了一遍，觉得小说很好。我又请市里一些有名的评论家看，包括当时中文系的封祖盛教授，封祖盛教授看完很高兴。

这部作品后来一下子走上快车道。这当中，有一个偶然的原因：当时在暨南大学召开一个全国文艺学博士点的研讨会，深圳市宣传部文艺处时任副处长倪鹤琴正在暨南大学读博士，她参加了这个研讨会。研讨会结束以后，大家要到深圳来看一看民俗文化村的节目。因为她是文艺处的，所以她做东道主，我是作陪。在正式开幕之前，有 10 分钟左右的等待时间，大家就聊天。我就把郁秀写小说的事跟她一说，倪鹤琴是干这一行的，她的眼前一亮，说：“我们一天到晚寻找这种优秀作品。那些有名的作家你叫他写个什么题材吧，他不听你指导，还有逆反心理。听你这么一讲的话，这个小说好得不得了。你马上把小说稿给我看。”我说：“封祖盛老师那里有一本，我回去跟他说一说。下个星期我给你送过来。”没想到第二天倪鹤琴就直接找到封祖盛老师。封老师马上给我家打电话，我太太接到电话，马上拿了一本打印稿，送到封老师家交给倪鹤琴。她自己看了一个晚上，觉得好得不得了，就马上给他们的文艺处长看，接着给主管副部长看，他们都觉得小说写得非常好，最后又给宣传部的部长邵汉青看，看了几个晚上，他也是爱不释手。

于是，他们起草了个文件，推广这本书，让海天出版社来出版发行，还决定拍电视剧、拍电影，还马上把影视公司找来谈。同时，他们还做了许多宣传工作。海天出版社以前可能吃过亏，对宣传部的话会打折扣。这次宣传部叫出版社印 5 万册，他们打了个折扣，印了 3 万册。1996 年全国第七届书市在深圳举办，小说被拿去展销 3 天，就全部卖光了。海天出版社赶快抢印，但已经来不及了，中间断档了几次。因为当时我们都有空，我参加了书展，我就像个搬运工一样把《花季 · 雨季》一摞一摞往书架上摆，摆满了一书架，很快就拿光了。《花季 · 雨季》成了整个书市最畅销的书，始终都是排行榜第一。而且，它连续畅销了两三年。

后来，邵汉青部长告诉我，当时她给了中央党校常务副校长郑必坚看。郑必坚正生病住院，他在这个《花季 · 雨季》上写满了批注。现在如果拿到这本写满了批注的《花季 · 雨季》，一定能感受到批注的精彩。

2011 年我去印度访问，2 月 17 日到加尔各答。它的规模相当于我们的上海，人口很多，现在是印度第二大城市，以前是第一大城市，人文荟萃，人才济济。这一天，印度文学院组织了一场座谈会，来了几十位社会名流，有评论家、艺术家、电影人、作家、诗人和大学教授。他们提了好多问题，其中有一位问道，中国政府对文艺是怎么干涉的？怎么指导的？我说，这个问题我可以给你说一个切身经历的例子。我就把郁秀写《花季・雨季》得奖的情况告诉他们。我说，她写这部小说，我们家长都不知道，政府更不知道，谈不上什么干涉不干涉。但是她成功了，政府给她颁了好多奖，这是大家都认可的事。因为这是切身经历的、实际的事情，印度这些学者听了以后，都很信服、很高兴。

1993 年 11 月 3 日，郁秀和季羡林先生合影于北大十三公寓

郁秀写了《花季・雨季》以后，又写了四部书，分别为《太阳鸟》《美国旅店》《不会游泳的鱼》，还有一本叫《郁秀和〈花季・雨季〉》。最后这本书写郁秀创作《花季・雨季》的整个过程，保留了大量的第一手原始材料，是一本很好的书。《花季・雨季》出版前一年，她到美国读书去了，所学专业是经济学。后来的四本书是在美国写的。参加工作以后，写作是她的业余爱好了。现在，她还在写，但是放慢了节奏，主要是写一些随感、散文。至于她什么时候有新的作品出来，对我来说也是一个未知数，我问也问不出来。但是我知道她还在写。

记者：郁秀16岁有这种创作欲望，也是源于您营造的这种书香氛围吧？

郁龙余教授：对，你这个说法我是非常认同的。如果说我们刻意培养，那是虚假的，我们没有刻意培养她。她写第一本小说，我们并不知道，怎么培养呢？但是，我们家庭的氛围是有利于她成才的。我的书架都是开放的，我的孩子可以随便拿来看。实际上她们也经常拿来看，半懂不懂地拿去读，这样就扩大了有效的阅读量。她们小时候看我那些不大懂的书，看总比不看好，对她们是有帮助的。还有，我们对孩子没有苛求，我们从来没有送过她们去特长班、兴趣班。在这上面我们一分冤枉钱都没有花过。我们希望她们把学校里的作业完成了就可以，不需要再搞什么其他事情，所以她们有比较充裕的时间阅读，并利用课余时间进行写作。

（本文摘自深圳大学2013年30周年校庆文章《荔园星辰》）

看着父亲成长

郁　秀

郁秀，郁龙余先生的女儿，青年作家，代表作《花季·雨季》。

“看着父亲成长”，这话似乎说颠倒了，应该说家长看着自己孩子成长，但这话恰是我对父亲的认识。我不知道自己这些年，除了年纪增长，有多少知识和学问的成长，倒是看着自己的父亲从一个青涩的小知识分子，成长为一位通达的大知识分子。学术之丰满，境界之升华，都具大家风范。

因为父亲研究的专业冷门，他极少和家里人谈起他的学术。我们也不过问。我们做子女的并不知道他的学问有多大，成就有多高，直到这次印度之行。印度总统府专门为父亲举办的颁奖典礼，仪式之隆重，规格之高，场面之正式，远远超过我的预期。以至于我们需要提早到总统府准备，光排练什么时候起身，怎么起步，就练了好几次。典礼历时近两个小时，那个下午，父亲是整个总统府的首席嘉宾。总统慕克吉先生、外交国务部长阿克巴先生、ICCR 主席金德尔教授，全是洋洋洒洒几千字的英语讲话，赞美之情溢于言表。此行，我既是受邀嘉宾，更是父亲的助手和翻译。当我将这些“溢美之词”翻译给父亲时，我也才知道：原来，我的父亲有如此之高的成就。

颁奖后，有印度记者问我，如果要我用一个词形容父亲，该是什么？我不假思索地说：勤奋。

我见过不少刻苦勤奋之人，可完全不功利、不跟风，坚持努力一辈子的人，寥寥无几。父亲算是一个，而且这种努力仍然进行着。有时候我打电话回家，是母亲接的，我问父亲在干什么？母亲通常回答：他在书房做作业。“做作业”是我们家庭的内部语言，泛指工作状态。父亲形容他的工作是在“做作业”，因为在学识面前，他永远抱着一个小学生“做作业”时恭敬、谦逊的态度。只要父亲身体允许，他就会永远“做作业”。现在我写作的时候，我也会对家里人说我在“做作业”。

父亲对物质的欲望极低。从他 50 岁起，他就告诉我们，千万不要给他买东西，他已经用减法生活了。一般人追求的享受，比如“吃喝玩乐”，在父亲看来都是受罪；一般人喜欢的度假，比如躺在沙滩上，听着海涛的声音，一待几个小时，在父亲看来，不仅是浪费时间，简直是叫他去受刑。他的生活，粗茶淡饭，青灯黄卷。这种生活在多数人眼里无味无趣，可父亲却过得无比惬意，有滋有味。这是他最舒适的状态：简单朴素的生活追求，然后在他的书房里“做作业”，偶尔到客厅看一会儿电视，算是调剂。他喜欢工作，喜欢做学问，这就是他的生活乃至生命。所以，他都不认为自己勤奋，因为这种勤奋已经不知不觉地融入他的血液，融入他的日常生活。他甚至认为他这才叫享受。就是这份没有功利心的勤奋，数十载的努力认真的治学精神，他终于得到丰厚的回报。这次印度总统亲自颁发的“杰出印度学家”奖就是证明。

我每次回国探亲，都感觉屋子又小了，书又多了，所有的物质生活品都在为书让道。看着这一屋子书，我忍不住想：百年之后，父亲这些书谁还会愿意读？父亲这一肚子的学术，又谁来衣钵传承？我想，培养年轻学者，这也许是父亲晚年工作的重中之重。毕竟百年前，张之洞尝劝学曰：“世运之明晦，人才之盛衰，其表在政，其里在学。”

希望父亲健康长寿，他看重的事业传之久远！

（此文原载《深圳商报》2017 年 3 月 26 日）

父母最初的教诲

郁龙余

我的父母本是两个苦命人。他们对我苦中施教，让我受用终生。

父亲出生在南京长江边上的燕子矶。这是一块诗歌和悲愤交织之地。1931年，日本发动“九一八事变”，震惊全国，震惊京畿。那年他8岁，逃难到上海，被浦益习艺所收容。淞沪开战后，习艺所被迫迁到了浦东。随着日本统治越来越残酷，习艺所入不敷出，难以为继，贴出告示请求浦东父老乡亲领养、收留习艺所里的难童。父亲被邻村一户周姓人家收为养子，稍稍长大之后送到上海学裁缝。1945年，经亲戚邻居介绍撮合，和母亲结婚。父亲本姓陈，跟了养父之后改姓周，和母亲结婚后又姓郁。中华人民共和国成立后，父亲恢复了本姓，在户口本和工厂里，他叫陈祥刚。陈是祖姓，名是他自己起的，因为他觉得原来的名字“毓坤”不好听，叔叔毓明则一直未改名。“祥刚”和“长江”在上海话里发音差不多，所以工厂里上上下下都叫父亲“长江”，而出生在长江边上的父亲，很是喜欢这个称呼。父亲对姓氏问题，内心是纠结的。但他三个女儿中的两个，都嫁给了陈姓人家，他的外孙都姓陈，他的纠结也化为乌有了。

母亲有一个非常好听的名字——如心。可是她的命不如意，9岁父亲去世，14岁母亲去世，自己50岁退休不久也离开人世。

母亲出生在上海浦东一户农家，因临近黄浦江，祖上就做起了“贩鲜”的生意，就是把各家各户的鱼、虾等河鲜运到十六铺码头，卖给上海商客。据说，在母亲的爷爷手上，有两只贩鲜船，一只航船。可是到了她父亲时，就厄运不断。因为身体不好，船一只又一只卖掉，最后只剩下一只橹。在小儿子也就是我的舅舅出生不久，他就离开人世。外婆在舅舅4岁时也一病不起，撒手人寰。正在上海毛纺厂学徒的、14岁的母亲匆匆被叫回家，在亲友的帮助下，草草埋葬了外婆。4岁的舅舅被送给了一户船家，6岁、10岁的两个姨被送给人家当童养媳，母亲继续到上海当徒工。2年后，舅舅6岁时病饿而死，母亲哭得死去活来。作为郁家长女，她立誓要重振家门。

4年后，19岁的母亲在亲友们的撮合下和父亲成婚。第二年生下了我，之后的9年里又生下了2男4女，其中一对双胞胎只活下了大妹一个。为了养活我们兄妹6人，父母吃尽了千辛万苦。但是，他们从来不说苦，他们懂得苦不会白吃，他们把希望寄托在我们兄妹身上。所以，他们对我们兄妹言教加身教，从来就很严。父母的教诲，归结为一个词，就是争气。争气，是老百姓的话，就是不要丢父母的脸，丢祖宗的脸。

争气，成了铭刻在我心中的座右铭。这种铭刻是在日常生活的潜移默化中完成的。

我6岁时，母亲带我去油菜地除草。离油菜地不远有一座长满灌木杂草的坟。母亲说："这是你外公、外婆的坟，多年没有祭扫了。你舅舅因尿床，养父母让他睡在船的平基上，天寒地冻，得了浮肿病。人家把他送回来，他就东家一口、西家一口讨食吃，晚上就睡在这坟地里。最后浑身肿得路都走不了了，等我从上海赶回家，他两只眼睛肿成一条线，抱着我在地上滚。他'阿姐，阿姐'地喊，可是我们喊天天不应，呼地地不灵。他死时只有6岁，跟你今年一样大。我最对不起父母的，就是没能让唯一的弟弟活下来。"

我10岁时，母亲为了全家的生计，又回到上海毛纺厂当工人。她因为技艺精湛，曾经当过"拿摩温"（标兵），很受工厂上下器重。我就带着弟弟妹妹在浦东乡下过日子，用现在的话说就是当"留守儿童"。什么拾柴、做饭、洗衣、种自留地，养羊、鸡、鸭、兔，还常去捕鱼摸虾，改善生活。春天腌菜苔，夏天晒黄瓜条，秋天腌茄子干，腌青菜、蒜头，还自己做酒酿。乡亲们看到我们的生活过得井然有序，人见人夸，都说如心的孩子争气，都很乖！

20 世纪 80 年代，和父母、大弟龙宝、三弟龙汀及大弟媳合影

母亲有位大姑，我们都叫她大阿奶。她是位能人，家里、工厂的活儿样样拿得起来。她包的粽子像活的一样，她做的团子好像都会说话。她还是一个自学成才的乡村医生，手上有绝活儿。20 世纪 70 年代，上海第四军医大的师生，还专门登门请教。她家和我家只隔一条河（三林塘港），母亲 1956 年重返上海做工时，她曾对母亲说："你放心去吧，家里有我。"所以每当遇到大事，我们都请她过来解决。

一年秋天，我们兄妹几人在屋后菜地里玩，大妹一不小心摔了一跤，一个芦粟（甜高粱）茬插进了左眼窝，眼珠被挤了出来，由一根细细的血筋连着。她大哭起来，说菜地在转。我定睛一看，忙叫她手不要乱挥，不要把连着眼珠的血筋弄断了，同时隔河喊大阿奶。一会儿她来了，一看这情景，双手在衣襟上擦了擦，将眼珠拿起来看了看，然后嵌回了大妹的眼窝，叫她别哭，眼泪是咸的，会痛。回到家里，用一条干净的毛巾把双眼扎起来。第三天大妹眼睛就不痛了，一周后和什么都没有发生一样，只是左眼窝上侧留下了一线浅浅的疤痕。

20 世纪 90 年代，六兄妹摄于浦东海珍大姨家

前排左起为春妹、秋妹、冬妹，后排左起为龙宝、龙余、龙汀

母亲做纺织工人很辛苦，早、中、晚三班倒，周末休息分大礼拜、中礼拜和小礼拜。小礼拜只能休息半天，母亲根本无法回到浦东家里，但大礼拜、中礼拜一定回来。她的篮子里总是有猪肉、带鱼、豆制品等食物，弟妹们到王家渡码头接她，回家路上欢蹦乱跳。看到儿女这幅情景，母亲一周的辛苦全抛到了脑后。

2001 年夏，摄于父亲陈祥刚先生的出生地燕子矶

我们几个大的在家里等着，母亲一回来就接过篮子，赶紧洗菜、切肉做饭。母亲对我们这么懂事很满意。有一次她悄悄问我：“你觉得苦吗？”

我说："有什么苦的？比起你们小时候好多了！"她看着我，满意地点点头。

为了让父母高兴，不觉得我们苦，我们兄妹还常制造点小惊喜。譬如，他们回家时做一大锅螃蟹吃，父亲吃得兴起，还会把吃干净的蟹螯贴在墙上，像一只只蝴蝶。回上海时让他们带上一些自种的新鲜蔬菜，香椿头、枸杞叶、马兰头之类，送给同事、邻居。自家柴房（客堂）里有一个大石磨，我们洗净后绑上扁担，推着磨炒麦粉，大麦、小麦、元麦合在一起，还常常加一些各种炒豆，香气扑鼻，邻居都能闻到。除了自己吃，还请父母带到上海去吃。我们还常常做团子、馄饨和各种糕饼。每年冬天，用南瓜、糯米粉做的糖糕很好吃，总是让父母带一些去上海。

别看我做事很有办法，其实也有束手无策的时候。最让我苦恼的是，母亲每次回上海前，最小的妹妹准时缠住母亲不放。开始时，我哄她去给妈妈拿个什么东西，等她回来，妈妈已去了码头。几次下来，这一招就不灵了，那只能硬来，我拖住妹妹，母亲拿起竹篮和拎包往王家渡走，心里流泪也不能回头。看着妹妹使出浑身力气又哭又闹，哄、吼、打全无用处，但还不能松手，一旦放开了她，她会飞步扑向前抱住母亲的双脚死也不放。王家渡的班轮是不等人的！我真是一点办法也没有。每次母亲回家时欢天喜地，离开时都像生离死别一样。什么叫恋母？这就是恋母！

父亲一直忙于工作、挣钱，家一直由母亲管着。我最大，自然成了母亲的得力帮手。我 8 岁那年春天的一个深夜，母亲突然把我从梦中叫醒，让我把红脚桶（子孙桶）里的胞衣扔到屋后河（三林塘港）里。她还嘱咐说，现在是落潮，要扔到水里，不能扔在泥滩上。原来，我的第二个妹妹出生了。说来也是缘分，后来每当遇到困难，帮助我的都是这个妹妹。1975 年，我把一对双胞胎中的姐姐郁英送到老家，由这位尚未出嫁的妹妹照料。2018 年冬天，我和老伴都病了，这位妹妹和妹夫从上海来到深圳照料了两个多月。

言归正传。母亲知道读书的重要，到了我上学的年龄，她用一块新的头巾做成书包，送我到不远的筠西小学读书。我从小读书用功，很喜欢课本里的故事。一天晚上，我在煤油灯下把包装纸刮平画好方格，一字一句地抄一篇寓言故事：一位老汉赶着一辆运鱼的车，见雪地里躺着一只狐狸，把它捡起来扔上车，装死的狐狸把鱼一条条扔下车……邻居周家水林姨见我抄得认真，对母亲说，你这大儿子将来肯定有出息。后来，水林姨为了表扬我，专门买了一支一角二分钱的带橡皮擦的铅笔奖励我。母亲说："她是邻居周家大女儿，按老辈称呼，我应该叫她水林姨，现在你们都跟着我叫水林姨，她很乐意，就改口叫我如心姐。这在过去是不可以的。"

听到水林姨的夸奖，母亲对我的学习更关心了。她说厂（协新毛纺厂）里图书馆可以借书给职工带回家看，问我要借什么？我在纸上写了茅盾的《子夜》、巴金的《家》。下个休息日她回家时，一边把书交给我，一边高兴地说："图书管理员和她的几个姐妹都说：'如心姐，你的儿子真争气，这么厚的书都看得懂，将来一定有出息。'"1965 年，我考上了北京大学，母亲的姐妹们都说："当年我们没说错吧，爱读书的孩子就一定有出息！"

关于我考上大学的事，在我父亲厂里还闹出了一段小笑话。当父亲告诉同事，我考上了北京大学，就有同事问："北京的大学有很多，你儿子到底考上了北京的哪所大学？"父亲答不上来，星期天回家问我。我告诉他："北京的大学是很多，但是叫北京大学的只有一所，北京大学是中国最老最好的大学。"他回到厂里，就把我说的告诉同事，再有人不信，或者故意闹着玩，父亲就伸出巴掌做出要揍他的样子。后来，工会主席出来说："陈师傅说得对。他儿子争气，祝贺！"于是，父亲走到哪里，祝贺声就跟到哪里。

父亲在厂（上海第五服装厂）里是个名人，是有名的"工人革新家"，中国服装行业的好几样技术革新，都是他带着徒弟完成的。因此，他两度被评为"上海市先进工作者"，照片和先进事迹放进了市中心人民公园围墙紧靠南京路的宣传窗里，他还两次被送到杭州西湖度假休养，每次一周。这在当时是很大的荣誉，但是父亲认为我考上北京大学，很为父母争气，是他最大的荣誉和骄傲。从难童到工人革新家，父亲最知道文化和知识的重要。

1970年我毕业留校任教，父亲很高兴。第二年，学校调我到江西鲤鱼洲分校，参与办“草棚大学”。途中到上海休探亲假。离开上海时，父亲送我上火车，在火车开动前对我说：“毛主席的话一定要听。”这句话我一直记在心里，这是父亲、一位老工人，对我的嘱咐。2015年，我访问印度，ICCR主席金德尔私下里问我，怎样评价毛泽东？我用印地语告诉他，毛主席是中国的民族英雄。朱璇博士译成英语，强调了一遍。他点点头表示认同。其实，热爱毛主席的习惯在我六七岁时就已经养成。记得当年有一次水林姨急匆匆地跑来对我母亲说，回家去看看，你们家的毛主席像上有没有别上缝衣针？那是不可以的。还有坏分子恨共产党，在毛主席眼睛上扎针。母亲说，我们家没有别缝衣针。不过我回家后，用干净的新毛巾给毛主席的像擦了擦灰尘。以后每次走过，都要看看毛主席像，过几天就擦擦灰尘。

我们小的时候，父母的教诲像初乳哺育我们的体格健康成长一样，哺育我们品格健康成长，不但给了我们营养，还给了我们免疫力。

1965年，我在语文老师陈一冰先生（陈祖德、陈祖芬之父）的鼓励下，报考北京大学，在季羡林先生门下读了5年书，毕业后留校，又教了14年书。这19年奠定了我人生的学术基础。1984年，为了全家团圆我来到了新成立的深圳大学。我曾经写过一首诗记述这段经历：

燕园梵学十九年，
得识气象万万千。
只为全家团圆梦，
携书别师赴岭南。

到了深大，我从一个小语种（印地语）教师，变成了中文系教师，在专业上是一个大改行，对我来讲是一个巨大的考验，因为深大中文系大师众多，如乐黛云、汤一介、胡经之，同辈中更是伏虎藏龙，有章必功、景海峰、孙猛等。教而后知困，我深深体会到了。于是，我开动机器，像在北大教印地语一样，边学边教，边教边学，终于享受到了孟子所说的“王天下而不与焉”的快乐——“得天下英才而教育之”。我成功地从印地语教师变成了中文教师，被推举、任命为中文系主任、文学院院长。我重视课堂授课，有一次学生对教师课堂授课质量进行背靠背打分，我的“东方文学”课在文学院所有教师中排名第二。有人戏称我是中国印地语教师中中文最好，中文教师中印地语最好的。2007 年，我在 61 岁时作诗《贺深大评估获优》，表达我一个成功转行人的喜悦：

离京别师廿三春，

俯首新圃忙耕耘。

忽报评估高分过，

泪飞花木舞东风。

就在这一年，我正式退休了。怎么办呢？我选择了退而不休。坚持像以前一样，每周 5 个工作日天天上班，没有特殊情况从不中断。从 2007 年到 2015 年我老伴生病，8 年间每天如此，我成了学校班车彩田站的一个标识：老师们看到我在，就会放慢脚步，知道班车还没到；如果没有看见我，知道班车走了，赶快打出租车吧。2015 年后，我虽然不再天天上班当义工了，但是只要有重要会议和活动，我依然会赶到学校参加。

就这样，2007 年后我和中心其他老师一起，在学校的领导与支持下做成了不少大事。其中重要的有：

2008 年，建成了世界上第一个谭云山中印友谊馆。

2008 年之后，接待了 6 位 ICCR 访问学者，3 任印度驻华大使，4 位驻广州总领事，章必功校长和拉奥琦大使签署了《深圳大学与印度 ICCR 有关访问学者的协议》，接待了多个高级印度官方代表团。

2009 年，接待印度著名的邦格拉舞蹈团来校演出。

2010 年，聘请法国著名学者鲍思岱、朱新天为深圳大学名誉教授、特聘教授，聘请印度 ICCR 主席凯伦·辛格为深圳大学名誉教授。

2011 年，应邀访问印度尼赫鲁大学、德里大学、孟买大学、加尔各大学等 9 所学术机构并做演讲。

2012 年，和中国人民对外友好协会联合举办第四届中国—南亚国际文化论坛。接待印度著名政治家、观察家基金会（孟买）主席库尔卡尼。

2013 年，访问杭州佛学院，并与院长光泉大和尚签订合作协议。参加北京大学印度语言文学专业博士论文答辩会，担任答辩委员会主席。出席新德里举行的泰戈尔获诺奖 100 周年学术研讨会。访问尼赫鲁大学，做题为《中国印度文学交流史》的讲座。

2014 年，李清泉校长会签《深圳大学和尼赫鲁大学合作备忘录》。印度国立音乐、舞蹈和戏剧协会 21 位艺术家来深圳大学举办了七种古典舞集萃《七舞会萃》，并与世界之窗“五洲艺术团”60 多位演员进行观摩教学与表演。

2015 年，深圳大学和印度文化部、印度驻广州总领馆联合举办“印度旅游年”中国印度节活动。印度著名政治家、观察家基金会（孟买）主席库尔卡尼再度访问深圳大学，与中心签订《深圳大学印度研究中心与印度观察家基金会（孟买）关于在印度建立师尊季羡林纪念馆以及共同促进中印友谊的合作备忘录》和《关于合作拍摄〈谭云山〉电影的协议书》。协助（组织资金、重新修版、印刷）外文出版社重印《大唐西域记》印地文版，由外交部请习近平主席作为国礼赠送给到访中国的印度总理莫迪。

2016 年，出席新德里世界书展，参加《印度文化论》《中外文学交流史·中国—印度卷》《季羡林评传》版权输出协议签字仪式。由 ICCR 赠送的泰戈尔铜像在深大校园落成。成功召开由中国人民对外友好协会、印度文化关系委员会、中国印度友好协会、印度驻华大使馆、深圳大学主办的第二届世界印度学家大会。赴印度接受慕克吉总统在总统府颁授的“杰出印度学家”奖。

2017 年，中心教师蔡枫、黄蓉、朱璇和吴蔚琳博士后赴印出席庆祝中国学院 80 周年和谭云山抵印 90 周年“印中文化和鸣”国际学术研讨会，并拜访印度前总统慕克吉先生。

2018年，印度ICCR送派的首位印地语讲席教授达吉·夏尔玛博士到校任教。印度“中国研究所”（ICS）前主席莫汉蒂及夫人访问深圳大学。党委书记刘洪一教授率郁龙余、彭小刚、吴蔚琳等访问印度，参加中印高级别人文交流机制首次会议系列活动，与尼赫鲁大学、安贝德卡尔大学签订合作备忘录。

2007年退休之后，我们先后出版了以下著作：

主编《泰戈尔诗歌精选》（六种），由外语教学与研究出版社于2007—2008年出版；《印度文化论》由重庆出版社于2008年出版，北京大学出版社于2016年出版；《外国戏剧鉴赏辞典》（古代卷）由上海辞书出版社于2009年出版；电影文学剧本《谭云山》发表于新加坡杂志《新世纪文艺》2010年第5期；《泰戈尔作品鉴赏辞典》由上海辞书出版社于2011年出版；《谭云山》由中央编译出版社于2012年出版；《天竺纪行：郁龙余、孟昭毅学术之旅》由北京大学出版社于2012年出版；《东方文学史》（新版）由北京大学出版社于2012年出版；《中外文学交流史·中国—印度卷》由山东教育出版社于2015年出版；《季羡林评传》由山东教育出版社于2016年出版；2015年，和中心全体老师一起录制慕课课程“印度文化概要”；《中国外国文学研究的学术历程·印度文学研究的学术历程》由重庆出版社于2016年出版；《季羡林评传》英文版由印度五星出版社于2018年出版；《季羡林评传》印地文版由印度普拉卡山出版社于2019年出版。

以上所列，只是取得成果的一部分。如果61岁退休后不再坚持专业研究，那么我的人生就是另一种人生。说来令人高兴，这种坚持催生了我女儿郁秀的一本新书《故事，在印度》。缘由是这样的：2016年12月1日，郁秀陪我到印度领奖。事后，她写了一篇文章《看着父亲成长》，里边写道：“颁奖后，有印度记者问我，如果要我用一个词形容父亲，该是什么？我不假思索地说：勤奋。”“就是这份没有功利心的勤奋，数十载的努力认真的治学精神，他终于得到丰厚的回报。”由于这次访问，她对印度的人物有了更深入的了解，用中文、英文写成了这本新书。郁秀说我勤奋，其内在动力是父母对我最初的教诲——争气。说得响亮一点，就是争光。我心中一直认为："成事为重，名次之，利益为轻。"从感性的争气，渐渐迈向理性的争光。我用半个多世纪的时间，将印度语言文化研究，从大学专业变成了谋生的职业，最终又变成了终身的事业。父母去世多年，但是他们的教诲永远记在我心里。

除了父母的教诲，家人、同事的支持、鼓励、关心也是我工作的重要动力。我在2015年10月15日写的《季羡林评传》后记中，有这样一段记录：

10月4日，台风彩虹来袭，广州、佛山出现罕见的龙卷风，深圳也是雨急风狂。这天夜里，我因找寻荀子"圣可积而致，途之人可以为禹"的准确表述与出处，正在翻阅《诸子文粹》一书。到凌晨两点半，我见妻子的床头灯亮着，一看发现她倒在洗手间门口，伸手要我拉她起来。原来，她旧病复发，人已半瘫。我立即陷入天旋地转之中。镇静之后，把她送进北京大学深圳医院。我必须倾心陪护，时刻不离。感谢医学进步，吾妻坚强，十五天后，她病情逐渐稳定好转。我就在妻子的病床边，将《季羡林评传》最后的校对、统筹工作做完。其间，朱璇、黄蓉、蒋慧琳、杨晓霞、蔡枫等诸位老师及其家人，以及许多领导、友人对我帮助、关怀备至。在此书校毕付印之时，妻子亦已痊愈，在此，向他们一并致谢。

学校领导的关心支持形式多种多样。蔡德麟、谢维信两位校长，每次见到我总是关心地问：郁老师，有什么需要学校做的吗？章必功校长常常背后表扬我，有一次经济学院的一位教授给我打电话说："章校长又表扬你了，说你独木成林。"其实，章校长表扬我的事，以前就听人说过，说一个大学的名气，就是靠郁龙余这样的教授一点一点抬起来的。

总之，深圳大学印度研究中心所以能从无到有，由弱到强，成为今天在国内外有着相当影响的专业研究机构，离不开历任领导的支持关心。2013年6月5日，在深大图书馆建馆30周年庆祝大会开幕前，新上任的李清泉校长和我有一段知心交谈，他说："郁老师，以后印度研究中心有什么事，你直接来找我。"李校长是这么说也是这么做的。2018 年 12 月，党委书记刘洪一率深大专家出席在印度召开的中印人文交流高级别交流机制首次会议的系列活动，一路上他给我讲了许多鼓励的话，并把我介绍给王毅部长和与会的其他领导。

大家都说我获得"杰出印度学家"奖以及各种荣誉是实至名归。是的，这些是我人生的重要记录。但是，这一切离不开天时、地利、人和的机缘巧合。现在，我还有许多重要的事情要做，因为我们进入了新时代。

除了家人、同事，有关的领导对我的支持帮助也非常多。1984 年，汤一介、乐黛云教授应张维校长之邀，来深圳大学支持文科建设。党委书记、第一副校长罗征启为了工作方便，将海望楼自己楼下一套最好的三房两厅的住房留给了他们。由于当时北京大学舍不得放汤老师、乐老师走，他们只能半年在深大，半年在北大。为了照顾我们，两位老师对罗校长说："请郁龙余全家和我们合住，这样可以免得浪费，我们回北大的时候可以替我们看房子。"罗校长听汤老师、乐老师说得这么合情合理，就笑着说："这件事由你们二位定。"我们搬进去之后，二位说："你们人多，有四个人，除了给我们留一间南房，其余的统统你们用。"人非草木，孰能无情。校系领导这么关心爱护我们，我们能不全心全意为学校为系里工作？从此，我养成了每周 5 天除了上课，统统在办公室上班的习惯。退休之后我当了 8 年全职义工，还是这个习惯。

还有一件事，我们全家都十分感念。我女儿郁秀 16 岁那年悄悄地写了一本小说《花季・雨季》，我和妻子完全不知道。就像医生不给家人治病一样，很长一段时间，我有意不看小说稿，而是请中文系作家出身的教师帮助看稿，他们提出了热情而专业的意见。副系主任封祖盛教授看了书稿更是大加赞赏，为了顺利出版，他不顾自己身患癌症，带着郁秀顶着大太阳来回奔波。后来，小说稿到了市委宣传部，进入了出版、宣传的快车道，从文艺处到副部长、部长无不高度重视。小说出版后，正逢全国第七届书市在深圳书城举办，每天的热销书排行榜上《花季・雨季》总是第一名。郁秀的外祖父每天步行几站路去书城看热销的情况，还拿回了几张《花季·雨季》的宣传画。他回福建老家时还特意带了两张宣传画贴在他的卧室里。一个青年学生写的处女作，为什么会这么成功呢？除了小说的内容吸引人，主要是各级领导的热情推荐。时任宣传部部长的邵汉青教授亲自为书作序，称赞说："长篇小说《花季·雨季》是郁秀的处女作，是她中学期间利用寒、暑假完成的。她勤奋地边学习边思考边写作，将她对生活的思考和体验融入作品，读后给人轻松、活泼、明朗、向上之感。小说手法新颖，风格清丽，结构严谨，语言平实流畅。我以为这是一部九十年代的青春之歌，是值得阅读和推介的好作品。"

正如深圳市委宣传部一份《宣传工作简报》（1997 年第 5 期）中所说："长篇小说《花季·雨季》从出版、宣传和策划由市委宣传部牵头，受到各级领导的高度重视，在全国大中学生中间乃至社会各界产生很大反响。海天出版社已印刷发行 40 多万册，真正做到社会效益和经济效益双丰收。北京评论专家说，在短短一年多时间里，一部长篇小说能出版发行 40 多万册，实属少见，在全国长篇小说发行量中居前列。另外，荣获本届'五个一工程'奖的长篇小说全国仅五部，深圳占其中一部，难能可贵，而且填补了广东省从未获'五个一工程'长篇小说奖空白。"

功夫不负有心人。历届市委宣传部的呵护与支持深获民心民意，《花季·雨季》获得了众多奖项，先后改编成电影、电视剧、连环画、盲文版等七种文艺形式，还曾入选全国改革开放"30 年最具影响力的 300 本书"，2019 年又入选"深圳 40 年 40 本书"书目。作者和家人对评奖过程一无所知，从来没有打过一个拉票的电话，都是读者们投的票。

我来深圳大学 30 多年，主要做了三件事：一是教了一批学生，二是出了一批科研成果，三是创建了中国南方第一个印度研究中心。这个研究中心经过 15 年的努力，已经将基础研究和智库功能融为一体，成为在国内外具有重要影响的印度研究机构，为国家相关决策提供了准确可靠的咨询服务。这离不开校、市领导和有关部门的支持，特别是姜忠书记、江潭瑜书记和章必功校长对中心成立和运作所做出的富有远见的决策支持。2008年，在谭中先生捐赠的谭云山文献的基础上，成立了谭云山中印友谊馆，章必功校长撰写简介，中国人民对外友好协会陈昊苏会长、印度驻华大使拉奥琦发来贺信，成为中印当代关系史上的佳话。

印度研究中心全体成员十分努力，在科研、咨政两方面做出了不少成绩，获得了多种政府奖励，于2011年评为“深圳大学人文社会科学重点研究基地”，2019年评为“深圳市人文社会科学重点研究基地”，2020年评为“国家民委‘一带一路’国别和区域研究中心”。本人于2019年6月在中国外国文学学会印度文学研究分会理事（扩大）会上，全票当选为研究分会会长。

看见青年才俊我就想帮

郁龙余

孟子说，人生有三乐，其中之一是“得天下英才而教育之”。在几十年的教书生涯中，我深深领悟到了孟子这句话的真意，并慢慢养成一种习惯，看见年轻的好学者，就想帮助他们。我自己在进步的同时，也乐在其中。

自己的学生，只要他们有需要，我就根据不同情况，给予有针对性的指导、帮助。比如，我指导过几位研究生高标准、严要求写论文，将论文收入《梵典与华章：印度作家与中国文化》《中国印度诗学比较》等著作。著作出版后学术界反映良好，分别获得教育部、广东省优秀成果二等奖，对大家鼓舞很大。毕业成才后，他们还愿意和我合作。刘朝华和我合作写了《中外文学交流史·中国—印度卷》，出版后引起各界关注，2019 年获得教育部第八届人文社会科学研究优秀成果三等奖。除了获奖，还出版了英文版、印地文版。朱璇和我合作写了《季羡林评传》，除了获奖，还入选国家 2016 年丝路书香工程重点翻译资助项目，出版了印地文、英文、泰米尔文版。和黄蓉等合作写了《中国外国文学研究的学术历程·印度文学研究的学术历程》，获得上海市和教育部人文社科研究优秀成果一等奖。这些著作如果没有这些青年才俊参与写作，想要如此成功，获得这么多奖项，是不可能的。

四川大学的尹锡南老师是一位后起之秀。参加《梵典与华章：印度作家与中国文化》写作之后，他说收获很大，后来发表出版了许多论著。2010 年他出版了《梵语诗学与西方诗学比较研究》一书，在后记中写道：“多年来，印度文学研究专家、深圳大学印度研究中心主任郁龙余教授一直关心和支持我的学术成长，并给予许多无私的帮助。他主持撰写的著作《中国印度诗学比较》使我受益匪浅，同时也激发我对梵语诗学和西方诗学进行比较研究的满腔热情，并启发了我的某些研究思路。特此向郁先生表示感谢！”

对年轻人的帮助，应该包括尊重他们的学术成果。11 月 26 日我从邮局收到尹老师寄赠的书，阅后很有收获。第二天我就将几段文字引用到正在撰写的《中外文学交流史·中国—印度卷》之中。看重实际水平，打破论资排辈、引文必引外国人和名老学者的“约定俗成”，是对年轻学者真切的支持与爱护。

徐辉老师是日本大学博士毕业，和我并不相识。一天，他给我寄来博士论文的详细提纲，希望我发表意见。他写的题目是《在日印度人异文化适应问题研究》，和我的研究领域有一定关系。我给他回了一封表示肯定的信。过了一段时间，他说博士论文将正式出版，请我写一篇审稿意见。这让我十分为难，论文是日文写的，我不懂日文，但又盛情难却，不好一推了之。于是，我把他的书稿寄给阮毅老师，请他帮助看稿并写一个评价意见。阮毅老师是日本爱知大学首位文学博士，获得学位后全体老师包括他的导师都对他刮目相看。阮老师也是盛情难却，在百忙中抽时间看稿，写出了中肯的书稿评审意见。于是，我和阮老师合作，写了《〈在日印度人异文化适应问题研究〉评价》。这个评价，我写了头尾两部分，阮老师的评价意见是文中的核心内容。2018 年 4 月，徐辉老师的《在日印度人异文化适应问题研究》由交通大学出版社出版，读者反映很好。徐老师告诉我，他和一位印度教授合作编写的 *Indina Studies* 一书也将于 2020 年 3 月出版。听到这个消息，我心里有说不出的高兴，温州这座商业名城有了一位印度研究的种子选手。

还有一位让我印象深刻的，是广东外语外贸大学的田克萍老师。我们只见过几次面，第一次是 2016 年 11 月在深圳召开的第二届世界印度学家大会上。绝大多数学者用英语、中文发言，而她用标准的印地语发言，这引起了我的注意。我知道她的印地语水平非常高，她希望在笔译方面也能有所作为。2019 年 3 月，她在丈夫胡瑞老师的陪伴下，专程从广州赶到深圳来看我。这对他们非常不容易，因为他们刚添了一个嗷嗷待哺的二宝。我们在咖啡厅见面，一边谈，我心里一边想如何能真正帮到这对年轻夫妻。他们是广东外语外贸大学印地语专业的开创者。

不久，我应钱林森教授之约，将《我的“中印文学交流史”研究之路》一文写成，大家反映不错。于是，我将定稿发给了田克萍、胡瑞两位老师。目的有二：一是让他们了解中印文学交流史的概况；二是让他们翻译成英语、印地语，在实践中练一练外译能力，让世人知道他们的笔译水平。可是，田老师当时刚生二宝不久，在家照顾两个孩子，身心俱疲，感到很是为难。于是，我给她写了一封信，用“鸣蝉之喻”鼓励她。后来，她回信说：“于我而言如甘露般的灵丹妙药”，“您的话我会终身铭记，希望不辜负您的期望”。在《记郁老师二三事》中，她又写道：“这封信我不知反复阅读了多少次。每当生活和工作中有许多事情一起向我涌来时，我总是会想起郁老师在信中说过的几句话。它们在我最困难的时候带给我释放和解脱，仿佛有某种魔力一般。”为什么这个“鸣蝉之喻”能如此打动她呢？事后她回信说：“我之前给自己起了个微信名叫蜩之翼，是出自《庄子》。里面有一个人，一辈子只做粘蝉这么一件小事，做到了出神入化。而我总是想做很多事，好像哪件也没做好。我就想用这个名字提醒自己，安心做一件小事，不要浮躁，不要贪多。”她在文章结束时，还引了一段我给她微信中的话：“成为大学生、大学教师，极为不易，是前世修来的。犹如蝉鸣一夏，得在地下修炼数年。美国有一种蝉，得在地下修炼 25 年。既然做了大学老师，做了鸣蝉，那就得教好、鸣好。”

心有所动，有感而发。田老师的《记郁老师二三事》，是编委会收到的第一篇征文。几位编委还有我老伴读后都说好。《书屋》杂志副主编刘文华先生读后也说好，表示愿在 2020 年第四期上刊出。知道这个消息，我很高兴。因为田老师是位“80 后”，她现身说法的文章，对年轻人一定很有鼓舞和启发的作用。

我帮助年轻人，不分内外。印度尼赫鲁大学的高丽婷博士，是著名中国学家邵葆丽教授的高足。她的研究方向是中国的印度学。为了取得第一手材料，2016 年她来深圳大学访学，印度研究中心全体老师热情接待，李凤亮副校长还专门安排时间接待了她。我给她写了《高丽婷中国印度文学研究问题笔答》，有一万多字。她去北京大学、中国社会科学院访问，我给她写了多封引荐信，有的还打电话沟通。所以，她的北京之行非常顺利，可以说是满载而归。这对她撰写博士论文有很大帮助。她非常感谢中国老师，博士论文写得十分扎实。答辩通过后第一时间向我们报喜，同时还发来了参加她婚礼的请柬。我们虽然没时间赴新德里出席，但是心里像到了现场一样非常高兴。

对已经成名的学者，只要能帮上，我也要想方设法帮一把。狄伯杰，英俊潇洒，满腹经纶，是印度当代的首席中国学家。2016 年 12 月 1 日，印度总统慕克吉在总统府举行典礼，为我颁授“杰出印度学家”奖。当天中午，狄伯杰如约来到酒店，和我商议答谢词中几个印地语用词。此时，接待官员来电话问，下午致答谢词用什么语言，我灵机一动说：“最好我讲中文，狄伯杰教授译成印地语。”他问时间够吗？狄教授说：“够的。”我原来的想法是我讲一段中文，然后译成印地语，或者我用中文发言，由郁秀译成英语。事实证明，我这灵机一动动得好，我的答谢词通过狄教授富有磁性的印地语翻译并传达给在座的每个人，获得了经久的掌声。事后，我写了一篇《我在总统府当了回牵马人》，记叙把狄伯杰这匹印度千里马牵到了印度总统等伯乐们的面前这件事。

半个世纪的教书生涯，我体会到教育是世界上回报率最高的行业，怪不得孟子将其列入“王天下而不与焉”的三乐之一。人类自从走出愚昧，文明的发展主要依靠各种各样的师生传承，一代又一代，永无穷期。我能加入其中，在北大、深大教书 50 年，从季羡林、金克木、刘安武、乐黛云、汤一介、胡经之诸师手中接过接力棒，然后交给后来人，是一种天经地义的本分，也是一种无上的荣光。十多年前我写的一首诗《萤喻》，表达了自己的这种心志：

我本草中生，羞对星斗明；

君有囊萤志，愿将此身赠。

自从上了一点年纪，也有了一点成绩和所谓的名气，同事和熟人就有来找我帮忙的。他们主要是请我看稿提意见，也有人请我写序推荐书稿。慢慢地，也有了远道而来的。面对这种情况，我坚持谨慎对待，分文不收。这些年来，让我印象最深刻的，是给中学生杨理民写序。

2014 年春，有一天深圳大学生命与海洋科学学院倪嘉瓒院长的部下李荔老师找到我，说她儿子写了一部小说，希望我给看看稿，提提意见。虽然都是深大同事，但是我们互相不认识。从她的眼里我看出了一位母亲对儿子的爱，这种爱具有不可抗拒的力量。于是，我答应挤出时间看稿。一看就爱不释手，于是写了一篇序《新世纪的青年之歌》。其中写道："读完《初心》的感觉和二十年前读完《花季·雨季》的草稿的感觉是一模一样的。我要大声说，《初心》是充满时代感和正能量的好作品。曾经有评价说，《花季·雨季》是二十世纪九十年代的《青春之歌》，那么，我要说《初心》是新世纪的《青春之歌》。"小说《初心》深获好评，曾获得第十五届"中国少年作家杯"全国征文大赛高中组文学类作品一等奖，并在北京人民大会堂接受颁奖和表彰。

最近，李老师告诉我，杨理民同学已经顺利完成四年的大学生活，并出版了第二部小说《三则故事》，正准备报考研究生。听了这个消息，我心里比吃蜜还甜一百倍。

2020 年 2 月 20 日

附　郁龙余学术简历

Curriculum Vitae of Prof. Yu Longyu

姓　名：郁龙余

Name：Yu Longyu

出生年月：1946 年 4 月 3 日

Date of Birth：3 Apr.1946

出生地：上海市

Place of Birth：Shanghai，China

学　历：1965 年 9 月考入北京大学东方语言文学系印地语专业学习，1970 年 3 月毕业。

Educational Qualification：Specialized in Hindi at the Oriental Language & Literature Department，Peking University from September 1965 to March 1970.

工作履历：

Professional Qualification：

1970 年 3 月，毕业后留校教授印地语。

Taught Hindi at Peking University after graduation since March 1970.

1983 年，晋升讲师。

Promoted as Lecturer in Peking University in 1983.

1984 年，调入深圳大学中文系至今，教授东方文学、中印诗学比较、印度文化史。

Shifted to the Chinese Language Department at Shenzhen University；teaching Oriental Literature，Comparative Studies in Chinese and Indian Poetics，History of Indian Culture，since 1984 till date.

1991 年，晋升副教授。

Promoted as Associate Professor in Shenzhen University in 1991.

1996 年，晋升教授。

Promoted as Professor in Shenzhen University in 1996.

历任深圳大学国际文化系副主任，深圳大学中国文化与传播系主任，深圳大学文学院院长、院学术委员会主任，深圳大学留学生教学部主任，深圳大学中国经济特区研究中心（部省共建人文社科重点研究基地）副主任，深圳大学留学生教学部顾问，深圳大学旅游科学研究所所长，深圳大学文艺学硕士点（省重点扶持学科）教授。现任深圳大学师范学院顾问，深圳大学印度研究中心主任。

Vice-Chairman of the International Culture Department, Chairman of the Chinese Culture and Mass Communication Department, Dean at the College of Arts, Chairman of the Board of Studies at the College of Arts, Chairman of the Department of Foreign Students' Pedagogy, Vice-Chairman of the Center for Chinese Special Economic Zone Research (Humanities & Social Sciences think-tank jointly set up by the Ministry of Education and Guangdong Province), an Adviser to the Foreign Students' Pedagogy, Chief of the Tourism Research Institution, Professor in Theory of Literature and Art (Guangdong Province research cell) . Adviser to the Normal College, and Director of the Center for Indian Studies.

2005 年 7 月，深圳大学发文成立深圳大学印度研究中心，郁龙余任主任。

Shenzhen University officially issued a document to announce the establishment of the Center for Indian Studies on Jul.2005 and appointed Prof. Yu Longyu as Director of the Center for Indian Studies.

2011年6月，深圳大学发文（深大人事〔2011〕9号），再次聘任郁龙余为印度研究中心主任。

Shenzhen University reappointed Prof. Yu Longyu as the Director of the Center for Indian Studies by issuing a document (Human Resources of Shenzhen University No. 〔2011〕9) on Jun. 2011.

2011 年 12 月，深圳大学印度研究中心被评为“深圳大学人文社会科学重点研究基地”。

Dec. 2011, Center for Indian Studies, SZU was granted as the Key Research Centre for Humanities and Social Science in Shenzhen University.

2019 年 11 月，深圳大学印度研究中心被评为“深圳市人文社会科学重点研究基地”。

Nov. 2019, Center for Indian Studies, SZU was granted as the Key Research Centre for Humanities and Social Science in Shenzhen.

2020 年 8 月，深圳大学印度研究中心被评为“国家民委‘一带一路’国别和区域研究中心”。

Aug. 2020, Center for Indian Studies, SZU was granted as "'the Belt and Road' National and Regional Research Centre" by the National Civil Affairs Commission.

研究领域：

Research Fields:

印度文学、中印文学比较、比较文艺学、中外文化关系、东西方文化比较。

Indian Literature, Comparative Studies in Chinese and Indian Literature, Comparative Poetics, Cultural Relations between China and Foreign Countries, Comparative Studies in Oriental and Occidental Culture.

学术兼职：

Academic Activities & Memberships：

北京大学东方文学研究中心（教育部普通高校人文社科重点研究基地）学术委员、兼职教授（2000—2003，2007—）。

Concurrently Board of Studies Member and Guest Professor at Center for Oriental Literature, Peking University（Ministry of Education think-tank for Humanities & Social Sciences），2000-2003 and 2007 till date.

中国社会科学院（文学研究所、外国文学研究所）比较文学研究中心兼职教授（2000—2003）。

Guest Professor at Center for Comparative Literature in Chinese Academy of Social Sciences（Institutes for studies in literature and foreign literature），2000-2003.

北京外国语大学客座教授、南亚研究中心主任（2008—）。

Guest Professor and Chairman，Center for South-Asian Studies，Beijing Foreign Languages University since 2008.

中国印度文学研究会副会长、会长（2019—）。

Vice-President，and promoted to President of Indian Literature Research Branch of Chinese Foreign Literature Society from 2019 till date.

中国比较文学学会常务理事。

Lifetime Director，Society for Comparative Literature in China.

《外国文学研究》杂志（中国人民大学）学术委员。

Academic Committee Member，Journal of *Studies in Foreign Literature*（People's University of China）.

《中国比较文学》杂志编委。

Editorial Board Member，Journal of *Comparative Literature in China*.

《中印研究丛书》主编。

Editor，*Sino-Indian Studies Series*.

《今日东方》（香港杂志，已停刊）主编。

Editor，*Orient Today*（Hongkong journal，publication suspended）.

广东比较文学研究会副会长。

Vice-President，Guangdong Society for Studies in Comparative Literature.

中国高校外国文学教学研究会理事。

Director，Society for Teaching & Research of Foreign Literature in Chinese Universities.

中国中外文艺理论研究会理事（首届）。

Director，Society for Studies in Literary Theory of China and Abroad（First Term）.

中国东方文学研究会副会长。

Vice-President，Oriental Literature Studies Society in China.

中国南亚学会常务理事。

Lifetime Director，South-Asian Studies Society of China.

中国外国文学学会理事。

Director，Foreign Literature Studies Society in China.

中国中外关系史学会副会长（1997 年 11 月广西东兴第六次学术研讨会，推选产生第四届理事会，当选副会长）。

Vice-President，Society for Studies in Historical Contacts between China and Abroad.

《东方文化集成》之《东方文化综合研究篇》主编。

Editor，*Compilation of Comprehensive Research in Oriental Culture*，*Volumes in Oriental Culture*.

北京外国语大学《亚非研究学刊》编委。

Editor，*Journal of Asian and African Studies*，Beijing Foreign Languages University.

《外国文学鉴赏辞典大系》编辑委员会编委。

Editorial Board Member，*Dictionary of Foreign Literature Appreciation.*

国际儒学联合会顾问（2019—）。

Consultant of International Confucian Association（ICA）Since 2019.

担任北京大学教育部人文社会科学重点研究基地北京大学东方文学研究中心第四届学术委员会委（2019—2022）。

Served as a member of the fourth academic committee of the Peking University Oriental Literature Research Center, which is a key research base for humanities and social sciences under the Ministry of Education of China (2019-2022).

深圳大学校史馆顾问（2020—）。

Consultant for the Shenzhen University History Museum (2020-present).

《深圳社会科学》期刊学术顾问（2022—2024）。

Academic Advisor for the *Shenzhen Social Sciences* journal (2022-2024).

获奖情况：

Awards and Honours：

1992 年，获深圳大学教学优秀成果一等奖。

1992，awarded the first prize for excellent teaching in Shenzhen University.

1999 年，获广东省“南粤教书育人优秀教师”奖。

1999，awarded the prize of“Teacher per excellence of the Southern” Guangdong Province.

1999 年，《理论联系实际，办好文艺学专业》获广东省邓小平文艺理论研究基地优秀论文三等奖。

1999，won the third prize from Guangdong Research Center for Deng Xiaoping's Theory for the thesis “On Combining Theory and Practice for the Betterment of Art & Literary Studies” .

2005 年，《梵典与华章：印度作家与中国文化》获中国北方十五省市自治区第二十届哲学社会科学优秀图书奖。

2005，*Indian Scriptures and Chinese Classics: Indian Writers and the Chinese Culture* won the Excellent Book Prize of the 20th Philosophy and Social Sciences Forum of 15 Provinces and Autonomous Regions of Northern China.

2006 年，《梵典与华章：印度作家与中国文化》获第四届中国高校人文社会科学研究优秀成果二等奖。

2006，*Indian Scriptures and Chinese Classics: Indian Writers and the Chinese Culture* won the second prize for excellent achievement of the 4th Humanities and Social Sciences Forum of Chinese Universities.

2007 年，《中国印度诗学比较》获深圳大学学术创新一等奖。

2007，*Comparative Studies in Sino-Indian Poetics* won the first prize for academic innovation at Shenzhen University.

2009 年，《印度文化论》获深圳市哲学社会科学优秀学术著作三等奖。

2009，*Reflections on Indian Culture* won the third prize of Excellent academic works of Philosophy and Social Science in Shenzhen.

2009 年，《中国印度诗学比较》获广东省哲学社会科学优秀成果二等奖。

2009，*Comparative Studies in Sino-Indian Poetics* won the second prize for Excellent Achievements of Philosophy and Social Sciences in Guangdong Province.

2016 年，获得印度总统慕克吉颁授的“杰出印度学家”奖，颁奖单位为 ICCR，等级为印度政府奖。

2016，won the 2nd “Distinguished Indologist Award” sent by Indian President Pranab Mukherjee. It was awarded by the Indian Council for Cultural Relations (ICCR), which was rated as the Indian Government Award.

2016 年，《季羡林评传》印地语版入选国家丝路书香工程重点翻译资助项目。2017 年获深圳市第八届哲学社会科学优秀学术著作三等奖。

2016，*Critical Biography of Prof. Ji Xianlin* (Hindi version) was selected as one of the key translations and funding projects of the National "Silk Road Book Project" . In 2017 it won the third prize of Excellent academic works of Philosophy and Social Science in Shenzhen.

2016 年,《中外文学交流史·中国—印度卷》(和刘朝华合著)获中国出版协会第六届中华优秀出版奖图书奖、第四届中国出版政府奖图书奖。2019 年,《中外文学交流史·中国—印度卷》获教育部第八届高等学校科学研究优秀成果三等奖。

2019, *History of Literary Exchanges between China and foreign Countries: China-India Volume* (co-authored with Liu Zhaohua) won the 6th "China Excellent Publication Award" of The Chinese Association of Publishing and the 4th Government Publication Award in China. In 2019, it won the third prize of the 8th's Excellent Scientific Research Achievements by Ministry of Education in Higher Education.

2018 年,《中国外国文学研究的学术历程·印度文学研究的学术历程》(和黄蓉等合著)系国家社科基金重大项目"新中国外国文学研究 60 年"的子项目。同年,该系列丛书获上海市哲学社会科学优秀成果奖著作类一等奖。2019 年获教育部第八届高等学校科学研究优秀成果一等奖。

2018, *The Academic Process of Chinese Foreign Literature Research · The Academic Process of Indian Literature Research* (co-authored with Huang Rong, etc.) as a sub-project of major project of the National Social Science Fund "60 Years of New China Foreign Literature Studies" . The series of books won the first prize of Excellent Research Achievements in Philosophy and Social Sciences Award in Shanghai. In 2019, it won the first prize of the 8th Excellent Scientific Research Achievements by Ministry of Education in Higher Education.

2020 年 9 月,《给加拿大总理特鲁多先生的一封信》获深圳大学征文大赛荣誉奖。

"A letter to Mr. Trudeau, the Prime Minister of Canada" , won the Honorary Award in the essay competition of Shenzhen University in Sept. 2020.

2020 年 12 月 10 日,《中外文学交流史:中国—印度卷》获第八届高等学校科学研究优秀成果奖(人文社会科学)三等奖。

History of Sino-Indian Literary Exchange: Chinese-Indian Volume won the Third Prize for Excellent Achievements in Scientific Research of Higher Education Institutions (Humanities and Social Sciences) at the 8th awards ceremony, on 10 Dec. 2020.

2022 年 4 月,入选"校友会 2022 中国高贡献学者广东省高校入选学者名单"。

Awarded "2022 Alumni Association High-Contributing Scholars in China-Guangdong Province University Scholars List" in Apr. 2022.

2022 年 9 月 13 日,荣获深圳大学"科研平台建设"奖。

Awarded the "Research Platform Construction" prize by Shenzhen University on 13 Sept. 2022.

2022 年 11 月,《季羡林评传》荣获中国出版协会“一带一路”出版合作典型案例(版权输出)。

A Critical Biography of Ji Xianlin was awarded the “Belt and Road” Initiative Copyright Output Typical Case by the China Publishing Association in Nov. 2022.

学术活动:

Academic Activities:

1993 年 7 月 25 日—8 月 1 日，出席奥地利维也纳欧洲华人学会国际学术研讨会。

25 Jul.–1 Aug. 1993，attended the International Conference of the European Association of the Chinese Diaspora，Vienna，Austria.

1993 年 12 月，出席印度第十届《罗摩衍那》国际大会。

Dec. 1993，attended the 10th International Conference on *R ā m ā yana*，India.

1994 年 7—8 月，率团访问美国艾德蒙学院、斯坦福大学、圣荷西加州大学。

Jul.–Aug. 1994，led a delegation to visit Edmund's College，Stanford University and San Jose State University of California，USA.

1996 年 4 月，主持召开深圳大学举办的第十三届《罗摩衍那》国际大会。

Apr. 1996，Convened the 13th International Conference on *R ā m ā yana*，Shenzhen University.

1997 年 4 月，访问法国巴黎商学院及英国兰开夏中央大学、利物浦大学。

Apr. 1997，Visited HEC Paris，France，University of Central Lancashire and University of Liverpool，UK.

2000 年 7 月，访问加拿大维多利亚大学、多伦多大学和美国巴尔的摩大学、孟菲斯大学。

Jul. 2000，Visited Victoria University，Toronto University，Canada；and Baltimore University，Memphis University，USA.

2002年11月10—18日，随中国高校“留学中国教育展”赴韩国釜山、光州、汉城(现首尔)招生。

10–18 Nov. 2002，Toured Busan，Gwangju and Seoul，South Korea to canvass for students' admission with a Group from Chinese Universities：“Education Exhibition for Studying in China”.

2003 年 10 月 23—27 日，受国家汉考办委托，赴香港城市大学主持汉语水平考试(HSK)。

23–27 Oct. 2003，Entrusted by the Office of Chinese Language Examination，conducted Chinese Aptitude Test(HSK) at the City University of Hong Kong.

2005 年 11 月 18—26 日，随教育部第五届“留学中国教育展”赴日本大阪、东京招生。

18–26 Nov. 2005，Toured Osaka and Tokyo，Japan—canvassing for students' admission with a delegation from Ministry of Education of China: The 5th "Education Exhibition for Studying in China".

2006 年 8 月 27 日—9 月 1 日，随深圳大学考察团访问韩国外国语大学、釜山东义大学，看望深圳大学交换教师杨晓霞、杨爱姣博士。

27 Aug.-1 Sept. 2006, Toured Foreign Language University and Busan Dongeui University of Korea, together with the Inspection Group of Shenzhen University, and met the teachers under exchange program, Dr. Yang Xiaoxia and Dr. Yang Aijiao.

2010 年 5 月 15—16 日，受邀参加第二届中国—印度论坛。

15-16 May, 2010, attended the 2ed China-India Forum, Beijing.

2010 年 6 月 19 日，受邀参加北京大学刘安武先生 80 华诞学术研讨会。

19 Jun. 2010, attended the Conference in Honor of Prof. Liu Anwu on his 80th Birth Anniversary, Peking University.

2010 年 8 月 23—25 日，受邀参加北京大学"理解泰戈尔：新视野和新研究"国际学术研讨会。

23-25 Aug. 2010, attended the International Conference on "Understanding-Tagore: New Perspectives and Research", Peking University.

2010 年 11 月 4—7 日，受邀参加北京大学中印大学校长论坛。

4-7 Nov. 2010, attended the China-India University Presidents' Forum, Peking University.

2010 年 11 月 10 日，受邀参加上海辞书出版社座谈会。

10 Nov. 2010, attended a symposium held by Shanghai Lexicography Press.

2010 年 11 月 14 日，受邀参加北京大学比较文学学术发展 30 年暨北大比较文学与比较文化研究所创建 25 周年纪念论坛。

14 Nov. 2010, attended the Conference of 30 years of Comparative Literature and 25th year of Institute of Comparative Literature and Comparative Culture at Peking University.

2011 年 2 月 5—20 日，应 ICCR 高尔主任之邀，访问德里、孟买、加尔各答等地，拜访金德尔、夏斯特利等名宿，并在尼赫鲁大学、德里大学、孟买大学、加尔各答大学等十多所学术机构演讲或座谈，结识数十位印度精英人士及广大青年学生。

5-20 Feb. 2011, was invited by Mr. Geol, the Director General of ICCR, to visit Dehli, Bombay, Calcutta, etc. During this period, visited famous Indian scholars, like Prof. Lokesh Chandra and Prof. Satya Vrat Shastri; delivered speeches and lectures in more than ten universities and academic institutions, such as Jawaharlal Nehru University, University of Delhi, University of Mumbai, University of Calcutta, etc. and met with some Indian elites and students.

2011年8月9—11日，参加在复旦大学召开的中国比较文学学会第10届年会暨国际学术研讨会。

9–11 Aug. 2011, attended "The 10th Annual Congress and International Academic Conference of CCLA" in Fudan University, Shanghai.

2011年11月2—5日，参加在北京召开的北京大学纪念泰戈尔诞辰150周年国际学术研讨会。

2–5 Nov. 2011, attended "The International Conference of Commemorate the 150th Anniversary of Rabindranath Tagore" in Peking University, Beijing.

2011年11月8日，组织并出席深圳大学"泰戈尔：远行的罗曼史"泰戈尔绘画作品展。

8 Nov. 2011, organized and attended Rabindranath Tagore's painting exhibition "Tagore: Romance of Travel" in Shenzhen University, Shenzhen.

2011年11月22—24日，参加在四川大学召开的第3届中国—南亚国际（文化）论坛国际研讨会。

22–24 Nov. 2011, attended The third China–South Asia Cultural Forum (CSACF) in Sichuan University, Chengdu.

2012年1月10日，出席北京外国语大学国家社科基金特别委托项目子项目负责人工作会议。

10 Jan. 2012, attended The Conference for Directors of Sub–projects of the Special Commission–project of National Social Science Foundation in Beijing Foreign Studies University, Beijing.

2012年9月22日，出席中国人民对外友好协会和中央编译出版社举行的《谭云山》新书首发式，此书由谭中、郁龙余主编。

22 Sept. 2012, attended the launching ceremony of the new book *Tan Yunshan*, edited by Tan Chung and Yu Longyu, held by the Chinese People's Association for Friendship with Foreign Countries and the Central Compilation and Publishing House, at Peace Palace of CPAFFC.

2012年9月24—25日，出席上海社会科学院、香港浸会大学当代中国研究所主办的"城市转型与发展：上海、孟买、香港的比较"第二届中印合作高峰学术论坛，发表主题报告《上海、孟买、香港肩负引领转型发展的历史使命》。

24–25 Sept. 2012, attended "Urban Transformation and Development: A Comparison of Shanghai, Mumbai and Hong Kong: The Second Sino–Indian Cooperation Summit Academic Forum" organized by Shanghai Academy of Social Sciences and Contemporary China Institute of Hong Kong Baptist University, and delivered a keynote speech named "Shanghai, Mumbai and Hong Kong Shouldering the Historical Mission of Leading the Transformation and Development".

2012年10月20—21日，出席杭州佛学院主办的第10届吴越佛教学术研讨会，作主题发言《〈文心雕龙〉与中印文化交流》。

20–21 Oct. 2012, attended the Tenth Symposium on Wu–Yue Buddhism, hosted by the

Hangzhou Buddhist Academy, and delivered a keynote speech on "*The Literary Mind and the Carving of Dragons* and Sino-Indian Cultural Exchange".

2012年11月15—16日，组织召开第4届中国—南亚国际文化论坛，主办单位为中国人民对外友好协会和深圳大学，并发表论文《中国诗歌将迎来一个印译的春天》。

15-16 Nov. 2012, organized the Fourth China-South Asia International Cultural Forum, which was hosted by the Chinese People's Association for Friendship with Foreign Countries and Shenzhen University, and delivered a paper titled "Chinese Poetry Will Usher A Spring of Translation into Hindi".

2012年12月15—16日，出席北京外国语大学主办的"中国古代文化经典在海外的传播与影响研究——以20世纪为中心"国际学术研讨会，在会上发表论文《中国古代经典在现代印度》，并在闭幕式作主题报告《中国与世界：在精神层面上互相加深了解——以中国文化经典在印度的传播为中心》。

15-16 Dec. 2012, presented a paper titled "Chinese Classics in Modern India" at the International Symposium on "Research on the Dissemination and Influence of Chinese Classics Abroad with a Focus on the 20th Century", hosted by Beijing Foreign Studies University, and gave a lecture in closing ceremony named "China and the World: Deepening Mutual Understanding at the Spiritual Level with a Focus on the Dissemination of Chinese Classics in India".

2013年1月21日，参加在北京举行的"新思想、新智慧、新视野"2013全国友协联合年会并提交论文《中国与南亚文化交流》。

21 Jan. 2013, attended the "New Thought, New Wisdom, New Vision": 2013 Chinese People's Association for Friendship with Foreign Countries Joint Annual Conference held in Beijing, and submitted the paper "Cultural Exchanges between China and South Asia".

2013年5月11日，参加在杭州举行的杭州佛学院15周年庆典活动，并与杭州佛学院签订合作协议书。

11 May, 2013, attended the 15th anniversary celebration of Hangzhou Buddhist Academy in Hangzhou and signed a cooperation agreement with Hangzhou Buddhist Academy.

2013年10月8—11日，参加在北京香山饭店举办的第十四届年会暨"梵语文学与印度现代文学"研讨会，并提交论文《关于"梵汉佛经对勘丛书"》。

From 8-11 Oct. 2013, he attended the 14th Annual Conference and Symposium on "Sanskrit Literature and Modern Indian Literature" held at Xiangshan Hotel, Beijing, and presented a paper "About the Contrast Series of Sanskrit and Han Buddhist Scriptures".

2013年10月18—19日，参加北京外国语大学主办的"中国文化与亚洲的价值"国际学术研讨会，并提交论文《中国文化和人类前途》。

18-19 Oct. 2013, attended the International Academic Seminar "Chinese Culture and the Values of Asia" hosted by Beijing Foreign Studies University, and submitted the paper "Chinese Culture and the Future of Mankind".

2013 年 11 月 4—5 日，参加复旦大学主办的会议“中印关系研究的视野与前景”访问学者工作坊，并提交论文《谭云山：殖民时期中印关系的伟大智者》。

4-5 Nov. 2013, attended the workshop for visiting scholars on "Perspectives and Prospects of China-India Relations Studies" hosted by Fudan University, and submitted the paper titled "Tan Yunshan: A Great Wise Man in Sino-Indian Relations during the Colonial Period".

2013 年 11 月 8—9 日，参加印度德里国际中心庆祝泰戈尔获诺贝尔文学奖 100 周年学术研讨会“泰戈尔跨文化交流的遗产”，并发表题为《泰戈尔在中国越来越受欢迎》的演讲。

8-9 Nov. 2013, attended the academic seminar "Tagore's Legacy of Inter-Cultural Interaction" for celebrating the 100th anniversary of Tagore's Nobel Prize for Literature at Delhi International Center, India, and delivered a speech titled "Rabindranath Tagore Becomes More and More Popular in China".

2014 年 3 月 18 日，深圳大学校长李清泉与尼赫鲁大学校长签订《深圳大学与尼赫鲁大学合作备忘录》。

18 March, 2014, Prof. Li Qingquan, President of Shenzhen University Signed the Memorandum of Cooperation between Shenzhen University and Jawaharlal Nehru University at Shenzhen University.

2014 年 5 月 16—17 日，参加北京大学“对话·视野·方法：第一届东方学研究方法论”国际会议，并提交论文《季羡林治学之道与中国东方学方法论》。

16-17 May, 2014, attended the "Dialogue, Vision and Method: The First International Conference on Methodology of Oriental Studies" in Peking University, and submitted the paper "Ji Xianlin's Scholarship and Methodology of Oriental Studies in China".

2014 年 11 月 18 日，与法国东方艺术博物馆馆长鲍思岱签订合作协议。

18 Nov. 2014, Yu Longyu signed a cooperation agreement with Michel Postel, director of ASIATICA.

2014 年 5 月 18 日，参加在北京大学举行的季羡林铜像揭幕仪式。

18 May, 2014, attended the unveiling ceremony of a bronze statue of Prof. Ji Xianlin held at Peking University.

2014 年 9 月 18—21 日，参加在延吉举办的中国比较文学学会第 11 届年会暨国际学术研讨会，并提交论文《季羡林的圣人气象》。

18-21 Sep. 2014, attended the 11th Annual Conference of The Chinese Society of Comparative Literature and International Academic Seminar held in Yanji and submitted the paper "Ji Xianlin's Saint

Temperament".

2014 年 12 月 12—14 日，参加杭州佛学院主办的第 12 届吴越佛教学术研讨会，并提交论文《吾侪所学关天意——季羡林的佛学成就》。

12-14 Dec. 2014, attended the 12th Wuyue Buddhist Academic Seminar hosted by Hangzhou Buddhist Academy, and submitted the paper "What We Learned is something of providence: Prof. Ji Xianlin's Achievement on Buddhism".

2015 年 4 月 10—12 日，参加在成都举办的"中国比较文学研究的回顾与展望"学术研讨会，并提交论文《季羡林比较文学论纲》。

10-12 Apr. 2015, attended the conference "Review and Prospect of Comparative Literature Studies in China" held in Chengdu and submitted the paper titled "Prof. Ji Xianlin's Outline of Comparative Literature".

2015 年 4 月 24 日，在深圳大学谭云山中印友谊馆接受《印度时报》高级编辑 Edwin Sudhir 先生专访。

24 Apr. 2015, accepted the exclusive interview given by Mr. Edwin Sudhir, senior editor of *The Times of India* at Tan Yunshan Sino-Indian Friendship Museum in Shenzhen University.

2015 年 5 月 2 日，在深圳大学与印度观察家基金会（孟买）主席库尔卡尼签订《深圳大学印度研究中心与印度观察家基金会（孟买）关于在印度建立师尊季羡林纪念馆以及共同促进中印友谊的合作备忘录》和《关于合作拍摄〈谭云山〉电影的协议书》。

On 2 May, 2015, with Mr. Sudheendra Kulkarni, Chairman of Indian Observer Foundation (Mumbai) signed the "Memorandum of Cooperation between Centre for Indian Studies, SZU and Indian Observer Foundation (Mumbai) on the Establishment of Ji Xianlin Memorial for jointly Promoting China-India Friendship" and "Agreement on co-Production of 'Tan Yunshan Movie'" at Shenzhen University.

2015 年 6 月 9 日，在深圳大学接待以辩喜国际基金会研究院维诺德·阿南德准将为团长的印度专家媒体交流团一行 7 人，并出席座谈会。

9 Jun. 2015, received an Indian expert and media exchange delegation headed by Brigadier-General Vinod Anand of Vivekananda International Foundation, India (VIF) at Shenzhen University and attended the symposium.

2015 年 10 月 15—16 日，参加在昆明举办的中国南亚学会年会，并提交论文《"一带一路"开创人类文明新纪元》。

15-16 Oct. 2015, attended the annual meeting of Chinese South Asia society held in Kunming, and submitted the paper the "'Belt and Road' Initiative Starting a New Era of World Civilization".

2015 年 11 月 21—23 日，参加在印度新德里印度文化关系委员会举办的首届世界印度学家大会，并提交论文《印度学研究的世界意义》。

21−23 Nov. 2015，attended the first International Conference of Indologists held by the Indian Council on Cultural Relations（ICCR）in New Delhi，India，and presented the paper "World Significance of Indology Studies".

2015 年 11 月 22 日，在印度总统府接受印度联邦议院电视台的印地语专访。

22 Nov. 2015，received an exclusive Hindi interview from Rajya Sabha Television at Rashtrapati Bhavan，India.

2015 年 12 月 19 日，参加在北京举办的第 2 届中国非通用语战略发展高端论坛，并提交论文《民族语言是民心相通的基础》。

19 Dec. 2015，attended the Second High−level Forum on Strategic Development of Non−Universal Languages in China held in Beijing and submitted a paper named "National Language is the Foundation of people−to−people Communication".

2015 年 12 月 26 日，在深圳南山文体中心"文化讲座"作题为《深圳与"一带一路"建设》的演讲。

26 Dec. 2015，delivered a speech entitled "Shenzhen and the 'Belt And Road' Construction" at the Nanshan Cultural and Sports Center in Shenzhen.

2016 年 1 月 9—14 日，参加印度新德里世界书展，并发表题为《中国印度学者的共同使命》的演讲。其间三种著作《印度文化论》《中外文学交流史 · 中国—印度卷》《季羡林评传》与印度的出版社签订英文、印地文、泰米尔文的版权转让协议。

9−14 Jan. 2016，attended the New Delhi World Book Fair in New Delhi，India and delivered a speech titled "Common Mission of Chinese and Indian Scholars". His representatives such as *History of Literary Exchanges between Chinese and Foreign Countries：China−India Volume*，*Critical Biography of Prof. Ji Xianlin*，*Reflections on Indian Culture* signed the publishing agreements with Prakashan Sansthan of India on English，Hindi and Tamil versions.

2016 年 1 月 16 日，印度辨喜国际基金会网站报道题为《与中国深圳大学印度研究中心主任郁龙余教授的座谈》的新闻。

On 16 Jan. 2016，the news titled "Interaction with Prof. Yu Longyu，Director，Centre for Indian Studies，Shenzhen University，China" was reported on the website of Vivekananda International Foundation，India（VIF）.

2016 年 6 月 23—24 日，参加北京外国语大学举办的中国文化的世界性意义高层论坛：全国高校国际汉学研究会，并提交论文《迎接中外文化交流的新高潮——从 2016 新德里书展说起》。

23−24 Jun. 2016，attend the high−level Forum The Global Significance of Chinese Culture：National University International Sinology Research Association held by Beijing Foreign Studies

University, and submit the paper "Welcome the New Climax of Sino-foreign Cultural Exchanges: Starting from the 2016 New Delhi Book Fair".

2016 年 4 月 15 日，在深圳大学接待印度人民院议员代表团并出席座谈会。

15 Apr. 2016, received a delegation of Lok Sabha members and attended a symposium at Shenzhen University.

2016 年 7 月 9—11 日，参加由国际儒学联合会和中国社会科学院学部举办的国际儒学论坛——亚洲文明交流互鉴北京国际学术研讨会，提交并作主题发言《中印同心，为重建世界新秩序而努力》。

9-11 Jul. 2016, attended the international forum on Confucianism Asian Civilization Exchange and Mutual Learning in Beijing held by the International Confucian Association and Chinese Academy of Social Sciences, and submitted and delivered the keynote speech titled "China and India work together to rebuild the new world order".

2016 年 9 月 18—21 日，参加中国特区经济研究中心在长白山举办的 2016 世界经济特区（长白山）发展论坛：特区发展与"一带一路"学术研讨会，提交并作主旨发言《"一带一路"建设的内涵、目标、方法与作风》。

18-21 Sept. 2016, attended the 2016 world Special Economic Zone (Changbai mountain) Development Forum Special Economic Zone Development and the "Belt and Road" Academic Seminar held by the Chinese Special Economic Zone Economic Research Center in Changbai mountain, and submitted and delivered the keynote speech titled "The Connotation, Goal, Method and Style of the 'Belt and Road' Construction".

2016 年 10 月 26 日，在深圳大学接待印度女子学院代表团 12 人，并在图书馆举行座谈会。

26 Oct. 2016, received a delegation of Maniban Nanavati Women's College, Sofiya College, Kumao University, at Shenzhen University and held a symposium in the library.

2016 年 11 月 3 日，在深圳读书月启幕之际，应山东教育出版社之邀，以作者的身份参加在深圳书城中心城举办的《季羡林评传》新书分享会。

3 Nov. 2016, at the Reading Month in Shenzhen, was invited by Shandong Education Publishing House as the author to attend the book sharing meeting of *Critical Biography of Prof. Ji Xianlin* in Shenzhen Book Mall.

2016 年 11 月 7 日，参加由中国驻加尔各答总领事馆主办的、在加尔各答举办的"玄奘与中印友好往来"国际研讨会，提交论文《伟大玄奘对于当今世界的意义》。

7 Nov. 2016, attended the international seminar on "Xuan Zang and Friendly Exchanges between China and India" held in Kolkata, India, sponsored by the Chinese Consulate General in Kolkata, and submitted a paper titled "The Significance of the Great Xuan Zang to Today's World".

2016年11月11—13日，由中国人民对外友好协会、印度文化关系委员会、中国印度友好协会、印度驻华大使馆和深圳大学共同举办的第2届世界印度学家大会在深圳举行，作题为《从佛学、梵学到印度学》主题演讲。

11–13 Nov. 2016，attended the second International conference of Indologists in Shenzhen，held by the Chinese People's Association for Friendship with Foreign Countries，the Indian Council for Cultural Relations，the China–India friendship Association，the Indian Embassy in China and Shenzhen University jointly，and made a keynote speech entitled "From Buddhist Studies，Sanskrit Studies to Indian Studie" .

2016年12月1—2日，郁龙余受邀赴新德里参加"杰出印度学家"奖的颁奖仪式，并接受印度电视台、报社等采访。

1–2 Dec. 2016，was invited to New Delhi to attend the award ceremony of "Distinguished Indologist Award" at Rashtrapati Bhavan，India and received the interviews given by Indian TV stations and newspapers.

2017年5月16日，受邀参加由金砖国家智库合作中方理事会、广东工业大学主办，清华大学中国与世界经济研究中心、金砖国家经济智库联合主办的"金砖国家产业合作与全球价值链建设"2017金砖国家智库研讨会，并作主题发言《大幅度提升中国印度的两国关系》。

16 May，2017，attended the BRICS think–tank seminars titled "BRICS Industry Cooperation and Global Value Chain Construction"，which was jointly sponsored and organized by Chinese Council for Brics Think Tank Cooperation，Guangdong University of Technology，China and the World Economy Research Center of Tsinghua University and the BRICS Think–Tank，and delivered a keynote address named "Significantly Enhance the Bilateral Relations of China and India" in Guangzhou.

2017年6月30日，受香港卫视之邀，参加《内地与香港交流要多样化，激发青年爱国热情》的采访节目。

30 Jun. 2017，was invited by Hong Kong SATELLITE TV to receive an interview on "Mainland and Hong Kong Exchanges Should Be Diversified to Inspire the Patriotic Enthusiasm of Young People" .

2017年7月6日，受邀录制深圳卫视节目《关键洞察力》，作关于中印边界争端和中印关系解读的电视访谈。

6 Jul. 2017，was invited to record the Shenzhen SATELLITE TV program "Key Insights" for a TV interview on the China–India border dispute and the interpretation of China–India relations.

2017年9月4日，受邀录制深圳卫视《决胜制高点》访谈节目，谈中印关系新进展。

4 Sept. 2017，was invited to record the Shenzhen SATELLITE TV interview program "Win the Commanding Heights" and talked about the new progress of China–India relations.

2017年9月27日，受邀赴北京商务印书馆参加士尔先生著《两界书》研讨会暨新书发布会，发表论文《一部充满明道淑人之心的新元典》。

27 Sept. 2017, was invited to Beijing Commercial Press to attend the seminar and book launch of *The Book of The Two Worlds* written by Mr. Shi Er, and submitted a paper "A New Canon full of Illumination and Virtuous Value".

2017年11月4日，参加由广东工业大学主办的中国新兴经济体研究会2017年会暨2017新兴经济体论坛国际学术会议，提交《"一带一路"开创人类文明新纪元》论文并作主题发言嘉宾。

4 Nov. 2017, attended the 2017 Annual Conference of China Emerging Economies Research Institute and Emerging Economies Forum hosted by Guangdong University of Technology, and presented the paper named "the 'Belt and Road' Initiative Starting a New Era of World Civilization" as the keynote speaker.

2017年12月4日，与印度金达尔全球大学高等教育研究国际处副主任 Yugank Goyal 博士在谭云山中印友谊馆举行座谈。

4 Dec. 2017, held a discussion with Dr. Yugank Goyal, Deputy Director of the International Division of Higher Education Studies at Jindal Global University in Tan Yunshan Sino-India Friendship Museum at Shenzhen University.

2018年11月2—4日，深圳大学印度研究中心作为主办方，与中国人民对外友好协会、北京大学印度研究中心、深圳大学印度研究中心、国家社科基金重点项目"中国印度学研究"课题组共同组织谭云山国际学术研讨会。

2-4 Nov. 2018, as the host organized the Tan Yunshan International Academic Seminar which was jointly organized with the Chinese People's Association for Friendship with Foreign Countries, the Centre for Indian Studies of Peking University, the Centre for Indian Studies of Shenzhen University and the research group of "Studies of Indology in China", a key project of the National Social Science Fund, at Shenzhen University.

2018年12月20日—12月22日，应邀陪同出访，参加中国国务委员兼外交部部长王毅同印度外交部部长斯瓦拉吉共同主持的中印高级别人文交流机制系列活动。其中12月20日在新德里举行的中印高级别人文交流机制首次会议系列活动——中印语言与文化研讨会由深圳大学、中国驻印度使馆主办，孔子学院总部/国家汉办、印度拉夫里科技大学协办。深圳大学与尼赫鲁大学签订了《学术合作备忘录》。12月21日晚上，深圳大学访问团出席了高级别人文交流机制开幕式暨文化之夜。12月22日，深圳大学访问团访问了印度奥兰加巴德的安贝德卡尔大学，出席中印文明对话闭幕式。这是中印高级别人文交流机制首次会议的配套活动之一。

20 Dec. 2018, attended "China-India Seminar on Language and Culture" held in New Delhi, which was one of High-level People-to-people Exchange Activities co-hosted by Mr. Wang yi, State Councilor and Foreign Minister of China and Ms. Swaraj, Indian Foreign Minister, hosted by

Shenzhen University and the Chinese Embassy in India and co-organized by the Confucius Institute Headquarters/Hanban and Loughri University of Science and Technology, India. A Memorandum of Academic Cooperation was signed between Shenzhen University and Nehru University. On the evening of 21st December, the visiting delegation of Shenzhen University attended the opening ceremony and cultural night of the High-level People-to-people Exchange Mechanism. On December 22, the visiting delegation of Shenzhen University visited Ambedkar University in Aurangabad and attended the closing ceremony of the "Dialogue between Chinese and Indian civilizations", which was also one of the supporting activities of the first meeting of the China-India High-level People-to-people Exchange Mechanism.

2019 年 1 月 27 日，与中国人民对外友好协会联合举办“泰戈尔、谭云山与中印文化交流”戏剧演出。

27 Jan. 2019, co-hosted the drama performance "Tagore, Tan Yunshan and China-India Cultural Exchange", which was jointly held by Centre for Indian Studies, SZU and the Chinese People's Association for Friendship with Foreign Countries.

2019 年 5 月 27 日，与印度著名社会活动家、印度人民党全国理事会成员、《印度快报》专栏作家、观察家基金会（孟买）主席库尔卡尼先生在深圳大学举行学术座谈。

27 May, 2019, held an academic discussion at Shenzhen University with Mr. Sudheendra Kulkarni, a prominent Indian social activist, member of the BJP National Council, columnist of *India Express* and chairman of Observer Research Foundation Mumbai.

2019 年 6 月 21—23 日，应邀参加在山东青岛大学举办的印度文学与佛教文学高端论坛暨中国外国文学学会印度文学分会理事（扩大）会，并作《发扬学术优良传统，为建设中印命运共同体作出应有贡献》的主题发言。

21-23 Jun. 2019, attended the High-level Forum on Indian Literature and Buddhist Literature and The Expanded Meeting of The Board of Indian Literature Research Branch of Chinese Foreign Literature Society held in Qingdao University, Shandong Province, and delivered a keynote speech entitled "Carrying Forward the Academic Tradition and Making Contribution to Building China-India Community with a Shared Future" .

2019 年 7 月 20 日，受邀在深圳市民文化大讲堂作题为《我的学术人生——从专业、职业到终身事业》的讲座。

20 Jul. 2019, was invited to give a lecture entitled "My Academic Life: From Major, Career to Lifelong Career" in Shenzhen Civic Culture Lecture Hall.

2019 年 7 月 25 日，受邀在深圳市机关文化大讲堂（第 4 期）作题为《“一带一路”建设与中国印度关系》的讲座。

25 Jul. 2019, was invited to give a lecture entitled "The 'Belt and Road' on Building the Relationship between China and India" in Shenzhen Office Culture Lecture Hall (the 4th issue).

2019 年 8 月 11 日，应邀赴北京孔子学院总部出席第 2 届中印语言教育交流合作研讨会，作主题发言和经验交流。

11 Aug. 2019, attended the "Second China-India Seminar on Language Education and Cooperation" at the Confucius Institute Headquarters in Beijing and delivered a keynote speech.

2019 年 11 月 9 日，应邀参加媒介环境学前沿思想论坛暨深圳大学传播学院"媒介环境学译丛"第一辑发布会，并作题为《三好学者何道宽》的致辞。

9 Nov. 2019, attended the first Press Conference of the Forum on Cutting-edge Ideas in Media Environment Science and "Translation Collection of Media Environment Science" held by School of Communication, Shenzhen University, and delivered a speech entitled "A Merit Scholar: Prof. He Daokuan".

2019 年 11 月 15—20 日，应邀参加纪念孔子诞辰 2570 周年国际学术研讨会暨国际儒学联合会第 6 届委员大会，并作《论"构建人类命运共同体"的时代意义——从世界各民族的"天堂梦"说起》的主旨发言。

15-20 Nov. 2019, attended the international Academic Symposium on the 2570th anniversary of The birth of Confucius and the 6th Conference of the International Confucian Association, and delivered a keynote speech titled "Contemporary Significance of 'Building a Community with a Shared Future for Mankind': Starting from the 'Dream of Heaven' of different ethnic groups in the world".

2019 年 11 月 22—24 日，深圳大学印度研究中心作为主办方，组织"印度文学与中国"学术研讨会暨中国外国文学学会印度文学研究分会第 16 届年会，并提交论文《中国印度文学研究简史及传播渠道》。

22-24 Nov. 2019, as the sponsor, organized the "Indian Literature and China" academic seminar and the 16th annual Meeting of Indian Literature Research Branch of Chinese Foreign Literature Society, and submitted the paper "A Brief History and Communication Channels of Chinese Indian Literature Studies".

2019 年 11 月 26—27 日，应邀参加"文明通鉴与文化创新"国际学术会议暨第 2 届深圳大学"饶宗颐文化论坛"，并提交论文《中国印度文学翻译传播大家述评》。

26-27 Nov. 2019, participated in the "Civilization Appreciation and Cultural Innovation": the Second Session of Shenzhen University "Rao Zongyi Culture Forum", and submitted the paper "A Review of The Translation and Dissemination of Chinese and Indian Literature".

2019 年 11 月 23 日，作为总顾问，出席深圳大学泰戈尔戏剧《红夹竹桃》演出。

23 Nov. 2019, as the General Adviser, attended the performance of Tagore's play named *Red*

Oleander at Shenzhen University.

2019 年 9 月 27 日，受邀在中国深圳卓越大厦 OPPO 公司总部作题为《如何才能 1+1=11》的讲座。

27 Sept. 2019，was invited to give the lecture for OPPO titled "How to make '1+1=11'" at the headquarters of OPPO，Zhuoyo Building，Shenzhen，China.

2020 年 6 月 28 日，受邀参加香港卫视《东边西边》访谈节目，访谈主题为"需要深度解析的印度"。

28 Jun. 2020，participated in the "East west" interview program of Hong Kong SATELLITE TV named "India in need of in-depth analysis".

2020 年 7 月 12 日，受邀参加"泰戈尔与北京大学"云端视频会议。

12 Jul. 2020，participated in the cloud video conference named "Tagore and Peking University" held by Peking University.

2020 年 7 月 19 日，参加中山大学岭南学院和清华大学深圳读书会，并做题为《印度文化的本质特征及其发展前景》的讲座。

On 19 Jul. 2020, in the Lingnan College of Sun Yat-Sen University and the Tsinghua University Shenzhen Reading Club, delivered a lecture "The Essential Characteristics of Indian Culture and Its Prospects for Development".

2020 年 8 月 6 日，受邀参加"季羡林诞辰 109 年周年纪念会"云端视频会议。

6 Aug. 2020，attended the "109th anniversary of Prof. Ji Xianlin's birthday" cloud video conference held by Peking University.

2020 年 8 月 9 日，泰戈尔学者版《邮局》线上朗读。

On 9 Aug. 2020, delivered an online reading of the Tagore Scholar Edition of *The Post Office*.

2020 年 9 月 11 日，受邀参加香港卫视《东边西边》访谈节目，访谈主题为"中印摩擦升级的背后故事"。

11 Sept. 2020，participated in the "East West" interview program of Hong Kong SATELLITE TV named "Behind the Escalating Friction between China and India".

2020 年 12 月 8 日，中印联袂"美丽中国　美丽印度——龙象共舞　相互成就"云图片展启动仪式在中国外文局举行。发去题为《我在中印青年身上看到了两国关系光辉灿烂的明天》的视频致辞。

On 8 Dec. 2020, the launch ceremony of the "Beautiful China, Beautiful India-The Dance of the Dragon and Elephant Achieving Mutual Success" cloud photo exhibition, jointly organized by China and India, was held at the China Foreign Languages Bureau, delivered a video speech "I See a Brilliant Future of the Sino-Indian Relationship in the Young People of China and India".

2020年12月25日，撰写《人类文明发展的曲线之美——以“李约瑟难题”的提出和解答为中心》，为深圳大学中国社会科学专项联合培养2020年级博士生及深圳大学人文学院2020年级中文博士生公共必修课讲授。

On 25 Dec. 2020, wrote the paper “The Beauty of the Curve of Human Civilization Development: Focusing on the Presentation and Solution of the ‘Needham Puzzle’” , and presented this paper as part of the joint training program for the 2020 doctoral students in the Chinese Social Sciences Special Program and as a required course for the 2020 Chinese language doctoral students in the School of Humanities at Shenzhen University.

2020年12月28日，参与协助中央广播电视总台年度重点项目——大型历史人文纪录片《大敦煌》拍摄事宜。

On 28 Dec. 2020, took part in the filming of the annual key project of the China Central Television—the large-scale historical and cultural documentary *The Great Dunhuang*.

2021年初，深圳大学印度研究中心被教育部评为“高校国别和区域研究备案中心”（试点）。

In early 2021, the Indian Studies Center was recognized by the Ministry of Education as the “Pilot Center for National and Regional Studies of Higher Education Institutions” .

2021年3月2日，印度驻广州总领事馆总领事高士(Sujit Ghosh)、领事谭四海（Aniket Patankar）、领事Sandeep Kumar Rawal、总领事助理陈英祁女士一行4人访问深圳大学印度研究中心。双方商议了筹备泰戈尔诞辰纪念会议、泰戈尔铜像揭幕仪式、举办常秀峰画展等事宜。

On 2 Mar. 2021, Consul General Sujit Ghosh, Consuls Aniket Patankar and Sandeep Kumar Rawal, and Consulate Assistant Chen Yingqi from the Indian Consulate in Guangzhou paid a visit to the Indian Studies Center. In the meeting, both parties discussed several issues, including the organization of a commemorative conference honoring Rabindranath Tagore, the unveiling ceremony of the Tagore statue, and the hosting of an exhibition showcasing Chang Xiu Feng’s masterful paintings.

2021年3月17—18日，参加由贝拿勒斯印度大学文学院外语系举办的“多语主义和多元文化：语言和文化对话视野”网络研讨会。

In Mar. 2021, attended the online seminar “Multilingualism and Multiculturalism: Perspectives on Linguistic and Cultural Discourse” hosted by the Department of Foreign Languages in the Faculty of Arts at Banaras Hindu University.

2021年4月19日，印度驻华大使唐勇胜与来自广东、湖南等地16位学者就中印关系在印度驻广州总领事馆举行座谈会。

On 19 Apr. 2021, Ambassador Vikram Misri of the Embassy of India in China held a symposium on Sino-Indian relations with 16 scholars from Guangdong, Hunan and other regions at the Consulate General of India in Guangzhou.

2021 年 5 月 7—9 日，参加由北京大学东方文学研究中心、北京大学外国语学院主办的“泰戈尔诞辰 160 周年学术研讨会”。

Attended the academic seminar “160th Anniversary of Tagore’s Birthday” hosted by the Oriental Literature Research Center of Peking University and the School of Foreign Languages of Peking University from 7–9 May, 2021.

2021 年 7 月，应人民画报社《中印对话》杂志约，撰写《中印文化交流话党建》。

In Jul. 2021, wrote the article “Party Building Dialogue in China–India Cultural Exchange” for *China–India Dialogue*, People’s Pictorial Press.

2021 年 8 月 18 日，完成《给〈中共革命在香港（1921—1949）〉策划、撰稿莫世祥教授的信》。

On 18 Aug. 2021, completed “the Letter to Pro. Mo Shixiang, the planner and writer of the book Communist Revolution in Hong Kong (1921–1949)” .

2021 年 10 月 20 日，教育部派第三方工作团对深圳大学印度研究中心进行调研和评估。

On 20 Oct. 2021, a third–party work team dispatched by the Ministry of Education conducted research and evaluation at the Shenzhen University India Research Center.

2021 年 10 月 22 日，接受北京大学社科部来函邀请，承担国家社科基金重大项目以张玉安教授为首席专家的“东方文化史”的结项鉴定评审工作。

22 Oct. 2021, accepted an invitation from the Social Sciences Department of Peking University to undertake the project appraisal of the completion of the National Social Science Fund Major Project “History of Oriental Culture” led by Professor Zhang Yuan.

2021 年 10 月 23 日，参加由北京外国语大学亚洲学院主办“传承与嬗变：2021 年亚洲古代文明研讨会”。

On 23 Oct. 2021, present in the “Inheritance and Transmutation: 2021 Symposium on Ancient Civilizations in Asia” hosted by the School of Asian Studies at Beijing Foreign Studies University.

2021 年 11 月 3 日，印度驻广州总领事何继往先生、商务领事倪学楷先生和总领事助理陈英祁女士访问深圳大学。

On 3 Nov. 2021, Mr. Shambhu L. Hakki, the Consul General of India in Guangzhou; Mr. Benson Ninan, the Commercial Consul and Ms. Chen Yingqi, the Social Secretary of the Consul General, visited Shenzhen University.

2021 年 11 月 4 日，接受深圳社科联和深圳图书馆录像采访。

On 4 Nov. 2021, interviewed by the Shenzhen Federation of Social Sciences and the Shenzhen Library.

发论文《论新兴经济体的机遇、历史与前景》，此为 2021 年 11 月 5—7 日在广州召开的新兴经济体研究会暨第 9 届新兴经济体论坛论文。

The paper “Discussing the Opportunities, History, and Prospects of Emerging Economies” was submitted to the Emerging Economies Research Association and the 9th Emerging Economies Forum, held in Guangzhou on 5–7 Nov. 2021.

2021 年 11 月，为第 13 届深圳学术年会撰写论文《构建人类命运共同体典范城市——深圳城市国际形定位研究》。

In Nov. 2021, wrote the paper “Research on the International Positioning of Shenzhen City as a Model City of Building a Community with a Shared Future for Mankind” for the 13th Shenzhen Academic Annual Conference.

发论文《将西藏建设成“一带一路”的精神高地》到举办方，此为 2021 年 11 月 11—12 日召开的“第 3 届‘一带一路’与民族地区发展论坛”会议论文。

Submitting the paper “Building Tibet as a Spiritual High Ground of the ‘Belt and Road’ Initiative” to the organizers, as a contribution to the proceedings of the Third Forum on the “Belt and Road” Initiative and Development of Ethnic Regions, held on 11–12 Nov. 2021.

2021 年 12 月，接受深圳市社科联举办的“深圳社会科学学术文献成果发布”视频采访。

In Dec. 2021, interviewed by the Shenzhen Federation of Social Science Associations on the release of academic literature and research achievements in the field of social sciences in Shenzhen.

2021 年 12 月 4—6 日，参加“构建人类命运共同体与中印关系”学术研讨会暨中国外国文学学会印度文学研究分会第 17 届年会。

On 4–6 Dec. 2021, participated in the “Building a Community with a Shared Future for Mankind and China–India Relations” academic seminar, as well as the 17th Annual Meeting of the Indian Literature Research Branch of the Chinese Association for Foreign Literature Studies.

2022 年 7 月 9 日，参加山东大学举办“中国小说论坛”线上会议，在会议上做题为《小说是中外交流不可或缺的重要渠道——兼谈小说〈黄道婆〉和棉花之路研究》发言。

On 9 Jul. 2022, participated in the online conference of Chinese Novel Forum held by Shandong University and presented a paper “Novels are an indispensable channel for Sino–foreign exchanges: A study of the novel *Huang Daopo* and the Cotton Road”.

2022 年 9 月 25 日，参加四川大学“中华优秀文化中蕴含的全人类共同价值研究”国际论坛，做《中国：作为文明国的六大特征》主题发言。

On 25 Sept. 2022, participated in the International Forum on “The Common Values of Humanity Inherent in Chinese Excellent Culture” hosted by Sichuan University, delivered a keynote speech “China: Six Characteristics as a Civilized Nation”.

承担项目：

Programs Undertaken：

1998—1999年，《中外文学发展比较史》，国家社会科学基金"九五"规划重点项目，项目编号96AZW015，主持人为四川大学曹顺庆教授。

1998-1999，*Developmental & Comparative History of Chinese and Foreign Literature*，priority program of the Ninth Five-Year Plan of the National Social Sciences Program Fund，96AZW015，led by Prof. Cao Shunqing of Sichuan University.

1998—2000年，《泰戈尔及其作品研究》，国家教委人文社会科学研究"九五"规划博士点项目，项目编号96JBY750.47-99001，主持人为北京大学唐仁虎教授。

1998-2000，*Research of Tagore and His Works*，96JBY750.47-99001，Ph.D. program of the Ninth Five-Year Plan of humanities & social science research of State Education Council of China，led by Prof. Tang Renhu of Peking University.

1998-1999年，《中国印度文学比较》，深圳大学科研项目。

1998-1999，*Comparative Studies in Sino-Indian Literature*，scientific research program of Shenzhen University，Monograph，completed with 230 thousand characters.

2001年，主编《特区文化论丛》第1辑、第2辑，海天出版社出版。

2001，Editor of *Discussion on the Culture of the Special Economic Zone*（Vol.1，2），Haitian Publishing House.

2001—2004年，《中国印度诗学比较》，教育部人文社会科学"十五"规划项目，项目编号01JA750.47-99010，主持人郁龙余，参与人刘鹏博士、汤力文讲师等。

2001-2004，*Comparative Studies in Sino-Indian Poetics*，Tenth Five-Year Plan of humanities and social sciences program of Ministry of Education，01JA750.47-99010，led by Yu Longyu and joined by Dr. Liu Peng，Lecturer Tang Liwen.

2003—2004年，《梵典与华章：印度作家与中国文化》，国家"十五"规划重点图书，郁龙余主持，参与人有杨晓霞、刘朝华、杨修正、张玮、李美敏、冯飞、蔡枫、尹锡南等。

2003-2004，*Indian Scriptures and Chinese Classics: Indian Writers and the Chinese Culture*，priority book of National Tenth Five-Year Plan，led by Yu Longyu and joined by Yang Xiaoxia，Liu Zhaohua，Yang Xiuzheng，Zhang Wei，Li Meimin，Feng Fei，Cai Feng，Yin Xinan，etc.

2005—2007年，主编《外国戏剧鉴赏辞典》（古代卷），上海辞书出版社约稿。

2005-2007，*Dictionary for Foreign Opera Appreciation*（Volume：Ancient），Editor，solicited by Shanghai Lexicography Press.

2005—2008年，《中印文学交流史》，山东教育出版社约稿。

2005-2008，*History of Literary Exchange between China and India*，solicited by Shandong

Education Press.

2006—2007 年,《印度文化论》，重庆出版社约稿。

2006–2007，*Theory of Indian Culture*，solicited by Chongqing Press.

2007—2008 年,《印度达磨（正法）文化研究》，深圳大学精品课程讲稿，深圳大学资助出版。

2007–2008，*Cultural Research on Indian Dharma (Standard Law)*，selective readings for Shenzhen University，financial assistance for publication by Shenzhen University.

2007—2008 年，主编《中国比较文学学会第八届年会暨国际学术研讨会论文集》，深圳大学资助出版。

2007–2008，*Proceedings of the 8th Annual Meeting of Association of Comparative Literature in China & the International Seminar*，edited by Yu Longyu，financial assistance for publication by Shenzhen University.

2005—2008 年，主编《泰戈尔诗歌精选》(六种)，北京外语教学与研究出版社约稿。

2005–2008，*Selective Poems of Rabindranath Tagore*，Series of Six，editor，solicited by Beijing Foreign Research Press.

2008 年，主编《承接古今 汇通中外——中国比较文学学会第八届年会暨国际学术研讨会论文集》，宁夏人民出版社出版。

2008，Editor–in–chief of *The Eighth Annual Meeting and International Academic Symposium of Chinese Comparative Literature Society*，Ningxia People's Publishing House.

《20 世纪中国古代文学在印度和南亚的传播与影响》，教育部重大科研项目“20 世纪中国古代文化经典在域外的传播与影响”之子项目。

Spread and Influence of Ancient Chinese Literature in India and South–Asia in the 20th Century under the program of scientific research of Ministry of Education："Spread and Influence of Ancient Chinese Classics in Foreign Lands in the 20th Century".

2010 年，启动《中国印度文学学术史》写作，此为国家社科基金重大项目子项目。

2010，engaged in the *History of Indian Literature Studies in China*，sub–object of Major National Social Fund.

2010 年，组织启动《泰戈尔作品全集》翻译出版。

2010，*Collected Works of Rabindranath Tagore*，organized the participation of famous scholars in translation and publication.

2010 年，主编《泰戈尔作品鉴赏辞典》(该书于 2011 年 12 月出版)。

2010，*Dictionary of Appreciation for Selected Works of Rabindranath Tagore*，edited，to be published in 2011.

起草《纪念泰戈尔诞辰 150 周年活动方案》。

Drafted the "Proposal of Conferences and Activities in Honour of Rabindran-ath Tagoreon his 150th Birth Anniversary".

启动"中国印度经典翻译"项目。

Launched the great object of "Chinese and Indian Classics Inter-translation".

2011 年 8 月 15 日，签约承担国家社科基金特别委托项目"中国文化海外传播动态数据库"子项目"国外智库及对华文化政策研究数据库：印度部分"。

15 Aug. 2011, signed the sub-project "Foreign Think Tank and the Corpus of the Studies on Overseas Policies towards China: India" of the commission-project of National Social Science Foundation "Dynamic Corpus of Chinese Culture Spreading Overseas".

2011 年 10 月，由金德尔、夏尔玛教授授权启动《敦煌佛教绘画（新德里国家博物馆藏）》介绍、汉译工作。

Oct. 2011, launched the translation of *Buddhist Paintings of Tun-huang in National Museum*, New Dehli, authorized by Prof. Lokesh Chandra and Prof. Nirmala Sharma.

2012 年 9 月，总策划"泰戈尔在我心中"有奖征文比赛活动。

Sept. 2012, Producer of the first "Tagore in my Heart" national award-winning essay contest.

2012 年，承担"印度藏敦煌绘画研究"项目，此为深圳大学"团队创新"项目。

2012, undertook the project titled "Studies on Indian Collection of Dunhuang Paintings" (Team Innovation project of Shenzhen University).

2014 年 9 月—2015 年 12 月，开设慕课"印度文化概论"，此为深圳大学慕课建设项目。

From Sept. 2014 to Dec. 2015 set up the massive open online course (MOOC) named "Introduction to Indian Culture" (MOOC construction project of Shenzhen University).

2015 年 3 月—2016 年 3 月，开设"《摩奴法论》与印度社会"课程，此为深圳大学品牌通识建设项目。

From Mar. 2015 to Mar. 2016, set up the course named "*The Law of Manu* and Indian Society" (Shenzhen University Brand General Education Construction Project).

2013—2016 年，启动"中印文化交流"项目，项目来源为杭州佛学院。

From 2013 to 2016, launched "China-India Cultural Exchange Project" (Project source: Hangzhou Buddhist Academy).

学术成果（论文）：

Academic Achievements (Articles):

《从〈梦溪笔谈〉看中印古代文化交流》，《南亚研究》1982 年第 1 期。

“Reviewing Ancient Cultural Exchange between China and Indiathrough *Meng Xi Bi Tan*” in *South-Asia Research Journal*, No.1, 1982.

《中印栽培植物交流略谈》,《南亚研究》1983 年第 2 期。

“On Plant Exchanges between China and India” in *South-Asia Research Journal*, No.2, 1983.

《印度文学在中国的流传与影响》,《深圳大学学报》(第 1、2 期合刊), 1985 年第 4 期。

“Spread and Influence of Indian Literature in China” in *Journal of Shenzhen University*, Nos.1-2, 1985; No.4, 1985.

《略论文化交流》,《深圳大学学报》1987 年第 3 期, 另见中国人民大学复印报刊资料。

“On Cultural Exchange” published by *Journal of Shenzhen University*, No.3, 1987 (reprinted by Copied Material of People's University of China).

《中国文化开放进取的性格》, 载深圳大学国学研究所编:《中国文化与中国哲学》, 生活·读书·新知三联书店 1990 年版。

“The Opening and Enterprising Character of Chinese Culture” in *Chinese Culture and Philosophy*, SDX Joint Publishing Company, 1990.

《佛教与中国少数民族文学》,《深圳大学学报》1991 年第 1 期。

“Buddhism and the Literature of Chinese Ethnic Minorities” in *Journal of Shenzhen University*, Issue No.1, 1991.

《论东方文化研究——从世界七千年大事总览说起》, 东方文学国际学术研讨会论文, 1991 年 8 月 6—8 日。

“On Research of Oriental Culture—Beginning from Reviewing Great Events of the World since Seven Millennia”, paper for the international seminar on Oriental Literature, 6-8 Aug. 1991.

郁龙余、蔡德麟:《东西文化交流与 21 世纪》,《中国社会科学》1993 年第 3 卷第 4 期。

“The East-West Cultural Exchange and the 21st Century”, co-authored with Yu Longyu and Cai Delin, in *Chinese Social Sciences Quarterly*, Aug. 1993, Vol.3, No.4.

《妈祖崇拜与中外文化交流》, 载《文化与传播》, 上海文化出版社 1993 年版。

“Ma Tsu Worship and Cultural Exchange between China and Foreign Countries” in *Culture and Communication*, Shanghai Culture Press, 1993.

《中西文化在道德观上的差异》, 载祝瑞开主编:《秦汉文化和华夏传统》, 学林出版社 1993 年版。

“Differences of Cultural Ethics between China and the West” in *Qin-Han Culture and Chinese Tradition*, Academia Press, 1993.

《深圳旅游文化发展方略》, 全国第二次特区文化研讨会暨特区文化研究中心成立大会论文, 1993 年 12 月 1—5 日。

"Strategies on Developing of Tourist Culture in Shenzhen City", paper for Seminar of the 2nd Special Zonal Culture and the Inaugural Meeting of the Center for Culture Research in Special Zone, 1-5 Dec. 1993.

《中国的开放与发展——从中西文化关系说起》，中国华南对外经济文化交流和发展的历史与现况学术研讨会论文，1994 年 3 月 22—25 日。

"China's Opening and Development— Beginning from the Cultural Relations between China and the West", paper at Seminar on History and Contemporary Realities of External Economic and Cultural Communication of South China, 22-25 Mar. 1994.

《士人文学与仙人文学》，载《文化与传播》，上海文化出版社 1994 年版。

"Literature on Scholars and Celestial Beings" in *Culture and Communication*, Shanghai Culture Press, 1994.

《论东方文化研究》，载季羡林等主编：《东方文化研究》，北京大学出版社 1994 年版。

"On Research of Oriental Culture" in *Research of Oriental Culture*, Peking University Press, 1994.

《中印文学中的大团圆》，印度文学与文化研讨会宣读，1996 年 4 月 20—23 日。

"The Theme of Great Union in Chinese and Indian Literature", paper at "Seminar of Indian Literature and Culture", 20-23 Apr. 1996.

《"一夫一妻"是〈罗摩衍那〉重要主题思想》，第十三届《罗摩衍那》国际大会论文，1996 年 4 月 25—29 日。

"Monogamy: The Central Theme of *R ā m ā yana*", paper for the 13th International Seminar of *R ā m ā yana*, 25-29 Apr. 1996.

《发挥优势，做好迎归工作》，内地与港澳地区文化交流及发展研讨会论文，1996 年 6 月 4—6 日。

"Make Full Preparations for the Return of Hong Kong by Making Use of Advantages", paper for Seminar on Cultural Exchange and Development between Mainland, Hong Kong and Macao, 4-6 Jun. 1996.

《女神文学与女胜文学》，《北京大学学报》1996 年第 3 期。

"Literature on Goddesses and Great Women" in *Journal of Peking University*, No.3, 1996.

《拥抱二十一世纪》，《今日东方》1996 年。

"Embrace the 21st Century" as the forewords of *The Orient Today*, 1996.

《中国文化中的海洋意识——兼评〈东方蓝色文化〉》，广东炎黄文化研究会海洋文化（深圳）研讨会论文，1996 年 12 月 19—21 日。

"Ocean in Chinese Culture and Discourse on *Blue Cultureof the East*", delivered at "(Shenzhen)

Seminar on Marine Culture" held by Research Association of Yan-Huang Culture, Guangdong, 19-21 Dec. 1996.

《中国的声音——香港回归抒怀》，北京大学出版社 1997 年版。任编辑委员会主任。

The Voice of China: Hong Kong's Return to the Motherland, Director of Editorial Committee, Peking University Press, 1997.

《做一名中国人是值得自豪的》，载季羡林主编：《中国的声音——香港回归抒怀》，北京大学出版社 1997 年版。

"Being a Chinese is worthy of pride", *The Voice of China: Hong Kong's Return to the Motherland*, Peking University Press, 1997.

《印度古代文艺理论》，载钱中文、李衍柱主编：《文学理论：面向新世纪》，山东人民出版社 1997 年版。

"Theory of Ancient Indian Literature and Art" in *Literary Theory: Vis-a-vis the New Century*, Shandong People's Press, 1997.

《黄帝与梵天》，《外国文学研究》1997 年第 2 期。

"Brahma and the Yellow Emperor" in *Foreign Literature Research*, No.2, 1997.

《21 世纪：中国需要真正意义上的〈世界文学史〉》，载《中外文化与文论》（第 4 辑），四川大学出版社 1997 年版。

"The 21st Century: China Needs Genuinely Meaningful *Literary History of the World*" in *Chinese and Foreign Culture and Literary Theory*, Sichuan University Press, 1997.

《禅诗与苏非文学》，《复旦大学学报》1998 年第 3 期。

"Zen Poems and Sufi Literature" in *Journal of Fudan University*, No.3, 1998.

《楚辞与文化交流》，《晋阳学刊》1998 年第 5 期。

"Songs of Chu and Cultural Exchange" in *Journal of Jinyang*, No.5, 1998.

《简评〈东方文论选〉》，《外国文学研究》1998 年第 1 期。

"A Brief Review on *Selection of Oriental Literary Theory*" in *Foreign Literature Research*, No. 1, 1998.

《印度古代文学的世界影响》，《深圳大学学报》1999 年第 3 期。

"The World Influence of Indian Ancient Literature" published by *Journal of Shenzhen University*, Issue No.3, 1999

《中印味论比较》，载《中外文化与文论》（第 6 辑），四川大学出版社 1999 年版。

"A Comparison of the Taste Theories between China and India" published by *Chinese and Foreign Culture and Literary Theory*, Volume No.6, Sichuan University Press, 1999.

《雅利安故事和中国金鱼》，载黄晋凯主编：《与巨人对话——纪念歌德、巴尔扎克、普希金、海明威》，华文出版社 2000 年版。

“Stories of the Aryans and the Chinese Gold Fish” in *Dialogue with Literary Masters—in Memory of Johann Wolfgang von Goethe, Balzac, Pushkin and Earnest Hemingway*, Huawen Press, 2000.

《中国学在印度》，《学术研究》2000 年第 1 期。

“Chinese Study in India” in *Academic Research*, No. 1, 2001.

《中西印审美主体构成》，《北京大学学报》2000 年第 2 期。

“Aesthetic Subjects of China, the West and India: Their Different Composition of Aesthetic Senses” in *Journal of Peking University*, No.2, 2000.

《中印味论诗学源流》，《天津师大学报》2000 年第 5 期。

“On the Origin of Taste-based Poetics in China and India” in *Journal of Tianjin Normal University*, No.5, 2000 .

《中印味论诗学比较》，载童庆炳产编：《新中国文学理论 50 年》，安徽大学出版社 2000 年版。

“Comparative Study on Taste-based Poetics in China and India” in *New China's Literary Theory since 50 Years*, Anhui University Press, 2000.

《苏东天画集・序文二》，载《苏东天画集》，岭南美术出版社 2000 年版。

“Preface Ⅱ for Su Dongtian Painting Collection” in *Su Dongtian Painting Collection*, Lingnan Fine Arts Publishing House, 2000.

《中国当代文艺批评研讨会综述》，《深圳大学学报》2001 年第 1 期。

“A Summary of Contemporary China's Literary and Art Criticism” in *Journal of Shenzhen University*, No.1, 2001.

《中国当代文艺批评研讨会综述》，中国人民大学复印资料《文艺理论》2001 年第 8 期。

“A Summary of Contemporary China's Literary and Art Criticism”, reprinted by copied material of People's University of China: *Theory of Literary and Art*, Issue No.8, 2001.

《中国翻译史上的破天荒之作》，《学术研究》2001 年第 2 期。

“Unprecedented Works in the History of Chinese Translation” in *Academic Research*, No.2, 2001.

《季羡林的治学之道》，《北京大学学报》2001 年第 3 期。

“Ji Xianlin's Way of Pursuing Learning” in *Journal of Peking University*, No.3, 2001.

《季羡林与印度文学》，载乐黛云编：《季羡林与二十世纪中国学术》，北京大学出版社 2001 年版。

“Ji Xianlin and Indian Literature” in *Ji Xianlin and Chinese Academics in the 20th Century*, Peking University Press, 2001.

《史地环境与中印文学》，香港中文大学“环境与文化：北京、香港、纽约”国际研讨会论文，2001 年 5 月 18—22 日。

“Historic and Geographic Environment and Literature of China and India”, paper at the International Conference on “Environment and Culture: Beijing, Hong Kong and New York”, Chinese University of Hong Kong, 18–22 May, 2001.

《论深圳特区文化》(代序)，载郁龙余主编:《特区文化论丛》(第 1 辑)，海天出版社 2001 年版。

“On the culture of Shenzhen Special Zone” (Preface) in first series of *Zone Cultural Essays*, Haitian Publishing House, 2001.

《全球化与民族文学——对泰戈尔与现代派论战的思考》，北京师范大学“全球化语境中的文化、文学与人”国际研讨会论文，2001 年 8 月 4—7 日。

“Globalization and National Literature—Discourse on the Debte between Tagore and the Modernists”, paper at the international seminar on “Culture, Literature and Mankind in the Context of Globalized Linguistic Environment”, Beijing Normal University, 4–7 Aug. 2001.

《泰戈尔与中国新文学》，南京大学全国高校外国文学教学研究 2001 年年会论文，2001 年 8 月 19—22 日。

“Tagore and the New Chinese Literature”, paper at the “2001 Annual Meeting of Study on Foreign Literature Pedagogy in National Universities”, Nanjing University, 19–22 Aug. 2001.

《长城与中国和平思想》，香港大学“中国长城历史文化”研讨会论文，2001 年 11 月 28—29 日。

“The Great Wall and Chinese Ideology of Peace”, paper at the Seminar on the “History and Culture of the Great Wall of China”, Hong Kong University, 28–29 Nov. 2001.

《中印味论诗学比较》，载南京大学中文系主办:《文学评论丛刊》第 5 卷第 1 期，南京大学出版社 2002 年版。

“Comparative Studies on Sino–Indian Taste–based Poetics” in *Literary Critics Series* (Vol.5, No.1), Nanjing University Press, 2002.

《长城与中国和平思想》，载丁新豹、董耀会主编:《中国 (香港) 长城历史文化研讨会论文集》，长城 (香港) 文化出版公司 2002 年版。

“The Great Wall and Chinese Ideology of Peace” in *Proceedings of the Papers at the Seminar on the History and Culture of the Great Wall of China (Hong Kong)*, edited by Ding Xinbao, Dong Yaohui, published by Great Wall (Hong Kong) Culture Press, 2002.

《泰戈尔的自然观与自然诗》，《文史哲》2002 年第 4 期。

“Tagore's Views on Nature and His Poems on Nature” in *Literature, History and Philosophy* (No.4, 2002) .

《印度诗学阐释方法》,《深圳大学学报》2003 年第 5 期，CUAA 收录，另见人大复印资料《外国文学研究》2004 第 1 期。

"Explanatory Methods of Indian Poetics" collected by CUAA and *Journal of Shenzhen University* (No.5，2003)；reprinted by *Foreign Literature Research*，copied materials of People's University of China (No.1，2004) .

《上海的遗产型文化及其产业前景探析》,《经济前沿》2004 年第 2—3 期。

"Exploration and Analysis of Shanghai's Cultural Heritage and Its Industrial Prospect" in *Economy Frontline* (Nos.2-3，2004) .

季羡林、郁龙余:《华夏天竺兼爱尚同：关于印度作家与中国文化关系的对话》,《深圳大学学报》2004 年第 4 期。

"China and India's Universal Love and Attachment to Commonness：Dialogue on Indian Writers and Chinese Culture"，authors are Ji Xianlin and Yu Longyu，in *Journal of Shenzhen University*，No.4，2004.

《印度现代诗学的学术立场》，湖南长沙中国外国文学学会第八届年会论文，2004 年 11 月 20—22 日。

"Academic Position of Modern Indian Poetics"，paper at The 8th Annual Meeting of Association for Chinese and Foreign Literature，Changsha，Hunan Province，20-22 Dec. 2004.

《谭云山与中印现代关系》，广东珠海"中外关系百年学术回顾与展望"国际研讨会论文，2004 年 11 月 20—23 日。

"Tan Yun-Shan and the Sino-Indian Relationship in Modern Times"，paper at the "International Seminar on the Academic Retrospect and Prospect of Relationship between China and Foreign Countries since last Century"，Zhuhai，Guangdong Province，20-23 Dec. 2004.

《比较诗学的名与实》,《深圳大学学报》2005 年第 1 期。

"The Nomenclature and Realities of Comparative Poetics" in *Journal of Shenzhen University*，No. 1，2005.

《〈文心雕龙〉与〈舞论〉》，载郁龙余编:《切磋集：深圳大学比较文学二十年论文集》，北京大学出版社 2005 年版。

"Vivid Literary *Depiction* and *Natyasastra*" in *Collection of Discourses：Articles on Comparative Literature，Shenzhen University since 20 Years*，Peking University Press，2005.

《"通感"，还是"心感"——兼谈传统学术遗产保护》,《中国比较文学》2006 年第 4 期。此为深圳第五届全国文艺学及相关学科博士点建设研讨会论文，2006 年 4 月 14—16 日。

"'Synaesthesia' or 'Telepathy'：Discussing Methods of Protecting Traditional and Academic Heritage"，in *Comparation Literature in China*，No.4，2006；paper at The 5th Seminar on Theory of

Literature & Art and Relevant Subjects and the constituting of PhD Research Centers, Shenzhen, 14–16 Apr. 2006.

《用“自己的语言”研究中印关系》,《深圳大学学报》2006 年第 4 期，另见中国人民大学《中国外交》杂志 2006 年第 12 期。此为中国南亚学会第八届年会暨学术研讨会论文，2006 年 4 月 20—24 日。

“Studying Sino–Indian Relations through the Vernacular” in *Journal of Shenzhen University*, No. 4, 2006; reprinted by *Chinese Diplomacy*, People's University of China, No. 12, 2006; paper at The 8th Annual Meeting of the South Asian Association of China & Academic Seminar, Shanghai, 20–24 Apr. 2006.

郁龙余、G. K. 契特:《中印学者畅谈中印合作与发展前景》,《南亚研究》2006 年第 1 期。

“Informal Talks between Scholars of China and India on the Prospect of Bilateral Cooperation and Development” in *South–Asia Research*, authors are Yu Longyu and Prof.G.K, No. 4, 2006.

《〈摩诃婆罗多〉全本汉译的意义》,《外国文学评论》2006 年第 6 期。此为北京大学、中国印度文学研究会在北京大学召开的印度文学文化研讨会论文，2006 年 10 月 18—20 日。

Attended the Seminar on Indian Literature and Culture held by the Association of Sino–Indian Literary Studies at Peking University and released the “Significance of Mahābhārata's Chinese Version”, 18–20 Oct. 2006.

《中国印度史诗研究互动》，北京大学、东方文学研究会在北京大学召开的东方文学学科发展史学术研讨会论文，2006 年 10 月 20—22 日。

Attended the Seminar on the Developmental History of the Eastern Literary Subjects held by the Association of the Eastern Literary Research at Peking University and released “Interaction through Epic Research between China and India”, 20–22 Oct. 2006.

《凤凰于飞，和鸣锵锵——中印文化交流新思路》，中国社会科学院亚太研究所召开的中印文化交流研讨会论文，2006 年 10 月 25 日。

Attended the Seminar on Sino–Indian Cultural Exchange held by the Institute of Asia–Pacific Studies, Chinese Academy of Social Sciences and released “Phoenixes Flying and Singing in Harmony: New Mindset on Sino–Indian Cultural Exchange”, 25 Oct. 2006.

《编者前言》《释 /CHINDIA》，载兰密施:《理解 CHINDIA——关于中国和印度的思考》，蔡枫、董方峰译，宁夏人民出版社 2006 年版。

“Editor's Foreword: Elucidating CHINDIA” in Making *Sense of Chindia: Reflections on China and India*, by Jairam Ramesh, translated by Cai Feng, Dong Fangfeng, Ningxia People's Press, 2006.

《实现中印大同（CHINDIA）的思想基础》，载谭中主编:《中印大同：理想与实现》，宁夏人民出版社 2007 年版。

"Ideological Basis for Realizing CHINDIA" in *CHINDIA: Idealism and Realization* edited by Tan Zhong, Ningxia People Press, 2007.

《大国与大国学术》，武夷山召开的中国比较文学教学研究会第三届年会暨学术研讨会论文，2007 年 11 月 3—5 日。

"Superpower and Its Academic Research" at the 3rd Annual Meeting of Chinese Association for Comparative Literature & Academic Seminar on Wuyi Mountain, 3-5 Nov. 2007.

《从史诗资源大国到研究强国：中国史诗研究的发展之路》，载王邦维主编：《东方文学研究集刊》(3)，北岳文艺出版社 2007 年版。另见《深圳大学学报》(人文社会科学版) 2008 年第 2 期。

"From a Land with Rich Epic Resources to a Great Research Hub: Developmental Route of China's Epic Research" in *Oriental Literature Research Journal* (3), edited by Wang Bangwei, Beiyue Art Press, 2007; collected in *Journal of Shenzhen University* (Humanities & Social Sciences), No.2, 2008.

《印度诗学的中国接受》，中国比较文学会第 9 届年会暨国际学术研讨会论文，2008 年 10 月 12—13 日。

"Reception of Indian Poetics in China", paper at the 9th Annual Meeting of Chinese Association of Comparative Literature & International Seminar, 12-13 Oct. 2008.

《中国都市发展四策略》，上海华东理工大学、中国浦东干部学院、新西兰奥克兰科技大学主办的 2008 亚太都市发展论坛论文，2008 年 11 月 3—4 日。

"Four Strategies on the Development of Metropolitan Cities in China", paper at Asia-Pacific Metropolitan Development Forum 2008 organized jointly by East China University of Science and Technology, China Executive Leadership Academy at Pudong and AucklandUniversityofTechnology, New Zealand, held at Shanghai, 3-4 Nov. 2008.

《从印度佛教到中国佛教——兼谈佛教的世界性与国学身份》，北京师范大学、香港浸会大学联合国际学院 (UIC 珠海) 主办第三届国情国学教学研讨会论文，2008 年 12 月 6—7 日。

"From Indian Buddhism to Chinese Buddhism: A Discourse on Universality of Buddhism and its Traditional Chinese Identity", paper at The 3rd Seminar on Pedagogy of Native Sinology, held jointly by Beijing Normal University-Hong Kong Baptist University United International College (UIC Zhuhai), 6-7 Dec. 2008.

《中国翻译学的四大特色》，《中西文化研究》2009 年第 16 期。

"Four Characteristics of Chinese Translatology", *Chinese Western Studies*, No.16, 2009.

《徐梵澄的印度哲学文学经典汉译》，《南亚研究》2010 年 1 期。

"On Prof.Xu Fancheng's Translation of Indian Literary and Philosophical Classics", *South Asian*

Studies, No.1, 2010.

《又一座不可逾越的高峰》，载卞毓方主编：《华梵共尊：季羡林和他的家人弟子》，广东教育出版社 2010 年版。

"Prof. Ji Xianlin: An Impassable Mountain", in *Hua Fan Gong Zun*, Guangdong Education Press, 2010.

《刘安武与普列姆昌德研译》，载姜景奎、郭童编：《多维视野中的印度文学文化》，阳光出版社 2010 年版。

"Liu Anwu and His Research on and Translation of Premchand", in *Multi-perspective Translatology: Indian Literature and Culture*, Sunny Press, 2010.

《长安：中外佛教文化交流中心》，载增勤主编：《首届长安佛教国际学术研讨会论文集》(第 5 卷)，陕西师范大学出版总社有限公司 2010 年版。

"Chang An: the Confluence of Eastern and Western Buddhist Culture", in *Proceedings of the First International Symposium on Buddhism at Chang An*, Shanxi Normal University Press, 2010.

《电影文学剧本〈谭云山〉创作谈》，《新世纪文艺》2010 年第 5 期。

"On Creation of the Film Script: *Tan Yunshan*", in *New Century Arts*, Singapore, No.5, 2010.

《1924 年泰戈尔访华引发争议的根本原因——答国际知名学者阿莫尔多·沈之问》，《深圳大学学报》2011 年第 1 期。

"The Basic Reason for the Disputes Caused by Tagore s Visit to China in 1942—My Answer to Amartya Sen's Question", in *Journal of Shenzhen University* (Humanities & Social Sciences), No.1, 2011.

《〈道德经〉印译的意义》，上海复旦大学召开的中国比较文学学会第十届年会暨国际学术研讨会论文，2011 年 8 月 9—11 日。

"The Significance of the Translation of *Tao Te Ching* into Hindi", paper presented at the 10th Annual Conference and International Academic Conference of the Chinese Comparative Literature Society, Fudan University, Shanghai, 9-11 Aug. 2011.

《中国对印度古代文学的再接受——兼论比较文学的中国印度起源》，《中国比较文学》2011 年第 2 期。

"China's Re-reception of Ancient Indian Literature and Chinese-Indian Origination of Comparative Literature", in *Comparative Literature in China*, No.2, 2011.

《通过交流加深中印友谊与相互了解》，成都四川大学召开的第三届中国—南亚国际文化论坛论文，2011 年 11 月 22—24 日。

"Deepening China-India Friendship and Mutual Understanding through Exchanges", paper of the 3rd China–South Asia International Cultural Forum，Sichuan University，Chengdu，22–24 Nov. 2011.

《泰戈尔与中国新文学》，载《燕赵学术》（秋之卷），四川辞书出版社 2011 年版。

"Tagore and China's New Literature"，in *Yan–Zhao Cultural Studies*，Sichuan Lexicographical Press，2011.

《泰戈尔和中国读者心连心》，载郁龙余、董友忱主编：《泰戈尔作品鉴赏辞典》，上海辞书出版社 2011 年版。

"Tagore and the Chinese Readers Heart–to–heart"，Preface of *Dictionary of Appreciation for Selected Works of Rabindranath Tagore*，Shanghai Lexicographical Publishing House，December 2011.

《敦煌学研究的新里程碑：简论〈敦煌佛教绘画〉》，《深圳大学学报》2012 年第 1 期。

"A Brief Introduction to Buddhist *Paintings of Tun–huang in the National Museum*"，New Delhi，in *Journal of Shenzhen University*（Humanities & Social Sciences），No.1，2012.

《上海、孟买、香港肩负引领转型发展的历史使命》，城市转型与发展：上海、孟买、香港的比较——第二届中印合作高峰学术论坛主题发言，2012 年 9 月 24—25 日。

"Shanghai，Mumbai and Hong Kong Shoulder the Historic Mission of Leading the Transformation and Development"，keynote speech at the second China–India Cooperation Summit Academic Forum "Urban transformation and Development：A Comparison of Shanghai，Mumbai and Hong Kong"，24–25 Sept. 2012.

《〈文心雕龙〉与中印文化交流》，第十届吴越佛教学术研讨会主题发言，2012 年 10 月 20—21 日。

"*The Literary Mind and the Carving of Dragons* and Sino–Indian Cultural Exchange"，keynote speech at the 10th Wu Yue Buddhist Academic Seminar，20–21 Oct. 2012.

《中国诗歌将迎来一个印译的春天》，中国人民对外友好协会、深圳大学主办的第四届中国—南亚国际文化交流论文，2012 年 11 月 15—16 日。

"Chinese Poetry Will Usher A Spring of Translation into Hindi"，the 4th International Cultural Exchange between China and South Asia，hosted by Chinese People's Association for Friendship with Foreign Countries and Shenzhen University，15–16 Nov. 2012.

《中国古代经典在现代印度》，北京外国语大学主办的"中国古代文化经典在海外的传播及影响研究——以二十世纪为中心"国际学术研讨会的论文，2012 年 12 月 15—16 日。

"Chinese Classics in Modern India"，paper of the International Symposium on "Research on the Dissemination and Influence of Chinese Classics Abroad with a Focus on the 20th Century"，Beijing Foreign Studies University，15–16 Dec. 2012.

《中国与世界：在精神层面上加深互相了解——以中国文化经典在印度的传播为中心》，"中国古代文化经典在海外的传播及影响研究——以二十世纪为中心”国际学术研讨会闭幕式上的主题报告。

“China and the World: Deepening Mutual Understanding on the Spiritual Level–Centering on the Dissemination of Chinese Cultural Classics in India”, thematic paper at the closing ceremony of the International Symposium on “Research on the Dissemination and Influence of Chinese Classics Abroad with a Focus on the 20th Century”, Beijing Foreign Studies University, 16 Dec. 2012.

《龙象共和“是否可能”——论中印关系现实困境及其发展前景》,《学术前沿》2013年总第25期。

“The Possibility of the ‘Peaceful Co–existence of Dragon and Elephant’ –On the Realistic Dilemma and Development Prospects of China–India Relations” in *Academic Frontiers*, Total Issue 25, 2013.

《印译中国诗歌：古老文化的交融》,《中国社会科学报》2013年2月8日。

“Translation of Chinese Poetry into Hindi: The Fusion of Ancient Cultures” in *China Social Science News*, 8 Feb. 2013.

《大师是窖藏的陈酿》,《中国社会科学报》2013年6月14日。

“The Master Is the Aged Wine in the Cellar”, *China Social Science News*, 14 Jun. 2013.

《印度哲学家奥修与〈道德经〉》,《中国社会科学报》2013年8月23日。

“The Indian philosopher Osho and the *Tao Te Ching*” in *China Social Science News*, 23 Aug. 2013.

《中印诗缘开新篇——印度狄伯杰〈中国诗歌〉评介》，载《国际汉学》第24辑，大象出版社2013年版。

“A New Chapter on Translation Chinese Poetry into Indian Languages: A Review of *Chinese Poetry* written by B.R.Deepak” in *International Sinology*, Vol. 24, 2013.

《禅院孤灯 参透奥理——金克木的梵学研究》,《中国社会科学报》2014年2月10日。

“Penetrate Mysteries under the Solitary Lamp of Buddhist Temple: On Sanskrit Studies of Prof. Jin Kemu” in *China Social Science News*, 10 Feb. 2014.

《“龙象共和”是历史的神圣召唤》,《深圳大学学报》(人文社会科学版)2014年3月。

“CHINDIA is the Divine Call of History” in *Journal of Shenzhen University* (Humanities and Social Sciences Edition), Mar. 2014.

《中国文化和人类前途——关于世界发展大趋势的思考》,《湖南科技学院学报》2014年3月。

“Chinese Culture and the Future of Mankind: Reflections on the Major Trends of World Development” in *Journal of Hunan University of Science and Technology*, Mar. 2014.

《印度诗学的中国接受》，载《国际汉学》第25辑，大象出版社2014年版。

"The Chinese Acceptance of Indian Poetics" in *International Sinology*, Vol. 25, Elephant Press, 2014.

《〈道德经〉印译的意义》，载《当代比较文学与方法论建构》，复旦大学出版社 2014 年版。另见《湖南科技学院学报》2015 年 2 月。

"The Significance of the Translation of *Tao Te Ching* into Hindi" in *Contemporary Comparative Literature and Methodology Construction*, Fudan University Press, 2014; into Hindi in *Journal of Hunan University of Science and Technology*, Feb. 2015.

《谭云山：殖民时期中印关系的伟大智者》，《湖南科技学院学报》2014 年 11 月。

"Tan Yunshan: The Great Wise Man in Sino-Indian Relations during the Colonial Period" in *Journal of Hunan University of Science and Technology*, Nov. 2014.

《中印交流与合作的新关系》(印地语发表)，载《印度桥》2015 年。

"New Relationship of China-India Exchange and Cooperation" (published in Hindi) in *Indian Bridge*, 2015.

《中国人心目中的泰戈尔》(印地语发表)，载《印度桥》2015 年。

"Tagore in the Minds of The Chinese" (published in Hindi) in *Indian Bridge*, 2015.

《凡我到处，就是中国——"中国梦"在海外》，载《海外华人与中国梦》，中央编译出版社 2015 年版。

"Wherever I Am, China is: The 'Chinese dream' Overseas" in *Overseas Chinese and the Chinese Dream*, Aug. 2015.

《〈大唐西域记〉焕发出新的光彩》，《秦风》2015 年第 22 期。另见《湖南科技学院学报》2015 年 10 月。

"*The Western Regions of Tang Dynasty* Glows with New Splendor" in *Qin Feng*, No. 22, 2015; in *Journal of Hunan University of Science and Technology*, Oct. 2015.

《季羡林美文游记与中外文化交流》，《北方工业大学学报》2015 年第 27 卷第 4 期。

"Ji Xianlin's Literary Travels and Cultural Exchanges between China and Foreign Countries" in *Journal of Northern University of Technology*, No. 4, Vol. 27, Dec. 2015.

《关于中国印度关系走向的研判与建议》，咨政报告，由深圳市委办公厅报送中共中央办公厅、国务院办公厅，2017 年 7 月 16 日。

"Research, Judgment and Suggestions on the Trend of China-India Relations" (Consultation Report), submitted by the General Office of the Shenzhen Municipal Party Committee to General Office of the CPC Central Committee and General Office of the State Council, 16 Jul. 2017.

《中评深度专访：郁龙余谈对印度忍耐》，中评社 2017 年 8 月 14 日。

"An In-depth Interview of China Review: Yu Longyu Talks about Patience with India" (Report) in China Review News Agency (Beijing), 14 Aug. 2017.

《中评深度专访：郁龙余详论印方撤军》，中评社 2017 年 8 月 29 日。

"An In-depth Interview of China Review: Yu Longyu Talks on India's Withdrawal" (Report) in China Review News Agency (Beijing), 29 Aug. 2017.

《艺术的色彩源于人民——阎文喜的油画艺术》，《人民日报》2018 年 9 月 23 日。

"The Color of Art Comes from the People: Yan Wenxi's Oil Painting" in *People's Daily Literature and Art*, 23 Sept. 2018.

《从佛学、梵学到印度学：中国印度学脉络总述》，《深圳大学学报》2018 年第 35 卷第 6 期。

"From Buddhist Studies, Sanskrit Studies to Indian Studies: A Review of Indology in China" in *Journal of Shenzhen University*, Vol. 35, No. 6, Nov. 2018.

《论世界主流文明轮替》，《东方论坛》2019 年 4 期。

"On the Rotation of Mainstream Civilizations in the World", *Oriental Forum*, Issue 4, 2019.

《全面深入推进中国印度学的学术史研究》，中国社会科学网 2019 年 5 月 4 日。

"Comprehensively Advance the Academic History of Indian Studies in China" in China Social Science Network, 4 May, 2019.

《亚文会：建设亚洲命运共同体的新平台》，《中印对话》2019 年 5 月 17 日。

"Conference on Dialogue of Asian Civilizations (CDAC): A New Platform for Building Asian Community of Shared Destiny" in *China-India Dialogue*, 17 May, 2019.

《湘贤翘楚：谭云山、谭中父子》，《书屋》，《新华文摘》2019 年第 10 期。

"Eminent Talents of Hunan: Tan Yunshan and Tan Chong" in *The Book House* and reprinted in the *Full text of Xinhua Digest*, No.10, 2019.

《文明国之间的对话——写在习近平、莫迪第二次非正式会晤之前》，中印大同网 2019 年 10 月 10 日。

"Dialogue between Civilizations: Written Before the Second Informal Meeting between Xi Jinping and Modi", website of China-India Datong, 10 Oct. 2019.

《"中印建交 70 周年"如何增进中印互信？》，《中印对话》2020 年 4 月 5 日。

"How to Enhance Mutual Trust between China and India on the 70th Anniversary of Diplomatic Relations? ", *China-India Dialogue*, 5 Apr. 2020.

《将中印友谊大厦建造得更坚实雄伟》，《中印对话》2020 年 6 月 12 日。

"Make the Friendship Tower of China and India Stronger and Higher", *China-India Dialogue*, 12 Jun. 2020.

《推动印度学研究为中印关系发展服务》，《中国社会科学报》2020 年 10 月 20 日。

"Promoting the study of India to serve the Development of Sino-Indian Relations", *China Social*

Sciences Today, 20 Oct. 2020.

《我在深圳探索生命的意义》，《书屋》2020 年 12 月。

"Exploring the Meaning of Life in Shenzhen", *Book House*, Dec. 2020.

《中国当代印度文学翻译传播五大家》，《深圳大学学报》（人文社会科学版）2021 年 3 月。

"Five Experts in the Translation and Dissemination of Contemporary Indian Literature in China", *Journal of Shenzhen University* (Humanities & Social Sciences), Mar. 2021.

《〈护生画集〉的印度情缘》，《书屋》2021 年 4 月。

"The Love for India in the *Hu Sheng Painting Collection*", *Book House*, Apr. 2021.

《浩荡东风里，神州万里春》，《书屋》2021 年 6 月。

"In the Mighty Eastern Winds, Spring Blossoms Across China", *Book House*, Jun. 2021.

《黄宝生及其印度诗学研究》，《中外文化与文论》第 48 辑，2021 年 7 月。

"Huang Baosheng and His Study of Indian Poetics", *Chinese and Foreign Cultural and Literary Studies*, Issue 48, Jul. 2021.

《季羡林先生和深圳大学印度学研究》，《以荷相传》2021 年 8 月。

"Mr. Ji Xianlin and the Study of India at Shenzhen University", *Continuing the Tradition of Pursuing High Aspirations*, Aug. 2021.

《中印神话，何以纠缠》，《书屋》2021 年 8 月。

"What are the relations in the Mythologies of China and India", *Book House*, Aug. 2021.

《当代女性的一面镜子》，《书屋》2021 年 10 月。

"A Mirror of the Contemporary Women", *Book House*, Oct. 2021.

《青春文学的崭新地标》，"文旅中国・南方观察"2021 年 12 月 22 日。

"A New Milestone in Youth Literature", "Culture and Tourism in China: Southern Observations", 22 Dec. 2021.

《国际著名印度学家郁龙余教授：那个夜晚改变我人生》，"文旅中国・南方观察"2022 年 1 月 5 日。

"Prof. Yu Longyu, a Famed Indologist in the World: The Night That Changed My Life", "Culture and Tourism in China: Southern Observations", 5 Jan. 2022.

《浩荡东风暖，神州万里春》，"文旅中国・南方观察"2022 年 1 月 23 日。

"In the Warm Mighty Eastern Winds, Spring Blossoms Across China", "Culture and Tourism in China: Southern Observations", 23 Jan. 2022.

《迈进强国时代的报春花》，《文旅中国・南方观察》2022 年 2 月 7 日。

"Spring Flowers Blooming as We Enter the Era of a Strong Nation", "China Culture and Tourism: Southern Observations", 7 Feb. 2022.

《文化长城上的一块样板砖》，《书屋》2022 年第 11 期。

"A Sample Brick on the Cultural Great Wall", *Book House*, Issue 11, 2022.

《加强"棉花之路"研究》，《中印对话》2022 年第 1–2 期，总第 29 期。

"Strengthening the Research on the 'Cotton Road'", *China–India Dialogue*, Issue 1–2, 2022, Issue 29 in total.

《小说是中外交流不可或缺的重要渠道》，《中印对话》2022 年第 3 期。

"Novels: An Essential Channel for Sino–Foreign Exchange", *China–India Dialogue,* Issue 3, 2022.

给国际儒学联合会写读后感《〈对关于在中华文化国际传播中更好地发挥安乐哲及其中西比较哲学作用的报告〉的评价意见》，他们后来改为《评价意见》，作为附件收入了给刘延东会长的报告之中，2022 年 3 月 30 日。

Writing a Reflection for the International Confucian Association: "Comments on the Report on Better Utilizing the Role of Analects and Comparative Philosophy in the International Communication of Chinese Culture", later abbreviated "Evaluation Opinion", and as an attachment in the "Report to President Liu Yandong", 30 Mar. 2022.

《印度学家郁龙余悼念段晴——心仪的人走了》，"文旅中国・南方观察"2022 年 3 月 30 日。

"In memoriam Mrs Duan Qing by Indologist Mr. Yu Longyu—the one I admired has left", "China Culture and Tourism: Southern Observations", 30 Mar. 2022.

《迈进强国时代的报春花》，《中印对话》2022 年第 5 期。

"Spring Flowers Blooming as We Enter the Era of a Strong Nation", *China–India Dialogue*, May 2022, Issue 5.

《怎能叫人不惊艳——长篇小说〈黄道婆〉肖像故事》，"文旅中国・南方观察"2022 年 5 月 10 日。

"How Can One Not Be Dazzled: The Portrait Story of the Novel *Huang Daopo*", "China Culture and Tourism: Southern Observations", 10 May, 2022.

《秦怡，最美奋斗者》，"文旅中国・南方观察"2022 年 6 月 24 日。

"Qin Yi, the Most Beautiful Striver", "China Culture and Tourism: Southern Observations", 24 Jun. 2022.

《今天，我们比任何时候都更加自信》，"美篇"2022 年 7 月 13 日。

"Today, We Are More Confident Than Ever Before", "Meipian", 13 Jul. 2022.

《将深圳建设成中印关系发展的重镇》，《深圳社科专报》2022 年 8 月 26 日。

"Make Shenzhen as a key city for the development of China–India relations", *Shenzhen Social Science Journal*, 26 Aug. 2022.

《秦怡往事》，《书屋》2022 年第 8 期。

"Qinyi's Past", *Book House*, Issue 8, 2022.

《紫雪，你在哪里？》，"文旅中国・南方观察" 2022年9月30日。

"Zixue, Where Are You?", "China Culture and Tourism: Southern Observations", 30 Sept. 2022.

《赠砚记》，"文旅中国・南方观察" 2022年11月3日。

"A Recordof Gifting an Inkstone", "China Culture and Tourism: Southern Observations", 3 Nov. 2022.

《中有凛凛飞龙在——从世界文明史看中国》，《书屋》2023年第1期。

"China Has the Resplendent Flying Dragon—Examining China from the Perspective of World Civilizations", *Book House,* Issue 1, 2023.

学术成果（著作）：

Academic Achievements (Books):

郁龙余副主编：《文化与传播》（第1、2、3辑），上海人民出版社1993—1995年版。

Culture and Communication (Vol.1, 2, 3), Vice-editor, Shanghai People's Publishing House, 1993-1995.

郁龙余主编：《文化与传播》（第4、5辑），海天出版社1996—1997年版。

Culture and Communication (Vol.4, 5), Editor, Haitian Publishing House, 1996-1997.

郁龙余编著：《中印文学关系源流》，湖南文艺出版社1987年版。

Origin and Development of Sino-Indian Literary Contacts (Edited version), Hunan Art Press, 1987.

郁龙余编著：《中西文化异同论》，中华书局1989年版。

On Parallels and Contrasts between Chinese and Western Cultures (Edited version), Zhonghua Book Company, 1989.

郁龙余主编：《旅游文化丛书》（共15种），同济大学出版社1990—1992年版。

Tourism Culture Series, Editor, total 15 handbooks, Tongji University Press, 1990-1992.

陈传康、郁龙余主编：《深圳市旅游发展规划》，同济大学出版社1992年版。

Tourism Development Plan of Shenzhen, o-authored with Cheng Chuankang, Tongji University Press, 1992.

郁龙余主编：《东方文学史》（上下册），陕西人民出版社1994年版。

The History of Oriental Literature (editor, two volumes), Shaanxi People's Press, 1994.

郁龙余主编：《东方文学史》（新版合订本），北京大学出版社2001年版。

The History of Oriental Literature (editor, bound volumes), Peking University Press, 2001.

郁龙余等：《中外文化交流》，载钱玉林：《中华古代文化辞典》，齐鲁书社 1997 年版。

Chinese Contacts with Foreign Cultures, *Dictionary of Ancient Chinese Culture*, Qilu Book Company, 1997.

郁龙余等：《世界文学发展比较史》，北京师范大学出版社 2001 年版。

Comparative History of World Literature & Its Development, Beijing Normal University Press, 2001.

郁龙余：《中国印度文学比较》，中国社会科学出版社 2001 年版。

Sino-Indian Comparative Literature, Chinese Social Sciences Press, 2001.

季羡林主编，郁龙余执行主编：《中国当代散文八大家》，海天出版社 2001 年版。

Eight Masters of Prose in Contemporary China Chief Editor: Ji Xianlin; Executive Editor: Yu Longyu, Haitian Press, 2001.

郁龙余主编：《特区文化论丛》（第 1、2 辑），海天出版社 2001 年版。

Theory of Special Zonal Culture (Nos.1-2, edited by Yu Longyu) Haitian Press, 2001.

郁龙余编著：《中国印度文学比较论文选》，中国美术学院出版社 2002 年版。

Selected Papers on Sino-Indian Comparative Literature (Edited version), China Fine Arts Academy Press, 2002.

郁龙余等：《世界文学简史》，北京大学出版社 2002 年版。

Brief History of World Literature, by Yu Longyu et al, Peking University, 2002.

郁龙余等：《泰戈尔文学作品研究》，昆仑出版社 2003 年版。

Study on Rabindranath Tagore's Literary Works, by Yu Longyu et al, Kunlun Press, 2003.

郁龙余等：《梵典与华章：印度作家与中国文化》，宁夏人民出版社 2004 年版。

Indian Scriptures and Chinese Classics: Indian Writers and Chinese Culture, by Yu Longyu et al, Ningxia Press, 2004.

郁龙余编：《切磋集：深圳大学比较文学二十年论文集》，北京大学出版社 2005 年版。

Collection of Discourses: Papers on Comparative Literature, Shenzhen University, 20th Anniversary, edited by Yu Longyu, Peking University Press, 2005.

郁龙余等：《中国印度诗学比较》，昆仑出版社 2006 年版。

Comparative Studies in Sino-Indian Poetics, by Yu Longyu et al, Kunlun Press, 2006.

郁龙余等：《印度文化论》，重庆出版社 2008 年版。

Theory of Indian Culture, by Yu Longyu et al, Chongqing Press, 2008.

郁龙余、杨晓霞主编：《承接古今 汇通中外——中国比较文学学会第八届年会暨国际学术研讨会论文集》，宁夏人民出版社 2008 年版。

Linking Past and Present, Connecting China and Abroad—Proceedings of the 8th Annual Meeting of Chinese Association for Comparative Literature and the International Academic Seminar, editors Yu Longyu and Yang Xiaoxia, Ningxia People Press, 2008.

郁龙余主编：《泰戈尔诗歌精选》（六种），外语教学与研究出版社 2007—2008 年。

Selected Poems of Rabindranath Tagore, edited by Yu Longyu, Foreign Language Teaching and Research Press, 2007-2008.

《中华传统文化辞典》，上海大学出版社 2009 年版。

Dictionary of Chinese Traditional Culture, Shanghai University Press, 2009.

郁龙余、杨晓霞主编：《外国戏剧鉴赏辞典》（古代卷），上海辞书出版社 2009 年版。

Dictionary for Foreign Opera Appreciation (Volume: Ancient), Editor, Shanghai Lexicography Press, 2009.

电影文学剧本《谭云山》，《新世纪文艺》2010 年第 5 期。

Tan Yunshan, film script, in *New Century Arts*, No.5, Aug. 2010.

郁龙余主编：《深圳导游词》，中国旅游出版社 2011 年版。

Shenzhen Tourist Guide, China Travel & Tourism Press, 2011.

郁龙余、董友忱主编：《泰戈尔作品鉴赏辞典》，上海辞书出版社 2011 年版。

Dictionary of Appreciation for Selected Works of Rabindranath Tagore, co-authored with Dong Youchen, Shanghai Lexicographical Publishing House, 2011.

谭中、郁龙余主编：《谭云山》，中央编译出版社 2012 年版。

Tan Yunshan (edited by Tan Chong and Yu Longyu), China Central Compilation and Translation Publishing House, 2012.

郁龙余、孟昭毅、朱璇：《天竺纪行：郁龙余、孟昭毅学术之旅》，北京大学出版社 2013 年版。

Indian Travel Notes (co-authors are Yu Longyu, Meng Zhaoyi and Zhu Xuan), Peking University Press, 2013.

郁龙余、魏丽明主编：《泰戈尔落在中国的心》（1），中央编译出版社 2013 年版。

A Heart of Rabindranath Tagore Left in China Ⅰ, Central Compilation and Translation PublishingHouse, 2013.

郁龙余、魏丽明主编：《泰戈尔落在中国的心》（2），中央编译出版社 2015 年版。

A Heart of Rabindranath Tagore Left in China Ⅱ, Central Compilation and Translation Publishing House, 2015.

郁龙余、孟昭毅主编：《东方文学史》，北京大学出版社 2015 年版。

History of Oriental Literature, Peking University Press, 2015.

郁龙余、刘朝华：《中外文学交流史·中国—印度卷》，山东教育出版社 2015 年版。

History of Literary Exchanges between China and Foreign Countries: China-India Volume, Shandong Education Press, 2015.

郁龙余、朱璇：《季羡林评传》，山东教育出版社 2016 年版。

Critical Biography of Prof. Ji Xianlin, Shandong Education Publishing House, 2016.

郁龙余等：《印度文化论》，北京大学出版社 2016 年版。

Reflections on Indian Culture, Peking University Press, 2016.

郁龙余、黄蓉等：《中国外国文学研究的学术历程·印度文学研究的学术历程》，重庆出版社 2016 年版。

The Academic Process of Chinese Foreign Literature Studies: The Academic Process of Indian Literature Studies (co-authors are Yu Longyu, Huang Rong, etc.), Chongqing Press, 2016.

郁龙余、朱璇：《季羡林评传》(英文版)，印度五星出版社 2018 年版。

Critical Biography of Prof. Ji Xianlin (co-authors are Yu Longyu and Zhu Xuan), English version, Pentagon Press LLP, India, 2018.

郁龙余、朱璇：《季羡林评传》(印地文版)，印度普拉卡山出版社 2019 年版。

Critical Biography of Prof. Ji Xianlin (co-authors are Yu Longyu and Zhu Xuan), Hindi version, Prakashan Sansthan, India, 2018.

郁龙余、朱璇：《季羡林评传》(泰米尔文版)，印度阿奇出版社 2019 年版。

Critical Biography of Prof. Ji Xianlin (co-authors are Yu Longyu and Zhu Xuan), Tamil version, Aazhi Publishers, India, 2019.

郁龙余等：《"一带一路" 开创人类文明新纪元——兼论中国、印度的历史担当》，中国社会科学出版社 2019 年版。

The "Belt and Road" Initiative Starting a New Era of World Civilization and the Historic Responsibilities of the Chinese and the Indians, China Social Sciences Press, 2019.

《中外文学交流史·中国-印度卷》，印度普拉卡山出版社 2020 年版。

History of Sino-Indian Literary Exchange: Chinese-Indian Volume, published by Prakashan Sansthan, India, 2020.

《黄道婆》，人民出版社 2022 年版。

Huang Daopo, published by People's Publishing House, 2022.

《燕园荔园　学脉相连 ——郁龙余执教 50 周年纪念文集》，东方出版社 2023 年版。

Yanyuan Liyuan: The Connection of Learning—Commemorative Collection for Professor Yu Longyu's Fifty Years of Teaching, published by People's Oriental Press, 2023.

学术成果（翻译）：

Academic achievements (translation) :

共翻译出版印度小说、戏剧、民间文学约 35 万字。

Translated and published Indian novels, dramas and folk literature of about 350,000 Chinese characters.

2008 年 12 月 4 日朱璇、李鹏初译
2009 年 1 月 3—4 日 墨普德教授重译、润色
Chief Translator：Prof. Priyadarsi Mukherji
Corrected and edited on 3−4 Jan. 2009
2011 年 1 月 15 日舒明经教授补充翻译
Re−edited by Prof. Shubhra Tripathi，15 Jan. 2011
2012 年 3 月 28 日王璧增补、翻译
2012 年 4 月—2020 年 10 月 7 日，由蒋慧琳、黄蓉增补，朱璇补充翻译

后　记

在孟昭毅、吴俊忠两位教授悉心张罗下，《燕园荔园　学脉相连 ——郁龙余执教50周年纪念文集》即将成书。俊忠要我写个序，我就遵嘱写几点感想。现在，我按照编委的意见将这个序改为后记，基本内容不变，只是稍稍增加了一些内容。

其一，是大家高看厚爱我。真是没有想到，庚子年的新冠肺炎疫情会如此凶猛，更没想到在这疫情防控时期，竟有这么多人热心写稿。有的作者其实与我并不熟识，甚至有的仅是一面之缘。他们的文章，像一颗颗暖人的心，让我一阵又一阵地感动。我为他们做过的一些事，多少年过去了，自己早就忘得干干净净，可是他们还牢记在心里。

回顾50年的教书生涯，我只是守住了做人的底线，尽到了作为一名教师的本分。不该得的利，坚决不要；不该得的名，坚决推让。在教学、科研方面做了几件自己应该做的事情。

书稿中，不少人说曾得到过我的帮助。其实，急人所急，是我的性格与从小养成的习惯。我还在读小学的时候，就救过一男一女两个落水儿童。后来上了大学，工作了，见到需要帮助的人与事，我就尽力相助。这是一种本能反应，自然而然之事。去年有一次我去学校开会，吃完饭往回走时，在花圃碰见后勤处的卓强老师。他突然问我："郁老师，你救过我的命，还记得吗？"我一脸懵然地问："是吗？"他说："你肯定不记得了。那是在旱冰场石头坞开会，我一不小心往后一仰，差点摔在石阶上，幸亏你扶住了我，不然早就脑袋开花了！"我笑了笑说："真的一点印象也没有了。"

其二，是我找对了地方。客观说，50年来我是做成、做对了几件事情，所以大家肯定我、表彰我。要说原因，是我找对了地方。我在北京大学学习、教书19年，1984

年来深圳大学至今也已 38 年。2016 年 12 月 1 日，印度总统慕克吉给我颁授“杰出印度学家”奖，我在获奖感言中说：“这份荣誉属于我的母校北京大学，属于我的师尊季羡林先生，我在那里求学、任教 19 年，是北京大学给了我智慧与力量。这份荣誉属于我服务了 30 多年的深圳大学，她给了我平台和机会，我在深圳大学创建了中国南方第一个印度研究中心，并且培养了一批优秀的学生。”

北京大学和深圳大学，聚集了大批饱学贤达之士。我在燕园遇见了季羡林、金克木、刘安武、汤一介、乐黛云、胡经之诸先生，在荔园除了汤、乐、胡三位，还遇见了何道宽、章必功、吴俊忠、景海峰等先生。没有他们的指教与帮助，我一定不会取得现有的成绩。

其三，我们生活在一个好时代。我属于“生在旧社会，长在红旗下”的一代。出生地上海，曾经是外国冒险家的乐园；北京随着清王朝的覆灭，成了废都，改名北平；深圳是一个边陲墟镇，很长一段时间成了人们逃港的跳板。随着中华人民共和国的成立和改革开放，北京成了中国的首都，人人向往的地方；上海成了中国经济、金融中心，享誉世界的大都市；深圳成了改革开放的排头兵、粤港澳大湾区的核心引擎。这些天翻地覆的变化，是亿万人民在共产党的领导下，经过 70 多年的艰苦奋斗取得的。中国的各行各业，包括教育界、学术界，也都取得了前所未有的巨大成就。

中华人民共和国成立以后，我国的印度学研究在季羡林、金克木、刘安武、黄宝生等先生的带领下，经过艰苦不懈的努力，由弱到强，终于成为世界一流研究领域，中国学者所获“莲花奖”“总统奖”“杰出印度学家”奖等政府奖的数量，为各国之冠。本人躬逢其盛，亲历亲证，略有作为，尽心尽职而已。现在，得到这么高的评价，真的叫我不知所措！

其四，我衷心感谢两位主编及每一位编委、作者，你们对我的高看与厚爱，除了鼓励我，一定还会鼓励更多的年轻人。说心里话，这就是我最想要的。

经过三年新冠肺炎疫情磨炼，此书又有若干修改、补充，终于要出版了。书名也从《一个陌生的熟人——郁龙余执教50周年纪念文集》《究东西文明　行学术大道——郁龙余执教50周年纪念文集》变成了《燕园荔园　学脉相连——郁龙余执教50周年纪念文集》。此书的成功问世，除了感谢主编、各位编委和作者，还要感谢林培汉、林旭楠、黄晓莹、潘文新、潘伟龙等深圳大学校友，以及责编李志刚先生、黄彩霞女士。正是他们的全力支持，本书作为一本献礼图书，在深圳大学成立40周年之际，由著名的东方出版社隆重出版。

郁龙余

2023年3月19日

郁龙余的父亲陈祥刚先生（后排左一）和其他“上海市先进工作者”在杭州西湖

1965 年，上海县三林中学高三甲班毕业照，前排左一为金青、右一为康林芳，第三排左一为郁龙余，三人同年考入北京大学

马维光老师（后排右二）和印地语 1965 级学生及越南留学生陈玉刚、部分华侨补校学生合影

双胞胎女儿郁英和郁秀小时候合影

1975 年冬，郁龙余、郑亦麟和郁秀在燕园

1980 年，郁龙余和郁英在圆明园遗址公园

1980 年，郁龙余、郁英父女和印地语教研室徐晓阳、王益香老师合影于北大西门

1981 年，郁龙余、郁英和 1979 级印地语班同学游香山公园

1981 年，印地语专业殷洪元、马孟刚、郁龙余与 1979 级学生游香山公园

1981 年，郁龙余和殷洪元、马孟刚及 1979 级印地语专业学生游香山公园

1982 年，郁龙余和郁英、郁秀合影于北大外文楼前

1984 年 11 月，全国外语理事会在深大召开，季羡林先生和东语学主任陈嘉厚教授等首次到深圳大学，合影于海青楼“粤菜香”餐厅前

1987 年 1 月 6 日，和任继愈先生合影于澳门

1987 年，谭中先生来深圳大学并拍摄此“全家福”照片

中学时的郁秀、郁英与爸爸

1992 年 2 月 16 日，和台湾中国文化大学旅游系主任唐学斌教授等合影于深圳锦绣中华

1992 年 2 月中旬，首届海峡两岸学者专家发展旅游观光事业座谈会合影

1993 年 4 月 26—29 日，印度文学会在深圳召开，前排左起第六至第十人为胡经之、蔡德麟、吴文辉、刘安武、金鼎汉

1993 年 7 月，和广东省高教厅领导等参加欧洲华人学会国际学术研讨会

1993 年 12 月 24 日，郁龙余、郑亦麟陪同金鼎汉教授出席在印度召开的第十届《罗摩衍那》国际大会

1993 年 12 月，郁龙余、郑亦麟夫妇在印度新德里

1993 年 12 月 23 日，郁龙余、郑亦麟合影于印度总统府

1995 年 6 月 28 日，中国文化与传播系 1991 级中英文秘书班毕业纪念

1996 年 2 月 7 日，为召开第十三届《罗摩衍那》国际大会，郁龙余教授和郑亦麟老师按毗耶娑先生提供的地址，拜访香港夏利莱集团主席 H. N. 夏利莱先生。他为大会资助了 1000 美元

1996 年，在深圳大学校园，胡经之老师介绍郁龙余认识国际著名记者赵浩生

1996 年，前排就座的有文化部李源潮副部长、邵汉青部长、胡经之教授等

1996 年 5 月 4 日，回北京大学庆祝东语系成立 50 周年，和原中人、张胜民等同学在外文楼前合影

1997 年 4 月 22 日，和谢维信校长合影于欧洲

1997 年 7 月 1 日，和姜忠书记、谭载喜处长等合影于朱树豪先生捐建的香港“回归”纪念碑前

1998 年 12 月 23 日，和北京大学《东方文化集成》总编委员会副主编张殿英先生合影于深圳世界之窗

1999 年 3 月 2 日，拜访香港佛教学者霍韬晦先生

郁龙余教授与汤一介教授、乐黛云教授、景海峰教授、何道宽教授合影

郁龙余与季羡林先生在不同时期的合影

郁秀和爸爸合影

2000 年 7 月 16 日，和深圳大学访欧团合影，左起：李沛然、郁龙余、张宝泉、高立天、张爱卿、侯莉颖

2005 年，印度尼赫鲁大学原校长契特夫妇和郁龙余、郑亦麟夫妇在胡经之、张景贤老师家中合影

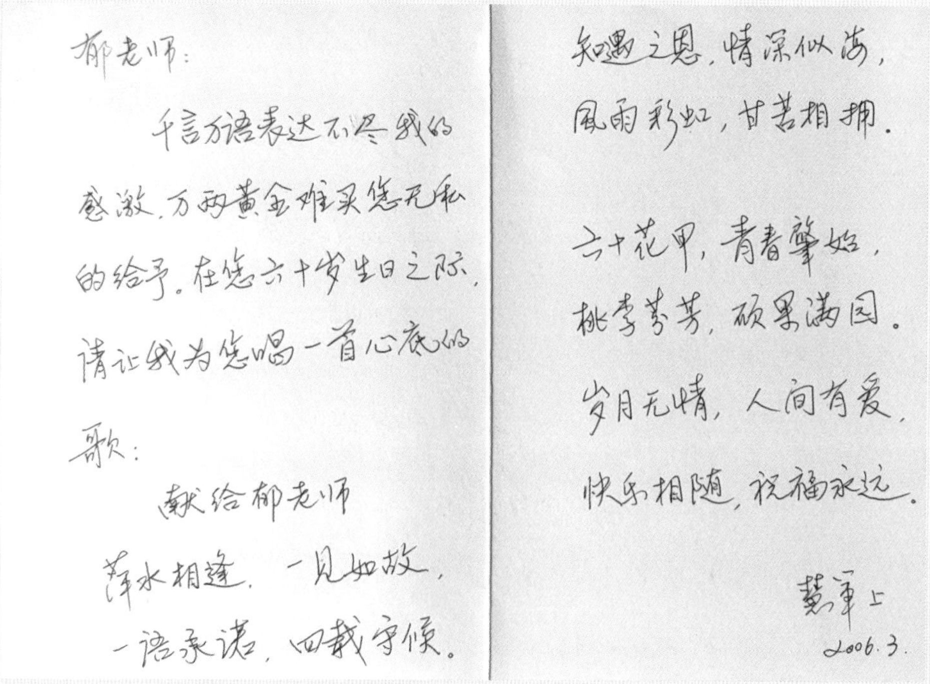
郁老师：

千言万语表达不尽我的感激，万两黄金难买您无私的给予。在您六十岁生日之际，请让我为您唱一首心底的歌：

献给郁老师

萍水相逢，一见如故，
一语承诺，四载守候。
知遇之恩，情深似海，
风雨彩虹，甘苦相拥。

六十花甲，青春肇始，
桃李芬芳，硕果满园。
岁月无情，人间有爱，
快乐相随，祝福永远。

慧军上
2006.3.

国际交流学院（原留学生部）刘慧军老师所赠贺卡

I made a wish
just for you
ShinePhoneCard
02005-BIRTHDAY-BD-01

贺卡封面图

2006 年 3 月，国际交流学院的老师（原留学生部）给郁龙余庆祝生日留影

2008 年，谭云山中印友谊馆开馆仪式的嘉宾合影

2011 年 2 月 15 日，郁龙余教授在印度孟买大学

2011 年，深圳大学泰戈尔绘画作品展“泰戈尔：远行的罗曼史”

2013年1月，郁龙余和著名翻译家何道宽教授合影

2013年6月5日，李清泉校长与郁龙余教授合影

2013 年，郁龙余教授与杭州佛学院院长、灵隐寺方丈光泉大和尚签署合作协议

2014 年 12 月 9 日，在国际会议厅 C 厅召开泰戈尔铜像选址座谈会，参会代表左起：晁委伟、郁龙余、曹龙骐、董立坤、李景镇、陈国良、胡经之、何道宽、吴俊忠、李凤亮、刘波

2015 年 6 月，郁秀在深圳书城接受著名文化学者杨宏海先生采访

2015 年 8 月，郁龙余和深圳大学陶一桃副书记、铜像基座捐赠者校友黄剑锋先生在泰戈尔铜像基座动工仪式上

2015 年 11 月 21 日，慕克吉总统设宴招待郁龙余教授等参加首届印度学家大会的国内外学者

ICCR 主席金德尔教授宴请郁龙余、郁秀父女。入席前郁秀向金德尔先生赠送新版《花季·雨季》

2015 年 11 月 22 日，郁龙余教授在新德里总统府接受联邦议院电视台专访时展示“泰戈尔铜像摄影大赛”部分作品

2016 年 1 月 13 日，郁龙余参加《中外文学交流史 · 中国—印度卷》在新德里世界书展上与普拉卡山出版社签订印地文版权输出协议

2016 年 9 月 23 日，郁龙余参加《季羡林作品全集》编撰研讨会

2016 年 9 月 23 日，参加《季羡林作品全集》编撰研讨会，和与会代表合影于济南趵突泉（右起：陈香、侯传文、孟昭毅、郭良鋆、黄宝生、狄伯杰、郁龙余、梁志刚、葛维钧、祝丽）

2016 年 11 月 3 日，参加《季羡林评传》深圳地区发布会，左起：朱璇、祝丽、尹昌龙、郁龙余、胡经之、章必功、何道宽、吴俊忠

2016 年 12 月 1 日，慕克吉总统为郁龙余颁奖后合影留念，左起：金德尔主席、阿克巴外交国务部长、慕克吉总统、郁龙余教授、郁秀女士

2016年12月1日，慕克吉总统给郁龙余教授颁授“杰出印度学家”奖牌

2018 年 3 月 15 日，黎军副校长、田启波主任等考察印度研究中心办公室和中心成员合影

2018 年 8 月 6 日，郁龙余和师兄梁志刚先生在山东季羡林先生憩园

2018 年，郁龙余观看《齐德拉》话剧演出发表讲话

2018 年 11 月 3 日，印度驻广州总领事高士先生和中外学者们参观深圳大学泰戈尔铜像

2018 年 11 月，郁龙余和来自印度的小朋友合影

2019 年 6 月 23 日，郁龙余在山东青岛大学召开的印度文学与佛教文学高端论坛暨中国印度文学研究理事（扩大）会上

郁龙余和 ICCR 金德尔主席、北京大学东方文学研究中心主任王邦维教授合影

2019 年 7 月，郁龙余和学生们及他们的小朋友合影

2019 年 7 月 25 日，郁龙余教授在深圳市民文化大讲堂作题为《我的学术人生——从专业、职业到终生事业》讲座

2019 年 9 月，郁龙余和李年、于文华夫妇在深圳

郁龙余和国际儒学联合会副会长、著名学者牛喜平先生合影

郁龙余和 ICCR 金德尔主席、北京大学东方文学研究中心主任王邦维教授合影

2019 年 11 月 12 日，郁龙余教授领取“深圳市人文社会科学重点研究基地”铭牌

2019 年 11 月 12 日，郁龙余教授和香港中文大学文学院院长郭少棠教授、深圳社科院王为理副院长在深圳五洲宾馆，2005 年 8 月 4 日，郁龙余应学部主任叶汉明之邀出任王为理博士论文校外考试委员兼答辩委员会主席

郁龙余和印度国宝梵文大师夏斯特利教授（左上），郁龙余和 ICCR 主席金德尔教授（右上），郁龙余和 ICCR 前主席凯伦·辛格（左下），郁龙余和印度观察家基金会（孟买）主席库尔卡尼（右下）

郁龙余和著名印度中国学家、印度尼赫鲁大学狄伯杰教授（左上），郁龙余和印度尼赫鲁大学汉语博士高丽婷（右上），郁龙余和法国著名汉学家汪德迈教授（左下），郁龙余和印度尼赫鲁大学校领导钦达玛尼教授（右下）

2019 年 11 月，郁龙余和天津师范大学孟昭毅教授、深圳大学吴俊忠教授在深圳大学校园确定《一个陌生的熟人——郁龙余执教 50 周年纪念文集》（本书原书名）由他们二位负责，并合影留念

2020 年 1 月，郁龙余在泰戈尔铜像前与英国巴斯大学余德烁教授合影

郁龙余和深圳大学党委书记刘洪一教授，韩国外国语大学朴宰雨教授，国际鲁迅研究会长，旅法学者李晓红教授

2020 年 1 月 9 日，郁龙余在老校友徐葆煜教授家和胡经之教授、章必功教授相聚

图书在版编目（CIP）数据

燕园荔园　学脉相连：郁龙余执教 50 周年纪念文集 /《燕园荔园　学脉相连——郁龙余执教 50 周年纪念文集》编委会编. —北京：东方出版社，2023.5
ISBN 978-7-5207-3058-7

Ⅰ.①燕… Ⅱ.①燕… Ⅲ.①郁龙余－纪念文集 Ⅳ.① K825.46-53

中国版本图书馆 CIP 数据核字（2022）第 219175 号

燕园荔园　学脉相连：郁龙余执教 50 周年纪念文集
（YANYUAN LIYUAN XUEMAI XIANGLIAN：YU LONGYU ZHIJIAO 50 ZHOUNIAN JINIAN WENJI）

编　　者：文集编委会
策划编辑：姚　恋　李志则
责任编辑：黄彩霞
出　　版：東方出版社
发　　行：人民东方出版传媒有限公司
地　　址：北京市东城区朝阳门内大街 166 号
邮政编码：100010
印　　刷：北京文昌阁彩色印刷有限责任公司
版　　次：2023 年 5 月第 1 版
印　　次：2023 年 5 月北京第 1 次印刷
开　　本：710 毫米 ×1000 毫米　1/16
印　　张：30
字　　数：423 千字
书　　号：ISBN 978-7-5207-3058-7
定　　价：98.00 元
发行电话：（010）85924663　85924644　85924641